Reimund Böse / Günter Schiepek

Systemische Theorie und Therapie

Ein Handwörterbuch

Roland Asanger Verlag Heidelberg 1989

Die Autoren:
Reimund Böse, Jahrgang 1960, Dipl.-Psych., ist an einer psychosomatischen Klinik tätig.
Günter Schiepek, Jahrgang 1958, Dr. phil., Dipl.-Psych., ist Akad. Rat am Lehrstuhl für Klinische Psychologie der Universität Bamberg.

CIP-Titelaufnahme der Deutschen Bibliothek

Böse, Reimund:
Systemische Theorie und Therapie : ein Handwörterbuch /
Reimund Böse ; Günter Schiepek. - Heidelberg : Asanger, 1989
    ISBN 3-89334-152-8
NE: Schiepek, Günter:; HST

© 1989 Roland Asanger Verlag Heidelberg

Umschlaggestaltung: Doris Bambach / Ingrid Decher
Satz: Computersatz Dr. Ernst Pendl, Heidelberg
Printed in Germany
ISBN 3-89334-152-8

Wir sind, was wir denken.
Alles, was wir sind, entsteht mit unseren Gedanken.
Mit unseren Gedanken machen wir die Welt.

G. Buddha

Don't bite my finger, look where I'mpointing.

Warren S. Mc Culloch

Alles fließt und verfällt.

Klospruch, Cafe Abseits, Bamberg

Vorwort

Die (Re-)Konstruktion psychosozialer Praxis durch systemtheoretische Ansätze ist in Mode gekommen. Dieser Trend kann als Teil einer umfassenden theoretischen Neuorientierung verstanden werden, die heute als System- und Ökologie-Boom nahezu alle Fachdisziplinen erfaßt hat. Die genaueren Bedingungen, denen diese Entwicklung ihr Entstehen verdankt, sind noch nicht systematisch untersucht, sie dürften jedoch von der Bedrohung bzw. dem Verlust natürlicher Ökosysteme, damit verbunden der zunehmenden Ökologisierung globaler wie gesellschaftspolitischer Fragen über einen allmählichen Wandel traditioneller Lebens- und Arbeitsformen bis hin zu entscheidenden Fortschritten der Theorieentwicklung im Laufe der letzten 20 Jahre reichen.

Die systemtheoretische Bewegung nahm ihren Ausgang von der Grundidee der Systemisomorphie. Letztere sollte es erstmals gestatten, Phänomene aus den unterschiedlichsten Wirklichkeitsbereichen mit einem einheitlichen Instrumentarium zu beschreiben und zu erklären. Leider wird jedoch von den entsprechenden Theorieansätzen wie z.B. der Allgemeinen Systemtheorie, der Kybernetik, der Synergetik, der Katastrophentheorie, der Ungleichgewichtsthermodynamik usw. ein sehr heterogenes Begriffssystem benutzt, um zentrale Probleme, wie etwa die Verarbeitung von Komplexität, die Entstehung und Aufrechterhaltung von Ordnung oder das Verhältnis von Stabilität und Wandel, modellhaft nachzuzeichnen.

Das vorliegende Handwörterbuch hat folglich einen vorläufigen Charakter im besten Sinne, denn es will die verschiedenen Facetten einer neuen theoretischen Perspektive aufzeigen, die sich momentan in rascher Expansion bzw. Weiterentwicklung befindet. Neben einer Einführung in die Grundlagen der systemischen Therapie enthält das Buch deshalb gleichzeitig die Aufforderung an alle Systemiker, im Rahmen des beginnenden Diskurses systemischer Methodologie bei der Präzisierung (die hier speziell verstanden sein will als Vereinheitlichung bzw. Reduzierung) der systemtheoretischen Terminologie mitzuwirken.

Im Rahmen (gesundheits-)politischer Überlegungen wollen wir zudem aufzeigen, daß systemtheoretisches Denken als eine Metaperspektive durchaus nicht zu einer „Apologie des Bestehenden" bzw. zu einer Beschränkung auf „herrschaftskonforme Fragestellungen" führen *muß* (vgl. dagegen die Systemtheoriekritik von Habermas in Habermas & Luhmann, 1971, z.B. S. 170). Systemtheoretisches Gedankengut *kann* jedoch zur Sozialtechnologie gerinnen oder in einen politisch konservativen Selbstorganisations-Liberalismus einmünden. Die ideologische und ökonomische Verwertung bzw. die privatwirtschaftliche Vermarktung des „Systemischen" in zahlreichen Aus- und Weiterbildungsinstituten legen bereits beredtes Zeugnis davon ab.

Eine Folgenkontrolle läßt sich in der Theorie kaum leisten. Wir sehen dennoch gerade im systemischen Denken ein lohnenswertes Potential, mit dessen Hilfe alternative Formen psychosozialer Arbeit (z.B. Unterstützung selbstorganisierter Initiativen, gemeindenahe interdisziplinäre Arbeit, Erprobung alternativer und ökologisch verträglicher Lebensformen) entworfen und erprobt werden könnten. Als Grundlage dafür könnte das Modell des Humanökosystems dienen, das als Konzept

a) die Vernetztheit, Zirkularität und wechselseitige Konstitution der Komponenten und Prozesse eines Systems betont;

b) auf eine Mehrebenenperspektive abhebt;

c) Interdisziplinarität verstärkt zum Programm macht;

d) die Bedeutung gesellschaftlicher Bedingungen sowie natürlicher und künstlicher Lebensräume betont;

e) das selbstreferentielle Erkennen und Handeln des Beobachters/Therapeuten mit in die Wirklichkeitskonstruktion einbezieht.

Hinweise zum Gebrauch

Dieses Handwörterbuch gibt keine konkreten Handlungsanleitungen im Sinne von therapeutischen Methoden oder Techniken. Es ist somit auch kein „Kochbuch" der Öko-Therapie. Vielmehr wird versucht, Erkenntnis- und Handlungsmöglichkeiten in der psychosozialen Praxis unter den Bedingungen der

Komplexität und Nicht-Trivialität von Systemen zu entwerfen und zu reflektieren. Es ist und kann nicht sinnvoll sein, diesen Band wie ein Lehrbuch von vorne nach hinten durchzuarbeiten. Die Form des alphabetischen Nachschlagewerks ermöglicht vielmehr jeder Leserin/jedem Leser ihren/seinen individuellen Einstieg in die komplexe Thematik, der wohl oft über das angefügte Schlagwortregister führen wird. Durch Pfeile wird jeweils auf mögliche Kontexte des Stichwortes verwiesen, wodurch sich jede Leserin/jeder Leser ihr/sein individuelles Netz von Begriffen und Beziehungen selber knüpfen kann. Das Handwörterbuch kann damit als *rekursives Verweisungssystem* betrachtet werden, das sich seine Abfolge bzw. Struktur durch die Art der Benutzung bildet. Die Leserin/der Leser erzeugt sich die zu ihr/ihm passende Art der Einführung in die Thematik selbst.

Jedem Sachartikel sind subjektiv ausgewählte Literaturhinweise beigefügt, die das entsprechende Thema entweder besonders anschaulich oder sehr zentral und erschöpfend abhandeln. Sämtliche hier und in den Artikeln sonst genannten Literaturhinweise werden im Gesamtliteraturverzeichnis noch einmal zusammengefaßt.

Der Inhalt dieses Nachschlagewerks konstruiert Wirklichkeit unter einer bestimmten Perspektive, weshalb auch kein Anspruch auf „Wahrheit" oder „Alleingültigkeit" erhoben wird. Eine endgültige, „wahre", begriffliche Konstruktion ist ebensowenig möglich wie eine Letztbegründung der zugrundeliegenden Epistemologie (vgl. den wissenschaftlichen Fortschrittsbegriff bei Kuhn (1967) sowie Stegmüller (1979) unter systemischer Methodologie). Deutlich wird dies z.B. an der breiten Raum einnehmenden Diskussion der Chancen und Risiken einer Verwendung von Begriffen und Konzepten aus verschiedenen Fachdisziplinen (z.B. Physik, Biochemie, Neurophysiologie) zum Zwecke einer modellhaften Beschreibung und damit Erklärung psychosozialer Praxis bzw. gesellschaftlicher Wirklichkeit.

Nicht nur auf diesem Wege wollen wir Frau Claudia van Laak ganz herzlich danken, die mit viel Mühe, Ausdauer und Verständnis das Manuskript erstellte. Ohne ihr Engagement und ihre vorausschauende Mithilfe wäre die Fertigstellung dieses Handwörterbuchs zu einem noch viel größeren Abenteuer geworden. Gleichermaßen danken wir Herrn Arno Schöppe (Tübingen), der sich freundlicherweise bereit erklärte, die Manuskripte inhaltlich zu sichten und den Sachartikel „Paradoxe Intervention" zu diesem Band beizutragen.

Bamberg, im August 1989   *Reimund Böse und Günter Schiepek*

Inhaltsverzeichnis

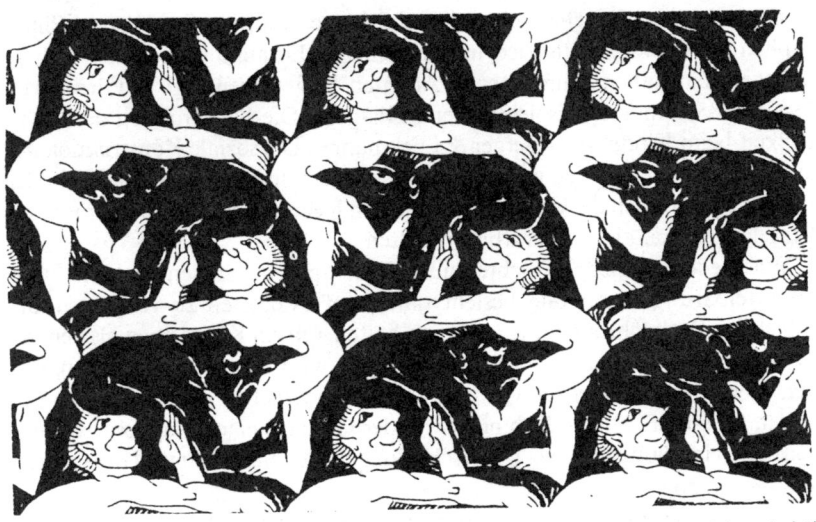

Abb. 1: *M.C. Escher: Begegnung. Lithographie, 1944 (Ausschnitt)*

Einleitung

1. „Radikaler Konstruktivismus" als Ausgangsposition

„Die Umwelt, so wie wir sie wahrnehmen, ist unsere Erfindung," postuliert Heinz von Foerster (1981, 40), einer der führenden philosophischen Köpfe des Radikalen Konstruktivismus, und faßt damit die Ergebnisse verschiedener Beiträge und Forschungsarbeiten zu einer empirisch fundierten Erkenntnistheorie pointiert zusammen. Der Radikale Konstruktivismus vertritt die Auffassung, daß unsere Erfahrungswelten grundsätzlich *erfunden* und nicht entdeckt werden. Im Zusammenhang mit der Bedeutung dieses Perspektivenwechsels für unser Weltbild sprechen einige Vertreter dieser Denkrichtung (z.B. Guntern, 1980; v. Glasersfeld, 1981) von einer zweiten Kopernikanischen Revolution. Sie stellen fest, daß wir die Annahme aufgeben müssen, die Repräsentationen, die wir aus unserer Erfahrung konstruieren, würden in irgendeiner Weise eine Welt widerspiegeln, wie sie auch ohne uns existieren könnte (v. Glasersfeld, 1981). Wirklichkeit und menschliche Erkenntnis verlieren aus dieser Sicht ihre Unabhängigkeit bzw. werden untrennbar miteinander verknüpft. Das, was man sieht, wird stets zur Folge dessen, wie man handelt, bzw. welche Unterscheidungen man trifft (i.S.v. Bateson, 1981). Heinz von Foerster (1981a, 60) faßt diese Erkenntnis elegant in seinem „ästhetischen Imperativ" zusammen: „Willst du erkennen, lerne zu handeln".

Die konstruktivistische Position hat eine lange Tradition. So bekannte Philosophen wie Giambattista Vico, Immanuel Kant, Edmund Husserl und Ludwig Wittgenstein haben grundlegende Arbeiten beigetragen (vgl. v. Glasersfeld, 1981; 1985). Andere Beispiele,wie etwa Piagets „Die Konstruktion der Wirklichkeit beim Kinde" oder Berger & Luckmanns „Die soziale Konstruktion der Wirklichkeit", zeigen den großen Einfluß konstruktivistischen Denkens. In der Psychologie können die klassischen Texte von Kelley sowie neuere Beiträge von Watzlawick u.a. als Pionierarbeiten gelten.

Was bedeuten diese Einsichten nun für den psychosozialen Praktiker? Die unmittelbare Aufforderung besteht darin, auf Prämissen zu verzichten, die „objektive Beobachtungen" für möglich halten. Ob ein Klient etwa als depressiv-melancholische Persönlichkeit beschrieben wird oder als Individuum, das sich momentan in einer schwierigen, aber veränderlichen Lebenssituation befindet, hängt u.E. letztendlich nicht von der Qualität einer Diagnose, sondern von den Handlungen bzw. Unterscheidungen des Beobachters/Therapeuten ab.

Was ein Therapeut sieht, ist immer eine Folge seiner Aktionen und Interaktionen mit dem/den Klienten. Mögliche Antworten auf die Frage nach der Verankerung von Wirklichkeitskonstruktionen in der Realität führen auf den Fragesteller zurück. Diagnose und Therapie relativieren sich an der Selbstreferentialität jeder Beobachtung. Diese Relativität ist eine doppelte: a) die des Erkenntnisgegenstandes zum Beobachter und b) die einer Konstruktion zu einer anderen. Alles, wovon geredet wird, wird von einem Beobachter selbstreferentiell hervorgebracht (Maturana, 1982, 34; Ludewig, 1987). Figuren bzw. Merkmale entstehen nur durch die über eine bestimmte Perspektive eingeführte Unterscheidung vom Hintergrund bzw. von anderen Merkmalen (Bateson, 1981).

Verständlich wird damit die Forderung von Konstruktivisten und systemisch orientierten Familientherapietheoretikern, anstelle von Theorien über Beobachtungsgegenstände verstärkt Theorien des Beobachters auszuarbeiten.

Genau diesen Wunsch erfüllen nun die Arbeiten des chilenischen Neurophysiologen Humberto R. Maturana, dessen Theorie lebender Systeme die ontologische bzw. biologische Grundlage für eine radikal-konstruktivistische Theorie der Erkenntnis zur Verfügung stellt.

2. Die ontologischen Grundlagen menschlichen Handelns und ihre Konsequenzen für den therapeutischen Prozeß

Maturanas Konzeption autopoietischer Systeme bietet einen völlig neuen Entwurf einer Theorie lebender Systeme, in deren Rahmen die menschlichen Erkenntnisleistungen (Wahrnehmung, Lernen, Gedächtnis, Denken, Sprache) mittels einer methodisch aufgebauten Terminologie sowohl systematisch-logisch als auch empirisch-neurobiologisch begründet werden.

„Lebende Systeme sind als physikalische autopoietische Maschinen zweck-freie Systeme" (Maturana, 1982, 191). Diese Festellung faßt zentrale Einsich-ten Maturanas gebündelt zusammen. Weitere grundlegende Thesen streicht Schmidt (Maturana, 1982, 1) in seiner „Einladung, Maturana zu lesen" bei-spielhaft heraus:

- Autopoiese definiert ein „lebendes System" hinreichend;
- Menschen sind autopoietische Maschinen, die selbstreferentiell, homöo-statisch (Kohärenz), autonom, strukturdeterminiert und geschlossen (opera-tionale Schließung) sind.
- lebende Systeme sind durch ihre Organisation determiniert, sie erzeugen ihre Grenzen im Prozeß der Selbsterzeugung (Selbstorganisation; Selbstregula-tion);
- mit Nervensystemen ausgestattete lebende Systeme erzeugen durch Selbst-beobachtung Selbstbewußtsein (konsensueller Bereich und Sprache);
- Kategorien wie „Input" oder „Output", „Zweck", „Entwicklung" und „Zeit" sind Kategorien des Beobachters bzw. Beschreibers eines Systems, nicht der Organisation des Systems selbst;
- deformiert wird ein lebendes System sowohl von der (von ihm unabhängi-gen) Umwelt (strukturelle Koppelung) als auch vom System selbst; das Sy-stem ist ontogenetisch (Ko-Ontogenese) abgestimmt auf solche Deforma-tionen, die es ohne Verlust seiner Identität verkraften kann (Strukturdeter-minismus; Ko-Evolution); ein System „denkt", wenn es mit einigen seiner internen Zustände so interagiert, als wären diese unabhängige Größen.

Für Maturana ist der kognitive Bereich eines lebenden Systems der Bereich aller Beschreibungen, die das System anfertigen kann. Seine Vorstellungen über das Phänomen der Kognition sowie der Realität zeigen dabei eine tiefe Übereinstimmung mit den Grundauffassungen des Konstruktivismus:

> „. . . daß Kognition als ein Phänomen des Individuums der Autopoiese des Erkennen-den untergeordnet ist, und daß alle kognitiven Zustände als Zustände des Erkennen-den durch die Art determiniert sind, in der dieser seine Autopoiese verwirklicht, und nicht durch die Bedingungen der Umwelt, in der sich dies ereignet. Kognition ist daher ein prinzipiell subjektabhängiges Phänomen" (Maturana, 1982, 303).
> „Realität ist: ein Bereich, der durch Operationen des Beobachters bestimmt wird . . . Menschen können über Gegenstände sprechen, da sie die Gegenstände, über die sie sprechen, eben dadurch erzeugen, daß sie über sie sprechen" (ebd., S. 264, zit. n. Schmidt, in Maturana, 1982, 2).

Operationale Schließung des Funktionierens und umweltbezogenes Handeln sind für Maturana keine Widersprüche. Er belegt sogar überzeugend, daß Selbstreferentialität und operationale Schließung als Voraussetzungen für au-tonomen Umweltbezug betrachtet werden müssen.

Lebende Systeme sind interagierende Systeme. Mit anderen lebenden Sy-stemen können sie durch (reziproke) strukturelle Koppelung konsensuelle Bereiche aufbauen, die wiederum die Voraussetzung für sprachliche wie nicht-sprachliche Kommunikation darstellen. Interaktion (Handlung bei von Förster) geht damit jeder Kommunikation voraus. Direkte Kommunikation im Sinne von „Information" ist nach Maturana ontologisch unmöglich. Kommunikation kann nur dadurch entstehen, daß ein Beobachter mit einem anderen System interagiert, von dem er *unterstellt*, daß es selbst Beobachter ist (zu den Selektionsvoraussetzungen jeder Kommunikation vgl. Luhmann, 1984, 196). Relative Verhaltenssicherheit entsteht durch Verhaltenserwartungen (doppelte Kontingenz, Luhmann, 1984, 148ff). Ein System operiert so, *als ob* es Einblick in die Funktionsweise des jeweils anderen Systems hat (triviale und nichttriviale Maschinen; konsensueller Bereich und Sprache).

Sprache schafft nach Maturana keinen konsensuellen Bereich, sondern setzt ihn bereits voraus. Sie wird folglich auch nicht als denotatives Symbolsystem verstanden. Sprache ist nach Maturana konnotativ. Sie orientiert den zu Orientierenden innerhalb *seines* kognitiven Bereiches. Die Orientierung ist unabhängig von dem, was diese „Botschaft" für den Orientierenden repräsentiert. „(Es) wird klar, daß es keine Informationsübertragung durch Sprache gibt" (Maturana, 1982, 57).

Erinnern wir uns: Ausgehend von einigen Grundthesen des Radikalen Konstruktivismus gelangten wir zu der Auffassung, diese müßten auf dem Boden einer entsprechenden Ontologie gestellt werden. Mit Maturanas Theorie lebender Systeme liegt ein entsprechendes neurobiologisches Konzept vor, dessen zentrale Annahmen schlaglichtartig benannt wurden. Wir können erkennen, daß beide Theorien eindrucksvoll übereinstimmen bzw. sich ergänzen und wertvolle Rückschlüsse für den Prozeß menschlichen Handelns bzw. den Prozeß der Therapie zulassen.

Wenn ich die Vorstellung aufgebe, daß eine Welt unabhängig und außerhalb von mir existiert, dann kann es auch keinen unabhängig und außerhalb von mir existierenden Klienten geben. Es ist meine Beschreibung, die ihn hervorbringt. Die Entscheidung, ob ich ihn als pathologisch oder anders beschreibe, liegt nicht in ihm, in irgendeiner „Objektivität" des Seins, sondern bei mir, bei meiner Beschreibung, für die ich ethische Verantwortung trage. Jeder konstruktivistisch orientierte Therapeut ist damit in besonderer Weise aufgefordert, Verantwortung für sein Handeln zu übernehmen (einige Gedanken zu einer systemischen Ethik siehe in Schiepek & Kaimer, 1987).

Es ist vor allem Dell zu danken, daß er diese Zusammenhänge in seinen Arbeiten prägnant dargestellt hat. In bezug auf den Prozeß der klinischen Wirklichkeitskonstruktion verweist der gleiche Autor darüber hinaus auf die dauernde Gefahr einer Vermengung von Verhaltens- und Beschreibungsebenen: Begriffe wie „Pathologie", „Homöostase" oder „paradox" sind für Dell auf der Ebene des Verhaltens nicht sinnvoll bzw. irreführend. Paradox bzw. pathologisch ist ein Verhalten nur aus der Sicht eines Beobachters. Solange eine Person handelt und darüber nicht reflektiert, ist ihr Verhalten einfach Verhalten. Pathologisch wird es erst, wenn es beschrieben wird. In demselben Sinne sind auch „Erfolge" bzw. „Mißerfolge" in der Therapie nicht „objektiv" meßbar. Sie sind ein Produkt der jeweiligen Sichtweise (Krüll, 1987).

Eine weitere wichtige Folge dieser ontologischen Grundlegung menschlichen Verhaltens besteht in der entschiedenen Relativierung instruktiver Einflußmöglichkeiten. Selbstreferentielle, operational abgeschlossene Systeme verändern sich nicht in Abhängigkeit von Interventionen oder gar von den Absichten hinter diesen Interventionen, sondern in Abhängigkeit von ihrer eigenen Struktur. Interventionen stellen lediglich Verstörungen bzw. Anregungen („Perturbationen", Maturana & Varela, 1987, 27) dar, die ein System (z.B. der Klient) in der seiner Struktur gemäßen Weise aufnimmt und verarbeitet (Macht und Kontrolle). Die fehlende Möglichkeit kontrollierbarer Beeinflussung reduziert gleichzeitig die Plan- und Prognostizierbarkeit des therapeutischen Prozesses. Programmartige, algorithmische Entwürfe von Therapie verlieren damit an Bedeutung (systemische Therapie). „Temporalisierung löst, wo Technologie defizitär ist und sein muß, langfristige Vorabplanung ab" (Schiepek & Kaimer, 1987).

Die Überlegungen Maturanas zu den Voraussetzungen von Kommunikation weisen schließlich auf die Notwendigkeit der Konstruktion eines gemeinsamen (konsensuellen) Wirklichkeitsbereiches hin. Wirklichkeit ist nicht einfach vorhanden. Ohne eine aufeinander passende (d.h. kohärente) Konstruktion der individuellen Strukturen, sozialen Interaktionsmuster, Lebensbedingungen, Probleme und deren Lösungsversuche am Anfang und während der Therapie werden für den Klienten kaum Bedingungen für konkrete Änderungen entstehen (rekursive Systembeschreibung; Empowerment). Eine entsprechende Rekonstruktion über mehrere Wirklichkeitsbereiche hinweg sollte dann natürlich unter Zuhilfenahme weiterer Grundlagentheorien auch aus anderen Wissensbereichen (s.u.) erfolgen.

3. Psychosoziales Handeln im Kontext komplexer Systeme

Psychosoziale Praxis erfordert ein Denken in komplexen, vernetzten Zusammenhängen. Biologische, psychische, soziale, wirtschaftliche, politische, religiöse u.a. Prozesse greifen bei der Gestaltung von Lebenswelten ineinander (Ökosystem). Will sich ein Praktiker darin orientieren, so muß er sich mit einer vielschichtig gekoppelten Hierarchie von autonomen Systemebenen (stratifizierte Autonomie) auseinandersetzen, die mittels selbstreferentiellem Prozessieren einen je eigenen emergenten Sinnbereich ausbilden (Ebenen der Systembeschreibung). Die basalen Operationen verschiedener Sinnbereiche können nicht aneinander anschließen (Grenzen). Das psychische (basale Operation: Gedanken) und das neurophysiologische (basale Operation: biochem. Prozesse) System des Menschen bilden damit jeweils Umwelten füreinander. Die Frage nach dem Verhältnis verschiedener Systemebenen zueinander beantwortet Luhmann mit dem Konzept der Interpenetration, wobei er bei seinem komplexen Entwurf einen Schwerpunkt auf die Referenzebene sozialer Systeme legt (1984).

Eine wichtige theoretische Grundlage für dieses Nachschlagewerk lieferte das Modell der Selbstorganisation, z.B. vertreten von Jantsch (1982). Jantsch bezieht sich vor allem auf die von Prigogine und Mitarbeitern entwickelte Ungleichgewichts-Thermodynamik (Nicolis & Prigogine, 1987). Diese betont eine evolutive Veränderung von Systemen, die sich fernab vom Gleichgewichtszustand befinden. Ungleichgewicht wird hier zur Voraussetzung für Selbstorganisation, (dynamische) Stabilität und Anpassungsfähigkeit. Es muß dabei hinzugefügt werden, daß die Idee der Selbstorganisation sämtliche hier und in der neueren Systemtheorie verwendeten Konzepte als übergreifendes Paradigma umklammert (vgl. Dreß et al., 1986). Die Frage nach einer zentralen Steuerung aller Systeme entfällt unter dieser Perspektive zugunsten einer unmittelbaren und standortbezogenen Selbstregulation jeder Einheit im Austausch mit ihrer Umwelt.

4. Wissenschaftliche Wirklichkeitskonstruktion als Modellbildung

Die hier vertretene erkenntnistheoretische Position des Radikalen Konstruktivismus wirft die Frage nach einer angemessenen systemischen Methodologie auf. Erst in jüngster Zeit kommt die Diskussion hierzu in den Sozialwissenschaften in Gang (Schiepek 1987b; Brunner, Reither, v. Schlippe u.a. in Schiepek, 1988a). Schiepek (1986) konstatiert, dabei einer ähnlichen Entwicklung in den Naturwissenschaften folgend, daß es nicht mehr darum gehen kann, nach einer „wahren" Verfassung der Natur zu suchen. Erkennt man an, daß jede Erkenntnis durch Standort und Eigenart des Erkennenden mitgeprägt ist, so bleibt die Möglichkeit, mit Modellen der Wirklichkeit zu arbeiten, die solange benutzt werden, wie sie brauchbar sind.

Entsprechend diesen Überlegungen widmet sich das Konzept Schiepeks der Konstruktion und der praktischen Arbeit mit sog. „idiographischen Systemmodellen". Sie stellen ein einzelfallbezogenes Bild dar, daß sich ein Beobachter vom Funktionieren und von den Zusammenhängen eines „realen" Systems macht. Über alltagssprachliche Beschreibungen der Klienten wird dabei zunächst versucht, sich einen Eindruck über relevante Zusammenhänge und Muster des Systems zu verschaffen, ohne jedoch die Dynamik in analytische Details zu zerlegen (vorläufiges Modell). Was dabei „relevant" wird, bestimmt jeweils die konkrete Struktur des Beobachters bzw. die Art seiner konsensuellen Abstimmung mit dem den Klienten sowie dem Supervisionsteam. Die Ausformulierung des elaborierteren „idiographischen Systemmodells" durch den Beobachter/Therapeuten erfolgt schließlich hypothesengeleitet unter Verwendung seines „heuristisch nutzbaren theoretischen, empirischen und subjektiven Wissens. Systemmodelle können als Makrohypothesen betrachtet werden, in die bereichsspezifische Hypothesen („ lineale Teilbögen") aus verschiedenen Wissensgebieten eingehen können. Diese Hypothesen 1. Ordnung werden gemäß ihrer Stellung im Gesamtsystem zu einer komplexen, rekursiven Makrohypothese (2. Ordnung) vernetzt. Da ein Systemmodell jeweils nur einen Augenblick gemeinsam konstruierter Wirklichkeit festhält, kann es sinnvoll sein, sukzessiv mehrere Modelle zu entwerfen, um Veränderungen während des Therapieprozesses zu dokumentieren.

Zur Erleichterung des Mustererkennungs- und Modellbildungsprozesses nennt Schiepek eine Fülle systembezogener Fragen (1986, 81 ff.). Erste Entwürfe zu möglichen allgemeinen Kriterien einer systemischen Methodologie liegen ebenfalls bereits vor (Schiepek, 1987b, 1988a; v. Schlippe & Schweitzer, 1988).

5. Einige Anmerkungen zur Übernahme von Begriffen aus anderen Wissensgebieten

Dem psychologisch orientierten Leser wird die Verwendung von Begriffen, Konzepten und Modellen aus einem sehr breit gestreuten Spektrum wissenschaftlicher Fachsprachen (der Physik, Biochemie, Philosophie, Soziologie, Ökologie usw.) auffallen. Dieser „Eklektizismus" kann wie folgt begründet werden:

1) Die vielfältigen Bedingungen psychischer Gesundheit lassen sich nicht auf einer Referenzebene abbilden. Da die verschiedenen logischen Ebenen ein autonomes Eigenleben entwickeln (basale Operation; stratifizierte Autonomie), müssen zur Beschreibung dieser Prozesse Konzepte aus anderen Teildisziplinen hinzugezogen werden.

2) Viele systemtheoretische Ansätze, vor allem die Allgemeine Systemtheorie (General System Theory, v. Bertalanffy) verstehen sich als Metatheorien. Sie versuchen, Modelle, Prinzipien und Gesetze zur Verfügung zu stellen, die für Systeme schlechthin zutreffen, ungeachtet deren besonderer Natur („Systemisomorphie", siehe unter Systemtheorie; v. Bertalanffy, 1957).

3) Die Übernahme fachfremder Begriffe und Modelle dient vor allem heuristischen Zwecken. „Wenn derartige Begriffe aus einem z.B. naturwissenschaftlichen oder mathematischen Kontext in einen sozialen verpflanzt werden, wandelt sich zwangsläufig ihre Bedeutung. Aus der Perspektive des Naturwissenschaftlers oder Mathematikers werden sie von den Familientherapeuten größtenteils ‚falsch' oder zumindest ‚nie ganz richtig' verwendet" (z.B. Un-

gleichgewichts-Thermodynamik; Autopoiese; Jiu-Jitsu-Prinzip; Zitat n. Simon & Stierlin, 1984, 6). Somit ist auch nicht zu erwarten, daß ein als Heuristik benutztes Modell unmittelbare Geltung für einen disziplinfremden Wirklichkeitsbereich besitzt. Ein heuristisches Modell muß vielmehr den Kriterien der Fruchtbarkeit und Originalität genügen (Bunge, 1967 II; Reinecker, 1982a). Trägt es dazu bei, kreative Ideen zu entwickeln und die Theorienbildung voranzutreiben? (Schiepek, 1986, 165).

4) Die Übernahme derartiger Begriffe erscheint sowohl wichtig, berechtigt, wie auch alltäglich, denn fast alle Fachtheorien übernehmen Termini aus der Alltagssprache und anderen Disziplinen, wobei die Bedeutung der Begriffe entsprechend verändert wird. Obwohl die Brauchbarkeit naturwissenschaftlicher Konzepte in der Psychologie oft dementiert wurde, ließen sich viele wichtige Ansätze durch die Physik und ihre Nachbarwissenschaften inspirieren (Freud: technische Mechanik und Hydraulik; Lewin: elektrische Feldtheorie; Pawlow u. Skinner: Neurophysiologie und Reflexologie; Piaget: (Ungleichgewichts-) Thermodynamik; Familientherapie (z.B. Selvini-Palazzoli): Allgemeine Systemtheorie und Kybernetik).

Autonomie

1. Zur geschichtlichen und politischen Bedeutung

Autonomie (gr.: autos = selbst und nomos = Gesetz) bedeutet Eigengesetzlichkeit und wird dem Begriff der Heteronomie – Fremdbestimmung – gegenübergestellt.

Ein Individuum ist in seinen sozialen Bezügen autonom, wenn es sich mit
den Zwängen und Normen, mit denen es konfrontiert ist, bewußt und kritisch
auseinandersetzt und sie bewertet, und wenn es seine Zielsetzungen und praktischen Entscheidungen als Resultat unabhängiger rationaler Reflexionen vornimmt (Lukes, 1973, zitiert nach Reiter & Steiner, 1986a, 54).

Kant (1978, 250) verbindet mit dem Konzept der Autonomie erkenntnistheoretische und ethische Aspekte, wenn er betont, daß die menschliche Vernunft in
der Erkenntnis und im Handeln keiner äußeren Autorität unterworfen sei, sondern nur ihrer eigenen Gesetzgebung und daher nur solchen Regeln und Urtei-
len zuzustimmen brauche, die damit in Einklang stehen (Albert, 1978, in Reiter
& Steiner, 1986a).

Das Konzept der Autonomie wird im politischen wie sozialen Kontext weitgehend als normatives Konstrukt bzw. als moralischer Wert gebraucht, der
bezüglich eines Individuums maximiert werden sollte. In der traditionellen Diskussion handelt es sich somit um eine Idealnorm, die, weil stets im Spannungsverhältnis zu den Regeln kollektiven Zusammenlebens stehend, nur mehr oder
weniger erreicht werden kann. Nichtsdestoweniger sind Autonomie, und eng
damit verbunden der Begriff der Freiheit, zentrale Begriffe im Selbstverständ-
nis moderner westlicher Demokratien.

2. Der Begriff der Autonomie in der neueren Systemtheorie

Die meisten systemtheoretischen Konzepte behandeln Autonomie als ein di-
mensionales, deskriptives Konstrukt. Die Extrempole bezeichnen auf der einen
Seite die vollständige Kontrolle durch das Suprasystem (Strukturdeterministen
würden hier eher von „völliger Eingepaßtheit" o.ä. sprechen), auf der anderen
Seite die völlige Autonomie der Subsysteme. Der Begriff der relativen Autonomie (vgl. ↗ stratifizierte Autonomie bei Jantsch, 1982) deutet dabei an, daß in
der Regel keiner der Extremzustände vorliegt.

Auch Maturana und Varela (1987, 216 f.) sprechen demgemäß von einer
Autonomieskala (bzw. -dimension). Sie unterscheiden lebende Organismen von
Gesellschaften, die sie beide als „Metasysteme" auffassen, nach dem möglichen
Grad der Autonomie ihrer Komponenten (Abb. 2).

„Die Organismen wären demnach Metasysteme mit Komponenten von minimaler Autonomie, d.h. mit Komponenten mit geringem Ausmaß an unabhängiger Existenz. Hingegen wären menschliche Gesellschaften Metasysteme mit Komponenten maximaler Autonomie, d.h. mit Komponenten, die viele Dimensionen unabhängiger Existenz haben."

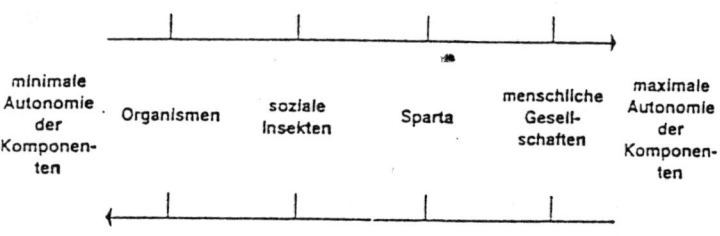

minimale Autonomie der Komponenten · Organismen — soziale Insekten — Sparta — menschliche Gesellschaften — maximale Autonomie der Komponenten

Abb. 2. Autonomieskala (nach Varela und Maturana, 1987, 216)

Bei der Bestimmung der Autonomie einer ↗ Einheit kommt es im systemtheoretischen Kontext zu einer deutlichen Akzentverschiebung. Autonomie wird hier eindeutig von innen her, d.h. durch die ↗ Organisation eines Systems bestimmt und nicht durch seine Stellung in einer Hierarchie etc. (vgl. ↗ mechanistische Erklärung).

Das zentrale Definitionsmerkmal autonomer Systeme ist dabei die ↗ operationale Schließung ihres inneren Funktionierens.

Varela (1979, 55) definiert Autonomie als allgemeinstes Phänomen selbstreferentieller Geschlossenheit und grenzt ↗ Autopoiese davon als einen Spezialfall ab (s.u.).

„Autonomous systems are mechanistic (dynamic) systems defined as a unity by their organization. We shall say that autonomous systems are organizionally closed. That is, their organization is characterized by processes such that (1) the processes are related as a network, so that they recursively depend on each other in the generation and realization of the processes themselves, and (2) they constitute the system as a unity recognizable in the space (domain) in which the processes exist."

„Autonome Systeme sind also durch Prozesse charakterisiert, die in Form eines Netzwerkes rekursiv miteinander in der Realisierung eben dieser Prozesse verbunden sind. Sie konstituieren das System als eine ↗ Einheit, die in jenem Raum wahrnehmbar (d.h. für einen Beobachter unterscheidbar) ist, in dem die Prozesse stattfinden" (Reiter & Steiner, 1986 a, 62).

Werden die Systemkomponenten durch diese rekursiven Prozesse im strengen Sinn *produziert*, so würde Varela von einem autopoietischen System sprechen. Mit dieser Spezifizierung beschränkt er den ↗ Autopoiese-Begriff allerdings auf den naturwissenschaftlichen Bereich und verbietet seine Übertragung auf soziale Phänomene (Teubner, 1987, 94; zur Ausweitung des ↗ Autopoiese-Begriffs bei Luhmann siehe dort).

Nach Maturana (1982), einem der „epistemologischen Väter" systemtheoretischen Denkens, erzeugen individuelle lebende Systeme ihre Autonomie durch den Mechanismus der Autopoiese, d.h. dadurch, daß sie sich in Form eines rekursiven Prozesses dauernd selbst erzeugen und erhalten.

Überindividuelle Systeme erzeugen sich zwar (im materiellen Sinne) nicht selbst, sie können aber dann als autonom betrachtet werden, wenn die Organisation ihrer ↗ basalen Operationen (siehe Krüll et al. 1987) geschlossen ist. Die spezifischen ↗ Grenzen eines autonomen Systems sind damit untrennbar mit dieser geschlossenen Organisation verbunden.

Konzeptualisiert man Familiensysteme oder etwa Einrichtungen der Gesundheitsversorgung im systemtheoretischen Sinne als autonom, so würde dies bedeuten, daß alles, was innerhalb und außerhalb des Systems geschieht, als sog. ↗ Verstörung des Sytemprozesses zu betrachten ist. Mit jeder Anregung des Systems wird systemeigene Information erzeugt (vgl. ↗ Strukturdeterminismus), deren Form zunächst dem Zweck der Erhaltung der eigenen geschlossenen Organisation (bzw. Identität) untergeordnet wird.

Reiter & Steiner (1986a, 62) weisen darauf hin, daß besonders überindividuelle autonome Systeme (z.B. Beratungsstellen, Heime, Kliniken) „angemessener beschrieben werden könnten, wenn nicht ihr ‚offizieller' Zweck und dessen Realisierung, sondern die innere Organisation als Kriterium diente." Die „Rationalität dieser Systeme besteht also in der Erhaltung ihrer Identität, der alle Informationen untergeordnet werden, bzw. auf die alle Informationen bezogen sind. Dieser Bezug kann von dem in offiziellen Erklärungen dargestellten Systemzweck oft sehr verschieden sein und so für die Mitglieder des Systems zu Schwierigkeiten bei der Modellierung ihres Verhaltens im System führen" (ebda).

In der Konzeption Luhmanns (1984, 250) gewinnen Systeme Freiheit und Autonomie durch Indifferenz gegenüber ihrer Umwelt. Systeme gleichen das Komplexitätsgefälle gegenüber ihrer Umwelt durch die Bildung von Strukturen aus. Die Selektionsebene der Struktur dient dazu, Komplexitätsunterlegenheit zu kompensieren. Systemen mit hoher struktureller Eigenkomplexität (d.h. einem hohen Maß an Kenntnissen und Erfahrungen) ist es bis zu einem bestimmten Grade möglich, eigene subjektive Referenzen und Weltentwürfe gegenüber einer einseitigen Bestimmung durch die Umwelt aufrechtzuerhalten (Willke, 1982, 33).

Der Steigerung der Sensibilität für Bestimmtes (interne Anschlußfähigkeit, ↗ Grenzen) steht eine Steigerung der Insensibilität für alles Übrige gegenüber. „Die Umwelt kann sozusagen großzügiger behandelt werden, sie kann mehr oder weniger pauschal abgewiesen werden" (Luhmann 1984, 250).

Das Gemeinsame aller Darstellungen ist nach Reiter & Steiner, daß mit dem Begriff der Autonomie Aussagen über Beziehungen des Systems zu seiner Umwelt gemacht werden. In der neueren Systemtheorie wie auch in der Familientherapie (z.B. Minuchin und Fishman 1983; Haley 1977, 1983) tritt deshalb zum Problem der Autonomie meist das der ↗ Grenzziehung zwischen Systemen hinzu.

Während der Grenzbegriff in der Systemtheorie (Luhmanns) untrennbar mit der Existenz von Systemen verbunden ist (erst die Ausbildung von Grenzen ermöglicht es, eine Differenz zur Umwelt aufrecht zu erhalten), kommt ihm in einigen familientherapeutischen Ansätzen und in der Gruppendynamik eher die Funktion zu, bestimmte, mehr oder weniger funktionale Beziehungsmuster zwischen bestimmten Subsystemen zu beschreiben. Bei Minuchin sowie Haley wird der Begriff zum Beispiel dazu verwendet, sog. „gestörtes" Verhalten in sozialen Systemen (z.B. Familien) zu erklären.

Bei Minuchin (1977) wird der Begriff der Autonomie, wenn er auftritt, immer im Zusammenhang mit dem Begriff der ↗ Grenze diskutiert. Auffällige Familien sind entweder durch symbiotische Verstrickungen der Mitglieder (diffuse Grenzen) oder durch unangemessen starre Grenzziehungen gekennzeichnet. Für Haley (1977) ist die klare Abgrenzung der hierarchischen Ebenen (Eltern⇔Kind) das zentrale Moment zur Bestimmung der Funktionsfähigkeit sozialer Systeme.

Zusammenfassend bleibt deshalb festzustellen, daß zur Zeit sowohl in der therapeutischen Praxis als auch in der sozialwissenschaftlichen Theoriebildung auf eine klare Operationalisierung des Grenzbegriffes mehr Wert gelegt wird als auf eine genaue Bestimmung des Konzepts der Autonomie (siehe auch ↗ stratifizierte Autonomie).

Weiterführende Literatur

Jantsch, E.: Die Selbstorganisation des Universums. München, dtv, 1982.
Minuchin, S. & H. C. Fishman: Praxis der strukturellen Familientherapie. Freiburg i. B., Lambertus, 1983.
Reiter, L. & E. Steiner: Über Autonomie. Zur Geschichte und Verwendung eines Konzeptes. In: Reiter, L. (Hrg.): Theorie und Praxis der systemischen Familientherapie. Wien, Facultas Univ. Verlag, 1986a.
Varela, F. J.: Principles of Biological Autonomy. New York, Elsevier North Holland, 1979.

Autopoiese

Das Konzept der Autopoiese (gr.: autos = Selbst, poiein = machen) wurde Anfang der 70er Jahre von Maturana und Varela eingeführt. Das Ziel der beiden chilenischen Neurophysiologen war, „die ↗ Organisation lebender Systeme zu erklären, indem jene Organisationsform beschrieben wird, die ein System als eine autonome ↗ Einheit konstituiert, welche im Prinzip alle für lebende Systeme charakteristischen Phänomene generieren kann, sofern die notwendigen historischen Voraussetzungen gegeben sind" (Maturana, 1982, 141).

Maturana und Varela fanden eine Organisationsform von Systemen, die es ermöglichte, die besonderen Eigenschaften lebender Systeme hervorzubringen. Diese Systeme nannten sie autopoietische Maschinen.

> „Eine autopoietische Maschine ist eine Maschine, die als ein Netzwerk von Prozessen der Produktion (Transformation und Destruktion) von Bestandteilen organisiert (als Einheit definiert) ist, das die Bestandteile erzeugt, welche 1. aufgrund ihrer Interaktionen und Transformationen kontinuierlich eben dieses Netzwerk an Prozessen (Relationen), das sie erzeugte, neu generieren und verwirklichen, und die 2. dieses Netzwerk (die Maschine) als eine konkrete Einheit in dem Raum, in dem diese Bestandteile existieren, konstituieren, indem sie den topologischen Bereich seiner Verwirklichung als Netzwerk bestimmen." (Maturana 1982, 184 ff.).

Zeleny (1980) definiert in Anlehnung an Maturanas Terminologie:

> „Autopoietic system. A unity realized through a closed organization of production processes such that (a) the same organization of processes is generated through the interaction of their own products (components) and (b) a topological boundary emerges as a result of the same constitutive processes."

Eine autopoietische Maschine erzeugt durch ihr Operieren fortwährend ihre eigene Organisation, und zwar als System der Produktion seiner eigenen Bestandteile (↗ operationale Schließung). Die ablaufenden Prozesse beziehen sich also auf sich selbst. In bezug auf Energie und Materie ist ein autopoietisches System auf ständigen Austausch mit der Umwelt angewiesen, also thermodynamisch bzw. materiell offen. Es braucht Rohstoffe, um die Komponenten, aus denen es besteht, zu synthetisieren.

Autopoietische Systeme operieren nicht gemäß irgendwelcher Zwecke oder Ziele, ihr einziges Ziel ist der Fortbestand ihrer (invarianten) ↗ Organisation, definiert durch die Relationen der Prozesse, die diese aufrechterhalten. „Lebende Systeme sind als physikalische autopoietische Maschinen zweckfreie Systeme" (Maturana, 1982, 191).

Autopoietische Systeme koppeln sich über ihren Kontakt mit der Umwelt an ihr Medium an (↗ strukturelle Koppelung) und sind dadurch überlebensfähig. Die Umwelt greift jedoch nicht steuernd ein, sondern stellt ihre Komplexität lediglich zur Verfügung (vgl. ↗ Interpenetrationsverhältnis bei Luhmann, 1984).

„. . . Über Umweltkontakte werden in die Selbstreferenzschleifen Interdependenzunterbrechungen eingeführt, sozusagen Stoppregeln und Neuanstöße für die ↗ operativ geschlossenen Prozesse ↗ basaler Zirkularität. Umweltanstöße wirken sich so aus als Interpunktionen systemeigener Prozesse (Willke, 1984, 197)."

Jeder Umweltkontakt aktiviert ein autopoietisches System zu Selbstkontakten. Folglich entscheidet das System, nicht die Umwelt, welche „Informationen" zirkulär erzeugt und als bedeutsam bewertet werden (ebda.).

An der Heiden, Roth & Schwegler (1985) sowie Roth (1986, 154 ff.) versuchen das Organisationsprinzip der Autopoiese genauer zu operationalisieren, indem sie es in die beiden Aspekte der Selbstherstellung und der Selbsterhaltung untergliedern.

Selbstherstellung: „Ein System, das aus bestimmten konstitutiven Komponenten K1, K2 . . . besteht, ist selbsterhaltend, wenn folgende Bedingungen erfüllt sind: (I) alle Komponenten entstehen *nach* einem bestimmten Zeitpunkt T; (II) K1, K2 . . . sind die *einzigen* Komponenten, aus denen das System nach dem Zeitpunkt T besteht; (III) jede der Anfangsbedingungen von K1, K2 . . . ist zumindest teilweise durch die konstitutiven Komponenten des Systems erzeugt."

Selbstherstellende Systeme lassen sich nach Roth als zyklische Verknüpfungen ↗ selbstorganisierender (Definition siehe dort) Prozesse auffassen.

Beispiele für selbstherstellende Systeme sind nach Roth etwa komplexe, musterbildende chemische Reaktionen (Zhabotinsky-Reaktionen, WinfreeOszillator). Diese Systeme gehen jedoch zugrunde, wenn ihr mitgegebener Vorrat an konstitutiven Komponenten (Energie und Materie) verbraucht ist.

Selbsterhaltung: „Systeme sind selbsterhaltend, wenn sie folgende Bedingungen erfüllen: (I) Das System bildet zu jeder Zeit ein räumlich zusammenhängendes Gebilde (Einheit); (II) Das System bildet einen freien, vom System erzeugten Rand, der nicht unabhängig vom System existiert (autonomer Rand); (III) Das System existiert in einer Umwelt, aus der es Energie und ↗ oder Materie aufnimmt (materielle und energetische Offenheit); (IV) Jede der konstitutiven Komponenten existiert nur für eine endliche Zeit (Dynamizität); (V) Alle konstitutiven Komponenten partizipieren zu jeder Zeit an den Anfangsbedingungen der Komponenten, die zu einer späteren Zeit existieren, so daß das System sich dauernd erhält (Selbstreferentialität)" (ebda.).

Selbsterhaltende Systeme überdauern wesentlich die Lebensdauer ihrer konstitutiven Komponenten. Sie können bei gegebenen materiellen und energetischen Umweltbedingungen im Prinzip unendlich lange existieren, indem die zerfallenen Komponenten stets zirkulär ersetzt werden. Der Tod ist dann ein intern herbeigeführter, aktiver Prozeß.

Roth (1986, 158) sowie an der Heiden et al. (1985) verstehen damit unter einem autopoietischen System eine sowohl selbstherstellende als auch selbsterhaltende Einheit. Selbstherstellung ist dabei das allgemeinere Phänomen, das auch bei nicht-lebenden komplexen Systemen zu finden ist. Zur Zeit sind zwar eine Reihe selbstherstellender Systeme bekannt, aber nur ein selbsterhaltendes System, nämlich Leben, jedoch nicht gemeint als individuelles Leben, sondern als allgemeiner Prozeß, der seit ca. 3 Milliarden Jahren auf der Erde andauert (an der Heiden, Roth, Schwegler, 1985; Roth, 1987).

Einen interessanten Beitrag zur Weiterentwicklung der Theorie der Autopoiese lieferte vor kurzem Roth (1987). Er weist darauf hin, daß das menschliche Gehirn zum großen Teil von der Verpflichtung zur Existenzerhaltung entbunden ist. Das Gehirn sei insofern autonom, als es sich mit Dingen beschäftigen kann, die nur sehr indirekt oder aber überhaupt nichts mit Überleben zu tun haben (oder ihm auf Dauer sogar entgegenwirken). Roth sieht in dieser Freiheit des Gehirns die Grundlage für spezifische kognitive Leistungen, wie z.B. der Handlungsplanung. Für Roth ist das Gehirn nur deshalb zu diesen Leistungen fähig, „weil es – als kognitives System – nicht autopoietisch ist" (1987, 61).

Zur sozialwissenschaftlichen Rezeption des Autopoiese-Begriffs

Bezüglich des möglichen Anwendungsrahmens des Konzepts der Autopoiese, entstand in letzter Zeit eine kontroverse Diskussion (vgl. Krüll et al., 1987). Der Schöpfer des Begriffs, Maturana, möchte ihn ausschließlich auf Lebewesen 1. Ordnung (Zellen) oder 2. Ordnung (biologische Organismen) angewendet sehen.

Soziale Systeme, von manchen Autoren auch autopoietische Systeme 3. Ordnung genannt, sind für Maturana nicht autopoietisch, da sie „als Netzwerk der menschlichen Koordination von Handlungen, und nicht als Netzwerk der Produktion von Menschen konstituiert sind" (Maturana, in: Krüll et al., 1987, 11 ff.).

Roth (1986) plädiert ebenfalls dafür, den Begriff der Autopoiese nur für die Beschreibung biologischer Systeme zu reservieren und kognitive oder soziale Systeme unter dem globaleren Begriff des selbstreferentiellen Systems zu fassen.

Luhmann (1984) baut dagegen auf dem Autopoiese-Begriff eine allgemeine Theorie von Systemen auf und wendet ihn auf selbstreferentielle wirtschaftliche, soziale, kognitive, wissenschaftliche, rechtliche und andere Systeme an. Dies gelingt, wenn er den Begriff „Produktion der Komponenten" umdefiniert und dabei, etwa im Falle sozialer Systeme, völlig von den Individuen (Mitgliedern) dieser Systeme abstrahiert. Roth (1986, 178) weist darauf hin, daß dazu ein Wechsel der Bezugsebene notwendig ist. Autopoietische Systeme erzeugen die Komponenten, aus denen sie bestehen; soziale Systeme produzieren jedoch keine Individuen. Folgerichtig betrachtet Luhmann Kommunikation (und deren Zurechnung als Handlung) als Komponenten sozialer Systeme.

Die verschiedenen Arten autopoietischer Systeme unterscheidet Luhmann nach dem Vollzug ihrer grundlegenden ↗ basalen Operationen. Diese Operationen sind zirkulär vernetzt, führen also auf sich selbst zurück (↗ Kybernetik). Im menschlichen Bewußtsein verweisen Gedanken auf Gedanken, in sozialen Systemen schließt Kommunikation an Kommunikation an. Im modernen Wirtschaftssystem schließlich, das seine Einheit im Geld besitzt, ist die Zahlung der Elementarvorgang. Zahlung ermöglicht weitere Zahlung (1984, 625). Die basalen Operationen sind auf der Integrationsebene des jeweiligen Systems nicht unterschreitbar (ebda., S. 226).

Der Wert von Luhmanns Theorie liegt wohl nicht so sehr in ihrer unmittelbaren Gültigkeit, als vielmehr in der Möglichkeit, die weitere Theoriebildung fruchtbar voranzutreiben. Das Verständnis sozialer Prozesse könnte dadurch in einen neuen Rahmen gestellt, bzw. rationaler rekonstruiert werden (vgl. Reinecker, 1983).

Aus der Charakterisierung autopoietischer Systeme leitet z.B. Willke (1984, 197 ff.) Hinweise für systemisch orientiertes therapeutisches Handeln in ↗ sozialen Systemen ab. Nach Willke bildet sich in sozialen Systemen (etwa einer Familie) eine spezifische, operativ geschlossene Verweisungsstruktur der Kommunikation heraus. Die Logik des Systems besteht darin, diese ↗ basale Zirkularität der Verweisung zu erhalten und zu reproduzieren. Therapeutische Interventionen stoßen an diese „Barrieren der Eigengesetzlichkeit selbstreferentieller psychischer oder sozialer Systeme" (ebda., S. 198).

Autopoietische Systeme übersetzen Außeneinwirkungen in ihre eigene Prozeßlogik, die mit der des intervenierenden Systems nichts zu tun haben muß. Unter diesem Blickwinkel betrachtet Willke therapeutisches Arbeiten als Anleitung zur Selbststeuerung (ebda; vgl. auch Schiepek, 1987, 39: „Therapie als Schaffung von Bedingungen für die Möglichkeit von Selbstorganisation"; ↗ systemische Therapie; ↗ Verstörung).

Weiterführende Literatur

an der Heiden, U., Roth, G. & H. Schwegler: Die Organisation der Organismen: Selbstherstellung und Selbsterhaltung. *Funkt. Biol. Med.* 5, 330, 1985.
Krüll, M., N. Luhmann, H. R. Maturana: Grundkonzepte der Theorie autopoietischer Systeme. *Zeitschrift für systemische Therapie*, 1987, 5 (1): 4–25.
Maturana, H.R.: Biologie der Sprache: die Epistemologie der Realität. In: Maturana, H.R.: Erkennen: Die Organisation und Verkörperung von Wirklichkeit. Braunschweig, Vieweg, 1982, 236–271.
Roth, G.: Selbstorganisation, Selbsterhaltung, Selbstreferentialität. Prinzipien der Organisation der Lebewesen und ihre Folgen für die Beziehung zwischen Organismus und Umwelt. In: Dreß, A., Hendrichs, H. & G. Küppers (Hrg.): Selbstorganisation – Zur Bedeutung eines neuen disziplinübergreifenden Paradigmas für die Einzelwissenschaften. München, Piper, 1986.
Zeleny, M. (Ed.): Autopoiesis, Dissipative Structures, and Spontaneous Social Orders. Boulder, Westview Press, 1980.

Basale Zirkularität – Basale Operation

Das von Maturana und Varela entwickelte Konzept der ↗ Autopoiese bezieht sich auf Systeme, die sich selbst reproduzieren; und zwar nicht nur im Sinne einer sequentiellen Reproduktion in der Generationenfolge, sondern im spezifischen Sinn einer permanenten gegenwärtigen Selbsterneuerung des eigenen Systems. Autopoietische Systeme sind ↗ operational abgeschlossene Systeme, die sich in einer „basalen Zirkularität" selbst reproduzieren, indem sie unter Ausbildung eines freien Randes (vgl. Roth, 1986) die Elemente, aus denen sie bestehen, in einem Produktionsnetzwerk wiederum mit Hilfe der Elemente herstellen, aus denen sie bestehen (Maturana, 1982).

Es ist diese (basale) zirkuläre Organisation, die das System zu einer Interaktionseinheit macht und die es erhalten muß, um seine Identität durch verschiedene Interaktionen hindurch zu bewahren (ebda., S. 35). Typische Beispiele für Netzwerke, die sich in der genannten Weise erhalten, sind lebende Systeme. Die Referenzebene der basalen Zirkularität bezieht sich hier auf das ↗ Emergenzniveau zellulärer Aktivität. Lebewesen sind dann solche autopoietischen Systeme, in denen Makromoleküle und Organellen (bei Einzellern) oder Zellen, Gewebe und Organe (bei Vielzellern) sich zirkulär produzieren. Zirkularität impliziert Geschlossenheit. Wird diese ↗ operationale Schließung zerstört, bricht die Autopoiese zusammen. Das lebende System hört auf zu existieren.

Systemtheoretisch orientierte Autoren, wie z.B. Willke (1982, 1983) oder Luhmann (1984), versuchen diese ursprünglich neurophysiologische Theorie auch auf andere Wirklichkeitsbereiche zu übertragen.

Willke (1983, 32) betrachtet in diesem Zusammenhang auch soziale Systeme wie Familien, Organisationen oder Gesellschaften als lebende Systeme, deren Logik ebenfalls darin besteht, die Zirkularität und operative Geschlossenheit ihrer Interaktionen aufrechtzuerhalten. Es geht dabei nicht mehr um eine Beschreibung stabiler Gleichgewichtssysteme (↗ Kybernetik), die in der Lage sind, Störungen der Umwelt zu absorbieren, um wieder in Ruhelage zurückzukehren.

Luhmann (1984, 77) beschreibt soziale Systeme vielmehr als temporalisierte Systeme, die die Zeitdauer ihrer eigenen Elemente verringern, um sich an die Irreversibilität der Zeit besser anpassen zu können. Es werden nur noch Strukturen zugelassen, die in der Lage sind, entstehende und vergangene Ereignisse zu verknüpfen. Die eigentliche Systemleistung besteht für Luhmann (ebda., S. 79) darin, die „Interdependenz von (permanenter) Auflösung und Reproduktion" zu ermöglichen. Die Reproduktion der ereignishaften Elemente bezeichnet er als Operationen.

Die basale Zirkularität bezeichnet dann diejenigen ereignishaften Operationen, die sich auf der Ebene des Systems nicht mehr weiter reduzieren lassen.

Kommunikation als basale Operation sozialer Systeme kann nicht unterschritten werden.

„Man kann Aussagen analysieren, in zeitliche, sachliche und soziale Sinnbezüge weiterverfolgen, kann im Detail immer kleinere Sinneinheiten bilden, bis in die endlose Tiefe des Innenhorizonts hinein – aber all dies immer nur durch Kommunikation, also in sehr zeitaufwendiger und sozial anspruchsvoller Weise. Dem sozialen System steht keine andere Weise der Zerlegung zur Verfügung, es kann nicht auf chemische, nicht auf neurophysiologische, nicht auf mentale Prozesse zurückgreifen (obwohl all diese existieren und mitwirken)" (ebda., S. 226).

Wie bereits unter dem Stichwort ↗ Autopoiese ausgeführt, nimmt Luhmann an, daß es mehrere grundverschiedene Arten autopoietischer Systeme gibt, die sich durch ihre basalen Operationen unterscheiden lassen (zu Beispielen siehe ↗ Autopoiese).

Entscheidend ist, daß kein System eigene Operationen außerhalb seiner ↗ Grenzen vollziehen kann. Die Art der Beziehung zwischen verschiedenen, relativ autonomen Systemtypen (logische Typen, nach Whitehead & Russell, 1910-1913), beschreibt Luhmann als ↗ Interpenetrationsverhältnis. Bei der Beschreibung komplexer Systeme ist streng zwischen diesen einzelnen Referenz (↗ Emergenz) -Ebenen zu unterscheiden. „So gibt es keine Kommunikation zwischen Individuum und Gesellschaft, weil Kommunikation immer und nur Vollzug von Gesellschaft ist" (Luhmann, in: Krüll et al.1987, 12).

Weiterführende Literatur

Krüll, M., N. Luhmann, H. R. Maturana: Grundkonzepte der Theorie autopoietischer Systeme. *Zeitschrift für systemische Therapie*, 1987, **5** (1), 4–25.
Willke, H.: Methodologische Leitfragen systemtheoretischen Denkens. Annäherung an das Verhältnis von Intervention und System. *Zeitschrift für systemische Therapie*, 1983, **1** (2), 23–37.

Biokybernetische Grundregeln

In seinem ersten systemkybernetischen Grundsatzpapier „Ballungsgebiete in der Krise" (1976) und dem daraus entwickelten „Sensititvitätsmodell" (Vester & von Hesler, 1980) schlägt Vester in bezug auf materiell gedachte Systeme acht kybernetische Grundprinzipien vor. Diese Prinzipien sollen eine erste Checkliste abgeben, an der ökologisches Planen und Handeln im Sinne einer Schaffung überlebensfähiger Systeme überprüft werden kann. (Vester, 1984, 81). Die Einhaltung dieser Grundregeln garantiert weitgehend, so Vester, die notwendige ↗ Selbstregulation eines Systems bei minimalem Energiedurchfluß und Materialverbrauch, da sie aus der Anschauung der Biosphäre und ihrer Wirtschaftsweise entnommen sind (Bionik) und nicht aus der isolierten Betrachtung wirtschaftlicher oder soziologischer Theorien.

1. Negative Rückkoppelung dominiert über positive Rückkoppelung

   (siehe ↗ Stabilität) in verschachtelten Regelkreisen (vgl. auch Systemhierarchien unter ↗ System; zum Regelkreis siehe ↗ Kybernetik).

2. Funktion ist unabhängig vom Mengenwachstum.

   Die Funktion von Systemen darf *nicht auf das Wachstum angewiesen* sein; sie hat jeweils ein optimales Ausmaß; Systeme können diese optimale Größe nicht überschreiten, ohne ihrer Überlebensfähigkeit zu schaden.

3. Funktionsorientierung statt Produktorientierung durch Produktvielfalt und -wechsel.

   Die Funktion eines Systems darf nicht an die Herstellung eines bestimmten Produkts gebunden sein, da das Regelkreisprinzip (negative Rückkoppelung) eine bestimmte Produktionsrate mal nach oben, mal nach unten steuert. Die Existenz eines Systems muß somit durch möglichen Produktwechsel, bzw. durch die Unabhängigkeit von einem bestimmten Produkt gesichert sein.

4. Jiu-Jitsu-Prinzip. Steuerung und Nutzung vorhandener Kräfte. Energiekaskaden, -ketten, -koppelungen.

   Gemäß diesem Jahrtausende alten taoistischen Prinzip des „gewaltlosen Kampfes" sollten bei der Regelung komplexer Systeme bereits vorhandene, aber auch potentielle Energien für die Gestaltung funktionsfähiger Systeme genutzt werden. Zu vermeiden sind unnötig heftige Interventionen, die die natürliche Entwicklung erst abzublocken versuchen, um dann mit gewaltigem Aufwand eine neue zu initiieren.

5. Mehrfachnutzung von Produkten, Verfahren und Organisationseinheiten.

   Die molekularen Vorgänge in der Natur könnten ein gutes Beispiel dafür abgeben, wie einzelne Produkte, z.B. Makromoleküle, für die unterschiedlichsten Funktionen eingesetzt werden können. Stichwörter sind dabei die Mehrfachnutzung von Energien, wie etwa die Wärme-Kraft-Koppelung oder die Rückspeisung der Industrie-Dampfenergie in das Stromnetz als weitere Perspektiven.

6. Recycling unter Kombination von Einwegprozessen zu Kreisprozessen.

Zur weiteren Nutzung dieses Prinzips müssen wir vor allen Dingen versuchen, unser lineales, westliches Denken, das jeweils eindeutige Ursachen und Wirkungen zu kennen glaubt, zu ändern. In Recycling- bzw. Kreisprozessen verschwindet der Unterschied zwischen Hauptprodukt und Abfall, ähnlich wie im Regelkreis der Unterschied zwischen Ursache und Wirkung. Im chinesischen Wuhan produziert beispielsweise die Stahlindustrie über 100 Produkte aus Abfällen, wodurch die Tonne Stahlschlacke den gleichen Wert erlangt wie der Stahl selbst.

7. Symbiose unter Nutzung kleinräumiger Diversität.

Die Symbiose als Urform überlebensfähiger Systeme ist sicherlich die effizienteste Form auch zukünftigen Wirtschaftens. In unserer Wirtschaftsordnung werden wir dabei jedoch auf die Schwierigkeit stoßen, branchenübergreifende Vorhaben durchführen zu müssen. Was wir heute oft vorfinden, sind gleichförmige Monokulturen in der Industrie wie in der Landwirtschaft. Diese können folglich von den Vorteilen symbiotischer Beziehungen, d.h. beträchtliche Rohstoff-, Energie- und Transportersparnisse, ganz zu schweigen von den stabilisierenden Effekten (vgl. ↗ Stabilität), nicht profitieren.

Bei Neuplanungen sollte daher eher Kleinräumigkeit, bei bestehenden Betrieben größtmögliche sinnvolle Koppelung angestrebt werden. Denkt man schließlich an den Bereich der Sozialplanung, so erinnern diese Überlegungen stark an Konzepte einer gemeindenahen psychosozialen Versorgung (z.B. Keupp & Röhrle, 1987; Röhrle & Stark, 1985).

8. Biologisches Grunddesign. Vereinbarkeit technischer mit biologischen Strukturen. Feedback-Planung und -Entwicklung.

Ein biologisches Design zu entwerfen heißt, alle von uns geschaffenen Strukturen, Funktionen und Organisationsformen an der Vereinbarkeit mit der Natur (besonders des Menschen) zu messen (Beispiele zitiert nach Vester 1984, 81 ff.).

Vester faßt diese acht Grundprinzipien als eine Art „Regelknoten" auf. Die Prinzipien bedingen und verstärken sich gegenseitig und erlauben dabei in ihrer Gesamtheit lebenden Systemorganisationen, einen natürlichen Ordnungszustand scheinbar entgegen den Entropiegesetzen aufrechtzuerhalten.

Weiterführende Literatur

Vester, F.: Das Sensitivitätsmodell – ein Planungsinstrumentarium für komplexe Systeme. *Bankverein*, 1980, Monat 7/ 8, 5–9.
Vester, F.: Neuland des Denkens. München, dtv, 1984.
Vester, F. & A. von Hesler: Sensitivitätsmodell. Frankfurt a.M., Regionale Planungsgemeinschaft Untermain, 1980.

Chaos

Die in den nächsten Jahren anstehende wissenschaftliche Aufarbeitung der Theorie des Chaos wird sowohl die allgemeine Theoriebildung als auch die Interpretation experimenteller Daten nachhaltig beeinflussen. Bisher betrachtete man es als eine der großen Leistungen der Physik, einige der grundlegenden kausalen Spielregeln der Natur enträtselt zu haben. Naturwissenschaftliche Leistung deckte sich mit der Fähigkeit, bestimmte Ursachen mit bestimmten Wirkungen zu verknüpfen.

So erlaubte z.b. die Entdeckung der Gravitationsgesetze einen Einblick in die Mechanik unseres Planetensystems, der es ermöglichte, Sonnen- und Mondfinsternisse sehr lange Zeit vorherzusagen, Satelliten auf Erdumlaufbahnen zu schicken oder Raumkapseln an vorausberechneten Stellen des Mondes landen zu lassen. Andere Phänomene, wie z.b. das Verhalten des Wetters, eines Würfels oder eines fließenden Bergbaches, konnten mit diesen Methoden nicht vorhergesagt werden, weshalb man sie als zufällige bzw. stochastische Phänomene behandelte. Die prinzipielle Möglichkeit der Vorausberechnung auch dieser Ereignisse wurde dabei jedoch nicht in Zweifel gezogen. Man nahm an, es müsse lediglich genügend Information über das komplexe System angehäuft und entsprechend verarbeitet werden.

Dieser Standpunkt ist nun durch neue Forschungsergebnisse erheblich ins Wanken geraten. Man entdeckte, daß auch einfache Systeme mit wenig Variablen stochastisches Verhalten erzeugen können. Das Zufallsverhalten entsteht dabei im System, ist also grundsätzlicher Natur. Es läßt sich nicht durch die Anhäufung von Informationen, wie z.B durch eine bessere Kontrolle der Umgebungsvariablen beseitigen. Zufallsverhalten, das auf diese Weise erzeugt worden ist, wird heute als *deterministisches Chaos* bezeichnet.

Es mag nun zunächst verwundern, die widersprüchlichen Begriffe „determiniert" und „chaotisch" hier kombiniert vorzufinden, denn das traditionelle Denken der Physik verbindet seit Jahrhunderten „Determiniertheit" eng mit Vorstellungen von „Kausalität", „Berechenbarkeit" und „Vorhersagbarkeit". Abgeleitet wurden diese Grundüberzeugungen aus dem zweifellos richtigen Kausalitätsprinzip: „Gleiche Ursachen haben gleiche Wirkungen".

Wie wir sehen werden, macht dieses Prinzip jedoch nur Aussagen über den in der Natur sehr unwahrscheinlichen Spezialfall der absoluten Gleichheit von Ursachen. Es wird deshalb auch *schwaches Kausalitätsprinzip* genannt (vgl. Deker & Thomas, 1983).

Die wissenschaftlich-technischen Erfolge seit Galilei führten zusammen mit einer ungerechtfertigten Generalisierung dieses Prinzips zu der impliziten Überzeugung, daß auch ein viel strengeres Kausalitätsprinzip gelten müßte: „Ähnliche Ursachen haben ähnliche Wirkungen" (*starkes Kausalitätsprin-*

zip, ebda.). Alltagserfahrungen schienen dieses Gesetz zu bestätigen: wirft man einen Stein etwas stärker, fliegt er etwas länger und weiter. Lenkt man ein Fahrrad leicht nach rechts, weicht es auch entsprechend vom Kurs ab.

Ursachen zufälligen Verhaltens

Anfang der 60er Jahre brachte der amerikanische Physiker E. Lorenz die Hoffnung auf eine Berechenbarkeit der Welt endgültig zu Fall. Der französische Mathematiker H. Poincare hatte schon gegen Ende des letzten Jahrhunderts die Gültigkeit des starken Kausalitätsprinzips in Zweifel gezogen.

Mit Hilfe von Computersimulationen wies er nach, daß bereits kleinste Störungen in physikalischen Systemen deren makroskopisches Verhalten grundlegend ändern können. Lorenz fand damit den fundamentalen Mechanismus, der für die Stochastizität chaotischer Systeme verantwortlich ist. Die starke Empfindlichkeit dieser Systeme gegenüber mikroskopischen Störungen bewirkt, daß auch Bahnverläufe (Orbits) mit nahezu identischen Ausgangsbedingungen sich exponentiell auseinanderentwickeln können.

Eine entsprechende Sensibilität besitzen beispielsweise Systeme von harten Kugeln, wie sie bei der Ermittlung der Lottozahlen oder im Billardspiel Anwendung finden. Trotz des mechanischen Mischens der Lottotrommel potenzieren sich die kleinen, hier natürlich gewollten, Ungenauigkeiten in der Ausgangsposition der Kugeln derart, daß Vorhersagen schon nach kurzer Zeit unmöglich werden. Beim Billard genügt die winzige Gravitationskraft eines in der Nähe stehenden Zuschauers, um bereits die neunte Karambolage zweier Kugeln völlig unberechenbar werden zu lassen.

Man nennt diese charakteristische Eigenschaft chaotischer Systeme *„sensible Abhängigkeit von den Anfangsbedingungen"*.

Chaotisches Verhalten läßt sich verstehen als eine dauernd sich wiederholende geometrische Streckung und Faltung der Verlaufsbahnen im Zustandsraum, vergleichbar etwa mit dem Mischen von Spielkarten oder dem Kneten eines Teiges (Chrutchfield et al., 1987). Das Strecken macht kleine Fehler größer (vgl. Abb. 3.1); Das Falten bringt wiederum weit entfernte Bahnen zusammen – vernichtet also gewissermaßen differenzierende Information (Abb. 3.2). Die Bahnen müssen nach einer Phase des Auseinanderstrebens wieder nahe aneinander vorbeilaufen, da auch chaotische Attraktoren (vgl. auch ↗ Stabilitätsformen) eine endliche Größe aufweisen. „Attraktoren (lat.: attrahere, anziehen) sind geometrische Strukturen, die das Langzeitverhalten im Zustandsraum (↗ Stabilitätsformen) charakterisieren. Grob gesprochen ist ein Attraktor alles, worauf sich ein System zubewegt oder wovon es angezogen wird" (Crutchfield et al., 1987, 82).

Abbildung 3.3 zeigt den sogenannten Rössler-Attraktor, eines der einfachsten Beispiele eines chaotischen Attraktors in einem zeitlich kontinuierlichen

System. Der Tübinger Professor Otto E. Rößler wurde beim Entwurf dieses Attraktors von den oben genannten Vorstellungen des Mischens angeregt. Als empirisches Analogon für den Mischvorgang im Chaos kann das Kneten eines Teiges herangezogen werden. Das Beispiel zeigt sehr deutlich, was mit nahe nebeneinanderliegenden Orbits passiert. Begreift man den Knetvorgang als eine Kombination aus zwei Arbeitsgängen – zunächst Ausrollen und dann Zusammenfalten des Teigs –, so würde ein sich im Teig befindender Farbfleck zunächst gestreckt und bei der anschließenden Faltung wieder gestaucht werden. Nach Crutchfield et al. (1987, 84) ist der Farbfleck nach nur 20 Arbeitsschritten „auf mehr als das Millionenfache seiner ursprünglichen Länge gestreckt worden, während seine Dicke auf molekulare Ausmaße geschrumpft ist."

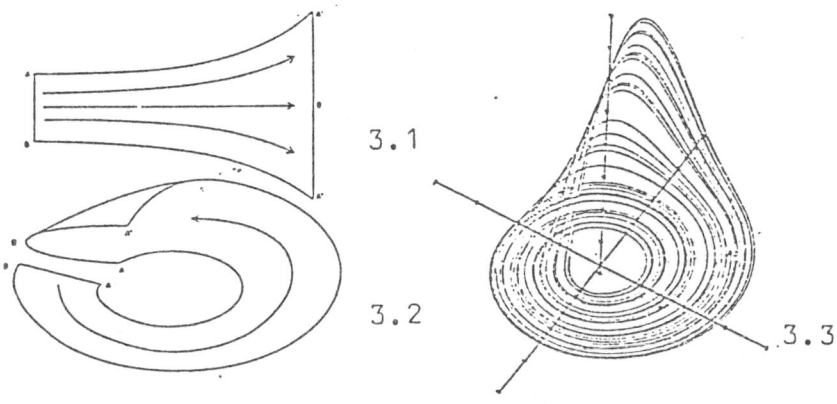

Abb. 3

Wir nehmen diese Streckung und Faltung ursprünglich benachbarter Orbits als allmähliche Durchmischung des Teiges mit der Farbe wahr. Der Rössler-Attraktor ist in vielen chaotischen Systemen beobachtet worden (Strömungen, chemische Reaktionen) und ist nach Crutchfield (1987) „ein Beispiel für Einsteins Maxime, daß die Natur einfache Formen vorziehe". Abbildung 4 zeigt drei chaotische Attraktoren mit komplizierteren geometrischen Strukturen. Sie wurden mit einfachen Systemen gewöhnlicher Differentialgleichungen in einem dreidimensionalen Zustandsraum berechnet (vgl. auch den interessanten Versuch von Mackey & an der Heiden (1982), den chaotischen Verlauf dynamischer Krankheiten (z.B. Cheyne-Stokes-Atmung, Herzrhythmusstörungen) aus einfachen Differentialgleichungen heraus zu entwickeln bzw. zu modellieren).

Ein allgemein bekanntes System, das einen Übergang zum Chaos zeigen kann, ist der tropfende Wasserhahn. In einem von Crutchfield et al. berichteten Experiment werden die Zeitintervalle zwischen aufeinanderfolgenden Tropfen paarweise aufgetragen. Für die nicht-periodischen Tropffolgen konnten At-

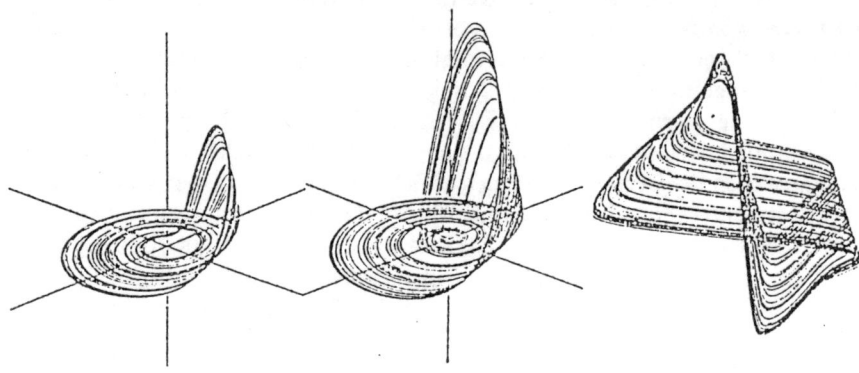

Abb. 4: aus: Nicolis und Prigogine, 1987, 178ff

traktoren gefunden werden, deren Hufeisenform als typisches Kennzeichen des oben genannten Streckens und Faltens im Chaos betrachtet werden kann.

Einfluß auf die wissenschaftliche Methodologie

Seit der Formulierung der Heisenbergschen Unschärferelation wissen wir, daß es in Mikrosystemen grundsätzliche Grenzen der Genauigkeit gibt, mit der gleichzeitig Ort und Geschwindigkeit eines Teilchens gemessen werden kann. Da die Messungen des Anfangszustandes eines Systems somit immer unscharf sind, kann der Wissenschaftler ein Experiment nie unter exakt den gleichen Ausgangsbedingungen wiederholen. Bei einem stabilen (nicht chaotischen) Bewegungsablauf stört das nicht weiter, da jede minimal veränderte Bahn praktisch gleich der ursprünglichen verläuft, ja im allgemeinen die Abweichung sogar bald ausgeglichen wird.

Im chaotischen Zustand erreichen die ursprünglich benachbarten Trajektorien (vgl. ↗ Stabilitätsformen) jedoch bald die Grenzen des zur Verfügung stehenden Wertebereiches. Danach laufen sie unkorreliert weiter. Eine hinreichend gute Voraussage innerhalb einer gewissen Toleranz ist nur über einen beschränkten Zeitraum möglich (zur mathematischen Formulierung dieses Zeitraums siehe Großmann, 1983), langfristige Vorhersagen der Trajektorienbahnen werden prinzipiell unmöglich. Der Ordnungszustand eines chaotischen Systems ist dann nur als Attraktorbereich angebbar. Der genaue Trajektorienpunkt, an dem sich das System zu einem bestimmten Zeitpunkt befindet, ist nicht festzustellen.

Da chaotisches Verhalten in der Physik eher die Regel als die Ausnahme zu sein scheint (Deker & Thomas, 1983, 73), wird man bei der Entwicklung und

Verifikation von Theorien wesentlich mehr Gewicht auf statistische und geometrische Eigenschaften von Systemen legen müssen, als auf die Isolierung präziser Detailinformationen (Crutchfield et al., 1987; vgl. dazu auch methodologische Vorstellungen systemisch orientierter Autoren in den Sozialwissenschaften, z.B. Willke 1983; Dörner 1983; Martens 1984; Schiepek 1987).

Die Chaostheorie stellt genauso wie die ↗ Synergetik reduktionistische Ansätze in Frage, die ein System verstehen wollen, indem sie es in möglichst kleine Teile zerlegen. Nichtlineare makroskopische Prozesse sind aber durch die Operation des Zerlegens nicht nachvollziehbar. Chaotische Prozesse werden im Rahmen der ↗ Synergetik als Wechselbeziehungen bzw. Konkurrenz mehrerer „Ordner" gesehen, die sich in ihrer Dominanz unregelmäßig („chaotisch") abwechseln und das System zwischen verschiedenen Bewegungszuständen hin- und herschleudern (Haken, 1981, 126).

Nach Deker & Thomas (1983) sind alle Systeme mit mehr als zwei Freiheitsgraden (hier verstanden als Anzahl der Dimensionen in einem Zustandsraum) chaosverdächtig und damit auch alle komplizierten Modelle für wirtschaftliche, gesellschaftliche oder ökologische Prozesse. Da dies insbesondere auf sogenannte „Weltmodelle" zutreffe, seien langfristige Vorhersagen in diesem Bereich skeptisch zu betrachten (S. 75).

Die wissenschaftliche Untersuchung des Chaos steht erst am Anfang. Für den Einzelfall gibt es noch keine Instrumentarien, um zu diagnostizieren, ob und wann ein System chaotisch wird und welche Folgen dies hat. Für den Bereich der Sozialwissenschaften ist der Begriff des Chaos noch kaum erschlossen. Interessant scheint jedoch – neben einem weiteren Argument für die fehlende Kontrollierbarkeit komplexer Systeme – , daß früher als zu kompliziert erscheinende und daher wenig beachtete Phänomene in Zukunft eventuell mit einfachen Gesetzen erklärt werden können. Determiniertes Chaos würde sich beispielsweise als Beschreibungsmöglichkeit für soziale Systeme anbieten, die sich innerhalb eines bestimmten Zustandsraumes (z.B. im Bereich möglicher Kommunikationen) befinden, deren momentaner und zukünftiger Zustand jedoch nicht präzise angegeben werden kann. Es entstünde eine Möglichkeit der Betrachtung global stabilen determinierten Verhaltens (vgl. Jantsch, 1982), das vormals als scheinbar zufällig bzw. zu komplex von der Wissenschaft beiseitegelegt wurde.

Weiterführende Literatur

Abraham R.H. & Shaw, C.D.: Dynamics – The geometry of behaviour. Santa Cruz, Aerial Press, 1982, '83, '85.

Crutchfield J. P.; Doyne Farmer J.; Packard N. H. & R.S. Shaw: Chaos. *Spektrum der Wissenschaft*, 1981 (2), 78–91.

Deker U. & H. Thomas: Unberechenbares Spiel der Natur: Die Chaos-Theorie. *Bild der Wissenschaft*, 1983 (1), 63–75.

Lauterborn W. & W. Meyer-Ilse: Chaos – ein Experiment zum Nachmachen. *Physik in unserer Zeit*, 1986, 17(6), 177–187.
Makey, M.C. & an der Heiden, U.: Dynamical diseases and Bifurcations: Understanding Functional Disorders in Physiological Systems. *Funkt. Biol. Med.* 1, 156 (1982).
Schuster, H.G.: Deterministic Chaos. An Introduction. Weinheim, Physik-Verlag, 1984.

Doppelte Kontingenz

In der Terminologie Luhmanns steht der Begriff der Kontingenz zwischen den beiden Modi Notwendigkeit und Unmöglichkeit.

> „Kontingenz ist etwas, was weder notwendig noch unmöglich ist; was also so, wie es ist (war, sein wird), sein kann, aber auch anders möglich ist. Der Begriff bezeichnet mithin Gegebenes (Erfahrenes, Erwartetes, Gedachtes, Phantasiertes) im Hinblick auf mögliches Anderssein; er bezeichnet Gegenstände im Horizont möglicher Abweichungen" (Luhmann, 1984, 152).

Nach der Auffassung Luhmanns entstehen soziale Systeme gerade dadurch (und nur dadurch), daß beide Partner doppelte Kontingenz erfahren. Doppelt dadurch, daß das Bewußtsein als psychisches System nicht nur für andere, sondern auch für sich selbst weitgehend unzugänglich ist.

> „Kein Bewußtsein kann die Totalität seiner Systembedingungen als Prämissen oder als Gegenstände seiner eigenen Operationen ins System wiedereinführen. Alter Ego heißt demnach: es ist für mich ebenso intransparent, wie ich selbst es für mich bin" (Luhmann 1985, 405).

Das Konzept der doppelten Kontingenz setzt somit hochkomplexe (psychische oder soziale) sinnbenutzende Systeme voraus, die füreinander nicht durchsichtig und nicht kalkulierbar sind. Die Interaktion zwischen zwei Systemen (z.B. Therapeut und Klient) beginnt und verläuft damit auf der Grundlage wechselseitiger Intransparenz. Keiner kann in das Gehirn des anderen schauen und beobachten, nach welchen Operationsregeln der andere arbeitet. Jedes psychische System bestimmt sein eigenes Verhalten durch komplexe ↗ selbstreferentielle Operationen innerhalb seiner ↗ Grenzen (vgl. ↗ operationale Schließung).

Bei aller Bemühung und bei allem Zeitaufwand müssen beide Systeme füreinander undurchsichtig bleiben (denn sie selbst sind immer schneller). Jeder Versuch, den anderen zu berechnen, würde zwangsläufig scheitern (Luhmann, 1984, 156). Was bleibt, ist die Möglichkeit, sich wechselseitig Determinierbarkeit im System-Umwelt-Verhältnis zu unterstellen, sich daraufhin zu beobachten und zu ↗ kommunizieren. Interaktionssysteme (z.B. Therapiesysteme) können nun transparenter werden in dem Sinne, daß über die laufenden Interaktionen Beschreibungen der jeweils anderen Systemmitglieder gebildet werden, die es erlauben, deren Verhalten vorläufig und präsumtiv zu erklären und zu erwarten. Die Beschreibungen können in weiteren Interaktionen getestet, wenn nötig revidiert und so allmählich zu stabilen Erwartungsmustern gebündelt werden.

> „Systeme bilden sich durch die Interaktion von Teilen, die einander beobachten und beschreiben und ihre wechselseitige Intransparenz durch Unterstellungen und unterstellte Unterstellungen ersetzen bis hin zu dem Punkt, an dem die erprobten Unterstellungen eine Strategie des „Als-ob" tragfähig machen" (Willke, 1987, 103).

Willke bezieht sich hierbei auf die Kybernetik der „black boxes" (vgl. dazu Glanville, 1982).

Psychische wie soziale Systeme, die in doppelter Kontingenz stehen, sind somit gar nicht darauf angewiesen, sich wechselseitig durchschauen und prognostizieren zu können. „Das soziale System ist gerade deshalb System, weil es keine basale Zustandsgewißheit und keine darauf aufbauenden Verhaltensvorhersagen gibt. Die Unsicherheitsabsorption läuft über die Stabilisierung von Erwartungen, nicht über die Stabilisierung des Verhaltens selbst, was natürlich voraussetzt, daß das Verhalten nicht ohne Orientierung an Erwartungen gewählt wird." (Luhmann 1984, 157 f).

„Wenn zusätzlich zur eigenen Verhaltensunsicherheit auch die Verhaltenswahl eines anderen unsicher ist und vom eigenen Verhalten mit abhängt, entsteht die Möglichkeit, sich genau daran zu orientieren und im Hinblick darauf das eigene Verhalten zu bestimmen. Es ist mithin die ↗ Emergenz eines ↗ sozialen Systems, die über Verdoppelung der Unwahrscheinlichkeit ermöglicht wird und dann die Bestimmung des je eigenen Verhaltens erleichtert" (ebda., S. 166).

Weiterführende Literatur

Luhmann, N.: Soziale Systeme. Frankfurt, Suhrkamp, 1984.

Luhmann, N.: Die Autopoiesis des Bewußtseins. *Soziale Welt*, 1985, **36** (4), 402–446.

Willke, H.: Systembeobachtung, Systemdiagnose, Systemintervention – weiße Löcher in schwarzen Kästen? In: Schiepek, G. (Hrg.): Systeme erkennen Systeme. München, PVU, 1987, 94–114.

Ebenen der Systembeschreibung

Die Erfassung der komplexen Lebenswirklichkeit eines Menschen erfordert eine wesentliche Erweiterung des Blickwinkels psychosozial Handelnder. Die individuelle Gesundheit ist in eine breite Palette von Systemzusammenhängen eingebunden, die sich nicht nach den Einteilungen der Fachdisziplinen richtet. Biologische, psychische, soziale, wirtschaftliche und politische Prozesse greifen bei der Gestaltung von konkreten Lebenswelten ineinander.

Die umfassende Beschreibungskategorie dieser erweiterten Sichtweise kann mit dem Begriff des „Humanökosystems" (↗ Ökosystem) als Untersuchungsgegenstand gekennzeichnet werden.

Der Aufbau von Ökosystemen bis hin zum Gesamtuniversum ist von vielen Autoren als Strukturbildung in Form von Hierarchien beschrieben worden (Roth, 1981; Zeleny, 1980, 1981; Jantsch, 1982; Allen & Starr 1982). Hierarchiebildung meint hier nicht einseitige Kontrolle von oben nach unten, sondern die Ausbildung von autonomen Hierarchieebenen (vgl. ↗ System), die mittels ↗ selbstreferentiellem Prozessieren einen eigenen ↗ emergenten Sinnbereich ausbilden.

Ropohl (1978, 29) betrachtet Hierarchiebildung als formales Ordnungsprinzip, das mit Macht und Kontrolle nichts zu tun hat. Statt Kontrolle kann Hierarchisierung eine vielschichtige dynamische Koppelung von Ebenen bedeuten, die interagieren und gleichzeitig ihre Autonomie und ihre Dynamik wahren (vgl. ↗ stratifizierte Autonomie bei Jantsch, 1982, 338 ff.).

Die einzelnen Sinnbereiche der Hierarchieebenen korrespondieren mit den „logischen Typen" (Whitehead & Russell 1910–1913), auf deren Berücksichtigung Bateson (1982) so großen Wert legte. Aus innersystemischer Perspektive ist für Luhmann (1984, 608) „der Typenzwang . . . nichts anderes als die Limitation, unter der ein Element, etwa eine Kommunikation, zu operieren hat, wenn sie sich über anderes auf sich selbst zurückzubeziehen hat . . . Es gibt kein System, das ein selbstreferentielles Verhältnis zwischen chemischen und kommunikativen Ereignissen herstellen könnte."

Soziale Systeme können sich auf der Ebene ihres eigenen Operierens nur auf sich selbst beziehen. Neurophysiologische oder intrapsychische Prozesse gehören deshalb zur Umwelt sozialer Systeme (↗ Grenzen). Systeme verschiedener Referenzebenen sind jedoch an den Bestand und das Operieren, besonders „darunterliegender" Systeme gebunden: soziale Systeme an Bewußtseinssysteme, Bewußtseinssysteme an neuronal-funktionelle Systeme.

Die Frage nach dem Kontakt verschiedener Systemebenen untereinander beantwortet Luhmann (1984, 286 ff.) mit dem Konzept der ↗ Interpenetration. Penetration bedeutet, daß ein System „die eigene Komplexität (und damit: Unbestimmtheit, Kontingenz und Selektionszwang) zum Aufbau eines anderen Systems zur Verfügung stellt." Im Falle von Interpenetration geschieht dies wechselseitig.

Physische Individuen sind notwendig, damit soziale Systeme sich konstituieren können. Das aufnehmende (z.B. soziale) System benutzt die fremde Komplexität (z.B. psychischer Prozesse), um systemspezifische, strukturierte Komplexität zu erzeugen oder mit anderen Worten: um psychischen Systemen „Handlungen zu entziehen, die den Bedingungen sozialer Kombinatorik genügen" (Luhmann, 1984, 293).

Für den Bereich der Sozialwissenschaften sind, um es noch einmal zusammenzufassen, die drei folgenden Ebenen von besonderer Bedeutung:

1. Die individuelle Ebene

Maturana beschreibt individuelle, lebende Systeme mit seinem Konzept der Autopoiese. Das Nervensystem lebender Systeme funktioniert danach als ↗ operational abgeschlossenes Netzwerk, was zur Folge hat, daß alle kognitiven Leistungen dadurch zustande kommen, daß das System mit sich selbst (selbstreferentiell) interagiert. Von Ereignissen der Außenwelt kann ein System nur angeregt, nie jedoch instruktiv beeinflußt werden. Das Verhalten eines Systems hängt somit von ihm selbst und nicht von der Umwelt ab (↗ Strukturdeterminismus). Aus erkenntnistheoretischer Sicht wird damit eine ↗ konstruktivistische Position nahegelegt, im Bereich praktisch-therapeutischer Arbeit folgt daraus, daß Klienten durch therapeutische Techniken nicht in irgendeiner Form „programmiert" werden können. Welche Verhaltensänderungen ein Klient zeigt, hängt stets von dessen aktueller ↗ Struktur ab; diese ist von außen weder steuer- noch vorhersagbar.

2. Die Ebene sozialer Systeme

Aus dem Blickwinkel der Theorie sozialer Systeme von Luhmann (1984) könnte etwa eine Therapiesituation als Vorgang der kommunikativen ↗ Selbstorganisation beschrieben werden. Therapie ließe sich demnach als Konstitution eines sozialen Systems, personell gebunden an Therapeuten und Klienten, begreifen. Durch Kommunikation konstituieren und erweitern sich die Sinngrenzen (↗ Grenzen) des sozialen Systems, das Klientensystem wird einbezogen. Durch Transformation überreicher ungeordneter Umweltkomplexität (z.B. anamnestische Informationen) in geordnete Systemkomplexität (z.B. funktionale Verhaltensanalyse) können sich die Umweltbezüge des Systems erweitern oder verändern, bis es sich schließlich nach einer bestimmten Zeit (Therapiedauer) wieder auflöst. Bei Luhmann fasziniert vor allem, daß er von Individuen als Komponenten sozialer Systeme völlig absieht und dafür Kommunikation als konstituierende Elemente einsetzt.

3. Die Ebene des Humanökosystems

Die Notwendigkeit, psychosoziales Handeln auf dieser umfassenden Ebene zu
betrachten, wurde bereits am Beginn dieses Artikels deutlich. Es geht nicht nur
um ein Denken in Systemen auf der jeweiligen Disziplinebene, was angestrebt
werden muß, ist vielmehr eine Erzeugung von Vernetzungen zwischen diesen
Systemen. Es ergibt sich schließlich die Forderung, eine Metastrategie zu konzipieren, die inhaltlich für Hypothesen mit verschiedenem Theorie- und Diszi-
plinhintergrund offen bleibt(↗ selbstreferentielle Systembeschreibung;idio-
graphische ↗ Systemmodelle; ↗ systemische Therapie).

Weiterführende Literatur

Allen T.F.H. & Th.B. Starr: Hierarchy: Perspectives for Ecological Complexity. Chicago,
    University of Chicago Press, 1982.
Luhmann, N.: Soziale Systeme. Grundriß einer allgemeinen Theorie. Frankfurt/Main,
    Suhrkamp 1986.
Schiepek, G.: Systemische Diagnostik in der Klinischen Psychologie. Weinheim, Beltz,
    1986.

Einheiten 1., 2. und 3. Ordnung

„Eine Einheit ist eine konkrete oder begriffliche, dynamische oder statische Entität, die durch Operationen der Abgrenzung bestimmt wird, die sie von einer Umgebung abtrennen und ihr charakteristische Eigenschaften zuweisen" (Maturana, 1982, 240).

Einheiten sind nicht vorhanden, sie werden durch ↗ selbstreferentielles Operieren im Beobachter erzeugt. Beispiel: Der Therapeut entwirft als Beobachter sein Bild eines Klienten.

Der Klient kann nun entweder als einfache Einheit aufgefaßt werden, womit dessen Eigenschaften als konstitutiv betrachtet werden und ihr Ursprung nicht weiter hinterfragt wird, oder er wird als zusammengesetzte Einheit beschrieben, deren Eigenschaften durch eine spezifische ↗ Organisation einfacher oder wiederum zusammengesetzter Einheiten realisiert werden.

Maturanas Theorie lebender Systeme betrachtet die Zelle als grundlegende Einheit jeder Form uns bekannten Lebens. Zellen reproduzieren sich selbst und ihre Grenzen in einem dynamischen Prozeß von Transformationen, der permanent die Bestandteile erzeugt, aus denen die Zelle besteht. Dieser ↗ autopoietische Prozeß kennzeichnet Zellen als Einheiten 1. Ordnung. Die zelluläre Einheit ordnet ihren ständigen Austausch mit dem Milieu (Stoffwechsel) stets der Erhaltung ihrer eigenen Organisation unter. In die zellulären Interaktionen mit der Umwelt können jedoch auch andere Zellen derart eingebunden sein, daß in den dadurch entstehenden multizellulären Systemen die ↗ strukturell gekoppelten Einheiten 1. Ordnung nun gemeinsam ihre ↗ Autopoiese verwirklichen. Die Art dieser Verwirklichung richtet sich aber nun nach der jeweiligen Funktion der Zelle bei der Bildung der multizellulären Einheit im Verlauf ihrer Interaktionen und Relationen mit der Umgebung.

Einheiten, in deren Struktur eng verknüpfte Zellanhäufungen zu erkennen sind, werden von Maturana und Varela (1987, 98) als Metazeller („Die begriffliche Neubildung ‚Metazeller' (span. metacelular) trägt dem Rechnung, daß zu den so bezeichneten biologischen Einheiten zusätzlich zu den Vielzellern auch biologische Einheiten höherer Ordnung wie Kolonien oder Gesellschaften gehören" (Anm. des Übers. in Maturana & Varela, 1987, 83)) bezeichnet:

„Die Metazellularität tritt in allen fünf Bereichen, in die Lebewesen eingeteilt sind, in Erscheinung (vgl. L. Margulis: Five kingdoms, San Francisco, 1982): Prokaryoten, Eukaryoten, Tiere, Pflanzen und Pilze. Die Metazellularität ist seit der frühesten Geschichte der Lebewesen eine strukturelle Möglichkeit."

Metazeller, deren Gemeinsamkeit darin besteht, daß die Zellen Bestandteile ihrer Struktur sind, werden folglich als *autopoietische Einheiten 2. Ordnung* bezeichnet. Die Vielfalt an Erscheinungsformen dieser Einheiten (z.B. Organismen, Kolonien, Gesellschaften) läßt sich letztendlich auf die verschiedenen Verknüpfungsmöglicnkeiten der sie bildenden Zellen zurückführen. So haben ein Mensch oder ein Blauwal Milliarden verschiedener Zellen, die jedoch alle jeweils in ein System reziproker ↗ struktureller Koppelung integriert sind, welches die Einheit 2. Ordnung – Mensch oder Wal – ermöglicht.

Genauso wie im Falle zellulärer Interaktion bei den Metazellern kann schließlich aus dem Blickwinkel der inneren Dynamik eines Organismus ein anderer Organismus als Quelle von Perturbationen (lat: Störung) in Erscheinung treten. Wenn die Interaktion zwischen diesen Organismen dabei einen rekursiven Charakter annimmt, führt dies zum gemeinsamen strukturellen Driften (Maturana & Varela, 1987, 103 ff.) bzw. zur ↗ Ko-Ontogenese der beteiligten Organismen, wobei diese einen neuen phänomenologischen Bereich hervorbringen, der besonders komplex werden kann, wenn ein Nervensystem vorhanden ist (ebd., S. 196).

Phänomene, die in der beschriebenen Weise durch rekursive Koppelungen (dritter Ordnung) von Organismen entstehen, sind soziale Phänomene. Die sozialen Systeme, die sich dabei bilden, werden als *Einheiten 3. Ordnung* bezeichnet.

Die „soziale Phänomenologie" beruht darauf, daß die beteiligten Organismen im wesentlichen ihre individuellen Ontogenesen als Teil eines Netzwerkes von ↗ Ko-Ontogenesen verwirklichen, das sie bei der Bildung von Einheiten dritter Ordnung hervorbringen. Die Mechanismen, mittels derer dieses Netz hergestellt wird und mittels derer die das Netz bildenden Einheiten ihre Kohäsion aufrechterhalten, variieren von Fall zu Fall"(Maturana & Varela, 1987, 209).

Im Falle sozialer Insekten besteht dieser Mechanismus oft im Austausch chemischer Stoffe (Tropholaxis). Bei Menschen basiert die soziale Einheit auf der „Linguolaxis" - der Erzeugung eines sprachlichen Bereichs, der aus der ontogenetischen Koordination von (Sprech-)Handlungen entsteht (im Gegensatz zu Luhmann definieren Maturana & Varela ↗ soziale Systeme über Individuen als Komponenten).

Weiterführende Literatur

Maturana, H.R.: Erkennen: Die Organisation und Verkörperung von Wirklichkeit. Braunschweig, Vieweg, 1982.
Maturana, H.R. & F. Varela: Der Baum der Erkenntnis. München, Scherz, 1987.

Emergenz

In erster Annäherung könnte man den Begriff der Emergenz als die kennzeichnende, spezifische Ordnung beschreiben, die in Systemen durch Strukturbildung aufrechterhalten wird. Er verweist damit auf eine spezifische Steuerungsleistung komplexer ↗ Einheiten. Systeme müssen sich in ihrer Umwelt orientieren. Dazu müssen sie zunächst überreiche, ungeordnete Umweltkomplexität in geordnete Systemkomplexität transformieren (↗ Komplexität). Da diese geordnete Binnenkomplexität durch Umweltbezüge ständig steigt, reduzieren komplexe Systeme diese Vielfalt durch geeignete Selektionsstrategien.

Der Bedarf für diese selektive Verknüpfung von Verknüpfungen ergibt sich daraus, daß auch bei einem nur geringen Anwachsen der Zahl der Elemente sich sehr schnell raumzeitliche Bedingungen ergeben, die die Verknüpfung jeden Teils mit jedem unmöglich machen.

Die überreiche Anzahl von Erfahrungen bzw. Gedächtnisrepräsentationen ist beispielsweise nur noch bearbeitbar über die Ausbildung von Regeln oder Grundsätzen der Informationsverarbeitung. „Solche Regeln reichen von der Sprache über Werte, Normen, Rollen oder andere Vorverständnisse bis hin zu spezialisierten, symbolisch generalisierten Steuerungsmedien" (Willke, 1978, 387). Kommt es durch die Notwendigkeit, Komplexität zu reduzieren, zu einer spezifischen selektiven Verknüpfung von Verknüpfungen (oder: Relationierung von Relationen), so bildet sich auf einer höheren Ebene der Steuerung ein neues *Emergenzniveau* aus.

> „ . . . genau die Möglichkeit und Notwendigkeit solcher sekundärer Relationierungsmechanismen und -regeln erst begründen ein neues Emergenzniveau, auf welchem Teile nicht nur verknüpft, sondern durch die Evolution einer Metaebene der Steuerung dieser Verknüpfungen dekomponiert, rekombiniert und nach den Bedingungen des Ganzen neu geschaffen werden" (ebda).

Genau hier schließt die Luhmannsche Fassung des Emergenzbegriffs an, die etwas „tiefer" ansetzt: „Emergenz ist demnach nicht einfach Akkumulation von Komplexität, sondern Unterbrechung und Neubeginn des Aufbaus von Komplexität" (1984, 43 ff).

Die konzeptuelle Fassung von Intersystembeziehungen als Problem der Überwindung ↗ doppelter Kontingenz (ebda, S. 148ff) verdeutlicht zudem, daß emergente Ordnungen erst dadurch zustande kommen, daß die beteiligten bzw. die Ordnung ermöglichenden Systeme jeweils ihre unfaßbare Komplexität beitragen. Emergente Ordnungen (z.B. soziale Systeme) hängen damit nicht davon ab, ob die zur Verfügung gestellte Komplexität auch berechnet und kontrolliert werden kann (ebda, S. 157). Entgegen der eventuell aus Ashbys Gesetz der erforderlichen Vielfalt („requisite variety"; siehe ↗ Selbstregulation) ableitbaren Annahme, können damit Systeme höherer (emergenter) Ordnung durchaus von geringerer Komplexität sein als Systeme niederer Ordnung. Unabhängig von ihrem „Realitätsunterbau" können sie die Zahl und Einheit der Elemente selbst bestimmen. Das Ausmaß der Eigenkomplexität jeder Systemebene wird sich aus der jeweiligen Art der System-Umwelt-Differenz und aus den Bedingungen ihrer evolutionsmäßigen Bewährung ergeben (ebda, S. 43f).

Das Phänomen der Emergenz ist zu unterscheiden von der bloßen Aggregation von bereits vorhandenen Teilen, die auch ohne den spezifischen Systemkontext als isolierbare Elemente „Realität" haben würden. Die emergente Eigenschaft einer spezifischen Ebene ist nicht mehr aus den Teilen erklärbar, sie ist systemproduziert (synektisch).

Eine höhere Emergenzebene kann sich zwar durch Ordnungsbildung auszeichnen, zwei verschiedene Ebenen sind jedoch nicht aufeinander reduzierbar. Sie haben ihr Eigenleben (logische Ebenen nach Whitehead und Russell, 1910-1913). Die Verknüpfung von Bewußtseinssystemen ist beispielsweise die Voraussetzung für die Entstehung von Handlungssystemen. Trotzdem besteht kein einfaches Aggregationsverhältnis. Bewußtsein kann nur an Bewußtsein anschließen und nicht an Handlung. Das Zustandekommen einer emergenten Ordnung (z.B. eines sozialen Systems), die bedingt ist durch die ↗ Komplexität der sie ermöglichenden Systeme (z.B. psychische Systeme), wird in Luhmanns Konzept der ↗ Interpenetration genauer beschrieben.

Mit der Entwicklung der Theorie ↗ selbstreferentieller Systeme konnte die vitalistische Betrachtungsweise komplexer Systeme im allgemeinen und von Leben im besonderen überwunden werden. Die rein ↗ mechanistische Erklärung des Phänomens Leben (↗ Autopoiese) des chilenischen Neurobiologen H. Maturana entmystifiziert den scheinbar unerklärlichen Mehrwert z.B. lebender Systeme, in dem sie genau den Mechanismus beschreibt, der imstande ist, das zu erklärende Phänomen, nämlich Leben, zu erzeugen. Leben ist danach ein mechanistischer selbstreferentieller Prozeß.

Die besondere Eigenschaft von Systemen ergibt sich somit nicht aus einer Erweiterung, sondern aus der Beschränkung der Möglichkeiten der Teile im Hinblick auf das Ganze (Willke, 1978; 1982; vgl. auch ↗ Komponente und System).

Weiterführende Literatur

Willke, H.: Systemtheorie und Handlungstheorie – Bemerkungen zum Verhältnis von Aggregation und Emergenz. *Zeitschrift für Soziologie*, 1978, 7 (4), 380-389.
Willke, H.: Systemtheorie. Stuttgart, Fischer (UTB), 1982.

Emergenzebene bzw. -niveau

Im Anschluß an die Bemerkungen zur ↗ Emergenz, geht es nun um die Ordnungsbildung zwischen Systemen. Eine wesentliche Form dieser Ordnung besteht in der Ausbildung von Hierarchien. Hierarchien ermöglichen es komplexen Systemen, in denen Relationierungen zwischen allen Elementen nicht mehr realisierbar wären, geordnete Strukturen herauszubilden und Komplexität zu bewältigen (Willke, 1978; Allen & Starr, 1982).

Hierarchieebenen setzen sich nicht additiv aus Substrukturen zusammen, sondern entwickeln ihre eigenen Qualitäten, Merkmale und Dynamiken. Obwohl sie ihr eigenes Emergenzniveau schaffen, sind sie nicht unabhängig voneinander. Die Merkmale bestimmter sozialer Situationen legen beispielsweise den möglichen Rahmen sprachlicher Äußerungen fest. Jemand, der in einer Kneipe eine Flasche Haarshampoo bestellt, würde diesen Rahmen wahrscheinlich überschreiten. Die Merkmale einzelner Emergenzebenen restringieren die Realisationsmöglichkeiten anderer Ebenen (vgl. ↗ stratifizierte Autonomie).

Auf der anderen Seite ist auch die Vorstellung einer direkten Einflußnahme verschiedener Systemebenen aufeinander nicht haltbar. In sozialen- wie in Ökosystemen ist hierarchische Ordnungsbildung nicht gleichbedeutend mit einseitiger Kontrolle von oben nach unten. Nach Ropohl (1978, 29) ist Hierarchiebildung eher als formales Ordnungsprinzip zu betrachten, das mit Macht und Kontrolle nichts zu tun hat. Auch Jantsch (1982) legt in seinem Entwurf eines selbstorganisierten Universums eine hierarchische Ordnungsbildung zugrunde, die er als eine „vielschichtige dynamische Koppelung" von Ebenen auffaßt, die interagieren und gleichzeitig ihre Eigen-Dynamik wahren (S. 338 ff.).

Die Abgrenzungen zwischen einzelnen Hierarchie- bzw. Emergenzebenen liegen nicht einfach vor, sie hängen von den Unterscheidungen ab, die ein Beobachter vornimmt (Roth, 1981, 113). Allen & Starr (1982, 11) gehen von n-dimensionalen, kontinuierlichen Hierarchien aus, deren Unterteilung in diskrete Stufen nur ein methodisches Hilfsmittel der Modellbildung (↗ Modell) darstellt.

Besonders bedeutsam für die psychologische Theoriebildung sind Subsysteme, die Zadeh (1965) als sogenannte „fuzzy sets" charakterisiert. Fuzzy sets lassen sich bezüglich ihrer hierarchischen Einordnung nicht eindeutig abgrenzen, Teilmengen sind verschiedenen Ebenen zuordbar. Die Schwierigkeiten im Umgang mit verschiedenen psychologischen Konstrukten wie z.B. Angst, Depression oder Kommunikation gründen sich oft darauf, daß sie sich als typische fuzzy sets kennzeichnen lassen. So ist oft schwer zu unterscheiden, welche Verhaltensweisen, Emotionen oder physiologischen Prozesse z.B. mit dem Begriff „Angst" im Einzelfall angesprochen werden.

Die Annahme einer hierarchischen Ordnung von Systemen ist von Dell (1984, 161) aus der Sicht des ↗ Strukturdeterminismus kritisiert worden. „Hierarchie ist mit einer zirkulären Organisation von Natur aus unvereinbar." Diese Kritik kann nur mitvollzogen werden, wenn der Hierarchiebegriff im klassischen Sinne mit einseitiger Kontrolle von oben nach unten gleichgesetzt wird. Hierarchisierung als emergente Ordnungsbildung und zirkuläres Prozessieren muß sich, nach unserer Meinung, nicht unbedingt ausschließen. Die Möglichkeit sprachlichen Prozessierens dürfte durch das Bestehen einer formalen hierarchischen Ordnung eher erleichtert werden (vgl. auch ↗ Ebenen der Systembeschreibung; Systemhierarchien unter ↗ System).

Weiterführende Literatur

Allen, T. F. H. & Th. B. Starr: Hierarchy: Perspectives for Ecological Complexity. Chicago, University of Chicago Press, 1982.

Ropohl, G.: Einführung in die allgemeine Systemtheorie. In: Lenk, H. & G. Ropohl (Hrg.): Systemtheorie als Wissenschaftsprogramm. Königstein/Ts., Athenäum, 1978, 9–49.

Roth, G.: Biological System Theory and the Problem of Reductionism. In: Roth, G. & H. Schwegler (Eds.): Self-organising Systems. Frankfurt/M., Campus, 1981, 106–120.

Weitere Literatur siehe unter ↗ Emergenz.

Empowerment

1. Konvergentes und divergentes Denken

Julian Rappaport sieht sein sozialpolitisches Konzept des „empowerment" als ein „Plädoyer für die Widersprüchlichkeit" unseres Gemeinwesens (1985, 257 ff.). Seine Ausgangsthese lautet, daß die meisten grundlegenden sozialpolitischen Fragen unserer Zeit aus echten Antinomien bestehen, die mindestens zwei, meist mehrere gegensätzliche Lösungsmöglichkeiten aufweisen, welche allesamt „richtig" (i. S. von moralisch gerechtfertigt) sein können und damit keine eindeutige Entscheidung zulassen.

Das Problem der Antinomie zwischen verschiedenen, gleichermaßen verpflichtenden Gesetzesnormen, z.B. Freiheit und Gleichheit, beschäftigt die Rechtsprechung seit Jahrhunderten. Diese sieht sich nicht selten dem Dilemma gegenüber, gemäß ihrem Auftrag eindeutige Entscheidungen fällen zu müssen, obwohl sie weiß, daß jede der verfügbaren Lösungen absurde und/oder widersprüchliche Folgen haben wird.

Die Suche nach der Lösung für anstehende Probleme in allen Bereichen entspricht weitgehend – so Rappaport – einem naturwissenschaftlichen, konvergenten Denken (wobei es dahingestellt bleiben muß, ob konvergentes Denken im Bereich der Naturwissenschaften tatsächlich zu wirklichen Problemlösungen führt). Es werden Experten beauftragt, die Welt zu quantifizieren und zu vermessen, um damit eine eindeutige, „objektive" Entscheidung zu ermöglichen.

Probleme im psychosozialen Bereich mittels konvergenten Denkens bewältigen zu wollen, erscheint Rappaport als völlig unzureichender Ansatz. Er sieht die Gefahr, daß dabei entweder

a) nur solche Probleme ausgewählt werden, die eindeutig lösbar sind oder
b) soziale Phänomene monoperspektivisch durch die Brille des Sozialplaners betrachtet werden und dabei alternative Problembetrachtungen und Problemlösungen gar nicht wahrgenommen werden.

Tendenziell einseitiges Denken lag z.B. in den USA der Forderung zugrunde, psychisch Kranke aus den Anstalten zu entlassen, ohne den dadurch entstehenden Folgeproblemen große Aufmerksamkeit zu schenken. Statt eine der Vielschichtigkeit des Problems angemessene differenzierte Vorgehensweise zu verfolgen, die den äußerst unterschiedlichen Bedürfnissen der Betroffenen Rechnung trägt, wurde eine uniforme Globallösung initiiert, die psychisches Leid und Inhumanität eher vermehrte als verringerte. Ein anderes Beispiel für konvergentes Denken stellte der Versuch dar, durch die Beförderung von Schulkindern in andere Stadtteile eine Aufhebung der Rassentrennung zu erreichen, das einseitige Ziel einer Rassengleichverteilung wurde hier mit der nachhaltigen Zerstörung bereits vorher vom Verfall bedrohter schwarzer Nachbarschaften erkauft. Soziale Probleme werden damit nicht selten von den sog. „helfenden" Systemen erst geschaffen.

Die meisten sozialpolitischen Fragen erfordern dagegen mannigfaltige Lösungsanstrengungen auf den unterschiedlichsten Ebenen. Gefordert ist dabei die Fähigkeit divergenten Denkens, die gerade der Vernetzung und der Widersprüchlichkeit eines komplexen Gegenstandsbereiches besondere Beachtung schenkt. Divergentes Denken gibt uns die Chance, soziale Prozesse dadurch besser zu verstehen, daß wir sie von mehr als einer Seite betrachten. Wir müssen davon loskommen, die Formulierung verschiedener Standpunkte zu einem Phänomen als Mangel der Theoriebildung zu verstehen. Vorgefundene Differenzen sollten uns vielmehr ermutigen, auch eine Vielfalt divergenter Lösungen zu entwickeln. Rappaport meint damit nicht, daß soziale Probleme nicht lösbar sind, sondern vielmehr, daß sie auf viele verschiedene Weisen gelöst werden müssen. Keine Lösung ist dabei endgültig, auch nicht zu einem bestimmten Zeitpunkt.

Der systemisch orientierte Autor Kriz (1985, 298) äußert sich in dieser Hinsicht ähnlich:

> „Vielmehr ermöglichen unterschiedliche Standpunkte unterschiedliche Perspektiven auf denselben komplexen Gegenstand, und gerade die Vielfalt der Perspektiven erlaubt es, einen Gegenstand angemessen zu rekonstruieren" (zit. n. v. Schlippe, 1986, 10).

Das Problem chronifizierter Patienten erlaubt und erfordert beispielsweise mannigfaltige Lösungsansätze, die sich zum Teil widersprechen; trotzdem müssen alle Aspekte dieser Antinomien beachtet werden, um einer komplexen Bedürfnislage gerecht zu werden.

> „Wenn wir der Widersprüchlichkeit Aufmerksamkeit schenken, werden wir sehen, daß wir mit größerer Wahrscheinlichkeit sinnvoll handeln" (Rappaport, 1985, 262).

2. Das Konzept des „empowerment"

Rappaport verbindet seine programmatischen Überlegungen eng mit zwei Modellen der Gemeindepsychologie, die aus gegensätzlichen Perspektiven Möglichkeiten beschreiben, wie Menschen mit psychosozialen Problemen betrachtet und mit ihnen umgegangen werden kann.

Auf der einen Seite steht das traditionelle Modell der „Bedürftigkeit", aus dem sich für den Bereich der Gemeindepsychologie direkt das Konzept der Prävention ableiten läßt. Die Idee der Prävention ist eine Konsequenz wohlfahrtsstaatlichen Denkens und der einseitigen Entwicklung sozialer Versorgungs- und Dienstleistungseinrichtungen. Die Befürworter dieses Konzeptes betonen, daß innerhalb des Kontextes sozialer Dienste und des Bedürftigkeits- und Abhängigkeitsmodells die Prävention die vernünftigste und effizienteste

Alternative zu den klinischen Diensten darstellt (Cowen, 1980; President's Commision on Mental Health, 1978; zitiert nach Rappaport, 1985, 270).

Dem anderen Ansatz liegt die Idee der „Anwaltschaft" (advocacy) zugrunde, die man in der BRD wohl am ehesten mit der Arbeit von Patienten-Beschwerdezentren in Großstädten vergleichen kann. Die Anwaltschaft beruht auf dem Prinzip der Legalität und des bürgerlichen Rechts und ist genauso folgerichtig wie das Modell der Prävention. Beide Modelle haben aber, so Rappaport, den entscheidenden Nachteil, daß sie professionelle Experten sowohl zur Definition als auch zur Lösung der Probleme heranziehen. Mit allen Folgen einer Einseitigkeit, wie sie unter (1.) beschrieben wurden. Der sich dadurch ausbreitende Expertenglaube bringt die Gefahr einer zunehmenden Entfremdung im Gesundheits- und Sozialbereich mit sich und kann generell in einen schrittweisen Verlust der Fähigkeiten münden, eigene Ressourcen aufzubauen und sein Leben selbstbestimmt zu bewältigen.

Das Konzept des „empowerment" verzichtet darauf, expertendefinierte Programme zu entwickeln. Es geht davon aus, „daß viele Fähigkeiten beim Menschen bereits vorhanden oder zumindest möglich sind, vorausgesetzt, man schafft Handlungsmöglichkeiten" (ebd., S. 270). „Empowerment" versucht dabei, sich innerhalb der beschriebenen „Dialektik" der beiden traditionellen gemeindepsychologischen Ansätze zu bewegen, aber dabei mit divergenter Vernunft zu denken. D.h., „empowerment" muß widersprüchliche Antworten zur gleichen Zeit ermöglichen, statt mit einer einzigen Lösung auf jedes soziale Problem zuzugehen.

Das Interesse verschiebt sich von professioneller, zentraler Planung und Normierung zum Versuch der Implementierung von regionalen Lösungen, die die verschiedenen Gegebenheiten in verschiedenen Orten, Kontexten und Nachbarschaften berücksichtigen. Gebraucht werden dafür keine Experten, sondern „Mitstreiter sozialer Veränderung" (ebd., S. 270), die mit ihren unterschiedlichen Erfahrungen diese Lösungen ausarbeiten.

Rappaport fordert statt einer Festlegung der Sozialpolitik von oben nach unten eine „Bewegung von unten nach oben, die von der Basis ausgeht und von dort den offiziellen Stellen mitteilt, welche sozialpolitischen Maßnahmen und Programme notwendig sind" (S. 271). Eine Schlüsselrolle für die Lebensqualität der Bürger in den Städten kommt z.B. der Existenz funktionierender Nachbarschaften zu, deren heterogene Bedürfnisse von städtischen Planern bisher kaum erkannt wurden. Hier wird es in Zukunft wichtig sein, statt in blinden Aktionismus von Großprojekten zu verfallen, zunächst den Prozeß des „empowerment" dort zu beobachten, wo Menschen bereits imstande sind, ihre Probleme selbst zu lösen. Es muß den Strukturen der Gesellschaft mehr Aufmerksamkeit geschenkt werden, die zwischen den großen, unpersönlichen sozialen Institutionen und einzelnen entfremdeten Menschen stehen. Damit sind die Orte gemeint, an denen das Leben der Bürger stattfindet, die Familie, die Nachbarschaft, der Freundeskreis, die Kirche, die Laienorganisation etc. Je

mehr diese Strukturen (m.E.) zur ⁊ Selbstorganisation und Selbstbestimmung
befähigt werden, desto besser.

Die diesbezügliche Forschung muß zunächst untersuchen und begreifen, wie
diese sozialen Netzwerke überhaupt funktionieren, um dann den Individuen
mehr Selbstbestimmung und persönliche Entfaltung ermöglichen zu können.
Psychologen und andere professionelle Helfer werden dabei erkennen müssen,
daß erfolgreiche soziale Nischen und Stützsysteme (Röhrle & Stark, 1985) sich
oft wenig mit der psychischen Situation der Individuen (im engeren, professionellen Sinne) befassen. Professionelle Helfer müssen sich hier auf ein sehr heterogenes, teilweise „fachfremdes" Spektrum von Lösungen einstellen, die bei der
Implementierung zukünftiger sozialpolitischer Maßnahmen zu berücksichtigen sein werden.

Die wissenschaftliche Aufarbeitung der Bedeutung sozialer Stützsysteme ist
in den USA bereits in vollem Gang (vgl. Greenblatt et al., 1982; Gottlieb, 1981;
President's Commision on Mental Health, 1978). In der BRD ist die Zahl der
Arbeiten zu diesem Thema äußerst klein geblieben (Keupp, 1982; Kommer &
Röhrle, 1983; Röhrle & Stark, 1985; Keupp & Röhrle, 1987).

Es ist wohl auch hierzulande an der Zeit, daß sich Psychologen und andere
Professionelle aus ihrem Behandlungszimmer hinaus- und in ein Gebiet hineinbegeben, von dem sie bisher kaum etwas wußten und das sie wohl deshalb
nahezu ignorierten. Professionelle Helfer werden sehr viel ungewohnte Eigenschaften wie Parteinahme, Selbstbetroffenheit, Mut, Engagement und vor allem Bescheidenheit entwickeln müssen, um auch nur ein Stück in Richtung der
heute zweifellos noch utopisch anmutenden Ziele zu kommen, die hier beschrieben wurden.

Weiterführende Literatur

Keupp, H. & D. Rerrich (Hrg.): Psychosoziale Praxis – gemeindepsychologische Perspektiven. Ein Handbuch in Schlüsselbegriffen. München, Urban & Schwarzenberg,
1982.
Keupp, H. & B. Röhrle (Hrg.) Soziale Netzwerke, Frankfurt, Campus, 1987.
Rappaport, J.: Ein Plädoyer für die Widersprüchlichkeit: ein sozialpolitisches Konzept
des „empowerment" anstelle präventiver Ansätze. Verhaltenstherapie und psychosoziale Praxis, 2/85, 257–278.
Röhrle, B. & W. Stark (Hrg.): Soziale Netzwerke und Stützsysteme. Tübinger Reihe der
DGVT, Bd. 6, 1985.

Epistemologie

In der Philosophie bezeichnet Epistemologie das Studium der Theorie des Wissens. Oft erfolgt eine Gleichsetzung mit den Begriffen der Erkenntnistheorie oder der Wissenschaftstheorie (bes. im franz. und angels. Raum). „Für Philosophen ist Epistemologie der Zweig der Philosophie, der Herkunft, Struktur, Methode und Gültigkeit des Wissens untersucht" (Dell, 1984, 148).

Nach Dell (1984) weist Bateson, einer der Gründerväter systemtheoretischen Denkens, dem Terminus „Epistemologie" mindestens vier weitere, vom ursprünglichen Begriff abweichende Bedeutungen zu. Da alle Bezeichnungen breiten Eingang in die wissenschaftliche Diskussion gefunden haben, sollen sie hier kurz beschrieben werden (vgl. Dell, 1984, 148ff):

1. Epistemologie als Paradigma

Diese erste Art der Begriffsverwendung häuft sich zur Zeit (besonders in der familientherapeutischen Literatur) inflationär. Man spricht von ↗ linealer Epistemologie, dualistischer Epistemologie, zirkulärer Epistemologie, psychoanalytischer Epistemologie, individuum-orientierter Epistemologie, medizinischer Epistemologie usw . . .

Epistemologie in diesem Sinne könnte man als Grammatik der Wirklichkeit beschreiben, die spezifiziert, wie die Objekte und Ereignisse in der Welt zu interpunktieren sind. Der Begriff der „Konzeption" oder der „Perspektiventheorie" (Foppa 1984) wäre in diesem Zusammenhang wohl oft schlichter, aber eher angebracht.

2. Epistemologie als biologische Kosmologie

Die zweite Begriffsfassung ist sehr spezifisch für Bateson. Die Antwort auf seine Grundfrage „Was ist das Muster, das alle lebenden Wesen verbindet?" heißt für ihn „Epistemologie". Alle lebenden Wesen sind für Bateson verbunden durch das Epistemische, das sie zugleich konstituieren. „Epistemisch" ist nach dieser Auffassung jedes System, das das Vermögen des Geistes besitzt. Creatura, die Welt des Lebenden, ist genau in diesem Sinn ein kohärenter organisierter Geist, der Information bearbeitet (d.h. sowohl Information ist als auch erzeugt: Information ist jeder Unterschied, der einen Unterschied macht). Die Ganzheit der Creatura (die planetarische Ökologie) und jeder ihrer Komponenten (individueller Organismus, interaktionale Systeme, lokales Ökosystem etc.) bestehen aus geistigen Prozessen. Das persönliche Wissen jedes Organismus ist für Bateson „ein kleiner Teil eines umfassenderen integrierten Wissens ..., das die gesamte Biosphäre oder Schöpfung zusammenbindet" (Bateson, 1982, 112). Biologie und Ökologie sind für Bateson daher Epistemologie.

3. Epistemologie als Wissenschaft

Epistemologie ist für Bateson in dieser dritten Bedeutung „das Studium, wie spezifische Organismen oder Aggregate von Organismen wissen, denken und entscheiden" (ebda, S. 273). Die wesentliche Aufgabe einer epistemologischen Wissenschaft ist für ihn das Vermögen, die Unmöglichkeit der Objektivität angemessen zu beschreiben und zu erklären. Beeinflußt war Bateson dabei von frühen wahrnehmungsphysiologischen Arbeiten Maturanas (z.B.: Lettvin, Maturana, McCulloch & Pitts, 1959). Die Epistemologie sollte in den Augen Batesons zu einer einheitlichen Metawissenschaft avancieren, „deren Thema die Welt der Evolution, des Denkens, der Anpassung, der Embryologie und der Genetik bilden" (Bateson, 1982, 112).

4. Epistemologie als Charakterstruktur

Batesons vierte Begriffsfassung ist für den therapeutischen Bereich besonders interessant. Epistemologie bezeichnet hier die besondere Art und Weise, wie ein lebender Organismus seine Welt aufteilt bzw. sieht (persönliche Epistemologie). Von besonderer Bedeutung ist dabei Batesons Beschreibung der Beziehung zwischen Epistemologie und Ontologie. Als Probleme der Ontologie bezeichnet er die Fragen, „wie die Dinge sind, was eine Person ist und was für eine Art Welt dies ist . . ." (1981, 405). Die Fragen „wie wir etwas wissen oder, spezieller, wie wir wissen, was für eine Art Welt es ist und (wie wir wissen) was für eine Art Geschöpfe wir sind, die wir etwas (oder vielleicht nichts) von dieser Sache wissen können" (ebda) sind für Bateson typische epistemologische Prämissen.

Epistemologie und Ontologie sind bei der Untersuchung kognitiver Prozesse kaum sinnvoll zu trennen. Dies erkennt auch Bateson (ebda, S. 406), wenn er schreibt: „Der lebende Mensch ist . . . in ein Netz von erkenntnistheoretischen (epistemologischen) und ontologischen Prämissen eingebunden, die . . . sich für ihn teilweise selbst bestätigen . . . Seine (gewöhnlich unbewußten) Überzeugungen, in was für einer Art Welt er lebt, bestimmen, wie er sie sieht und sich in ihr verhält, und seine Formen der Wahrnehmung und des Verhaltens bestimmen seine Überzeugungen von ihrer Natur" (vgl. das Konzept der kognitiven Schemata ⁄ Struktur), die, als grundlegende Organisationseinheiten psychischer Prozesse, durch die Individuum-Umwelt-Interaktion sowohl gebildet werden, als auch diesen Interaktionen zugrunde liegen (Piaget, 1976; Neisser, 1979; Grawe, 1986).

Das besondere Kennzeichen und gleichzeitig der größte Mangel an Batesons Werk ist nun, daß er sich nahezu ausschließlich mit epistemologischen Fragen beschäftigt. Seine teilweise brillanten Ausführungen über die Unerreichbarkeit von Objektivität sowie die Unmöglichkeit einseitiger Kontrolle (eines Systems durch ein Teil dieses Systems) bleiben innerhalb eines epistemologischen Rahmens und können deshalb nicht erklären, warum die Welt eben diese Form annimmt, bzw. warum die Natur eben diesen Beschränkungen unterliegt. Batesons Werk fehlt die ontologische Grundlage, auf der seine epistemologischen Überlegungen aufbauen können (Dell, 1984, 152). Er selbst hat jedoch darauf hingewiesen, daß die Arbeiten des chilenischen Neurobiologen H.R. Maturana diese ontologische Fundierung bereitstellen könnten.

Maturanas Arbeiten zum ↗ Strukturdeterminismus (vgl. auch ↗ Autopoiese; ↗ strukturelle Koppelung; ↗ operationale Schließung) gestatten es in der Tat auf einzigartige Weise, biologische und „geistige" Prozesse unter einer Perspektive zusammenzuführen und das Phänomen der Kognition überzeugend aus dem spezifischen Zusammenwirken neurophysiologischer Prozesse abzuleiten (naturalistische Epistemologie). „Kognition", so Maturana entsprechend, „ist ein biologisches Phänomen und kann nur als solches verstanden werden" (1982, 33), und „lebende Systeme sind kognitive Systeme, und Leben als Prozeß ist ein Prozeß der Kognition" (ebda, S. 39; zu Batesons Konzept des epistemologischen Irrtums siehe ↗ Macht und Kontrolle).

Weiterführende Literatur

Bateson, G.: Ökologie des Geistes. Frankfurt/Main, Suhrkamp, 1981.
Dell, P.F.: Von systemischer zur klinischen Epistemologie. I. Von Bateson zu Maturana. *Zeitschrift für systemische Therapie*, 1984, 2 (7), 147–171.

Grenzen (von Systemen)

Nach Luhmann (1984, 35) besteht heute ein weitgehender Konsens darüber, die Differenz zwischen System und Umwelt zum Ausgangspunkt jeder systemtheoretischen Analyse zu machen.

Systeme konstituieren und erhalten sich unter dieser Perspektive „ . . . durch Erzeugung und Erhaltung einer Differenz zur Umwelt, und sie benutzen ihre Grenzen zur Regulierung dieser Differenz . . . In diesem Sinne ist Grenzerhaltung (boundary maintenance) Systemerhaltung."

Das Problem der Grenzziehung ist folglich eng mit der Existenz bzw. Identität von Systemen verbunden (↗ Autonomie). Grenzen haben dabei nach allgemeinem Verständnis eine Doppelfunktion: Trennung und Verbindung von System und Umwelt (ebda, S. 52). Diese Doppelfunktion gewinnt in der Theorie ↗ operational abgeschlossener Systeme entscheidende Bedeutung. „Mit Hilfe von Grenzen können Systeme sich zugleich schließen und öffnen, indem sie interne Interdependenzen von System/Umwelt-Interdependenzen trennen und beide aufeinander beziehen" (ebda).

Anders gesagt: Grenzen stellen Kriterien zur Verfügung, die eine Zuordnung von Ereignissen nach innen und außen ermöglichen. Sie dienen damit nicht nur der Abgrenzung von der Umwelt, sie stellen gleichzeitig die Bedingungen der Möglichkeit ↗ autonomen Umweltbezugs wie auch einer weiteren Ausdifferenzierung von Systemen zur Verfügung (vgl. ↗ Komplexität).

Entscheidend wird dies dadurch, daß aus ↗ konstruktivistischer Sicht die Grenze zwischen System und Umwelt, zwischen Figur und Hintergrund, jeweils von einem Beobachter subjektiv gemäß seinem jeweiligen Erkenntnisinteresse gezogen wird (vgl. hierzu: modellistischer vs. ontologischer ↗ Systembegriff).

Systeme mit ihren spezifischen Grenzen liegen damit nicht einfach vor, auch wenn manche Therapeuten versucht sind zu behaupten, mit einer Familie säße auch „das System" in ihrem Behandlungszimmer. In der Beratung können wichtige Teilsysteme sich völlig anders präsentieren als im Alltag bzw. völlig fehlen. Der Therapeut hat zudem zunächst keine Kenntnis über die weitreichenden Verflechtungen psychischer, sozialer oder ökonomischer Art, in die jedes Familienmitglied, auch über die engere Familie hinaus, eingebunden sein kann. Eine geeignete Konstruktion von Grenzen kann somit erst im Laufe des Beratungsprozesses selbst erfolgen, wenn die Aussagen des/der Klienten entsprechende Aufschlüsse darüber erlauben. Wichtige Anhaltspunkte ergeben sich etwa aus Äußerungen zu beteiligten Personen, zu bevorzugten oder schwierigen Tätigkeitsbereichen oder Lebenssituationen, der Schilderung des Tagesverlaufs, aus Informationen zu den räumlichen und materiellen Lebensbedingungen, den räum- bzw. zeitlichen Bedingungen des Auftretens von Problemen usw. Weitere Hinweise dazu ergeben sich etwa aus der Literatur zur funktionalen Verhaltensanalyse (Schulte, 1974; 1982; Bartling et al., 1980). Der Therapeut sollte sich darüber im klaren sein, daß er es ist, der ein System qua Grenzziehung festlegt. Der Prozeß dieser Abgrenzung ist ein rekursiver Vorgang: Einerseits soll die Kennzeichnung angemessener Systemgrenzen als Ergebnis aus einer systemdiagnostischen Beschreibung hervorgehen, andererseits setzt diese Beschreibung aber bereits die Festlegung von Grenzen (d.h. die Konstruktion einer Wirklichkeit) voraus.

Systeme können je nach Art der Grenzziehung völlig verschiedene Dynamiken, ja Identitäten aufweisen. Betrachtet man etwa eine Familie als soziales System ↗ selbstreferentiell zirkulierender Kommunikation und Handlungen (sensu Luhmann), so wird dieses zu jeweils einer anderen ↗ Einheit, wenn weitere Interaktionspartner (z.B. Schwiegermutter oder Großvater) neue Anschluß-, d.h. Kommunikations- und Handlungsmöglichkeiten entstehen lassen. Eine Gruppe von Angestellten im Büro wird eine andere sein, je nachdem, ob man sie mit oder ohne Anwesenheit des Chefs betrachtet.

„Die Festlegung von Systemgrenzen kontextualisiert und qualifiziert Phänomene in spezifischer Weise, indem sie diese auf den damit entstandenen Systemkontext bezieht" (Schiepek, 1986, 135).

Die Ausgrenzung konstitutiv relevanter Systemkomponenten personaler aber auch räumlicher oder mentaler Art (z.B. religiöse oder politische Überzeugungen) kann ein System folglich bis zur Unkenntlichkeit verändern. Auf der anderen Seite schafft sich die Dynamik, die ein Beobachter beschreiben möchte, selbst ihre Wirklichkeit (und d.h.: ihre Grenzen). Die damit angesprochene Rekursivität zwischen Beschreibung und dafür notwendiger Abgrenzung schafft implizit ein Kriterium für die sinnvolle Konstruktion von Systemen: Es bezieht sich auf die Frage, welche Systemkomponenten reproduziert werden müssen, um die den Beobachter interessierende Dynamik nachzuzeichnen (vgl. idiographische ↗ Systemmodelle).

Neben der horizontalen (d.h. persönlichen oder räumlichen) Festlegung von Systemgrenzen ist auch auf eine vertikale Differenzierung der verschiedenen Referenzebenen zu achten (↗ Emergenzebene). Entsprechend dieser Festlegung geraten verschiedene Umwelten des Systems ins Blickfeld, die nicht vermengt werden sollten. Nicht alle Umweltbereiche und -ereignisse sind für ein System von gleicher Bedeutung. Was bedeutsam ist, hängt vom Einzelfall ab und muß daher im Zusammenhang mit dem jeweiligen Problem entschieden werden. Zur relevanten Umwelt einer Schule gehört etwa ein angrenzendes Altenheim, ein Abenteuerspielplatz, der kirchliche Träger, die Eltern der Schulkinder usw. Jede dieser Umwelten gehört einer von mehreren sich überlagernden ↗ Ebenen der Systembeschreibung an. Willke (1982, 38) schlägt dementsprechend vor, Umwelten (sozialer Systeme) parallel zu Systemebenen anzusiedeln.

Im Folgenden soll nun die spezielle Abgrenzungsproblematik materieller Systeme von ihrer Umgebung näher untersucht werden.

Erzwungene, freie und autonome Ränder als materielle Grenzen von Systemen

Die obige Unterscheidung verschiedener Randbegriffe wurde von an der Heiden, Roth & Schwegler (1985, 333f) eingeführt, da sie eine weitergehende Differenzierung zwischen lebenden und nicht lebenden Systemen (↗ Autopoiese) erlaubt.

Ein *erzwungener Rand* ist dadurch gekennzeichnet, daß bereits ein Umgebungsrand vorhanden ist, der die Ausbildung des Prozeßrandes eindeutig festlegt. Ein Glasgefäß erzwingt beispielsweise den Rand des einfließenden Wassers. Eine Gußform prägt die Form des in ihr enthaltenen flüssigen Metalles. Ein *freier Rand* liegt dagegen vor, wenn dieser nicht die Existenz eines anderen Randes voraussetzt. Der freie Rand eines Prozesses entsteht damit erst zusammen mit dem Prozeß. Freie Ränder bedingen sich typischerweise gegenseitig. Die Kristallisierung von Wasser zu Eis bildet ein Beispiel eines nicht lebenden Prozesses mit freiem Rand. Der Rand einer Eisscholle, der sich aufgrund einer lokalen Abkühlung bildet, würde ohne den Rand des ihn umgebenden Wassers nicht existieren (ebda, S. 333).

Das Wesentliche eines *autonomen Randes* ist schließlich, daß dieser nicht durch die Gegenwart des Randes eines anderen Prozesses vorgegeben wird. Autonome Ränder können in einer homogenen Umgebung entstehen, d.h. sie sind nicht vom Vorhandensein einer inhomogenen Verteilung irgendeiner Größe in ihrer Umwelt abhängig. Genau dies ist das Kennzeichen der selbsterzeugten Ränder lebender Systeme.

Zur grundlegenden Differenzierung zwischen lebenden und nicht lebenden Systemen reicht die Kennzeichnung verschiedener Arten von Rändern jedoch nicht aus (auch Öltröpfchen, die sich aus einer homogenen Verteilung von Ölmolekülen in einer Flüssigkeit bilden, haben einen autonomen Rand). Zusätzlich wird hierzu die Unterscheidung zwischen selbstherstellenden und selbsterhaltenden Systemen erforderlich (vgl. ↗ Autopoiese; an der Heiden et al., 1985; Roth, 1986).

Wechseln wir aus dem Phänomenbereich materieller Systeme nun in den immateriellen Bereich (z.B. psychischer oder sozialer Systeme) über, so stellt uns die Bestimmung entsprechender immaterieller Grenzen vor neue theoretische Probleme. Der folgende Abschnitt stellt nun einen abstrakten Theorieansatz vor, der sich dieser Aufgabe besonders widmet.

Sinn als Ordnungsform sozialer Systeme

Im Falle sozialer Systeme ist die System-Umweltdifferenzierung für die Theoriebildung kein einfaches Problem. Zwischenmenschliche soziale Systeme können sich nicht auf Membrane, Haut und nur selten auf territoriale Grenzen beziehen. Dessen ungeachtet rückt Luhmann in seinem funktional-strukturellen Ansatz der Systemtheorie (z.B. 1975; 1984) dieses Abgrenzungsproblem an eine zentrale Stelle seiner Arbeit. Die Grenzen sozialer Systeme können demnach zunächst als ein Zusammenhang selektiver Mechanismen verstanden werden, die Kriterien zur Verfügung stellen, nach denen zwischen dazugehörigen und nicht-dazugehörigen Interaktionen unterschieden werden kann. Als Ordnungsform hierfür macht Luhmann das Kriterium des Sinns geltend. „Intersubjektiv geteilter Sinn grenzt systemspezifisch ab, was als sinnvoll und was als sinnlos zu gelten hat" (Willke, 1982, 29). Willke (ebd.) illustriert diese Überlegungen an einem Beispiel:

> „Wenn ich in einer Seminarveranstaltung plötzlich ein Skatblatt auf den Tisch knalle und ein Bier bestelle, weil ich mich in Gedanken schon bei der abendlichen Skatrunde wähne, dann wird dies ein gewisses Erstaunen hervorrufen: Was im Systemzusammenhang Skatrunde durchaus sinnvoll ist, gilt im Systemkontext Seminarveranstaltung als sinnlos."

Eine kommunikative Handlung steckt eine Grenze ab und bietet einen sinnhaften Rahmen an, auf den bezogen ein potentieller Gesprächspartner sinnvoll reagieren kann. Dieser Rahmen ist flexibel, d.h., er ändert sich ständig rekursiv mit den Interaktionen des Systems.

> „Jede Kommunikation im sozialen System, und nicht etwa nur eine grenzüberschreitende Kommunikation nach außen, nimmt die Differenz zur Umwelt in Anspruch und trägt dadurch zur Bestimmung bzw. zur Veränderung der Systemgrenze bei. Umgekehrt haben Grenzvorstellungen eine Ordnungsfunktion für die Konstitution der Elemente; sie ermöglichen es abzuschätzen, welche Elemente im System gebildet, welche Kommunikationen riskiert werden können" (Luhmann, 1984, 266).

Zusammen mit den Grenzen bildet Sinn gleichzeitig Systemidentität aus. Ungeordnete Umweltkomplexität (↗ Komplexität) kann in eine nach Sinnkriterien gebildete Präferenzordnung gebracht und damit eine für das System bewältigbare geordnete Wirklichkeit aufgebaut werden. Soziale Systeme schaffen so durch Selektion ein Komplexitätsgefälle zu ihren relevanten Umwelten, dessen Stabilisierung wiederum Aufgabe der Sinngrenzen ist (zur Abgrenzung therapeutischer Systeme sowie zum Grenzbegriff bei Minuchin, Haley u.a. siehe ↗ Autonomie; ↗ Komplexität; zum Unterschied zwischen Sinngrenze und autonomem Rand vgl. ↗ soziales System).

Weiterführende Literatur

Luhmann, N.: Sinn als Grundbegriff der Soziologie. In: Habermas, J. & N. Luhmann: Theorie der Gesellschaft oder Sozialtechnologie. Frankfurt/M., Suhrkamp, 1971, 25–100.
Luhmann, N.: Soziale Systeme. Frankfurt/M., Suhrkamp, 1984.
Willke, H.: Systemtheorie. Stuttgart, Fischer, 1982.

Interpenetration

Luhmann (1984,286ff.) benutzt den Begriff der Interpenetration, um eine besondere Art von Beitrag zum Aufbau von Systemen zu bezeichnen, der von Systemen der Umwelt erbracht wird. Da die Differenz zwischen System und Umwelt heute zum Ausgangspunkt nahezu jeder systemtheoretischen Analyse gemacht wird (↗ Grenzen), kommt dem Begriff zentrale Bedeutung zu.

Systeme können ohne Umwelt nicht bestehen. „Sie konstituieren und sie erhalten sich durch Erzeugung und Erhaltung einer Differenz zur Umwelt (...)" (ebd. S. 35). Die Interpenetration beschreibt dabei eine Beziehung *zwischen Systemen.* Die spezielle Art dieser Abhängigkeitsbeziehung ist streng zu unterscheiden von der Abhängigkeit zwischen System und Umwelt. Die Umwelt ist selbst kein System. „Sie ist für jedes System eine andere, da jedes System nur sich selbst aus seiner Umwelt ausnimmt" (S. 36 ff).

Luhmann spricht von Penetration, ... „wenn ein System die eigene ↗ Komplexität (und damit: Unbestimmtheit, Kontingenz und Selektionszwang) zum Aufbau eines anderen Systems zur Verfügung stellt. In genau diesem Sinne setzen soziale Systeme ‚Leben' voraus" (S. 290). Interpenetration liegt vor, wenn dies wechselseitig zwischen zwei oder mehreren Systemen geschieht, ... „wenn also beide Systeme sich wechselseitig dadurch ermöglichen, daß sie in das jeweils andere ihre vorkonstituierte Eigenkomplexität einbringen" (ebd.).

Ein klassisches Beispiel bietet das Verhältnis von Menschen (Luhmann meint damit sowohl das psychische als auch das organische System, S. 286) und sozialen Systemen. Was früher grundbegrifflich etwa mit der Rollentheorie, mit Bedürfnisbegriffen oder durch Sozialisationstheorien gefaßt wurde, kann nun, so Luhmann, als Interpenetration fundamentaler begriffen werden.

Interpenetrierende Systeme leisten, wie gesagt, einen wechselseitigen Beitrag zur Konstitution ihrer Komponenten. Physische Individuen sind notwendig, damit soziale Systeme sich konstituieren können, während soziale Systeme die ihnen zur Verfügung gestellte fremde Komplexität dazu benutzen, um die strukturierte Komplexität sozialer bzw. kommunikativer Systeme zu erzeugen.

> „Entscheidend ist, daß die Komplexität des Menschen sich erst im Hinblick auf soziale Systeme entwickeln kann und zugleich durch soziale Systeme benutzt wird, um ihr, wenn man so sagen darf, Handlungen zu entziehen, die den Bedingungen sozialer Kombinatorik genügen" (ebd., S. 293).

Interpenetrierende Systeme können bezüglich einzelner Komponenten konvergieren, d.h. dieselben Komponenten benutzen. Da es sich jedoch um ↗ temporalisierte Elemente (Ereignisse) handelt, wird diese Konvergenz immer nur vorübergehend sein. Identische Komponenten können in verschiedenen Systemen verschiedenes bedeuten, aus unterschiedlichen Möglichkeiten entstehen und zu jeweils anderen Konsequenzen führen.

Als Beispiel sei das theoretische Konstrukt der „Depression" genannt. Je nachdem, ob es in einem physiologischen, psychischen oder sozialen Kontext auftaucht, verweist es auf unterschiedliche Sinn- bzw. Phänomenbereiche. Da diese Bereiche jeweils ihre eigenen, ↗ emergenten Merkmale und Dynamiken aufweisen, sind sie nicht aufeinander reduzierbar. „ . . . entities that define through their properties non-intersecting phenomenal domaines, cannot interact" (Maturana, 1980a, 28).

Die angesprochene Mehrdeutigkeit zwischen Konstrukten, Theorien usw. auf der einen und Wirklichkeitsausschnitten auf der anderen Seite kann jedoch dazu genutzt werden, theoretische Hypothesen unterschiedlicher Theorien (lineale Teilbögen) zu einer systemischen Makrohypothese zu verbinden (vgl. idiographische ↗ Systemmodelle). Ein und derselbe Wirklichkeitsausschnitt kann dabei in mehreren begrifflichen Fassungen auftauchen, um z.B. zunächst erklärt werden zu können und gleichzeitig in einer anderen Form einen anderen Wirklichkeitsausschnitt zu erklären (Mehrfachinterpretation; zum Problem der Erklärung siehe auch ↗ rekursive Systembeschreibung sowie ↗ mechanistische Erklärung).

Das Phänomen der Hilflosigkeit kann z.B. auf einer individuell-kognitiven Ebene durch entsprechende Theorien erklärt werden (vgl. Seligman, 1979), um dann im sozial-kommunikativen Kontext die oszillierende Dynamik eines Partnerstreits mitzubeschreiben (zur Diskussion des sog. Nahtstellenproblems siehe Schiepek, 1986, 114 f.; Klausner, 1973; sowie speziell zur Psychotherapie: Perrez, 1980).

Es erscheint somit sinnvoll und notwendig, denselben Wirklichkeitsausschnitt gegebenenfalls auf verschiedenen logischen Ebenen (vergleiche logische Typen bei Whitehead & Russell, 1910–1913; Bateson, 1982) zu konzeptualisieren. Bei der weiteren Theoriebildung ist dann streng auf die gewählte Referenzebene zu achten (↗ Ebene der Systembeschreibung). Es ist grundsätzlich nicht möglich, objektsprachliche Hypothesen und Beschreibungen (z.B. Wenn-Dann-Aussagen) auf mehrere logische Ebenen zu beziehen. Wird ein Jugendlicher im Referenzbereich der sozialen Kommunikation als „aggressiv" beschrieben, so kann diese Aussage nicht ohne weiteres auf seine individuelle kognitive Struktur bzw. auf neurophysiologische Grundmuster übertragen werden. Soziale Phänomene entstehen aus der „Art des Zueinanderpassens" (↗ Kohärenz) zweier oder mehrerer individueller Systeme. Sie können nicht auf die Eigenschaften von Einzelindividuen reduziert werden.

In umgekehrter Richtung sind individuelle Ergebnisse aus Persönlichkeitstests, Plananalysen etc. ebensowenig zur Beschreibung des Interaktionsverhaltens eines Individuums geeignet.

Psychische und soziale Systeme können nicht aus dem Vorhandensein der jeweils anderen Systeme abgeleitet werden. Es gibt keine vorweg schon vorhandenen Eigenschaften des Menschen, die in gegebener Form ein soziales System bilden könnten. Eigenschaften entstehen erst durch Inanspruchnahme und Selektionierung in sozialen Systemen.

Das Konzept der Interpenetration beantwortet schließlich die Frage, „welche Realitätsvorgaben vorliegen müssen, damit es hinreichend häufig und hinreichend dicht zur Erfahrung von ↗ doppelter Kontingenz kommen kann" (Luhmann, 1984, 293). Es präzisiert damit zugleich die Prämissen der Frage, die es beantwortet.

> „Es geht nicht einfach um einen geschichteten Weltaufbau, bei dem die unteren Schichten zuerst fertiggestellt sein müssen, bevor weitergebaut werden kann. Vielmehr werden die Voraussetzungen mit der Evolution höherer Ebenen der Systembildung selbst erst in eine dafür geeignete Form gebracht (↗ Ko-Evolution). Sie entstehen durch Inanspruchnahme. Deshalb ist Evolution nur durch *Inter*penetration, d.h. nur durch *wechsel*seitige Ermöglichung möglich. Evolution ist in diesem Sinne, systemtheoretisch gesehen, ein zirkulärer Prozeß, der sich in die Realität hinein (nicht: ins Nichts hinein!) konstituiert" (ebda, S. 293f; vgl. auch ↗ stratifizierte Autonomie bei Jantsch, 1982).

Luhmann spricht nur dann von Interpenetration, wenn die Systeme, die ihre ↗ Komplexität beitragen, ↗ autopoietische Systeme sind (S. 296). Interpenetration setzt damit die Verbindungsfähigkeit verschiedener Arten von Autopoiese (↗ Ebenen der Systembeschreibung) voraus, ohne damit die Autonomie der autopoietischen Prozesse auf jeder Ebene zu gefährden.

Sie stellt m.a.W. Abhängigkeitsverhältnisse her, die ihre evolutionäre Bewährung dadurch erlangen, daß sie mit dem Prozeß der Autopoiese kompatibel sind. Die spezifische Ordnungsform, die die Interpenetration psychischer und sozialer Systeme bei Bewahrung ihrer Autopoiese ermöglicht, ist *Sinn* (↗ Grenzen; ↗ soziales System).

> „Sinn ermöglicht das Sichverstehen und Sichfortzeugen von Bewußtsein in der Kommunikation und zugleich das Zurückrechnen der Kommunikaton auf das Bewußtsein der Beteiligten" (ebda, S. 297).

Interpenetrierende Systeme können die Variationsmöglichkeiten der Komplexität des jeweils anderen Systems trotzdem nie voll ausnutzen, d.h. nie ganz und gar ins eigene System überführen. Wie ist es dann trotzdem möglich, die Komplexität des jeweils anderen Systems für den Aufbau des eigenen zu nutzen?

Für den Bereich sinnhaft prozessierender, d.h. psychischer und sozialer Systeme, lautet Luhmanns Antwort: durch *binäre Schematisierung*. Für den Fall der Interpenetration von Mensch und sozialem System könnte dies z.B. heißen, daß der soziale Sinn des Handelns primär danach beurteilt wird, ob er einer *Norm* entspricht oder nicht. Das Normschema strukturiert Akzeptanz und Ablehnung, Konformität und Abweichung usw. und wirkt so als Reduktion von Komplexität in Interpenetrationszusammenhängen. Als binäre Schematisierung, die beide Arten von Interpenetration (soziale und zwischenmenschliche) gleichermaßen bedienen kann, identifiziert Luhmann (1984, 317f) die Sonderfunktion der *Moral*:

> „Moral ist eine symbolische Generalisierung (↗ Kommunikation), die die volle reflexive Komplexität von ↗ doppelkontingenten Ego/Alter Beziehungen auf Achtungs-

ausdrücke reduziert und durch diese Generalisierung (1) Spielraum für Konditionierungen und (2) die Möglichkeit der Rekonstruktion der ↗ Komplexität durch den binären Schematismus Achtung/Mißachtung eröffnet.

. . . Menschen bestätigen einander wechselseitig, daß es ihnen auf die Achtung des anderen ankommt. Sie machen die Achtung von Bedingungen abhängig, in die Erfordernisse des sozialen Zusammenlebens aufgenommen werden können. Die Achtung des anderen Menschen wird so zum Ankerplatz für Erfordernisse sozialer Ordnung und zugleich variieren diese Erfordernisse das, was dem anderen als Bedingung für Achtung bzw. Achtungsverlust zugeflaggt wird" (ebda, S. 320).

Weiterführende Literatur

Luhmann, N.: Soziale Systeme. Grundriß einer allgemeinen Theorie. Frankfurt/M., Suhrkamp, 1984.

Jiu-Jitsu-Prinzip

Neben verschiedenen anderen ↗ biokybernetischen Grundregeln, die sich um das Prinzip des Regelkreises gruppieren (↗ Kybernetik), finden wir in der Biosphäre das kybernetische Grundprinzip des Jiu-Jitsu. Es betont möglichst minimale „anschmiegsame" Interventionen in komplexe Systeme bei gleichzeitiger Nutzung vorhandener Dynamiken und Ressourcen (vgl. ↗ Empowerment). Als äußerst wirksames Prinzip des gewaltlosen Kampfes fand das Jiu-Jitsu-Prinzip schon vor Jahrtausenden Eingang in die chinesischen Verteidigungskünste des Taoismus (Vester, 1984, 82 f.).

> „Das Jiu-Jitsu-Prinzip ist das Hauptmittel der lebenden Natur, den Energiedurchfluß minimal zu halten und dabei gleichzeitig den für das System harmonischsten Ordnungszustand zu erreichen" (ebd.).

Ein eindrucksvolles Beispiel der Nutzungsmöglichkeiten dieser Grundregel bildet unser privater Energieverbrauch. Wir gehen mit viel Aufwand gegen Naturkräfte wie Hitze, Kälte, Luftströmungen, Druckunterschiede, Feuchtigkeit usw. vor, statt diese Kräfte umzulenken und in unserem Sinne wirken zu lassen. Unsere Heizungssysteme erwärmen immer noch hauptsächlich die Außenluft, was zu enormen Energieverlusten, Luftverschmutzung und Smog beiträgt. Selbst unter tropischer Sonne lassen sich Häuser aus dünnem Stahlblech bauen, die, statt zu einem Brutofen zu werden, angenehmer klimatisieren als klassische Hauskonstruktionen mit aufwendiger Isolierung oder teuren Klimaanlagen. Sonnenstand, Jahreszeit, Wind und Himmelsrichtungen, Temperatur- und Luftdruckunterschiede innerhalb und außerhalb des Hauses, Außenanstrich und Flächenneigung wären dabei in ein gemeinsames Regelsystem (↗ Kybernetik) zu integrieren (ebd., S. 432).

Die Nutzung der vorhandenen Dynamiken, d.h. hier der Eigenaktivitäten des Klienten, schlägt Grawe (1986) auch für den Bereich der Psychotherapie vor: der Therapeut müsse die über die Aktivierung von Schemata (Grawe, 1986, 6ff) bereits vorhandenen Kräfte nutzen, um Änderungen in eine bestimmte Richtung erreichen zu helfen.

> „Die Kraft für die therapeutischen Veränderungen kommt nicht aus den therapeutischen Interventionen, sondern aus dem System, dem Klienten, seiner Schema-Struktur selbst. Die therapeutische Intervention kann nicht noch Unbewegtes ‚schieben', sie kann nur etwas, das in Bewegung ist oder das durch seine Stellung in der Schema Struktur gewissermaßen eine latente Bewegungsenergie hat, in eine neue Bahn lenken, indem sie immer wieder Anstöße in eine bestimmte Richtung gibt" (ebd., S. 38).

Die Konsequenz aus der Forderung, immer an aktuelle Pläne (bzw. Schemata) des Klienten anzuschließen, ist die, daß der Therapeut auch aus dem Augenblick heraus in der Lage sein sollte, Interventionen zu entwickeln, die der aktuellen Situation Rechnung tragen (vgl. ↗ Temporalisierung). Grawe bezeichnet dieses Vorgehen als heuristisch, im Unterschied zu einem algorithmischen Vorgehen, das eine vorgeschriebene Abfolge von Handlungsschritten zum Inhalt hätte.

Weiterführende Literatur

Grawe, K.: Schema-Theorie und Interaktionelle Psychotherapie. Forschungsberichte aus dem psychologischen Institut der Universität Bern, 1986.

Schiepek, G. & P. Kaimer: Von der Verhaltensanalyse zur systemischen Diagnostik. In: Caspar, F. (Hrg.): Problemanalyse in der Psychotherapie. DGVT, Forum 13, Tübingen, 1987, 108–132.

Vester, F.: Neuland des Denkens. München, dtv, 1984.

Katastrophe(ntheorie)

Die Katastrophentheorie beschreibt auf der Basis topologischer Modellvorstellungen diskontinuierliche Veränderungen von Systemen. Die Theorie wurde Anfang der 70er Jahre von Renée Thom (1975) in algebraischer Form ausformuliert und vor allem von Zeeman (z.B. 1977) auf verschiedene Wissensgebiete übertragen. Der Bereich der Anwendungen, die teilweise eher spekulativer Art sind, ist sehr weitgespannt und reicht von physikalischen Phänomenen wie dem Flimmern von Sternen und der Stabilität von Schiffen bis zu biologischen, psychologischen, medizinischen und politischen Problemen so komplexer Art wie geistigen Störungen, der Magersucht, Gefängnisrevolten oder dem Verhalten von Regierungen unter dem Aspekt militärischer Bedrohung.

Katastrophen bezeichnen dabei Formveränderungen oder „Brüche" im Systemverhalten: das System klappt von einem Attraktorbereich (vgl. ↗ Stabilitätsformen) in einen anderen um und gerät damit in ein neues dynamisches Regime. Die Punkte im Parameterraum eines Modells, die sogenannte „Bruchstellen" markieren, heißen dabei Katastrophenpunkte. In mathematischen Formalisierungsansätzen wird die Menge der Katastrophenpunkte durch Berechnung der Extremwertstellen einer Funktion ermittelt (Nullsetzen der ersten Ableitung). Die Zahl der Punkte wird als Indiz für die Stabilität des Systems betrachtet (Reither 1988a, Martens, 1984).

Die einfachste Katastrophe kann man sich geometrisch als Falte vorstellen (Abb. 5).

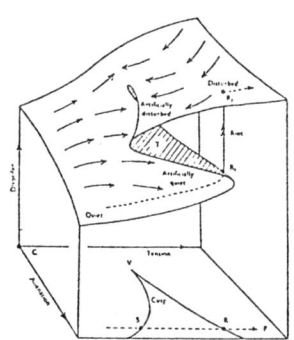

Abb. 5: Hypothetisches Modell der Gleichgewichtszustände eines nichtlinearen dynamischen Systems (hier: Gefängnissituation; aus Zeemann, 1977, 388).
Parameter 1: Anspannung der „Insassen" („tension")
Parameter 2: Entfremdung der „Insassen" („alienation")
Parameter 3: Zustandsparameter „Grad der Unruhe" („disorder"; Erklärung siehe Text)

Das obige Modell wird, grob vereinfachend, durch drei Parameter bestimmt. Systeme mit mehr Dimensionen lassen sich geometrisch nur noch über Hilfskonstruktionen veranschaulichen. Die Zusammenhänge lassen sich am besten an einem Beispiel verdeutlichen, das bei Zeeman (1977, 387ff) beschrieben wurde. Die Autoren (Zeeman, Hall, Harrison, Marriage & Shapland) versuchten auf der Basis von Daten zu mehreren Unruhen in einem englischen Gefängnis den Ausbruch von Revolten mithilfe katastrophentheoretischer Mittel vorherzusagen. Wegen der notwendigen Vereinfachung wurden die vorliegenden Daten faktorenanalysiert, wobei sich zwei Hauptdimensionen ergaben: 1. Anspannung im Sinne von Frustration, Bedrücktheit und Kummer und 2. Entfremdung im Sinne von Isolierung, Trennung und Kommunikationsmangel. Zusammen mit dem allgemeinen Zustandsparameter „Grad der Unruhe" unter den Gefängnisinsassen bildeten diese drei Faktoren den Verhaltensraum des Systems. Zeeman et al. konnten zeigen, daß das Geschehen in Abhängigkeit der Ausprägung der Komponenten 1 und 2 interpretierbar war.

Nach Maßgabe des Modells klappt das System in einen anderen dynamischen Zustand („Revolte"), wenn die beiden Hauptvariablen einen bestimmten Minimalwert überschreiten. Die Veränderung von Parameter 1 („tension") zeigt dabei lineare/kontinuierliche Effekte: Je mehr Spannung, je mehr Unordnung bzw. Aufruhr. Demgegenüber machen Zeeman et al. die Ausprägung des Parameters 2 („alienation") für die diskontinuierlichen Effekte im Bereich der Falte verantwortlich. Je höher die Entfremdung, desto überraschender und heftiger wird es zu Unruhen kommen.

In der Überlappungszone erhält man für jede Parameterkombination jeweils zwei stabile Zustände („Artificially disturbed" bzw. „Artificially quiet"), die man als Versuch beider Ebenen interpretieren kann, eine Art Metastabilität im alten Ordnungszustand aufrechtzuerhalten. Bereits kleine Fluktuationen können hier zu einem Sprung auf die obere Ebene (z.b. Ausbruch der Revolte („Riot") durch provokantes Verhalten eines Häftlings) bzw. auf die untere Ebene (z.B. Ende der Revolte („Quiet") durch Zugeständnisse an die Häftlinge) führen.

Die Autoren leiteten aus ihrer Untersuchung die Empfehlung ab, die gefundenen kritischen Parameter ständig zu beobachten, um auf diesem Weg typischen Entwicklungen vorbeugen zu können. Das Beispiel zeigt, daß der systemtheoretische Begriff Katastrophe nicht davon abhängt, ob eine Veränderung positiv oder negativ zu sehen ist. Er verweist vielmehr grundsätzlich auf *diskontinuierliche Veränderungen*, die auf der Basis *kontinuierlicher* Einwirkungen stattfinden.

Aus methodologischer Sicht teilt die Katastrophentheorie einen großen Nachteil mit vielen anderen Theorien. Jeder Versuch der empirischen Anwendung muß mit einer drastischen Vereinfachung der Realität bezahlt werden, bzw. würde auf der anderen Seite zu einem immensen Aufwand bei der Modellbildung führen.

In den Sozialwissenschaften beschränkt man sich daher, abgesehen von rein spekulativen Ansätzen (z.B. Haken, 1981b), weitgehend auf die Untersuchung von Simulationsmodellen. Diese haben den eindeutigen Vorteil, daß sämtliche Systemparameter bekannt und algebraisch angebbar sind.

Reither (1988a) versucht daher, wichtige Kenngrößen von Systemen wie z.B. deren Vernetzungsgrad, Stabilität, Ausmaß der Eigensteuerung etc. formal zu definieren. Aufgrund der oben genannten Schwierigkeiten kommt er entsprechend zu dem Schluß, vorerst auf weitere Abbildungsversuche der Realität zu verzichten und die katastrophentheoretische Analyse auf die formale Ermittlung von „Unstetigkeiten" in künstlichen Laborsystemen zu beschränken.

Weiterführende Literatur

Martens, B.: Differentialgleichungen und dynamische Systeme in den Sozialwissenschaften. München, Profil, 1984.

Reither, F.: Einige Eigenschaften prozeßorientierter Simulationsmodelle zur Erfassung komplexer Realitätsbereiche. In: Schiepek, G. (Hrg.): Diskurs systemischer Methodologie. *Zeitschrift für systemische Therapie*, 6(2), 1988a.

Zeeman, Ch.: Catastrophe Theory: Selected papers 1972–77. Reading, Mass., Addison-Wesley, 1977.

Ko-Evolution

1.Evolution im Lichte des Neo-Darwinismus

Nach der heute noch vorherrschenden Auffassung des Neo-Darwinmus (z.B. Mayr, 1984) ist Evolution, d.h. Wandel und Anpassung der Arten, eine gewissermaßen mechanische Folge der Gesetze von Vererbung und Reproduktionen. Man nimmt an, daß es durch unvermeidliche, zufällige Fehler bei der Vervielfältigung des Erbmaterials zu erblichen Variationen kommt, die das Rohmaterial für die Evolution liefern.

Ein evolutionärer Veränderungsprozeß tritt dann auf, wenn manche dieser Mutationen oder Rekombinationen besser mit den Umweltgegebenheiten zurechtkommen als die ursprünglichen Mitglieder der Population. Die Variationen bekommen damit eine höhere Chance zu überleben und können folglich mehr Nachkommen hinterlassen. Im Prozeß der Selektion kommt es damit zur Verdrängung der ursprünglichen Individuen. Es entsteht ein neuer Bereich der Anpassung.

Das besondere an dieser Auffassung ist die Annahme, eine gegebene Umwelt selektiere den Wandel der Arten, indem sie die Auslese fördere. Der Bestangepaßte habe die größte Chance zu überleben. Mit anderen Worten: Die Mikroevolution der Individuen paßt sich in kleinen Schritten der Umwelt (Makroevolution) an (= Adaptation), deren Entstehung und Wandel jedoch außer Betracht bleibt. Es besteht kein Rückkoppelungsverhältnis zwischen Organismus und Umwelt. Auch aus diesem Grund wird an diesem Konzept, zu dessen exponierten Vertretern z.B. Ernst Mayr gehört, vielfach Kritik geübt.

2. Neuere Evolutionstheorien (Ko-Evolution)

2.1 Die Kritik am Adaptationskonzept durch Lewontin, Gould und Alberch

Die bekanntesten Einwände kommen von den Mayr-Kollegen Lewontin, Gould und Alberch (Alberch, 1982; Gould & Lewontin, 1979). Sie zeigen auf, daß der Neo-Darwinismus eine verkürzte Form der Evolutionstheorie ist, der das Schwergewicht auf Sonderfälle legt.

Das Postulat des Neo-Darwinismus, daß die Umwelt die Maßstäbe so für das Überleben setzt, daß nur einer – eben der Bestangepaßte – überlebt, verträgt sich nur schwer mit dem Auftreten der Vielzahl von Arten, die in unserer Umwelt zu finden sind.

Systemtheoretische Überlegungen zur Selbsterhaltung (vgl. ↗ Autopoiese) legen nahe, daß es für Organismen nur darauf ankommt, ihre ↗ Organisation, d.h. ihre Existenz zu erhalten, und daß es dazu sehr viele verschiedene Möglichkeiten gibt.

Die Annahme, daß bei einer gegebenen Umweltveränderung nur einer überlebt, ist unwahrscheinlich. Entweder es überlebt keiner oder es überleben mehrere.

Roth (1986, 163) weist daraufhin, daß Umweltveränderungen in der Regel
sehr komplexe Ereignisse sind, auf die in unterschiedlichster Weise reagiert
werden kann. Der Ausgleich eines Temperaturabfalls kann beispielsweise mit
einem dickeren Fell, aber auch mit einer Veränderung des Stoffwechsels be-
werkstelligt werden. Pferde, die in zunehmendem Maße von Raubtieren be-
droht werden, können entweder rechtzeitig flüchten oder lernen, sich erfolg-
reich mit ihren Vorderhufen zu verteidigen.

„Was wir also in aller Regel vorfinden, sind Alternativkonzepte des Überlebens, nicht die Einförmigkeit des Bestangepaßten" (ebd., S. 163). Diese Kritik
am Neo-Darwinismus kommt deshalb zu dem Schluß, daß die Umwelt nicht
selektierend wirkt, sie setzt nur eine *minimale Grenze*, die von jedem Organismus überschritten werden muß. Jede Lösung, die diese minimalen Anforderungen erfüllt, ist gleich gut. Es gibt keine besser oder schlechter angepaßten
Lebewesen. (vgl. auch Maturana & Varela, 1987, 125).

In neueren Evolutionskonzepten heißt Evolution im strengen Sinne immer
auch Ko-Evolution, denn sowohl der Organismus als auch sein Medium (Umwelt) erfahren Veränderungen im evolutiven Prozeß (Reziprozität). Nach
Odum (1980, 444) ist Ko-Evolution „ein Typ der Gemeinschaftsentwicklung
(d.h. evolutionärer Wechselwirkungen zwischen Organismen, bei denen ein
Austausch genetischer Informationen zwischen den Arten minimal ist oder
fehlt). Dies schließt reziproke selektive Wechselwirkungen ein zwischen zwei
größeren Organismengruppen mit einer engen ökologischen Beziehung . . . ".

Jantsch (1982) überträgt den Begriff der Ko-Evolution in seinem ↗ Selbst-
organisationsansatz auf das Zusammenwirken mehrerer Ebenen (↗ Ebenen
der Systembeschreibung) und Systemarten. Physiologische, psychische, soziale,
wirtschaftliche und biologisch-ökologische Prozesse greifen ineinander. Der
Prozeß der Ko-Evolution läuft dabei koordiniert ab, ohne zentral kontrolliert
zu sein. Einzelne Systemebenen setzen, durchaus im Sinne von Roth (s.o.), minimale Grenzen für das Fortbestehen und die Entwicklung anderer Systemebenen, ohne dabei jedoch determinierend einzugreifen (↗ stratifizierte Autonomie, Jantsch, 1982, 338).

2.2 Die Idee des Ultrazyklus von Ballmer und von Weizäcker

Differenzierte Vorstellungen über das Phänomen der Ko-Evolution ↗ selbstorganisierender Systeme entwickelten Ballmer und von Weizäcker (1974) in
ihrem Modell der Ultrazyklen.

Ausgehend von ihrer „allgemeinen Evolutionsbehauptung" (S. 250), die besagt, daß auf der Erdoberfläche zu jedem Zeitpunkt der Zuwachs an Komplexität maximiert wird, spezifizieren sie das nach den beiden Autoren inhaltsleere

Kriterium der Lebenstüchtigkeit von Darwin durch das Kriterium der Tüchtigkeit von Organismen in Abhängigkeit von ihrer Komplexität.

Durch Strahlung, Wärme und die Einwirkung von chemischen Stoffen finden Organismen eine ständig sich verändernde Struktur von Nischen (hier im Sinne kleinerer Ökosysteme) vor. „Da sich in der Jahres- und Tagesrhythmik die physikalischen Parameter der Nischen verändern, besteht ein fortgesetzter Selektionsdruck von versatilen (beweglichen) Individuen und Arten. Dieser Druck wird durch Mutationen, die die Konkurrenzbedingungen laufend verändern, weiter erhöht. Spezialisten für feste Bedingungen haben also auf Dauer keine Chance" (ebd., S. 255).

Die größten Überlebenschancen haben nach Ballmer und von Weizäcker diejenigen Organismen, die aus Nischen, die ihnen schaden, in andere Nischen hinüberwechseln können oder noch besser: die Veränderungen von benachbarten Nischen richtig einschätzen, also vorausdenken können. Beides ist mit einer Komplexitätserhöhung dieser Organismen verbunden. Die funktionale Komplexivierung der Populationen zieht nun eine Komplexivierung der Nischensysteme nach sich. Die Evolution der Ökosysteme ist somit positiv rückgekoppelt.

„Komplexität schafft neue Komplexität, indem die Selektion komplexerer Individuen in Populationen, die über mehrere Nischen verbreitet sind, zur Komplexität des Ökosystems beiträgt. Den Zustand einer derart positiv rückgekoppelten biologischen Evolution wollen wir als Ultrazyklus bezeichnen" (Ballmer & von Weizäcker, 1974, 256; siehe Abb. 6).

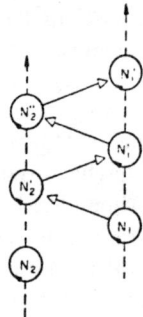

Abb. 6: Ko-Evolution zweier Nischen in einem Ökosystem (Ultrazyklus)

Der Begriff des Ultrazyklus knüpft an den des Hyperzyklus an. „Ein Hyperzyklus ist ein geschlossener Kreis von Umwandlungs- oder katalytischen Prozessen, in dem ein oder mehrere Teilnehmer zusätzlich autokatalytisch (selbstvermehrend) wirken. . . . Der . . . Prozeßkreis erneuert sich ständig selbst und wirkt als Ganzes wie ein Katalysator, der Anfangs- in Endprodukte verwandelt" (Jantsch, 1982, 64 f.).

Während sich im Hyperzyklus eine Evolution zu höherer Komplexität aus Mutation und Wettbewerb ergibt, entsteht die Komplexivierung im Ultrazyklus durch die wechselseitige Abhängigkeit von Subsystemen (Nischen) innerhalb eines übergeordneten Systems.

„Die vom Organismus modifizierte Umwelt bildet ... die ökologische Nische, die sich in Ko-Evoltion mit anderen Nischen im Ökosystem – d.h. über den ... Ultrazyklus – ständig wandelt" (ebd., S. 207).

Der Ultrazyklus ist für Jantsch ein grundsätzliches Modell des Lernprozesses überhaupt:

„Lernen beruht nicht auf der Einschleusung von Fremdwissen in ein System, sondern auf der Mobilisierung von Prozessen, die dem lebenden System selbst inhärent sind, zu seinem eigenen kognitiven Bereich gehören ... Lernen kann allgemein als die Ko-Evolution von erfahrungsbildenden Systemen bezeichnet werden ... Im Ultrazyklus wird Information nicht übertragen, sondern neu organisiert" (S.269).

In ganz ähnlicher Weise sieht hier Jantsch schließlich den Gesamtprozeß der Evolution:

„Evolution wirkt im Sinne einer gleichzeitigen und wechselseitig abhängigen Strukturierung der Makro- und Mikrowelt. ↗ Komplexität entsteht aus der gegenseitigen Durchdringung von Prozessen der Differenzierung und Integration, die gleichzeitig „von oben nach unten" und „von unten nach oben" verlaufen und hierarchische Ebenen von beiden Seiten hervortreten lassen. Nicht Anpassung an eine vorgegebene Umwelt, sondern Ko-Evolution von System und Umwelt auf allen Ebenen, von Mikro- und Makrokosmos, machen das Wesen einer einheitlich wirkenden Gesamtevolution aus" (S.17).

3. Ko-Evolution und Therapie

Sollte man sich dazu entschließen, das Konzept evolutionärer Systeme für das Verständnis therapeutischer Prozesse nutzbar zu machen, so müßten in jedem Fall erst Kriterien entwickelt werden, die ein Urteil darüber erlauben, ob es sich bei einer beobachtbaren Veränderung um eine Fluktuation bzw. um einen evolutiven Sprung handelt oder nicht. Die Frage der Kontinuierung bzw. Fortpflanzungsfähigkeit von Systemen unter sich ändernden Milieubedingungen dürfte sich demnach sinnvollerweise nicht auf die Reproduktionsfähigkeit einzelner Familienmitglieder, sondern auf die Überlebensfähigkeit des gesamten familialen Systems beziehen.

Ein evolutionärer Prozeß in der Familientherapie würde, übertragen ausgedrückt, den „Tod" eines bestimmten kommunikativen (nicht biologischen) Familiensystems implizieren, da es unter den gegebenen Umweltbedingungen nicht mehr „lebensfähig" ist (vgl. Ludewig, 1983).

In der Terminologie der ↗ Ungleichgewichts-Thermodynamik würde die Destabilisierung (z.B. durch Therapie) eine Fluktuation in eine neue Ordnung vorbereiten. Eine Familie organisiert sich, gemäß dieser Modellvorstellung, unter äußerem oder innerem Druck so um, daß das Überleben des Systems unter geänderten Umweltbedingungen wieder gewährleistet ist (Elkaim, 1980).

Im Modell von Ballmer und von Weizäcker hätte man sich eine Familie plus der mit ihr gekoppelten Umwelt als hyperzyklisches ↗ selbstorganisierendes Ökosystem vorzustellen (vgl. Human- ↗ Ökosystem). Nach der Theorie wären diejenigen Familien am überlebensfähigsten, die entweder an mehreren Nischen teilnehmen oder zwischen mehreren Nischen hin- und herspringen können. Die materiellen Ressourcen einer Familie dürften z.B. am besten gesichert sein, wenn die Mitglieder in verschiedenen Berufssparten (Nischen) tätig sind, bzw. wenn sie durch den Genuß einer guten Ausbildung bei der möglichen Art ihrer Beschäftigung flexibel sind. Die Spezialisierung auf eine Nische (z.B. Beschäftigung aller Familienmitglieder in der Schwerindustrie oder im Bergbau) macht ein System gegenüber Milieuveränderungen (Reduzierung von Arbeitsplätzen) besonders empfindlich.

Nicht nur im sozialwissenschaftlichen Bereich haben evolutionstheoretische Modellvorstellungen bisher eher spekulativen Charakter. Trotzdem könnten sie für die weitere Forschung und Modellbildung fruchtbare Ideen liefern.

Weiterführende Literatur

Alberch, P.: The generative and regulatory roles of development in evolution. In: Mossakowski, D. & Roth, G. (Hrg.): Environmental adaptation and evolution. Stuttgart, G. Fischer, 1982, 19–36.

Ballmer, T. & E. v. Weizäcker: Biogenese und Selbstorganisation. In: E. v. Weizäcker (Hrg.) : Offene Systeme I. Stuttgart, Klett, 1974, 229–264.

Dress, A., H. Hendrichs & G. Küppers (Hrg.) Selbstorganisation. Die Entstehung von Ordnung in Natur und Gesellschaft. München, Piper, 1986.

May, R. M. (Hrg.): Theoretische Ökologie. Weinheim, Verlag Chemie, 1980.

Mayr, E.: Evolution. In: Evolution. *Spektrum der Wissenschaft*, Heidelberg 1984, 8–19.

Roth, G.: Selbstorganisation – Selbsterhaltung – Selbstreferentialität: Prinzipien der Organisation der Lebewesen und ihre Folgen für die Beziehung zwischen Organismus und Umwelt. In: Dress et al., 1986, 149–180.

Stierlin, H.: Ko-Evolution und Ko-Individuation. In: Stierlin, H., Simon, F.B. & G. Schmidt: Familiäre Wirklichkeiten. Stuttgart: Klett-Cotta, 1987, 126–138.

Willi, J.: Die Ko-Evolution. Die Kunst gemeinsamen Wachsens. Reinbek: rororo, 1985.

Kohärenz

Mit seinem Vorschlag, den Begriff der Kohärenz in die familientherapeutische Theorie aufzunehmen, macht Dell (1982) auf einige gravierende Schwächen und Trugschlüsse der linealen Kausalität, aber auch bestimmter systemtheoretischer Konzepte aufmerksam. Er betrachtet „Kohärenz" als eine grundsätzliche Alternative zum Konzept der Kausalität, und zwar sowohl zu linealer als auch zur Kreiskausalität (s.a. Dell, 1986; Schiepek & Kaimer, 1987).

Systemtheoretische Konzepte wie das der Homöostase, die eher als metaphorische Beschreibung der Selbstregulation von Systemen gedacht waren, werden heute vielfach in einer Art Verdinglichung zu eigenständigen Prinzipien mit Regelfunktionen erhoben. Konstanz, Veränderung, aber auch Widerstand werden mit einer „Tendenz zur Homöostase" begründet: Die Ehefrau verhält sich in bestimmter Weise *wegen* der Homöostase, bzw. um diese zu erhalten.

Das Konzept der Kohärenz vermeidet derartige unreflektierte Ontologisierungen, indem es die Veränderung von Systemen als evolvierenden Prozeß der Passung zwischen System und Umwelt beschreibt, die die Umwelt vorgibt.

Die Tatsache, daß ein System existiert, heißt dabei einfach, daß in seiner Geschichte die Umwelt keinen Input enthielt, der die systemische Organisation zerstört hat. System und Umwelt koevolvieren (↗ Ko-Evolution), d.h. sie legen wechselseitig die minimalen Bedingungen ihrer Existenz fest, ohne dabei steuernd einzugreifen (↗ Strukturdeterminismus). Veränderungen in der Umwelt wirken auf das System rekursiv zurück und umgekehrt.

Die Annahme kausaler bzw. steuernder Beziehungen zwischen System und Umwelt oder zwischen Subsystem ist damit nicht mehr haltbar. Alle Komponenten eines Systems sind untrennbar aufeinander bezogen. „Kohärenz impliziert einfach eine kongruente Interdependenz des Funktionierens, wobei alle Aspekte des Systems einander angepaßt sind (fit)" (Dell, 1986, 62).

Vorstellungen von homöostatischen Mechanismen, also auch der Begriff des Widerstandes, sind mithin überflüssig. Kein System versucht in irgendeinen Gleichgewichtszustand zurückzukehren oder sich der Umwelt zu widersetzen. Konstanz ist in genau demselben Sinne „da", wie der homöostatische Mechanismus „da" ist. Diese Deutungen gehören ins Reich unserer Beschreibungen. „Es sind lediglich Aspekte, die wir an das System herantragen" (ebda, S. 53). Systeme existieren einfach solange weiter, als die minimalen Voraussetzungen für ihre ↗ Ko-Evolution gegeben sind.

Es kann natürlich trotzdem hilfreich sein, diese Begriffe als Beschreibungshilfsmittel der ↗ Modellbildung zu benutzen. Maturana beschreibt z.B. in diesem Sinne Menschen als homöostatische ↗ autopoietische Maschinen, um zu veranschaulichen, daß sie in der Lage sind, eine globale ↗ Stabilität über die

Dauer ihres Lebens aufrechtzuerhalten. „Aufgrund dieser ihrer Organisation operieren autopoietische Systeme als homöostatische Systeme, die durch ihre Aktivität ihre eigene Organisationsform als die kritische fundamentale Variable konstant halten" (Maturana, 1982, 142).

„Die Sprache stellt uns Fallen, da sie den Verstehensprozeß lenkt", warnt Maturana (1982, 15).

Metaphorische Vorstellungen drohen früher oder später reifiziert zu werden, um damit den Schleier über eine ↗ mechanistische Erklärung des Phänomens zu werfen.

Eine mechanistische Erklärung vermeidet es, Systeme bezüglich ihrer Funktionen, Bedeutungen oder Ziele zu beschreiben, dies würde vom System weg auf seinen Gebrauchszusammenhang bzw. relationalen Kontext ablenken. Jedes lebende bzw. soziale System ist in dieser Hinsicht zu jedem Zeitpunkt die beste Erklärung seiner selbst.

Die Suche nach den „Ursachen" bzw. den Anfangsbedinungungen eines Systemzustandes sind insofern von sekundärer Bedeutung, da jede Einwirkung die Bedingungen für die nächste Einwirkung verändert bzw. bestimmte Anregungen erst innerhalb der ablaufenden Prozesse und Regeln eines Systems einen Sinn ergeben. Systeme ändern sich nicht in Abhängigkeit von (therapeutischen) Interventionen, sondern in Abhängigkeit ihrer eigenen Strukturen (Schiepek & Kaimer, 1987, 120).

Genau diese Sichtweise wird im systemtheoretischen Prinzip der *Äquifinalität* ausgedrückt: Gleiche Ursachen können zu sehr unterschiedlichen Endzuständen und unterschiedliche Ursachen zu den gleichen Endzuständen führen. „Das heißt, die augenblickliche Situation eines bestimmten Systems zum Zeitpunkt *t* ist durch den Rückblick auf vergangene Geschehnisse und „alte Ursachen" nicht „darstellbar" im Sinne von „erklärbar" (Selvini Palazzoli et al., 1984, 230f).

Auch die Kohärenz ist ein Beschreibungshilfsmittel. Es versucht jedoch lediglich, mechanistische Vorgänge in Systemen zu veranschaulichen. Seine Einführung hat den entscheidenden Vorteil, daß nicht dort Prinzipien und Mechanismen unterstellt werden, wo keine vorhanden sind.

Weiterführende Literatur

Dell, P. F.: Über Homöostase hinaus: Auf dem Weg zu einem Konzept der Kohärenz. In: Dell, P.F.: Klinische Erkenntnis, Dortmund, verlag modernes lernen, 1986, 46–78.
Ludewig, K.: Die therapeutische Intervention – eine signifikante Verstörung der Familienkohärenz im therapeutischen System. In: Schneider, K. (Hrg.): Familientherapie in der Sicht therapeutischer Schulen. Paderborn, Junfermann-Verlag, 1983, 78–95.

Kommunikation

Im Anschluß an die ↗ strukturdeterministisch orientierten Überlegungen zur Ausbildung ↗ konsensueller Bereiche zwischen lebenden Organismen sollen hier die genaueren Bedingungen erörtert werden, die das Zustandekommen von Kommunikation als ↗ emergente Realität erst ermöglichen. Setzt man dieses Wissen voraus, so wird klar, daß Kommunikation mit der Metapher der „Übertragung" nur unzureichend zu charakterisieren ist. Kommunikation heißt nicht, daß ein Empfänger etwas erhält, was ein Absender zuvor abgegeben hat. „Die gesamte Metaphorik des Besitzens, Habens, Gebens und Erhaltens, die gesamte Dingmetaphorik ist ungeeignet für ein Verständnis von Kommunikation" (Luhmann, 1984, 193).

Gängige Vorstellungen von Kommunikation lenken die Aufmerksamkeit primär auf den Mitteilenden und die Qualität des Aktes seiner Mitteilung. Mit Maturana (vgl. ↗ strukturelle Koppelung; ↗ Ko-Ontogenese) kann jede Mitteilung jeweils nur als Anregung, als Selektionsvorschlag begriffen werden. Erst dadurch, daß diese Anregung aufgegriffen wird, kommt Kommunikation zustande.

Nach der Auffassung Luhmanns (1984, 196; 1988a) müssen stets drei verschiedene Selektionen zur Kongruenz gebracht werden, bevor Kommunikation entstehen kann. Die Selektion einer *Information*, die Selektion einer *Mitteilung* dieser Information und das selektive *Verstehen* oder *Mißverstehen* dieser Mitteilung und ihrer Information. Kommunikation *muß* als dreistelliger Selektionsprozeß begriffen werden, da es jeweils nicht nur um Absendung und Empfang, um Mitteilung und Verstehen mit jeweils selektiver Aufmerksamkeit geht. „Vielmehr ist die Selektivität der Information selbst ein Moment des Kommunikationsprozesses, weil nur im Hinblick auf sie selektive Aufmerksamkeit aktiviert werden kann" (1984, S. 194f). Information wird vom Mitteilenden nicht einfach ausgewählt (als vorhandene „Substanz"), sie ist über die Ordnungsform des Sinns bereits selektierte Auswahl und wird deshalb mitgeteilt (vgl. „Sinn" unter ↗ Grenzen (von Systemen)).

Keine der drei genannten Komponenten kann für sich alleine vorkommen. Nur zusammen erzeugen sie Kommunikation. Zunächst muß eine Trennung der Selektionen „Mitteilung" und „Information" vollzogen werden, damit Kommunikation zustande kommen kann. Wird diese Trennung nicht geleistet, so liegt bloße Wahrnehmung des Verhaltens anderer vor (Luhmann, 1988a, 11f) Im Verstehen wird von der Kommunikation eine Differenz zwischen dem Informationswert ihres Inhalts und den Gründen, aus denen dieser Inhalt mitgeteilt wurde, erfaßt. Dabei kann entweder die Information selbst oder die Art ihrer Mitteilung (z.B. das Ausdrucksverhalten) mehr Beachtung finden.

Der Unterscheidung zwischen Wahrnehmung und Kommunikation mißt Luhmann große Bedeutung bei. Bloße Wahrnehmung bleibt stets nur ein psychisches Ereignis ohne weitere kommunikative Anschlußfähigkeit. Wahrnehmungen können von jedem Beteiligten nur nach den Eigengesetzlichkeiten der Kommunikation (d.h. mit all ihren Einschränkungen) in ein Kommunikationssystem eingebracht werden.

„Über Verstehen und Nicht-Verstehen und Mißverstehen kann kommuniziert werden – allerdings wiederum nur unter den hochspezifischen Bedingungen der Autopoiesis des Kommunikationssystems und nicht einfach so, wie die Beteiligten es gerne möchten" (ebda, S. 12). Kein soziales System kann auf neurophysiologische oder mentale (psychische) Prozesse zurückgreifen (obwohl diese exisitieren und, als Bedingung für die Möglichkeit von Kommunikation, mitwirken),(vgl. /Interpenetration).

Die Konstitutionsebene der Kommunikation kann nicht unterschritten werden. Kommunikation „kann die Form ihrer Einheitsbildung, das Verschmelzen von Information, Mitteilung und Verstehen nicht aufgeben, ohne ihre Operation zu beenden" (Luhmann, 1984, 226). Besser verstehbar wird dadurch, *„daß Kommunikation nicht direkt beobachtet, sondern nur erschlossen werden kann.* Um beobachtet zu werden oder um sich selbst beobachten zu können, muß ein Kommunikationssystem deshalb als Handlungssystem ausgeflaggt werden" (ebda, Hervorh. i. O.; vgl. Elemente ↗ sozialer Systeme).

Um den Prozeß der Kommunikation zu verstehen, ist eine vierte Art von Selektion von großer theoretischer Bedeutung, die jedoch bereits außerhalb einer elementaren kommunikativen Einheit wirksam wird: Das Annehmen oder Ablehnen einer mitgeteilten Sinnreduktion als Prämisse eigenen Verhaltens.

Verstehen schließt einen Kommunikationsprozeß ab, indem es eine Zustandsänderung beim Adressaten bewirkt. Man kann eine Kommunikation deshalb nicht ignorieren, jedoch annehmen oder ablehnen. „Wie immer man entscheidet: Die Kommunikation legt einen Zustand des Empfängers fest, der ohne sie nicht bestehen würde, aber nur durch ihn selbst bestimmt werden kann" (ebda, S. 204).

Die Erhöhung der Anschlußfähigkeit durch Kommunikations-Medien

Die obigen Ausführungen belegen, daß Kommunikation alles andere als ein trivialer Prozeß ist. Luhmann betrachtet den zunehmenden Erfolg von Kommunikation im Laufe der Evolution nicht einfach als Wachstums-, sondern als selektiven Prozeß. „Man hat den Prozeß soziokultureller Evolution zu begreifen als Umformung und Erweiterung der Chancen für aussichtsreiche Kommunikation, als Konsolidierung von Erwartungen (vgl. ↗ doppelte Kontingenz), um die herum die Gesellschaft dann ↗ soziale Systeme bildet" (ebda, S. 219). Als besondere evolutionäre Errungenschaften, die die Anschlußfähigkeit von Kommunikation erhöhen, nennt Luhmann (1984, 220ff) drei Arten von Kom-

munikations-Medien: *Sprache, Verbreitungsmedien und symbolisch-generalisierte Kommunikation.*
Sprache ist das Medium, das das Verstehen von Kommunikation weit über das Wahrnehmbare hinaus steigert. Durch Sprache können nahezu beliebige Ereignisse als *Information* erscheinen und bearbeitet werden. Zwei Individuen können durch gleichsinnigen Zeichengebrauch in ihrer Meinung bestärkt werden, dasselbe zu meinen. Sprache bietet eine Struktur für Kommunikation, die Anschlußfähigkeit trotz hoher Komplexität gewährleistet.

> „Per Sozialisation kann auch ein Bewußtsein Sprache als ↗ Struktur der eigenen Gedankenführung übernehmen und dadurch eine eigene Komplexität aufbauen, die anders unerreichbar wäre. Das ↗ soziale System stellt insofern dem Bewußtsein ↗ Komplexität zur Verfügung" (Luhmann in Krüll et al., 1987, 14; vgl. auch ↗ Interpenetration).

Der Grundvorgang bleibt jedoch die Regulierung der Differenz von Mitteilung und Information. Auch Sprache kann diese Differenz nicht aufheben und darin sind auch ihre Grenzen zu sehen.

Im Gefolge von Sprache konnten sich *Verbreitungsmedien* wie Schrift, Druck und Funk entwickeln, die eine immense Ausweitung (durch die notwendige Standardisierung aber auch eine Einschränkung) zur Folge hatten. Trotz der Erfolge von Sprache und Verbreitungsmedien mußte aber zweifelhaft bleiben, welche Kommunikation überhaupt Erfolg hat, d.h. zur Annahme motivieren kann, bzw. welche eher Ablehnung provozieren wird. Genau auf dieses Problem zielte nun die gesellschaftliche Entwicklung und Implementierung sog. *symbolisch-generalisierter Kommunikations-Medien.*

> „Als symbolisch-generalisiert wollen wir Medien bezeichnen, die Generalisierungen verwenden, um damit einen Zusammenhang von Selektion und Motivation zu symbolisieren, d.h. als Einheit darzustellen. Wichtige Beispiele sind: Wahrheit, Liebe, Eigentum/Geld, ↗ Macht/Recht, in Ansätzen auch religiöser Glaube, Kunst und heute vielleicht zivilisatorisch standardisierte Grundwerte" (Luhmann, 1984, 222).

In all diesen Fällen wurden damit Motivationsmittel geschaffen, um die Befolgung eines Selektionsvorschlages hinreichend sicherzustellen. Die Chancen zur Bildung sozialer Systeme (z.B. Familien, Vereine, Parteien) steigen heute entsprechend, wenn eine Ausrichtung auf die entsprechenden Generalisierungen erfolgt.

> „Sprache, Verbreitungsmedien und symbolisch-generalisierte Kommunikations-Medien sind mithin evolutionäre Eigenschaften, die, in Abhängigkeit voneinander, die Informationsverarbeitungsleistung begründen und steigern, die durch soziale Kommunikation erbracht werden können. Aus der Entwicklung sozialer Systeme ergeben sich diejenigen Stützbedingungen, die es ermöglichen, in bezug auf an sich Unwahrscheinliches Erwartungen zu bilden und das Unwahrscheinliche damit ins hinreichend Wahrscheinliche zu transformieren. Auf der Ebene ↗ sozialer Systeme ist dies ein streng ↗ autopoietischer Prozeß, der das selbst produziert, was ihn ermöglicht" (ebda, S. 222f; vgl. auch ↗ doppelte Kontingenz; ↗ konsensueller Bereich und Sprache).

(Die Bedeutung des symbolisch-generalisierten Mediums Macht für den Therapieprozeß wird unter dem Stichwort ↗ Macht und Kontrolle erörtert.)

Komplementarität

Nach Watzlawick et al. (1969, 70) sind „zwischenmenschliche Kommunikationsabläufe entweder symmetrisch oder komplementär, je nachdem, ob die Beziehung zwischen den Partnern auf Gleichheit oder Unterschiedlichkeit beruht." In der komplementären Beziehung ergänzen sich die unterschiedlichen Verhaltens- bzw. Kommunikationsmuster der Partner: „Ein Partner nimmt die sogenannte superiore, primäre Stellung ein, der andere die entsprechende inferiore, sekundäre. Komplementäre Positionen dürfen jedoch nicht mit den Begriffen „stark" und „schwach", „gut" und „schlecht" etc. verwechselt werden (S. 69). Typische komplementäre Beziehungen sind die Verhältnisse Arzt und Patient, Mutter und Kind, Arbeitgeber und -nehmer. Die allgemeine Beziehungsdefinition kann dabei mit geben/nehmen gekennzeichnet werden.

In der symmetrischen Beziehung streben die Partner nach Gleichheit und Verminderung von Unterschieden. Ihr Verhalten ist gewissermaßen spiegelbildlich. Typische symmetrische Beziehungen finden sich bei Rivalitäten oder in Wettkämpfen. Sowohl symmetrische als auch komplementäre Verhältnisse haben die Tendenz zur Selbstverstärkung. Nach Bateson kann es wiederum zwei Aspekte dieser potentiellen Progression geben. Entweder die exponentiellen Vorgänge geraten an einen Schwellenwert (eingebundene Rückkoppelungsprozesse in der ↗ Kybernetik), wo sie angehalten werden, oder sie treiben das System über eine Eskalation in eine neue Ordnung (vgl. ↗ Ungleichgewichtsthermodynamik; ↗ Synergetik; ↗ Katrastrophentheorie).

Zu betonen ist die rekursive Verwobenheit komplementärer Beziehungen. Das Verhalten eines Partners setzt das Verhalten des anderen voraus, bedingt es aber auch gleichzeitig. Was man lineal als einseitiges Aufzwingen von Verhaltensmustern (z.B. durch den Partner) erlebt, könnte man zirkulär als komplementäre Passung der Verhaltensweisen (z.B. dominant/submissiv) beschreiben.

Der Sinn komplementärer Positionen existiert nicht absolut, sondern aus der relativen Beziehung zu anderen. Komplementarität erinnert an den Begriff des „Kontextes" bei Bateson (1981, 436). Individuelles Verhalten ist danach nur aus dem „Kontext" heraus verständlich, in dem es sich zeigt (vgl. ↗ Kontextualisierung).

Eine weite Auslegung des Begriffs Komplementarität könnte ihn in die Nähe von ↗ Kohärenz bzw. Passung (bei Dell) bringen. Aus ↗ strukturdeterministischer Sicht würde jedoch Dell (1986) ausdrücklich darauf hinweisen, daß auch die symmetrische Eskalation in Familien als „passendes Verhalten" ihrer Mitglieder aufzufassen ist (passend im Sinne von Ermöglichung der Eskalation). Es erscheint daher zweckmäßig, ↗ Kohärenz bzw. Passung als die allgemeineren Begriffe zu betrachten. „Passung" als Konzept könnte zudem den teleologischen Begriff der Funktionalität (z.B. in der Lerntheorie) ersetzen.

In dieser Hinsicht drängt sich natürlich die Überlegung auf, ob nicht gänzlich auf die Begriffe der Komplementarität bzw. der Symmetrie als Beobachterkategorien (↗ mechanistische Erklärung) verzichtet werden sollte, da sie z.B. im Lichte der ↗ Ungleichgewichts-Thermodynamik bzw. der Theorie nicht- ↗ trivialer Systeme wohl zunehmend an Erklärungswert verlieren.

Der Begriff der Mehrfachkomplementarität kann schließlich andeuten, daß Strukturen sich nicht nur innerhalb einer Ebene (vgl. ↗ Ebenen der Systembeschreibung) komplementär verhalten und entwickeln. Intrapsychische Prozesse, deren Dynamik sehr oft aus komplementären Plänen ↗ Schemata (vgl. Grawe 1986) ableitbar ist, können als Einheiten betrachtet, wiederum in komplementärem Verhältnis zu anderen individuellen Schemastrukturen stehen. Auf noch höherer Ebene kann die Beziehung einer Familie zu ihrer Umwelt als gemeinsame komplementäre Entwicklung (re-)konstruiert werden. Bestimmte Umwelten und Familie ermöglichen sich in ihrem Sosein wechselseitig. Umwelt wird als Kontext von Familie begriffen (vgl. auch ↗ Ko-Evolution).

Weiterführende Literatur

Bateson, G.: Ökologie des Geistes. Frankfurt: Suhrkamp, 1981, 99–113.
Dell, P. F.: Klinische Erkenntnis. Dortmund, verlag modernes lernen, 1986.
Grawe, K.: Schema-Theorie und Interaktionelle Psychotherapie. Forschungsberichte der Universität Bern, 1986.
Sluzki, C. E. & J. Beavin: Symmetrie und Komplementarität. Eine operationelle Definition und eine Typologie von Zweierbeziehungen. In: Watzlawick, P. & J.H. Weakland (Hrg.): Interaktion. Bern: Huber, 1980.
Watzlawick, P., J. H. Beavin, D. D. Jackson: Menschliche Kommunikation. Bern: Huber, 1969.

Komplexität

Die Komplexität bezeichnet nach Stapf (1978, 257) die „Anzahl und Art der zwischen den Elementen bestehenden strukturbildenden Relationen". Klaus (1968, 308) unterscheidet davon die Kompliziertheit eines Systems, die er durch den Grad der Verschiedenartigkeit der Systemelemente bestimmt sieht. Im Theorieentwurf Luhmanns (1984) wird der Begriff in zweifacher Bedeutung benutzt: Zum einen im Sinne einer Ordnungsleistung von Systemen durch Strukturbildung (geordnete Komplexität) und zum anderen als „Maß für Unbestimmtheit" bzw. Informationsmangel (ungeordnete Komplexität). Die Bestimmung der ersten Variante schließt sich an Luhmanns Ausführungen zum System-Umwelt-Verhältnis an. Die primäre Aufgabe von Systemen ist demzufolge eine Differenz zur Umwelt aufzubauen und zu erhalten, wobei Luhmann diese Differenz als Komplexitätsgefälle begreift.

> „Ein System muß, wenn es sich erhalten will, seine eigene Komplexität zu der der Umwelt in ein Verhältnis der Entsprechung bringen − „requisite variety" bei Ashby − und im übrigen seine geringere Komplexität durch verstärkte Selektivität wettmachen" (Luhmann, 1971, 10, zit. n. Hejl 1982, 73).

Systeme müssen also einen Weg finden, sich gegenüber der stets größeren Umweltkomplexität zu behaupten.

Eine Systemstruktur in Entsprechung zu ihrer Umwelt zu bringen, kann bei Komplexitätsunterlegenheit nur durch Selektionsstrategien geleistet werden. Systeme müssen somit das Relationsgefüge eines komplexen (Umwelt)-Zusammenhangs durch einen zweiten Zusammenhang mit weniger Relationen rekonstruieren. Daraus folgt, daß das System die Verknüpfungsfähigkeit seiner Komponenten limitiert, also nicht mehr jede Komponente mit jeder in Verbindung treten läßt. Genau dadurch entsteht geordnete Komplexität (vgl. Strukturbildung in ↗ sozialen Systemen).

> „Als komplex wollen wir eine zusammenhängende Menge von Elementen bezeichnen, wenn aufgrund immanenter Beschränkungen der Verknüpfungskapazität der Elemente (vgl. ↗ Kompon. und System) nicht mehr jedes Element jeder Zeit mit jedem anderen verknüpft sein kann" (Luhmann, 1984, 46).

Komplexität in diesem Sinne heißt Selektionszwang, ein Zwang, den aber jeder komplexe Sachverhalt braucht, um sich zu konstituieren und zu erhalten. „Die Selektion placiert und qualifiziert die Elemente, obwohl für diese andere Relationierungen möglich wären" (ebda, S. 47). Dieses − „auch anders möglich sein" − bezeichnet Luhmann mit dem Begriff der Kontingenz (↗ doppelte Kontingenz).

Kontingenz (d.h. nicht alles mit allem relationiert zu haben) heißt gleichzeitig Risiko. In diesem Risiko kann wiederum ein Motiv gesehen werden zur Bildung eines Umweltkomplexität reduzierenden, Eigenkomplexität aufbauenden, damit „Sicherheit" produzierenden Systems.

Die Differenz zwischen System- und Umweltkomplexität führt uns zur zweiten Variante des Luhmannschen Komplexitätsbegriffs.

Die eben beschriebene geordnete, strukturierte Komplexität innerhalb eines Systems (bzw. in Systemen, die der Umwelt des betreffenden Systems angehören) muß unterschieden werden von der unfaßbaren, ungeordneten Komplexität, die in System und Umwelt durch Verknüpfung jedes Elements mit jedem anderen entstehen würde. Wir haben bereits erwähnt, daß die damit verbundene Komplexitätsdifferenz im System durch Selektionsstrategien ausgeglichen werden muß. Komplexität im zweiten Sinne ist nun die durch diese Reduktionsnotwendigkeiten einem System fehlende Information, die es bräuchte, um seine Umwelt bzw. sich selbst vollständig (d.h. durch Erfassung aller theoretisch möglichen Verknüpfungen) beschreiben zu können. Komplexität ist damit, mit anderen Worten, ein Maß für Unbestimmbarkeit oder für Mangel an Information (Luhmann, 1984, 50 f.).

Diese zweite Fassung von Komplexität, die in Sinnsystemen (↗ soziale Systeme) als unbekannte Größe, als Unsicherheitsfaktor, als Entscheidungsproblem usw. aufgefaßt werden kann, ist noch am ehesten mit traditionellen Konzepten des Begriffs vergleichbar. Diese setzten die zunehmende Komplexität mit einem wachsenden Grad an Vernetztheit – (connectivity, Allen & Starr, 1982, 264) oder mit wachsender Intensität der Interaktion (connectedness, ebd.,) gleich (vgl. auch Stapf 1978, s.o.; Vester, 1984, 40).

Die psychosoziale Praxis als komplexitätsreduzierendes System

Es scheint an dieser Stelle interessant, trotz – oder gerade wegen – dieses abstrakten Entwurfes, den sozialen Prozeß einer Beratung unter dem Aspekt der Komplexität zu rekonstruieren:

In Anlehnung an Luhmann wurde von uns (Schiepek, 1987a, 35) vorgeschlagen, bestimmte Phasen des therapeutischen Prozesses als den Versuch eines sozialen Systems (bestehend aus Therapeuten und Klienten) zu bezeichnen, sowohl ungeordnete, systemeigene Binnenkomplexität als auch unfaßbare Umweltkomplexität in eine für das System handhabbare geordnete Systemkomplexität zu transformieren. Im therapeutischen System entsteht strukturierte Komplexität (z.B. die genaue Formulierung des Problems) einerseits dadurch, daß ausgewählten Ereignissen der Umwelt ein bestimmter Bedeutungsgehalt zugewiesen wird, während andere Ereignisse bedeutungslos bleiben.

Auf der anderen Seite wird unfaßbare Komplexität durch Sequenzen innersystemischer Interaktionen reduziert, die über Sinn- (siehe ↗ Grenzen) einen flexiblen Rahmen von Kommunikations- und Handlungsmöglichkeiten abstecken, der die spezifische Systemidentität kennzeichnet. Die prinzipiellen Möglichkeiten dieser Komplexitätsreduktion über Sinn sind dabei nahezu unbegrenzt, was sich z.B. eindrucksvoll anhand der unübersehbaren Vielfalt der Psychotherapieschulen belegen läßt.

Komponente und System (Das Verhältnis von Teil und Ganzem)

Die Bestimmung des Verhältnisses von Komponente (Element) und System bzw. von Teil und Ganzem ist bis heute eines der zentralen Probleme der naturwissenschaftlichen wie der systemtheoretischen Theoriebildung. Auf der einen Seite steht die traditionelle physikalische Auffassung der Welt als Aggregationsform elementarer Teile. Dieser Auffassung entsprechend ist zum Studium von Ganzheiten letztlich nur die Untersuchung der Gesetzmäßigkeiten bzw. des statistischen Verhaltens der atomaren Teile erforderlich. Systeme werden betrachtet als die Summe der Eigenschaften ihrer Elemente, wobei es möglich sein müßte, erstere verlustlos in ihre Bestandteile aufzulösen. In der Psychologie sind es vor allem die Behavioristen, die dieser Auffassung nahestehen. Es soll hier gar nicht bestritten werden, daß diese Betrachtungsweise zur Untersuchung vieler Ganzheiten (z.b. eines Sandhaufens oder einer Schüssel Müsli) vollauf genügt. Für diese Ganzheiten sollte jedoch nicht der Begriff ↗ System verwendet werden (vgl. Vester, 1983, 17ff). Weiterhin schlagen wir vor, die Teile dieser (ungeordneten, unvernetzten) Ganzheiten *nicht* mit dem systemtheoretischen Begriff der *Komponente*, sondern mit dem des „Elementes" zu bezeichnen.

Auf der anderen Seite zieht sich schon seit den alten Griechen die Auffassung durch, das Ganze sei, wenn nicht mehr, so doch etwas anderes als die Summe seiner Teile. Biologen, Evolutions- und Systemtheoretiker bezeichnen dieses „Andere" heute meist als ↗ emergente Eigenschaft eines Systems.

Dazu nun zunächst einige grundlegende Überlegungen, wobei typischerweise nicht vom Teil, sondern vom System ausgegangen wird:

In komplexen Systemen ist es ab einer bestimmten Anzahl von Komponenten nicht mehr möglich, jedes mit jedem bzw. mit jeder möglichen Gruppe zu verbinden. Willke (1982, 87) illustriert dies sehr eindrücklich an der möglichen Art und Anzahl der Beziehungen von Mitgliedern in einer großen politischen Partei. Schon bei zwölf Mitgliedern errechnet er, wenn man die kombinatorischen Möglichkeiten aller Arten von Kleingruppen miteinbezieht, eine halbe Milliarde Beziehungen.

Schon aufgrund dieser unvorstellbar hohen Verknüpfungsmöglichkeiten ihrer Komponenten sind Systeme dazu gezwungen, durch immanente Beschränkungen nicht mehr jede Möglichkeit der Kombination zuzulassen. Luhmann schließt an diese Limitierung der Verknüpfungsfähigkeit von Komponenten seine Definition von geordneter ↗ Komplexität an (1984, 46).

Die neuere Systemtheorie ist nun der Auffassung, daß diese Beschränkung bzw. Ausrichtung der Teile auf das System hin die „andere" Eigenschaft komplexer Ganzheiten begründet.

„Es sind genau diese (aus den immanenten Eigenschaften der Elemente oder Teile nicht mehr erklärbaren) systemischen, emergenten Eigenschaften, welche die Besonderheit des Systems als Einheit ausmachen – und welche zugleich als „Systembedingungen der Mitgliedschaft" eines Teils jene Zwänge konstituieren, die die Möglichkeiten der Teile auf das Ganze hin orientieren" (Willke, 1983, 31).

Man gelangt damit, entgegen der gängigen Begriffstradition, zu einer sogenannten „De-Ontologisierung" (Luhmann, 1984, 42) des Elementansatzes. „Die Einheit eines Elementes . . . (ist) nicht ontisch vorgegeben. Sie wird vielmehr als Einheit erst durch das System konstituiert, das ein Element als Einheit für Relationierungen in Anspruch nimmt" (ebd.; die Autoren würden hier (i.V. zu Luhmann und Willke) den Begriff der „Komponente" statt den des „Elementes" wählen; s.o.).

Willke (1983, 32) zieht daraus den wichtigen Schluß, das Ganze sei weniger als die Summe seiner Teile. Ein System erhält seine Besonderheit nicht aus einer Erweiterung, sondern aus der Beschränkung der Möglichkeiten seiner Teile.

Therapierelevant scheint diese Konzeption dadurch, daß kommunikative Handlungen als Komponente ↗ sozialer Systeme in ihrer Bedeutung eindeutig systemrelativ betrachtet werden müssen. Das Verhältnis Komponente – System wird rekursiv dadurch, daß soziale Systeme einerseits durch Kommunikation konstituiert werden, umgekehrt aber entscheiden, welche Komponenten innerhalb des Systems bedeutungsvoll, d.h. anschlußfähig sind. Auch therapeutische Interventionen müssen zunächst über diese Hürde der Selektion durch Sinn (↗ Grenzen) hinweg, um im System wirken zu können (↗ operationale Schließung; ↗ strukturelle Koppelung bei Maturana, 1982, sowie in bezug auf Therapie Keeney, 1983).

Das Kriterium des Sinns leistet eine Auswahl aus dem Angebot von Kommunikations- und Handlungsmöglichkeiten, die die Umwelt bietet und bildet dadurch Systemidentität aus.

Die Einsicht, daß komplexe Systeme über die oben erwähnten Mechanismen ↗ emergente Eigenschaften ausbilden, führte auch Luhmann zu dem Schluß, daß Systeme nicht ohne weiteres durch elementare Handlungen zu beeinflussen sind, bzw. daß die Bewertung von Handlungen nicht auf die von Systemen übertragen werden kann (1975, 189). Die Veränderung einzelner Systemkomponenten kann in hochkomplexen Systemen meist durch interne Mechanismen problemlos reguliert werden (z.B. Absorption durch negative Rückkoppelung).

Willke (1982, 110) betont jedoch, daß man vor dieser relativen Unempfindlichkeit von Systemen gegenüber Einzelhandlungen nicht resignieren muß. Man kann vielmehr die Einsicht gewinnen, daß Handlungen jeweils auf dem Emergenzniveau ansetzen müssen, auf welchem man einwirken will.

„Erst die Einsicht, daß komplexe Systeme nicht durch die Aggregation von Einzelhandlungen (unit acts) sich bilden, sondern daß auf qualitativ unterschiedlichen Stufen der Komplexität neue emergente Eigenschaften sich entwickeln, die aus den Eigenschaften der Teile nicht ableitbar sind, verhilft zu angemessenen Konzepten der Steuerung hochkomplexer Systeme" (ebd., S. 110).

Für den therapeutischen Bereich gibt z.B. Schiepek (1986) Hinweise, wie durch Modellierung (idiographische ↗ Systemmodelle) von Systemdynamiken besonders sensible Elemente bzw. Teilsysteme, sogenannte Druckpunkte (Willke, 1983, 27) innerhalb eines Gesamtsystems identifiziert werden können. Zur therapeutischen Bedeutung des Problems von Teil und Ganzem siehe auch Familien-/Kohärenz bei Dell (1982), sowie ↗ Macht und Kontrolle bei Levold (1984, 1986).

Zusammenfassend geht es der Systemtheorie bezüglich des alten Problems Teil-Ganzes somit nicht um die Frage der Priorität der einen oder der anderen Seite, sondern eher um eine Klärung der Organisation ihres Verhältnisses.

Weiterführende Literatur

Bertalanffy, L.v.: General System Theory. New York, Braziller, 1968.
Levold, T.: Einige Gedanken über den Nutzen einer Theorie autopoietischer Systeme für eine klinische Epistemologie. *Zeitschrift für systemische Therapie*, 2(7), 1984, 173–189.
Miller, J. G.: Living Systems. New York, McGraw-Hill, 1978.
Willke, H.: Methodologische Leitfragen systemtheoretischen Denkens. Annäherung an das Verhältnis von Intervention und System. *Zeitschrift für systemische Therapie*, 1(2), 1983, 23–37.
Willke H.: Systemtheorie. Stuttgart, Fischer (utb), 1982.

Konsensueller Bereich und Sprache

1. Die reziproke Koppelung strukturell plastischer Systeme als Grundlage der Ausbildung sprachlicher Bereiche

Wir haben das Phänomen der ↗ strukturellen Koppelung als das Ergebnis der Herstellung einer dynamischen Strukturenübereinstimmung definiert, die aus der Selektion der ↗ Struktur eines Systems durch Störeinwirkungen der Umwelt entsteht. Den Zustandsveränderungen des Mediums entsprechen Zustandsveränderungen des Systems.

Koppeln zwei oder mehrere strukturell plastische Systeme (z.B. menschliche Organismen) aneinander, wird jeder Organismus zum Medium (zur Umwelt) der Verwirklichung der ↗ Autopoiese des anderen (↗ strukturelle Plastizität). Aufgrund ihrer wechselweisen sequentiellen Interaktionen erfahren ihre Strukturen Veränderungen, die jeweils die Basis für die nächste Modifikation bilden. Solange die plastischen Interaktionssysteme ihre Identität aufrechterhalten können, ergibt sich aus der reziproken ↗ strukturellen Koppelung wechselseitige Anpassung. Durch die rekursiven Interaktionen entstehen isomorphe Strukturen, die einen geschlossenen Verhaltensbereich (↗ operationale Schließung) bilden.

„Ein solcher geschlossener Bereich ineinandergreifender Interaktionen zwischen Systemen, die durch strukturelle Koppelung strukturell-isomorph geworden sind, ist ein konsensueller Bereich" (Maturana, 1982, 290). Interaktionen in einem konsensuellen Bereich können als *kommunikative Interaktionen* beschrieben werden.

Wenn wir die Interaktionen zwischen zwei Menschen so beschreiben, als würde die Bedeutung, die wir den Interaktionen zuschreiben, den Verlauf der Interaktionen bestimmen, so müssen wir uns stets vergegenwärtigen, daß wir *semantische* Beschreibungen anfertigen (vgl. ↗ mechanistische und semantische Erklärungen), die nichts mit der jeweils abgeschlossenen ↗ selbstreferentiellen Interaktionsweise der Individuen zu tun haben. Ontogenetisches (d.h. im Laufe eines individuellen Lebens erworbenes) kommunikatives Verhalten (↗ Ko-Ontogenese), das von einem Beobachter semantisch beschrieben werden kann, bezeichnen Maturana & Varela (1987, 224) als sprachliches Verhalten. Der sprachliche Bereich eines Organismus ist danach der Bereich all seiner sprachlichen Verhaltensweisen.

2. Sprache als Verhaltenskoordination

Maturana (1982, 259) und Maturana & Varela (1987, 225) betonen, daß sie Wörter nicht als Bezeichnungen (Denotanten) von Objekten oder Situationen in der Welt verstehen. Dies würde auch ihrem Verständnis von einem Nervensystem, das nicht mit Repräsentationen einer unabhängigen Welt, sondern in Form ↗ selbstreferentiellen (neuronalen und kognitiven) Prozessierens arbeitet, widersprechen. Denotation würde Übereinstimmung voraussetzen. Da der ↗ Strukturdeterminismus uns lehrt, daß Denotation, d.h. bezeichnen, keine primitive Operation ist („Wir entdecken die Welt nicht, wir erfinden sie", von Foerster, 1985; 1986), kann sie – so Maturana – auch keine primitive sprachliche Operation sein.

> „Sprache muß als Ergebnis von irgendetwas anderem entstehen, da es seinerseits Denotation für sein Zustandekommen nicht benötigt, Sprache jedoch mit all ihren Konsequenzen als ein trivial notwendiges Resultat erscheinen läßt. Dieser fundamentale Prozeß ist die ontogenetische Koppelung von Strukturen, die zur Entwicklung eines konsensuellen Bereiches führt" (Maturana, 1982, 259).

Der Entstehung sprachlicher Bereiche liegt – vergleichbar dem strukturellen Driften der Lebewesen (vgl. ↗ Ko-Ontogenese) – kein Entwurf zugrunde. Die rekursiven Interaktionen innerhalb eines sprachlichen Bereiches ermöglichen die Verhaltenskoordination zwischen Individuen.

> „Was dabei relevant ist, ist die Koordination von Aktivität, zu der sie führen, und nicht die Form, die sie annehmen. Im Fluß rekursiver sozialer Interaktionen tritt *Sprache* dann auf, wenn die Operationen in einem *sprachlichen Bereich* zur Koordination von Handlungen in Hinsicht auf Handlungen führen, die *zum sprachlichen Bereich selbst* gehören" (Maturana & Varela, 1987, 226 f.).

Mit dem Entstehen der Sprache können wir uns über Objekte unterhalten, die wir mittels sprachlicher Unterscheidungen hervorbringen. „Wenn Sprache entsteht, dann entstehen Objekte als sprachliche Unterscheidungen sprachlicher Unterscheidungen" (ebd., S. 227).

Die folgenreichste Konsequenz der Sprachentwicklung ist die damit verbundene ↗ ko-ontogenetische Entstehung des Beobachters. Ein Organismus, der in der Sprache mit anderen sprachmächtigen Organismen operiert, kann als Beobachter erstmals eine Beschreibung seiner selbst und der Umstände seiner Existenz erzeugen. Sprache modifiziert damit entscheidend den Bereich menschlicher Verhaltensweisen, indem sie neue Phänomene wie die der Reflexion und des Bewußtseins ermöglicht. (Das Wort „Sprache" bezeichnet bei Maturana in verallgemeinerter Weise jedes konventionelle Symbolsystem, das zu Zwecken der ↗ Kommunikation verwendet wird; 1982, 258.)

Nach dem heutigen Stand des Wissens, bzw. soweit dies aus neurologischen Untersuchungen (z.B. Beobachtungen von R. W. Sperry an „SplitBrain"-Patienten: The Harvey Lectures, 62: 293, 1968) geschlossen werden kann, ist Selbstbewußtsein ohne die Sprache als ein Phänomen der symbolischen Rekursion nicht möglich.

Geist, Selbstbewußtsein und Bewußtheit finden in der Sprache statt. Als Phänomene des „In-der-Sprache-Seins" im Netz sozialer und sprachlicher Koppelung existieren diese nicht im individuellen Gehirn. „Bewußtsein und Geist gehören dem Bereich sozialer Koppelung an, und *dort* kommt ihre Dynamik zum Tragen" (Maturana & Varela, 1987, 253).

Sprache muß von jedem Individuum neu erlernt werden. Verstehen wir Sprache nun nicht mehr als Beschreibung einer objektiv gegebenen Wirklichkeit, sondern als gemeinsame Hervorbringung zusammenlebender Individuen zum Zwecke der Koordination ihrer Aktivität, so erlangen die individuellen Sozialisationsbedingungen für den Sprachgebrauch und das Sprachverständnis eines jeden Menschen besondere Bedeutung. Unterschiedliche Bedingungen der sozialen Koppelung führen zu unterschiedlichem Sprachgebrauch. Die Welt wird jeweils anders aufgeteilt und ausdifferenziert. Da die Sprache die Herausbildung von Identität und Bewußtsein leitet, müssen wir uns damit abfinden, daß auch die Konstruktion unserer Wirklichkeit ein individuell verschiedener, subjektabhängiger Prozeß ist, der jedoch konsensueller Abstimmung im Bereich der Sprache zugänglich ist (zur Relativierung dieser Position durch Kriz (1987) siehe unter sozialer ↗ Konstruktivismus).

3. Sprache und Therapie

Um zu verdeutlichen, daß der Therapeut wie der Klient zunächst ↗ selbstreferentiell mit den bedeutsamen Differenzen ihrer eigenen Wirklichkeitskonstruktionen operieren muß, beschreibt Willke (1987, 96) die Therapiebeziehung als Black-Box-Interaktion zwischen mindestens zwei sich wechselseitig beobachtenden Systemen. Therapeut und Klient bleiben auch während ihrer Interaktion füreinander intransparent (Black-Boxes); was jedoch passieren kann, ist der Aufbau einer dritten Black-Box, die die beiden bisherigen einschließt. Diese neue Black-Box wird durch die rekursiven Interaktionen der beiden ursprünglichen gebildet.

Das Innere der Black-Box wird in dem Maße heller, in dem „über die laufenden Interaktionen Beschreibungen der jeweils anderen Teilnehmer gebildet werden, die es erlauben, deren Verhalten vorläufig und präsumtiv zu erklären und zu erwarten" (Willke, 1987, 103). Diese Beschreibungen werden bei Bedarf revidiert, neu getestet und allmählich zu stabilen Verhaltenserwartungen verdichtet.

Was sich durch die Bildung dieses neuen Systems ändert, ist nicht der Black-Box-Charakter der Interaktion, vielmehr wird die wechselseitige Intransparenz ersetzt durch Beschreibungen, Erprobungen und Unterstellungen, die durch gegenseitige Bestätigung langsam Ordnungsbildung ermöglichen (vgl. auch Luhmann 1984, 156 f.). Allmählich kann dadurch passende Interaktion in einer Weise erzeugt werden, *als ob* die Systeme Einblick in die Funktionsweise des jeweils anderen hätten.

Der Deckmantel gemeinsamer Sprache suggeriert Verstehen und Einverständnis und täuscht deshalb leicht darüber hinweg, daß Beschreibungen (Denotationen) wie z.B. Ziele, Motive, Absichten, Veränderungen und Übertragungen von Information Beschreibungen eines Beobachters sind. Das beobachtete wie das beobachtende System funktioniert nicht gemäß diesen Beschreibungen, sondern nur gemäß seiner inneren abgeschlossenen ↗ Struktur, die für andere Systeme prinzipiell unzugänglich ist.

Beratung und Therapie im Medium der Sprache hat aus systemischer Sicht nichts mit der Entschleierung von Wahrheiten oder gezielter bzw. kontrollierter Veränderung zu tun. Sprache dient vielmehr zunächst dazu, Äquivalenzstrukturen (Weick, 1985, 130 ff., zitiert nach Willke, 1987) aufzubauen und gemeinsame relevante Differenzen in der Wirklichkeitskonstruktion („konsensuelle Realität") zu erzeugen. Sprache im Sinne von Maturana & Varela (1987) ist nicht als Bezeichnung objektiver Gegebenheiten, sondern als ↗ ko-ontogenetisch erzeugte Koordination von Handlungen zu verstehen. Dieses Verständnis erleichtert es dem systemisch orientierten Therapeuten, seine Diagnosen/Beschreibungen tatsächlich als vorläufige Konstruktionen zu behandeln und laufend zu revidieren – und zwar solange, bis sich jene besondere Qualität einer wechselseitig akzeptablen und brauchbaren Systemdiagnose herauskristallisiert, welche die Eigenoperationen des Systems bezeichnet und generiert (vgl. ↗ Systemmodell als generativer Mechanismus).

Der entscheidende Perspektivenwechsel besteht nun darin, daß es der Therapeut nicht mehr als seine Aufgabe ansieht, eine objektive Realität zu entdecken und zu erklären, sondern in konsensueller Abstimmung mit dem Klienten ein ↗ Modell des zu erklärenden Phänomens bzw. Problems zu entwerfen, das als generativer Mechanismus dient. Verhaltenstherapeutisch orientierte Autoren (z.B. Reinecker, 1986, 57 f.) kommen aus anderen Überlegungen heraus ebenfalls zu der Ansicht, daß endgültige „wahre" Erklärungen in der Therapie nicht gegeben werden können. Die prinzipielle Möglichkeit einer „wahren" bzw. objektiven Problembeschreibung wird dabei jedoch von Verhaltenstherapeuten nicht angezweifelt. Um dem Bedürfnis des Klienten nach einer Erklärung seiner Probleme entgegenzukommen, schlägt Reinecker die Erstellung und Vermittlung eines „plausiblen" Ätiologie- und Änderungsmodells vor, dessen Implikationen hier jedoch nicht näher erläutert werden können.

Aus ↗ konstruktivistischer Sicht bedeutet jede wissenschaftliche Erklärung die Entwicklung eines generativen Mechanismus, der als Modell in nicht-reduktionistischer Weise eine mechanistische Reproduktion des zu erklärenden Phänomens erlaubt (Maturana, 1982, 16; vgl. auch idiographische ↗ Systemmodelle, ↗ systemische Methodologie bei Schiepek, 1986; 1987b).

Willke (1987) betont, daß es zur Generierung von ↗ Modellen prinzipiell einer therapeutischen Beziehung bedarf, die dissens-fähig ist, denn nur über Negationen und den damit nötigen Korrekturen gelange man zu Übereinstimmung und Verständigung. Diesen konfligierenden Anforderungen von Vertrauen und Dissensfähigkeit in der therapeutischen Beziehung könne in der menschlichen Sprache durch die Trennung von Inhalts- und Beziehungsebene Rechnung getragen werden. Auf der Basis eines tragfähigen Rahmenkonsenses über die Beschreibung der therapeutischen Beziehung kann der Therapeut auf der Inhaltsebene gegebenenfalls eine kontrastierende Problembeschreibung anbieten, die durch die Benutzung anderer Leitdifferenzen (im Sinne von Luhmann, 1984) eventuell einen Perspektivenwechsel beim Klienten anregt.„Leitdifferenzen sind Unterscheidungen, die die Informationsverarbeitungsmöglichkeiten . . . (einer) Theorie/(eines Systems) steuern (Luhmann, 1984, 13). Ändern muß sich das System jedoch selbst. Der Therapeut kann es nur mit von Foersters (1981, 60) *ethischem Imperativ* halten: „Handle stets so, daß weitere Möglichkeiten entstehen" (vgl. auch Sprache als „symbolisch generalisiertes Kommunikationsmedium" bei Luhmann unter ↗ Kommunikation).

Weiterführende Literatur

Glasersfeld, E. v.: Begriffssemantik und Wissenskonstruktion. Braunschweig, Vieweg, 1987.
Maturana, H. R. & F. Varela: Der Baum der Erkenntnis. München, Scherz, 1987.
Willke, H.: Systembeobachtung, Systemdiagnose, Systemintervention – Weiße Löcher in schwarzen Kästen? In: Schiepek, G.: Systeme erkennen Systeme. Psychologie Verlags Union, München, 1987, 13–46.

Konstruktivismus

Bis heute fassen wir unsere äußere Welt meist so auf, als ob sie, unabhängig von einem Beobachter, angefüllt mit Objekten, „da draußen" existieren würde. Ausdruck findet diese Vorstellung im naturwissenschaftlichen Objektivismus, der, als einer der Säulen unseres abendländischen Denkens, unserem Gehirn und unseren Sinnesorganen die Rollen von fotografengleichen Registrier- und Abbildungsinstrumenten zuweist. Das Nervensystem spiegelt in dieser Vorstellung die Eigenschaften der äußeren Welt wider. Seit den Anfängen der abendländischen Erkenntnistheorie wird aber auch eine davon abweichende Meinung vertreten.

Die Skeptische Tradition

Schon zur Zeit der Vorsokratiker (ca. 500 vor Christus) war einigen Denkern klar, daß die Vorstellung von Wissen als einer mehr oder weniger wahrheitsgetreuen Spiegelung einer unabhängigen, ontologischen Wirklichkeit zu einem unauflösbaren Paradoxon führt: Wirklichkeit wird nur durch Erleben zugänglich, folglich kann das erlebende Subjekt nie ermessen, inwieweit das Erlebte durch die Eigenart seiner Erlebnistätigkeit verändert, verfälscht oder erzeugt wird. Demokrit, ein Vertreter dieser Zeit, erklärte, „daß wir nicht erkennen können, wie in Wirklichkeit ein jedes Ding beschaffen oder nicht beschaffen ist (Capelle, 1953, 437. In: von Glasersfeld, 1985, 1).

Bis zum Ende des 17. Jahrhunderts stand damit die Sinneswahrnehmung im Zentrum des Zweifels. Mit Berkley, Hume und schließlich Kant wurde das bisherige Weltbild jedoch weiter erschüttert. Kant rückte in seiner Kritik der reinen Vernunft auch Raum und Zeit in den Bereich des subjektiv Phänomenalen. Nicht nur die Eigenschaften der Dinge waren damit vom erkennenden Subjekt erzeugt, sondern auch ihre Dinglichkeit überhaupt, d.h. ihre Einheit und körperliche Ganzheit. Sinngemäß war es für Kant damit nicht nur zweifelhaft, ob ein Apfel wirklich glatt, süß und duftend ist, sondern ob er überhaupt als Gegenstand existiert, der sich von der übrigen Welt absetzt (nach von Glasersfeld, 1981, 25). Es dauerte nun bis in unsere jüngste Vergangenheit, daß diese skeptizistischen Hypothesen einer ernsthaften Überprüfung unterzogen wurden.

Der Konstruktivismus als empirisch-neurobiologisch begründete Erkenntnistheorie

Ende der 60er Jahre war es eine Forschergruppe um den chilenischen Neurophysiologen Humberto Maturana, die nachwies, das zwischen Gehirnfunktion und Umweltreizen keine eindeutigen Beziehungen bestehen. Maturana et al. (1968, in Maturana, 1982, 88-137) konnten z.b. in ihren neurophysiologischen Experimenten zur Farbwahrnehmung keine Korrelationen zwischen Außenweltereignissen und Aktivitäten retinaler Ganglienzellen finden. Man folgerte daraus, daß im Gehirn keine Farben, z.B. „grün" oder „gelb", gespeichert werden.

Was Maturana aber herausfand, war, daß die Aktivität retinaler Ganglienzellen mit dem farben-benennenden Verhalten des Organismus korrelierte und eben nicht mit den „tatsächlichen Farben" (definiert durch spektrale Energie). Die entscheidende Schlußfolgerung daraus war, daß das Nervensystem als ein ↗ operational geschlossenes, dynamisches Netzwerk funktioniert.

Erkennen wird damit zum ↗ selbstreferentiellen, abgeschlossenen und autonomen Prozeß (Maturana, 1982; Schwarz, 1987; Roth, 1986, 1987; von Foerster, 1981a,b, 1986).

Besonders Heinz von Foerster hat in seinen Arbeiten zum Konstruktivismus die Relativität und Individualität des Erkennens betont. Eines seiner provozierenden Postulate lautet: „Die Umwelt, so wie wir sie wahrnehmen, ist unsere Erfindung" (1981a, 40).

Die Schlußfolgerung heißt, daß in unserer äußeren Welt keine „Qualitäten", wie Farben, Gegenstände oder Musik existieren. Es gibt nur elektromagnetische Wellen, sich bewegende Moleküle usw., welche aber auch nicht „realer" sind. Unsere Konstruktionen entsprechen bestimmten Theorien, Begriffen und Meßinstrumenten. Vergegenwärtigt man sich das, so führt die Suche nach „der" Wirklichkeit in einen unendlichen Regreß! Das gleiche Problem entsteht, wenn man eine Begründung des Konstruktivismus über Empirie (z.B. neurobiologische Experimente) versucht. Der Konstruktivismus kann sich letztlich nicht empirisch, aber auch nicht selbst begründen (wenn er sich auf sich selbst anwendet).

Unser Gehirn muß die Vielfalt der Unterscheidungen in unserer bunten Welt selbst konstruieren. Die Konstruktionen sind das Ergebnis der fortgesetzten ↗ Ko-Ontogenese eines Systems mit seinem Medium (von Glasersfeld, 1981; Maturana, 1982). „Die Logik der Beschreibung und folglich des Verhaltens im allgemeinen ist notwendigerweise die Logik des beschreibenden Systems" (Maturana, 1982, 75). Es gibt keine „einzige", „wahre" Beschreibung eines Gegenstandes, keine „objektive" Erkenntnis, und das ist auch sehr sinnvoll. Würde ein erkennendes System permanent die komplexe Reizvielfalt seiner sich dauernd ändernden Umwelt abbildhaft aufnehmen, wäre es von dieser Komplexität überwältigt und nicht mehr handlungsfähig. Um sich orientieren und handeln zu können, muß deshalb jedes erkennende System Umweltkomplexität in die ihm gemäße ↗ Komplexität transformieren. Das System muß ein Modell der Welt konstruieren, das für es sinnvoll ist und Handlungsmöglichkeiten eröffnet.

Konstruktivistisches Denken ist dabei eindeutig abzugrenzen gegenüber den Ideen des *Solipsismus*, jener klassischen philosophischen Tradition, die behauptete, daß nur die eigene Innerlichkeit existiert. Die Solipsisten waren der Ansicht, daß die Welt lediglich in ihrer Vorstellung Bestand hätte, und daß das „Ich", das sich diese Vorstellung bildet, die einzige Wirklichkeit sei (von Foerster, 1981, 59).

Nach Maturana & Varela (1987) ermöglicht eine klare „logische Buchhaltung" konstruktivistisches Denken von den beiden Extrempolen bzw. „Fallen" des Solipsismus und des Repräsentationismus fernzuhalten. Wir müssen uns dabei laufend vergegenwärtigen, daß wir eine ↗ Einheit in verschiedenen Bereichen betrachten können, je nach den Unterscheidungen, die wir treffen. Betrachten wir ein System in dem Bereich, in dem seine Bestandteile operieren, so ist für dieses abgeschlossene Operieren die Umgebung irrelevant, sie existiert praktisch nicht (↗ mechanistische Erklärung). Andererseits können wir als Beobachter eine Einheit betrachten, die mit ihrer Umwelt interagiert und Beschreibungen dieser Interaktionen mit der Umwelt anfertigen. Auf dieser Ebene ist die innere Dynamik des Systems irrelevant. Es ist der Beobachter, der Korrelationen konstruiert und das Verhalten eines Systems so beschreibt, als ob es Informationen aus der Umwelt einholen würde. Mit der inneren Funktionsweise hat diese semantische Beschreibung, wie gesagt, nichts zu tun. Solange es also nicht zu einer unzulässigen Vermengung von semantischen und mechanistischen Beschreibungen kommt (vgl. Maturana, 1982, 16), also eine saubere, „logische Buchhaltung" eingehalten wird, kann es auch nicht zu obigen erkenntnistheoretischen Problemen kommen.

Im Bereich neuerer systemtheoretischer und erkenntnistheoretischer Arbeiten wird der bisherige Gedankengang heute meist unter dem Stichwort *Radikaler Konstruktivismus* zusammengefaßt und diskutiert (von Foerster, 1981a,b, 1986; Schmidt, 1987; ↗ selbstreferentielle Systembeschreibung; ↗ Kybernetik 2. Ordnung). Die kognitive Wahrnehmungs- und Denkpsychologie (Piaget, 1975; Neisser, 1979) mit ihren Konzepten der Bildung und Veränderung *kognitiver Schemata* kann daran nahtlos angefügt werden (für den Bereich der Psychotherapie siehe Grawe, 1986). Das Konzept des *Sozialen Konstruktivismus* (Berger & Luckmann, 1970; Mehan, 1981; Gergen, 1985) überträgt nun diese Idee auf die Ebene der sozialen Interaktion. Nicht nur das Individuum erzeugt demnach Realität, sondern die Gesellschaft als Ganzes.

Ergänzt werden die Annahmen des Radikalen Konstruktivismus dadurch, daß nun eine historisch-soziologische Perspektive gesellschaftlicher Wirklichkeit mehr ins Blickfeld rücken kann, welche die Möglichkeiten individueller Wirklichkeitskonstruktion deutlich relativiert.

Jedes Individuum wächst in eine bereits von Menschen für Menschen sinnhaft vorkonstruierte Wirklichkeit hinein, „d.h. der allergrößte Teil der Information, die aus externen oder internen Reizquellen auf die Rezeptoren einströmt, besteht letztlich aus niedergelegten Botschaften von uns selbst und anderen an uns selbst und andere – Botschaften über Sinnstrukturen im Rahmen gesellschaftlicher Wirklichkeit. Ein Erkenntnisobjekt, das nicht weitgehend im Sinne

(1) dieser vorgegebenen Strukturen evolviert, wird nicht überleben" (Kriz, 1987, 55).

Heinz von Foersters gern zitiertes Postulat „Die Welt wird nicht gefunden, sondern erfunden" (z.B. 1981a) könnte in diesem Sinne durch den Hinweis ergänzt werden, daß jede individuelle „Erschaffung von Welt" notwendigweise begrenzt ist durch die Sinnmuster bereits bestehender familiärer und gesellschaftlicher Wirklichkeiten. Systeme entwickeln sich zunächst so, daß sie im Kontext überleben können: Eine Familie zunächst relativ zur Gesellschaft, ein Individuum zunächst relativ zur Familie (ebda).

Die Relativität klinischer Wirklichkeitskonstruktion

Wirklichkeitsbeschreibungen im therapeutischen Prozeß „sind soziale Konstruktionen, die innerhalb sozialer Systeme entstehen, und es gibt, solange Therapie geschieht, keine Möglichkeit, aus diesem Prozeß der Erzeugung konsensueller Problemwirklichkeiten herauszutreten" (Schiepek, 1986, 74).

Die Relativität von Wirklichkeitskonstruktionen gesteht auch Westmeyer (1984) zu, wenn er in seinem Verhandlungsmodell mehrere mögliche Argumentationslinien vorzeichnet, um Treatment-Entscheidungen rational zu rechtfertigen. Diese relativ rationale Begründung therapeutischen Handelns rückt ab von sowieso nie einlösbaren Objektivitäts- bzw. Absolutheitsansprüchen und läßt damit Raum für die individuellen Beschreibungsmöglichkeiten, sowie den Anwendungskontext des Klinikers.

Weiterführende Literatur

Foerster, H. v.: Das Konstruieren einer Wirklichkeit. In: Watzlawick, P. (Hrg.): Die erfundene Wirklichkeit. München, Piper, 1981a.
Foerster, H. v.: Sicht und Einsicht, Versuche zu einer operativen Erkenntnistheorie. Braunschweig, Vieweg, 1985b.
Gergen, K.J.: The Social Constructionist Movement in Modern Psychology. *American Psychologist*, 1985, **40** (3), 266–275.
Gumin, H. & A. Mohler (Hrg.): Einführung in den Konstruktivismus. München, Oldenburg, 1985.
Hejl, P. M.: Konstruktion der sozialen Konstruktion. Grundlinien einer konstruktivistischen Sozialtheorie. In: Gumin, H. & A. Mohler (Hrg.), 1985.
Kriz, J.: Zur Pragmatik klinischer Epistemologie. Bemerkungen zu Paul Dells „Klinische Erkenntnis". *Zeitschrift für systemische Therapie*, 1987, **5** (1), 51–56.
Schmidt, S. J.: Der Diskurs des Radikalen Konstruktivismus. Frankfurt/M., Suhrkamp, 1987.
Watzlawick, P.: Die erfundene Wirklichkeit. München, Piper, 1981.

Kontext, Kontextualisierung

Nach Bateson (1981, 436) tritt jede Handlung oder Äußerung eines Individuums in einem spezifischen Kontext auf, der für das Individuum relevant ist. Ohne die Beziehung dieser Person zu einem Kontext zu kennen, kann ihr individuelles Verhalten nicht verstanden werden. Wir haben bei der Einführung des Begriffs ↗ System bereits erörtert, daß Komponenten und Teilstrukturen eines Systems sich wechselseitig konstituieren und relationieren. Einzelne Elemente existieren nicht an sich, sondern nur in bezug, d.h. relativ zu anderen Elementen eines Systems. Systemkomponenten sind wechselseitig aufeinander bezogen, sie gestalten sich in dem Kontext, den sie füreinander darstellen. Watzlawick et al. (1969, 20 f.) greifen die Wahrnehmungsexperimente von Asch als Beispiel heraus, um zu zeigen, daß bestimmte Phänomene unerklärlich bleiben, solange sie nicht in genügend weitem Kontext gesehen werden. Ohne die Beachtung des zwischenmenschlichen Kontextes müßte der Versuchsperson bei Asch, die sich lediglich der Mehrheitsmeinung beugt, eine mehr oder minder schwere Störung ihrer Wirklichkeitswahrnehmung zugeschrieben werden.

Kontextualisierendes Denken, das bei Bateson wohl mit systemischem Denken synonym wäre (Brunner, 1986, 8) entfernt sich grundsätzlich vom Konzept der Kausalität. Linear-kausales Denken wird durch zirkuläres Denken abgelöst. Die systemische Denkweise betrachtet einzelne Teile eines kontextuellen Systems nicht für sich, in den Blickpunkt rückt vielmehr die Gesamtheit der interagierenden Komponenten einer /Einheit. Bevor man Komponenten und Teilstrukturen eines Systems betrachten kann, muß jedoch klar sein, auf welches System sie sich überhaupt beziehen. Ein System liegt nicht einfach vor, es entsteht erst durch geeignete Grenzziehung.

Die Festlegung von ↗ Grenzen ist einerseits Voraussetzung für die Beschreibung, andererseits aber auch das Resultat systemischer Modellbildung. Die Konstruktion von Grenzen ist damit ein rekursiver Prozeß.

„Die Festlegung von Systemgrenzen kontextualisiert und qualifiziert Phänomene in spezifischer Weise, in dem sie diese auf den damit entstandenen Systemkontext bezieht" (Schiepek, 1986, 135).

Die meisten psychischen Probleme müssen darüber hinaus in mehreren Kontexten (Mehrfachkontextualisierung) sowie über mehrere Referenzebenen hinweg betrachtet werden, um zu einer adäquaten Beschreibung zu gelangen. Klinisch relevante Phänomene ent- und bestehen durch das Zusammenwirken von Faktoren auf mehreren ↗ Emergenzebenen, die nach Luhmann (1984) aufgrund ihrer ↗ basalen Operationen zu unterscheiden sind. Ängste, Depressionen und Streßreaktionen erfordern eine prozeßbezogene Erfassung sehr heterogener (biochemischer, physiologischer, kognitiver, sozialer) Variablen in ihrem entsprechenden Kontext.

Schließlich sind auch innerhalb einer Ebene (z.B. der Kommunikation) mehrere Kontexte verschachtelt denkbar. Die Betrachtung der Kommunikationssequenz eines Paares im Kontext ehelicher Streitigkeiten erscheint etwa in einem völlig anderen Licht, wenn als Rahmenkontext ein beiderseitiger Konsens über diese Streitigkeiten angenommen wird (z.B. wenn sich beide Partner in diesen Streitigkeiten engagieren und damit übereinstimmend andere Themen vermeiden).

Im Bereich der Psychotherapie nutzt man die kontextuelle Bedingtheit der Sichtweise von Problemen in der Anwendung sogenannter Umdeutungs- bzw. Reframing-Techniken. Durch die Neu-Kontextualisierung einer scheinbar festgefahrenen Sichtweise der Familie versucht man dem/den Klienten aufzuzeigen, daß Wirklichkeit immer auch anders gesehen werden kann. Umdeutungstechniken sind Kernelemente in der Hypnotherapie, der kognitiven Verhaltenstherapie und der Familientherapie (vgl. Kriz, 1985, 270, f.; v. Schlippe, 1984, 84 f.).

Weiterführende Literatur

Bateson, G.: Ökologie des Geistes. Frankfurt, Suhrkamp, 1981.
Selvini Palazzoli, M., L. Boscolo, G. Cecchin, G. Prata: Das Problem des Zuweisenden. *Zeitschrift für systemische Therapie,* 1983, 1 (3), 11–20.
Watzlawick, P., Beavin, J. H. & D. D. Jackson: Menschliche Kommunikation. Bern, Huber, 1969.

Ko-Ontogenese

Nach der Terminologie des ↗ Strukturdeterminismus ist die Ontogenese die Geschichte des strukturellen Wandels einer ↗ Einheit (z.B. eines Lebewesens) unter Konstanthaltung ihrer (seiner) ↗ Organisation. Jedes Lebewesen beginnt in dieser Geschichte mit einer Anfangsstruktur, „welche den Verlauf seiner Interaktionen bedingt und zugleich die Möglichkeit der strukturellen Veränderungen einschränkt, die durch diese Interaktionen in ihm ausgelöst werden" (Maturana & Varela, 1987, 105).

Das Individuum wird in eine spezifische Umwelt hineingeboren, die ihre eigene strukturelle Dynamik aufweist. Grundlage des Fortbestehens des Organismus ist fortan seine strukturelle Verträglichkeit mit dem Medium (der Umwelt), welche im Prozeß der Anpassung realisiert wird. Umweltveränderungen legen hierbei lediglich eine minimale Grenze (vgl. Roth, 1986) des Überlebens fest (↗ Ko-Evolution), die von jedem Lebewesen überschritten werden muß, um fortexistieren zu können.

Während die Ontogenese nun den individuellen Prozeß der Anpassung eines Systems in jedem Augenblick seiner Existenz beschreibt, bezeichnet die Phylogenese bzw. Evolution das Ergebnis der Erhaltung der Anpassung einzelner Arten nach zufälligen Variationen auf jeder Fortpflanzungsstufe. Maturana & Varela bezeichnen die Ontogenese als „strukturelles Driften" eines einzelnen konkreten Lebewesens, während sie unter dem Begriff der Evolution das „natürliche Driften" einer Art verstehen, das solange fortdauert, als die Erhaltung der Art und die Fortpflanzungsfähigkeit gewährleistet ist.

Die Unmöglichkeit instruktiver Interaktion

Strukturdeterminierte Systeme kennen keine instruktive Interaktion (Maturana, 1982, 243), d.h., ihre ↗ Strukturen können durch Input von Außen nicht gezielt verändert werden.

Der ontogenetische Wandel eines Individuums kann von der Umwelt zwar angeregt werden, über die Art des Wandels entscheidet jedoch alleine die Struktur des angeregten Individuums. Einheit und Milieu wirken füreinander als gegenseitige Quellen von Perturbationen (Maturana & Varela, 1987, 27), d.h., sie lösen gegenseitig beim anderen nichtinstruktiv Zustandsveränderungen aus (↗ strukturelle Koppelung). Aus dem Blickwinkel der inneren Dynamik eines Systems bzw. Organismus ist jedoch nicht zu unterscheiden, ob eine Perturbation aus der inneren Dynamik des Systems, aus Veränderungen des äußeren Milieus oder von einem anderen Organismus ausgelöst wurde. Die Frage, wie ein Organismus diese Unterscheidung treffen kann, ist bis heute so gut wie ungelöst.

Wenn der Austausch zwischen zwei oder mehreren Lebewesen einen rekursiven Charakter annimmt, führt das notwendigerweise zum gemeinsamen „strukturellen Driften" dieser Systeme. Diese Art der gegenseitigen ↗ strukturellen Koppelung, bei der jeder Organismus seine Anpassung und ↗ Organisation bewahrt, kann als Ko-Ontogenese bezeichnet werden. Anders gesagt: Ko-Ontogenese bezeichnet die Geschichte struktureller Veränderung zweier oder mehrerer Systeme, die sich in struktureller Koppelung befinden.

Der Begriff deutet darauf hin, daß es eine einseitige Änderung eines von zwei oder mehreren interagierenden Systemen (Personen, soziale Systeme, Ökosysteme) nicht gibt. So wie das Verhalten einer Art und dessen ökologischer Nische sich nur ko-evolutionär verändern (vgl. Ballmer & von Weizäcker, 1974), so gibt es auch keine isolierte Entwicklung eines Individuums ohne seine Umwelt. Ko-Ontogenese mit struktureller Koppelung zu erklären, ist im Prinzip tautologisch, denn beide Begriffe beschreiben dasselbe Phänomen: Kann eine strukturelle Änderung in einem System beobachtet werden, in einem anderen jedoch nicht, dann waren sie auch nicht gekoppelt.

Die Beobachtbarkeit der Ko-Ontogenese lebender Systeme kann einige Probleme aufwerfen, da die Änderungsgeschwindigkeit („dynamische Trägheit") der gekoppelten ↗ Einheiten eventuell völlig unterschiedlich ist. In der Ökologie wie in der Familientherapie führt dies oft dazu, daß wir schwer zu erkennende, komplexe Vernetzungen oder zusammenhängende, aber sich unterschiedlich schnell entwickelnde Dynamiken zu wenig beachten. Wir lassen beispielsweise ganze Gebirgslandschaften absterben, da wir kaum Verbindungen zu den langfristigen Folgen (Klimaveränderungen, Überschwemmungen, Erdrutsche etc.) herstellen. In der Therapie stützen wir die Position eines aggressiven Kindes mit schulischen Problemen, um eventuell später eine Ehekrise heraufzubeschwören.

Die Ko-Ontogenese der Familie: Perfektheit statt Pathologie

Das Konzept der Ko-Ontogenese hat wichtige Folgen für die Arbeit von Familientherapeuten. Im Prozeß der strukturellen Koppelung von Individuen entsteht ein soziales System, das die Mitglieder durch das wechselseitige und untrennbare Zusammenpassen ihrer Strukturen konstituieren. Da sich jedes Familienmitglied gemäß seiner ↗ Struktur verhält und verhalten muß (↗ Strukturdeterminismus), kann eine Familie als das perfekte Zusammenpassen von perfekt sich verhaltenden individuellen Systemen verstanden werden (Perfektheit i. S. von Dell, 1984, 161; genauer: s. ↗ operationale Schließung). Im Rahmen der Ko-Ontogenese entwickeln die einzelnen Familienmitglieder ein historisches, in sich abgeschlossenes System von Relationen (Sinnmuster, Regeln, Ideen, Verweisungen) ↗ das genau den Möglichkeiten ihrer Strukturen, bzw. ihrer kognitiven Bereiche entspricht (Willke, 1984, 198).

Ein Therapeut kann deshalb wissen, daß jede von ihm selbst oder von einem Familienmitglied angefertigte pathologisierende Problembeschreibung lediglich die subjektive (semantische) Beschreibung des entsprechenden Beobachters darstellt, welche nichts mit dem perfekten Funktionieren, d. h. dem gemeinsamen „strukturellen Driften" der Familienmitglieder zu tun hat (vgl. dagegen ↗ mechanistische Erklärung).

Levold (1984, 182) beschreibt eine Familie plus Therapeut als eine Figuration von Beobachtern, die sich selbst als Teilnehmer am therapeutischen System definieren. Mit dem Eintritt des Therapeuten hat dieser Teil an der ko-ontogenetischen Entwicklung eines neuen Systems, wobei die Familie ihre Interaktionen nun auf die Anwesenheit des Therapeuten bezieht. Diese sensible Phase der Neuorganisation des Systems kann der Therapeut nutzen, um als verstörendes (↗ Verstörung) Potential (Ludewig, 1983) die Art der familiären Interaktion zu ändern. Da die Logik des intervenierenden Systems keineswegs mit jener des intervenierten Systems übereinstimmen muß, sind Vorstellungen von kausaler Steuerung zu ersetzen durch Ansätze, die Therapie als Anregung oder Anleitung zur Selbststeuerung verstehen (Willke, 1984).

Weiterführende Literatur

Levold, T.: Einige Gedanken über den Nutzen einer Theorie autopoietischer Systeme für eine klinische Epistemologie. *Zeitschrift für systemische Therapie*, 1984, **2** (7), 173–189.
Maturana, H. R. & F. Varela: Der Baum der Erkenntnis. München, Scherz, 1987.
Willke, H.: Zum Problem der Intervention in selbstreferentielle Systeme. *Zeitschrift für systemische Therapie*, 1984, **2** (7), 191–200.

Kybernetik

Der Begriff der Kybernetik (gr.: kybernetes = Steuermann) geht auf den Mathematiker N. Wiener (1948) zurück. Er versteht darunter „das gesamte Gebiet der Steuerungs-, Regelungs- und Nachrichtentheorie sowohl bei Maschinen als auch bei Lebewesen" (Wiener, 1968, 32).

Der Kybernetik liegt gemeinsam mit der ↗ Systemtheorie die Annahme zugrunde, daß die Prozesse der Steuerung und Regelung bei Objekten verschiedener Wirklichkeitsbereiche wie Maschinen, Organismen oder sozialen Gebilden den gleichen bzw. isomorphen (↗ Systemtheorie) Prinzipien folgen. Gemäß diesem Grundgedanken verlagerte sich das Interesse von der Betrachtung konkreter materieller oder energetischer Prozesse auf die Untersuchung allgemeiner formaler Gesetzmäßigkeiten in lebenden und nicht lebenden Systemen. Damit war der Grundstein für die Bildung einer einheitlichen, übergreifenden Wissenschaft, der Kybernetik, gelegt, auch ohne zunächst den Systembegriff explizit zu thematisieren.

Der wesentliche Bestandteil eines kybernetischen Systems ist der *Regelkreis*. Seine stabilisierende Dynamik schafft die Grundlage für das ↗ selbstorganisierende, autonome Verhalten von Systemen. Dadurch, daß die Systeme mit sich selbst und der Umwelt rückgekoppelt werden, können sie interne und externe Störungen ausgleichen (↗ Stabilität), bzw. sich veränderten Umweltbedingungen anpassen (↗ Ko-Ontogenese). Es fragt sich, ob nicht die Systemhaftigkeit jeder ↗ Einheit einen bestimmten Regelungsmechanismus voraussetzt.

Die wichtigsten Elemente eines Regelkreises werden im folgenden kurz beschrieben: im engeren Sinne besteht der Regelkreis nur aus zwei Elementen. Zum einen aus der zu regelnden Größe (z.B. Zuckergehalt im Blut, Körpertemperatur, Drehzahl einer Maschine), genannt *Regelgröße*, und zum anderen aus dem *Regler*, der diese verändern kann. Der Regler mißt über einen *Meßfühler* den Zustand der Regelgröße. Ist dieser Zustand durch einen Störfaktor, die *Störgröße*, verändert, dann gibt der Regler eine entsprechende Anweisung (den *Stellwert*) an ein *Stellglied* weiter, welches dann die Störung über eine angemessene *Stellgröße* unter Zu- oder Abfuhr einer entsprechenden Austauschgröße behebt. Durch den geschlossenen Kreislauf ist das System mit sich selbst rückgekoppelt. Störgröße und Austauschgröße stellen die Verbindung zur Umwelt her (Abb. 7).

Der Regler seinerseits steuert das System natürlich nicht in unabhängiger Weise. Entweder er wird von außen eingestellt oder er ist mit anderen Systemen funktionell gekoppelt. Beides erzeugt eine bestimmte *Führungsgröße*, die den sogenannten *Sollwert* vorgibt.

Wir finden in der Wirklichkeit keine isolierten und abgeschlossenen Regelkreise vor, sondern stets komplex verschachtelte Regelkreissysteme, wie z.B. in

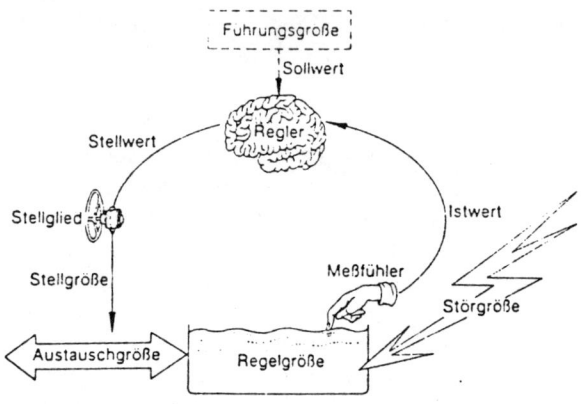

Abb. 7: Klassischer Regelkreis (siehe Vester, 1984, 60).

Zellen oder Organismen. Die Regelgröße eines Regelkreises mag der Stellwert eines anderen sein, und dieser eventuell die Störgröße eines weiteren. Bei der Frage, wer dies denn nun alles steuert, mag man sich vor Augen halten, daß schon im Inneren einer Zelle mehrere tausend biochemischer Vorgänge einer Regelung bedürften und es damit kaum vorstellbar ist, daß eine einzige „Zentrale" dies von außen (oder auch von innen) regelt.

Eine Steuerung, wenn man in diesem Zusammenhang überhaupt davon sprechen kann, erscheint nur noch durch ↗ Selbstregulation, durch Verschachtelung ↗ selbstreferentieller Prozesse in einem System möglich und d.h. standortbezogen und in unmittelbarer Wechselwirkung mit der jeweiligen Umwelt. Die subtile Verflechtung unzähliger kleiner und großer Regelkreise sorgt dabei dafür, daß Störungen vermindert oder ganz ausgeglichen werden (oder unter bestimmten Bedingungen auch eskalieren).

In der Kybernetik spricht man von *negativer Rückkoppelung.* Wenn die vom Meßfühler festgestellten abweichenden Werte jeweils in umgekehrter Richtung der Abweichung wieder auf den Sollwert ausgeglichen werden (deshalb „negativ"). Ist der Meßwert zu hoch, wird er verringert, ist er zu niedrig, wird er erhöht.

Von *positiver Rückkoppelung* spricht man, wenn die abweichenden Werte noch weiter in der gleichen Richtung verstärkt werden, das System also immer weiter aus dem Gleichgewicht gerät. Positive Rückkoppelung ist dabei nichts grundsätzlich Schlechtes. Sie dient erstens dazu, Systeme überhaupt zum Laufen zu bringen und kann ihnen zweitens die Möglichkeit geben, bei gegebenen Umweltbedingungen durch einen entsprechenden Aufschaukelungsprozeß in einen neuen Gleichgewichtszustand zu evolvieren (vgl. ↗ Ko-Evolution). Dieser ermöglicht es ihnen, in einer veränderten Umwelt unter neuem, dynamischem Regime zu überleben (↗ Ungleichgewichtsthermodynamik, ↗ Katastrophentheorie, ↗ Synergetik).

Auch Evolutionsvorgänge müssen in übergeordnete negative Rückkoppelungschleifen eingebunden sein. Sind sie es nicht, können wahre Teufelskreise entstehen, die nicht mehr kontrolliert werden können (Vester, 1984, 60). Die Überlebensfähigkeit eines Systems hängt damit entscheidend davon ab, ob beide Mechanismen abgestimmt zur Verfügung stehen.

Eine Hilfe bei der Einschätzung der (Eigen-) Dynamik kybernetischer Prozesse könnte das Verfahren idiographischer Systemmodellierung (Schiepek, 1986) zur Verfügung stellen. Besondere Orientierungshilfen bilden dabei Antworten auf systembezogene Fragen bzw. kybernetische Kriterien (Vester & von Hesler, 1980; Dörner et al. 1983, 19ff; Schiepek, 1986, 81ff; 1987a, 19ff sowie Punkt (6.) unter ↗ Systemmodell, idiographisches).

Die Vereinnahmung des Regelkreisprinzips durch die Familientherapie und deren Kritik

Die Idee des rückgekoppelten Regelkreises wurde von frühen Familientherapietheoretikern auf breiter Front adaptiert (z.B. Jackson & Weakland, 1961; Haley, 1972; Greenberg, 1977). Die Familie reduzierte sich entsprechend zu einem homöostatischen Mechanismus, der stets darauf bedacht ist, nach Störungen das Gleichgewicht bzw. den Status Quo wiederzuerlangen.

Obwohl in ihrem Buch ebenfalls vom Modell der Homöostase die Rede ist, erkennen Watzlawick et al. (1969, 134) die engen Grenzen dieses Ansatzes:

> „In jeder Familie spielt aber auch die Zeit in Form von zunehmen der Reife und Erfahrung eine Rolle, und in dieser Hinsicht ist das rein auf Homöostasis beruhende Modell der Familie als System nicht zutreffend, denn hier handelt es sich um positive Rückkoppelung (Herv. i. Org.). Wir sehen also, daß die Stabilität einer Familie einerseits durch Homöostase erhalten wird, daß aber andererseits sehr wichtige nicht homöostatische Faktoren mitspielen, die für das Wachstum aller Beteiligten . . . und ihre Individuation verantwortlich sind."

Auch Elkaim (1980, 150) kritisiert in dieser Hinsicht kybernetische Entwürfe der Familie, da „auf die negative Rückkoppelung (feedback) und die Homöostase stärkeres Gewicht gelegt wird als auf die Möglichkeiten zur Veränderung und die Beziehungen zwischen der Familie und ihrer äußeren Umgebung." Aufgrund der theoretischen Schwierigkeiten bei der Verwendung des Homöostase-Begriffs schlägt Elkaim vor, in Zukunft zwischen kybernetischer und systemischer Begrifflichkeit zu trennen. Vor allem der systemische Ansatz soll offen gehalten werden für eine angemessenere Modellierung von Familien als *offene* Systeme, in welcher Formprozesse und Wachstumsschritte genauso wie der Einfluß äußerer Gegebenheiten als qualitative Veränderungen abgebildet werden können.

Elkaim (1980, 151) sieht eine mögliche Vorlage zur Modellbildung (↗ Modell) in den neueren Arbeiten des Physikers Ilya Prigogine zur ↗ Ungleichgewichtsthermodynamik. Seine Ansätze zu einer Theorie „dissipativer Strukturen" entwerfen, so Elkaim, ein angemesseneres Bild des Human- ↗ Ökosystems, in dem wir interagieren, als die klassische „Fließgleichgewichtsphysik", es bieten konnte.

In der Familientherapie fasziniert dabei vor allem die Idee, daß die Destabilisierung (↗ Verstörung) eines (Familien-) Systems nicht zu dessen Zerfall, sondern zu dessen Neuorganisation führt. Aufgrund der Intervention des Therapeuten entfernt sich das System immer weiter vom stabilen Gleichgewichtsbereich und erhält dadurch die Möglichkeit, einen neuen stationären Zustand zu finden, in dem beispielsweise die Mitglieder nicht mehr das tun, was sie vorher taten (ebd., S. 153).

Weiterführende Literatur

Elkaim, M.: Von der Homöostase zu offenen Systemen. In: Duss-v. Werdt, J. & R. Welter-Enderlin (Hrg.): Der Familienmensch. Stuttgart, Klett-Cotta, 1980, 150–155.

Elkaim, M., Prigogine, I., Guattari, F., Stengers, I. & J.-L. Denenbourg: Openers: A Round-Table Discussion. Familiy Process, 1982, 21, 57–70.

Hoffman, L.: Grundlagen der Familientherapie. Hamburg, Isko-Press, 1982.

Klaus, G. & H. Liebscher: Wörterbuch der Kybernetik. Frankfurt, Fischer, 4. Aufl. 1979.

Wiener, N. (1948): Kybernetik, Reinbek, Rowohlt, 1968.

Kybernetik 2. Ordnung

Heinz von Foersters (1981b) Unterscheidung zwischen einer Kybernetik 1. Ordnung (von Foerster würde das unter dem Stichwort ↗ Kybernetik Gesagte mit dem Terminus „Kybernetik 1. Ordnung" bezeichnen) und 2. Ordnung steht in engem Bezug zu dem von ihm vertretenen erkenntnistheoretischen Programm des „Radikalen ↗ Konstruktivismus". Die zentrale Annahme des Konstruktivismus geht davon aus, daß Erkenntnis nie objektiv sein kann. Sie ist stets relativ, da jede Wahrnehmung eine bereits konstruierte, d.h. durch einen ↗ selbstreferentiellen Prozeß des erkennenden Systems hervorgerufene Wahrnehmung ist. Diesbezüglich muß auch von Foersters (z.B. 1985a) provokante Behauptung verstanden werden: „Die Wirklichkeit wird von uns nicht gefunden, sondern erfunden".

Neuere neurophysiologische Befunde scheinen diese Thesen zu bestätigen (vgl. ↗ Konstruktivismus). Sie weisen das Nervensystem hinsichtlich seines Funktionierens als ↗ operational abgeschlossenes System aus. Jeder Erkenntnisprozeß entsteht danach durch eine Interaktion des Nervensystems mit sich selbst. Umweltgegebenheiten können diesen Prozeß nur anregen. Was schließlich wahrgenommen wird, hängt alleine von der aktuellen ↗ Struktur des Nervensystems ab und nicht von physikalischen Gegebenheiten außerhalb des Organismus. Konstruktivistisches Denken fordert damit dazu auf, den als „wissenschaftlich" bezeichneten Versuch aufzugeben, Probleme und deren Bedingungen aus einer objektivierenden Distanz zu erfassen. Jede Begegnung eines Wissenschaftlers mit der Umwelt ist *seine* Begegnung. Er hat deshalb stets den relativierenden Prozeß seines eigenen Denkens und Handelns mitzudenken.

In diesem Zusammenhang überrascht die Forderung einiger systemisch orientierter Autoren nicht, anstelle von Theorien über Beobachtungsgegenstände doch verstärkt Theorien des Beobachters bzw. der Beobachtung auszuarbeiten (z.B. Ludewig, 1987). Genau dieses Ziel verfolgt auch von Foerster mit seinem Entwurf einer Kybernetik 2. Ordnung, die als „Kybernetik der Kybernetik" explizit den Prozeß der Wirklichkeitskonstruktion in ihr Programm miteinbeziehen soll („cybernetics of observing systems"; 1981b, 104).

Erkennt man die ↗ Autonomie lebender Systeme an, dann kann man, so v. Foerster, bezüglich einer Theorie der Interaktion nicht auf der Stufe einfacher Input-Output-Modelle der Informationsübertragung verbleiben. Kommunikatives Handeln ist nicht mit einer Übertragung zwischen Tonbandgeräten vergleichbar. Von außen determinierende (d.h. instruktive) Interaktion würde Fremdbestimmung (Heteronomie) bedeuten und nicht Selbstbestimmung (↗ Autonomie).

Daten, Hypothesen und ↗ Modelle sind Konstruktionen eines Beobachters. Dieser Beobachter ist insofern frei, als er seine subjektive Wirklichkeit gemäß seiner ↗ Struktur bzw. seiner Beobachtung ↗ selbstreferentiell konstruiert (rekursive ↗ Systembeschreibung; ↗ Strukturdeterminismus). Die Bestätigung oder Ablehnung dieser Konstruktion ist dementsprechend nur durch Konsistenzbildung in einem kognitiven oder sozialen System zu beschreiben und nicht durch Prüfung an einem objektiven Außenkriterium. Erkenntnis erfolgt nicht voraussetzungslos.

Aus der Perspektive einer Kybernetik 2. Ordnung verliert ein Therapeut/Supervisionsteam seine neutrale Rolle bei der Beobachtung eines Therapieprozesses. Therapie, Supervision, aber auch Forschung wird unter dieser Prämisse zum Beobachtungsprozeß sich selbst- und fremdbeobachtender ↗ Systeme. Die Art der Beschreibung bzw. die ↗ konsensuelle Abstimmung der Mitglieder eines Systems wird zum konstituierenden Merkmal dieses Systems (rekursive ↗ Systembeschreibung; ↗ doppelte Kontingenz; ↗ soziales System).

Weiterführende Literatur

Foerster, H. v.: On cybernetics of cybernetics and social theory. In: Roth, G., Schwegler, H., (eds): Self-organizing systems. Frankfurt/M., Campus, 1981b, pp 102–105.

Foerster, H. v.: Sicht und Einsicht. Braunschweig, Vieweg, 1985b.

Köck, W. K.: Erkennen (Über-)Leben. Bemerkungen zu einer radikalen Epistemologie. *Zeitschrift für systemische Therapie*, 1983, 1 (1), 45–55.

Ludewig, K.: Vom Stellenwert diagnostischer Maßnahmen im systemischen Verständnis von Therapie. In: Schiepek, G. (Hrg.): Systeme erkennen Systeme. München, Psychologie Verlags Union, 1987, 155–173.

Linear/Lineal

„*Linear*" ist ein terminus technicus aus der Mathematik, der eine Beziehung zwischen Variablen dergestalt beschreibt, daß sich eine gerade Linie ergeben wird, wenn sie auf rechtwinkligen kartesischen Koordinaten zusammen eingetragen werden" (Bateson, 1982, 274). Ob diese Linie steil oder flach verläuft, spielt dabei keine Rolle.

Nach den Daten des Bundesgesundheitsamtes geht z.b. die Steigerung der Todesfälle durch Leberzirrhose genau mit dem Zuwachs des Alkoholkonsums einher (s. Abb. 8, nach Vester, 1983, 40).

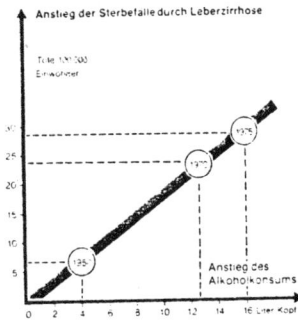

Abb. 8: Anstieg der Sterbefälle durch Leberzirrhose im Verleich mit dem Zuwachs des Alkoholkonsums

In der Natur gibt es nur wenige lineare Beziehungen (die Korrelationsberechnung in der Psychologie setzt aber solche linearen Beziehungen überall voraus!). Und wenn, dann nur innerhalb eines begrenzten Bereiches. So steigt zum Beispiel die Abgasmenge mit der Anzahl der Autos pro Straßenfläche zunächst linear an, um dann (z.B. wegen Staus, Inversionswetterlagen, Smog) ab einem bestimmten Schwellenwert exponentiell bzw. überproportional anzuwachsen. (s. Abb. 9, ebd., 42).

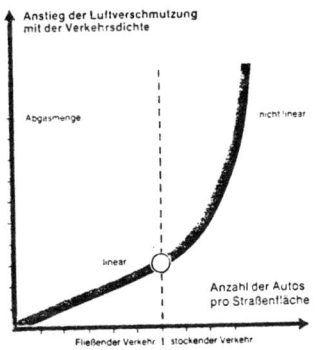

Abb. 9: Anstieg der Luftverschmutzung mit der Verkehrsdichte

Geradlinig (*lineal*) beschreibt eine Relation zwischen einer Reihe von Ursachen oder Argumenten, bei der die Sequenz nicht zum Ausgangspunkt zurückführt. Lineales Denken haftet z.b. den meisten klassischen verhaltenstherapeutischen Konzepten (S-O-R-K-C-Verhaltensgleichung) und vielen Allgemein- und Sozialpsychologischen Theorien (z.b. Coping-, Reaktanz-, Dissonanztheorie) an. Konstruiert werden Wenn-Dann-Relationen (A führt zu B, Ursachen- und Folgekategorien, unabhängige und abhängige Variablen usw.). Einzelne Elemente, Dinge, Ereignisse werden damit isoliert denkbar bzw. bekommen eine Qualität aus sich heraus zugeschrieben. (z.b.: die depressive Stimmung der Ehefrau führt zur Zuwendung durch den Ehemann; zur Kritik dazu vgl. ↗ Kontextualisierung).

Das Gegenteil von einer *linealen* ist eine rückläufige bzw. *rekursive* Relation. In rekursiven Zusammenhängen beeinflussen die Wirkungen ihre Ursachen bzw. man kann nicht mehr zwischen Ursache und Wirkung unterscheiden (obiger Zusammenhang läßt sich z.b. auch rekursiv konstruieren: depressive Stimmung der Ehefrau → Zuwendung des Mannes → Erholung der Frau → Rückzug des Mannes → Depression bzw. Wunsch nach Zuwendung usw.). Das Gegenteil von *linear* ist *non-linear* (z.b. exponentiell oder oszillierend).

Bezeichnet man etwa das Ausmaß der Verstimmung der Frau und das der Zuwendung des Mannes als *lineare* Beziehung, so wäre damit ein proportionales Steigen bzw. Fallen der beiden Variablen im Verhältnis zueinander impliziert (die steigende Zufriedenheit der Frau bei übermäßiger Zuwendung des Mannes ist jedoch zumindest zweifelhaft).

Eine Beschreibung als *lineale* Beziehung würde dagegen einen einseitigen Ursache-Wirkungszusammenhang ohne quantitative Aussage nahelegen (s. o.) und zudem die wechselseitige Abhängigkeit der Ereignisse (fälschlicherweise) nicht in Betracht ziehen.

Weiterführende Literatur

Bateson, G.: Geist und Natur. Frankfurt/M., Suhrkamp, 1982.
Simon, F. B. & H. Stierlin: Die Sprache der Familientherapie. Stuttgart, Klett-Cotta, 1984, 214–216.

Macht und Kontrolle

1. Die Zurückweisung des Machtbegriffes in der ontologisch orientierten Epistemologie

Das Phänomen der Macht gilt als selbstverständlicher Bestandteil der Beschreibung unserer gesellschaftlichen wie privaten Realität. In so unterschiedlichen Bereichen menschlicher Beziehungen wie z.B. in der Familie, Arbeit, Politik oder Therapie nimmt die Wahrnehmung von Machtverhältnissen einen wichtigen Platz ein.

Um so schwerer verständlich scheint es für manche, daß so bekannte Erkenntnistheoretiker wie Bateson (1981, 1982) oder Vertreter des ↗ Strukturdeterminismus wie Dell (1984) und Keeney (1985) die Verwendung des Machtbegriffs zur Beschreibung zwischenmenschlicher Beziehungen als unangemessen ablehnen. Aus der Sicht des Strukturdeterminismus gibt es weder Macht noch Kontrolle. Bateson bezeichnet „Macht" als eine Metapher, die der klassischen Physik entstamme und die, wenn sie auf den Menschen und seine Umwelt angewandt wird, zu (epistemo-) logischen Irrtümern führt.

Obwohl ↗ Epistemologien weder wahr noch falsch sein können (↗ mechanistische Erklärung, ↗ Konstruktivismus, ↗ Strukturdeterminismus), qualifiziert Bateson ↗ lineales Denken als unzutreffend bzw. unangemessen. „(Macht) ist ein Mythos, der sich, wenn jeder daran glaubt, in diesem Maße selbst bestätigt. Dennoch handelt es sich aber um erkenntnistheoretischen Schwachsinn und führt unausweichlich zu verschiedenen Arten von Katastrophen" (Bateson, 1981, 625). Epistemologische Irrtümer sind für Bateson eine der grundlegenden Wurzeln menschlichen Leidens, wenn er postuliert: „Jeder Irrtum wird Pathologie hervorrufen" (Brockmann, 1977, zit. n. Dell, 1984, 152). Dell (1984, 151) streicht zwei verbreitete epistemologische Trugschlüsse im Sinne Batesons besonders heraus: „1) Glaube an Objektivität, 2) Beteiligung an Handlungen, die die Kreisförmigkeit eines Systems außer Acht lassen und Versuche, irgendeinen Teil des Systems, dem wir angehören (z.B. lokale Ökologie, Freundschafts-Netzwerk, Familie und wir selbst), zu kontrollieren." Besonders der Bereich Kontrolle, Manipulation, Macht usw. – ein Problemfeld, mit dem Therapeuten fast täglich konfrontiert sind – liegt Bateson sehr am Herzen:

> „Ich glaube, Sie werden mit mir übereinstimmen, daß es keinen Bereich gibt, in dem falsche Voraussetzungen bezüglich der Natur des Selbst und seiner Beziehung zu anderen so sicher Zerstörung und Häßlichkeit herbeiführen können, wie dieser Bereich von Ideen über die Kontrolle. Ein menschliches Wesen, in Beziehung zu einem anderen steht, hat nur eine sehr begrenzte Kontrolle über das, was in dieser Beziehung passiert. Es ist *Teil* einer Zweipersoneneinheit, und die Kontrolle, die irgendein Teil über irgendein Ganzes haben kann, ist streng begrenzt" (Bateson, 1981, 350).

Dell (1984, 161) relativiert den Begriff der Macht aus der Sicht der Theorie ↗ autopoietischer Systeme (Maturana, 1982): Da jede Interaktion, die ein Individuum durchlaufen kann, ausschließlich durch seine eigene ↗ Struktur determiniert ist, läßt sich das Verhalten eines Organismus nicht als von außen verursacht verstehen. Umwelteinflüsse wirken lediglich als Anregungen, die spezifische Reaktion des Individuums wird allein von dessen vorherigem Systemzustand bestimmt.

„Systeme mögen sinnvoll miteinander verbunden sein (z.B. die Mutter, die die effektive Kindererziehungstechniken einsetzt), Kontrolle (i. S. instruktiver Interaktion) ist ontologisch unmöglich" (Dell, 1984, 161). Dell schlägt stattdessen vor, die Interaktion von Systemen unter den Gesichtspunkten der ↗ strukturellen Koppelung bzw. der ↗ Kohärenz zu beschreiben.

Zwischenmenschliche Systeme sind demnach als organisierte Ganzheiten zu betrachten, in denen sich die einzelnen Mitglieder zueinander ↗ komplementär, d.h. zueinander „passend" verhalten (Dell, 1986). Keine Komponente eines Systems (auch nicht der Therapeut) kann dabei andere Komponenten verändern, ohne dabei selbst beeinflußt zu werden (Rekursivität, Bateson, 1981). Jedes therapeutische System setzt sich hinsichtlich der Mitglieder aus Therapeuten und Klienten zusammen; diese beiden Komponenten können nicht unabhängig voneinander konzeptualisiert werden. Einseitige Kontrolle kann nicht stattfinden, weil der Therapeut selbst Teil des sozialen Gesamtsystems werden muß, will er überhaupt etwas erreichen. Es ist als großer Verdienst der systemischen Theoriebildung zu betrachten, auf diese grundsätzlichen Grenzen linearer Einflußmöglichkeiten hingewiesen zu haben. Trotzdem bleibt die Frage, ob Überlegungen zu Macht- und Kontrollmöglichkeiten in der Therapie auf dieser Ebene die gesamte Bedeutung dieser Phänomene erfassen, die sie in vielen Bereichen unseres gesellschaftlichen Zusammenlebens erreichen.

Es sei hierbei gar nicht bestritten, daß auf der neurophysiologisch-ontologischen Ebene kein Mensch einen bestimmten Zustand des Nervensystems eines anderen Menschen hervorbringen bzw. bestimmen kann, doch verfehlt diese ontologische Analyse zwangsläufig die Bedeutung des Machtbegriffs bei der inhaltlichen Ausformung und dynamischen Bildung sozialer Systeme.

2. Machtbeziehungen als Teil unserer gesellschaftlichen und sozialen Wirklichkeit

Levold (1984; 1986) weist in zwei Beiträgen auf die Gefahr einer Vermengung ontologischer und sozialer Phänomenbereiche hin. Macht und Kontrolle sind, nach Levold, Beschreibungen von Verhalten, die ihre Wirkung in bestimmten ↗ Kontexten entfalten. Es sind semantische Begriffe, die ebenso wie „Handlung", „Beziehung", „Einfluß", „Interesse" usw., zur Spezifizierung sozialer Systeme benutzt und benötigt werden. In diesem Prozeß der Spezifizierung werden – streng subjektabhängig – der sozialen „Realität" Bedeutungen zugewiesen, die rekursiv eben diese an Sprache gebundene soziale Realität produzieren (Levold, 1986, 244; vgl. auch ↗ konsensueller Bereich und Sprache).

Jeder Versuch, die Realität zu erfassen, setzt zunächst eine Konstruktion dieser Realität voraus: „Menschen können über Gegenstände sprechen, da sie die Gegenstände, über die sie sprechen, eben dadurch erzeugen, daß sie über sie sprechen" (Maturana, 1978, 264).

Im Kontext gesellschaftlichen Zusammenlebens können Macht und Kontrolle als Begriffe verstanden werden, die sich Menschen im Laufe des Vergesellschaftungsprozesses geschaffen haben. Als Komponenten des kognitiven Systems des Menschen gehören sie dem Bereich der Beschreibungen an, die ein System als Beobachter anfertigen kann. Indem wir über Machtbeziehungen sprechen, und sie dadurch als solche bestätigen, erschaffen wir diese als Teil unserer sozialen Realität. Derjenige, der Macht zugesprochen bekommt, kann diese ausüben und erweitern. Er hat damit Einfluß auf den Verhaltensbereich der anderen Mitglieder des sozialen Systems, ungeachtet dessen, daß er natürlich keine Kontrolle über deren ↗ Strukturen im biologischen Sinne haben kann. „Alle Elemente des Bereichs der Beschreibungen bilden, auch wenn sie als solche keine Zustände des Nervensystems darstellen, *kausale* Bestandteile des Verhaltensbereichs des Organismus, so z.B. Begriffe wie Schönheit, Freiheit und Würde" (Maturana, 1982, 307) „, aber eben auch Herrschaft, Macht, Kontrolle und Unterdrückung" (Levold, 1984, 181, Hervorh. T.L. vgl. auch Luhmann 1975; 1984, 222, sowie Macht als „symbolisch generalisiertes Kommunikationsmedium" unter ↗ Kommunikation).

Jeder Vergesellschaftsprozeß hat, so Levold (1986), eine funktionale Differenzierung zur Folge. Es entstehen Subsysteme, die spezifische Systemaufgaben übernehmen. Natürlicherweise werden dabei unterschiedliche soziale Stellungen zu besetzen sein, die unterschiedliche Einfluß- und Gestaltungsmöglichkeiten im Hinblick auf die Sinn- und Meinungsproduktion im System ermöglichen. Aus der ↗ strukturellen Koppelung gleichberechtigter Systeme entsteht durch Differenzierung damit fast zwangsläufig Ungleichheit, die jedoch auch Voraussetzung für die Bildung geordneter ↗ Komplexität ist. Die Bewältigung dieser sozialen Ungleichheit ist wiederum Aufgabe aller Systemmitglieder, die dafür Sorge zu tragen haben, daß Machtstrukturen zwar sinnvoll gebraucht, aber nicht mißbraucht werden.

Es scheint auf diesem Hintergrund äußerst bedenklich, die Existenz von Macht- und Herrschaftsverhältnissen dadurch zu negieren, daß man sie mit einer einfachen semantischen Operation aus seinem Vokabular streicht. Die Geschichte lehrt uns, daß man damit zum Anwalt der Interessen derer wird, die die Unterdrückung des Menschen und die Ausbeutung der Natur aus Gründen der Machterhaltung zu verschleiern suchen. Blendet man einen so wichtigen Aspekt der kognitiven Konstruktion unserer Sozialbeziehungen einfach aus, schafft dies keine bessere oder gerechtere Welt, sondern eine eher noch größere Abhängigkeit von „Meinungsmachern" (Presse, Medien) führender gesellschaftlicher Gruppen, die das Geschäft des „semantischen Manipulierens" von Information bestens verstehen (1986, 249 ff.).

Auch der Familientherapeut, der nicht bereit ist, Macht- und Kontrollaspekte im Zusammenhang mit seiner Arbeit zu thematisieren, blendet entscheidende Aspekte seiner ihm von verschiedenen Subsystemen (Jugendamt, Gerichte, politische Verbände, Ärzte) zugewiesenen gesellschaftlichen Rolle aus. Familientherapie ist, sobald sie stattfindet, ein Instrument der sozialen Kontrolle. Sie stellt Lösungsvorschläge bereit, um die Anpassungsfähigkeit auffällig gewordener Mitglieder unserer Gesellschaft wiederherzustellen. Damit leistet sie einen für die Gemeinschaft zumeist stabilisierenden Beitrag der sozialen Integration. Viele Familien werden ihrem Therapeuten schon aufgrund seiner Stellung und seiner Kenntnis Machtbefugnisse zuschreiben. Dies ist auch insoweit gerechtfertigt, als die Rahmenkonzepte des Therapeuten, z. B. die Vorstellungen über eine notwendige funktionale Differenzierung der Geschlechtsrollen bzw. der Generationen oder Vorstellungen von Normalität und Pathologie sowohl den Interaktionsbereich der Familie als auch den der Familientherapie beeinflussen bzw. ↗ kontextualisieren.

Es ist bereits angeklungen, daß jede Diagnose eines Therapeuten als Begründungsinstrument gesellschaftlicher Kontroll- und Sanktionsmaßnahmen benutzt werden kann. Kaum ein Praktiker wird eine derartige Instrumentalisierung in jedem Fall verhindern können. Aus diesem Grunde für einen Diagnostikverzicht zu plädieren, wie Ludewig (1986; 1987) dies vorschlägt, scheint uns keine Alternative zu sein, da das – ein umfassendes Verständnis von Diagnostik vorausgesetzt (Schiepek, 1987, 10) – konsequenterweise heißen würde, als Therapeut ohne einen eigenen Entwurf der Wirklichkeit auskommen zu wollen. Diagnostik hat – unserer Meinung nach – nichts mit dem Wunsch zu tun, „Gewißheit zu erlangen" (Ludewig, 1987, 170). Sie stellt lediglich den Versuch dar, implizite Wirklichkeitskonstruktionen (die *immer* mitlaufen) unter Angabe geeigneter Kriterien zu explizieren, um damit den Therapieprozeß transparenter und nachvollziehbar zu machen.

Zu undifferenziert scheint denn auch die Forderung Deisslers (1986, 258), die Machtmetapher als Handlungs- und Erkenntnisinstrument müsse überwunden werden. Eine Therapie, die es vermeidet, die Macht sozialer Zuschreibungsprozesse zu thematisieren, schließt einen wichtigen Teil der Lebenswelt des Menschen aus. Das Problem der Macht in Familie und Gesellschaft erfordert eine engagierte Stellungnahme aller am gesellschaftlichen Prozeß Beteiligten. Jeder Therapeut kann versuchen, antizipierte Macht- und Kontrollbeziehungen in der Therapie abzubauen oder zu vermeiden. Wer als psychosozialer Praktiker aber leugnet, daß die individuelle und kollektive Konstruktion von Machtverhältnissen (sozialer ↗ Konstruktivismus) einen bedeutsamen Teil unserer gesellschaftlichen Wirklichkeit ausmacht und dies deshalb auch nicht zum Thema macht, wird mit seinen Klienten in vielen Fällen keine gemeinsame Sicht der Wirklichkeit (↗ konsensueller Bereich) erzeugen können. „Ein

zirkuläres Denken, das kein Konzept für Machtstrukturen hat, wird zwangsläufig selbst machtlos bleiben" (Simon & Schmidt, 1984, 179).

Weiterführende Literatur

Dell, P. S.: Von systemischer zur klinischen Epistemologie. I. Von Bateson zu Maturana. *Zeitschrift für systemische Therapie*, 1984, **2** (7), 147–171.

Levold, T.: Einige Gedanken über den Nutzen einer Theorie autopoietischer Systeme für eine Klinische Epistemologie. *Zeitschrift für systemische Therapie*, 1984, **2** (7), 173–189.

Levold, T.: Die Therapie der Macht und die Macht der Therapie. Über die Wirklichkeit des Sozialen. *Zeitschrift für systemische Therapie*, 1986, **4** (4), 243–252.

Simon, F. B. & G. Schmidt: Die Machtlosigkeit zirkulären Denkens. *Familiendynamik*, 1984, **9**, 177–179.

Zeitschrift für systemische Therapie, 1986, **4** (4).

(mechanistische) Erklärung

1. Mechanistische und vitalistische Erklärungen

In einer mechanistischen Erklärung akzeptiert der Beobachter explizit oder implizit, daß die charakteristischen Eigenschaften des zu erklärenden Phänomens (z.b. des Menschen) durch Relationen zwischen den konstitutiven Bestandteilen des Phänomens erzeugt werden und nicht aus den Eigenschaften dieser Bestandteile selbst abzuleiten sind (Maturana, 1982, 238). Mit anderen Worten: wenn eine mechanistische Erklärung eines biologischen Phänomens geliefert wird, zeigt diese, daß das Phänomen Ergebnis der Interaktionen seiner notwendigen Bestandteile und nicht Ausdruck bestimmter Eigenschaften dieser Elemente ist.

Von den mechanistischen Erklärungen, die das Grundgerüst seiner ↗ konstruktivistischen Erkenntnistheorie bilden, unterscheidet Maturana die vitalistischen Ansätze. In einer vitalistischen Erklärung nimmt der Beobachter an, daß die charakteristischen Merkmale des zu erklärenden Phänomens in den Eigenschaften zumindestens *eines* Bestandteiles oder Prozesses zu finden sind, die das Phänomen bilden (ebd., S. 239).

Klaus & Buhr (1976, 1266) beschreiben den *Vitalismus* als „idealistische Erklärungsweise der spezifischen Phänomene und Gesetzmäßigkeiten der lebenden Materie, der zufolge nichtmaterielle (transzendente) Faktoren existieren, die dem an sich toten und unbewegten physisch-chemischen Stoff zu den spezifischen Leistungen der Organismen befähigen." Der immaterielle Lebensfaktor nahm dabei im Laufe der Geschichte wechselnde Namen an, wie z.B. „Entelechie", „Psyche" bei Aristoteles, „elan vital" bei Bergson oder „Finalismus" bei E.S. Russell. „Allen diesen Begriffen ist gemeinsam, daß sie ein Etwas bedeuten, das nichtmaterieller Natur ist, aber in das materielle Geschehen organisierend eingreift" (ebda).

Eine mechanistische Erklärung gibt die Relationen zwischen den Bestandteilen an, bei der vitalistischen Erklärung ist dies nicht notwendig. Beispiele für Formen des Vitalismus liefern etwa frühere Beschreibungen von Familiensystemen, deren Stabilität mit der Wirkung homöostatischer Kräfte begründet wurde. Jackson und Weakland (1961) sprachen von homöostatischen Mechanismen, deren Funktion darin bestand, den Status Quo der Familie aufrechtzuerhalten. Die Homöostase als ursprünglich konzeptuelle Metapher wird hier quasi zum verdinglichten Regler des Familienzyklus. Das Problem ist, daß dieser Regler nicht wirklich vorhanden ist, sondern nur als Hilfsmittel dient, um die ↗ Selbstregulation eines Systems zu beschreiben.

Einen Ausweg aus den Schwierigkeiten bei der sprachlichen Modellierung ↗ selbstorganisierender Prozesse bietet Dell (1986), dessen Konzept der ↗ Kohärenz das Funktionieren eines Systems als „kongruente Interdependenz" (S.

62) alle Aspekte des Systems beschreibt, die sich in spezifischer Weise einander angepaßt haben. Das System ist die (mechanistisch gedachte) Art und Weise, wie alle Elemente in ihrem Funktionieren zueinander passen (vgl. auch Ludewig, 1983).

Bezüglich der Trennung dieser beiden Formen von Erklärungen bleibt anzumerken, daß auch die systemische Theoriebildung nicht vor einer gewissen Begriffsverwirrung gefeit ist: trotz des als explizit „mechanistisch" bezeichneten Ansatzes von Maturana, auf den sich viele Familientherapeuten beziehen, grenzt sich etwa Guntern (1980) entschieden von mechanistischen Ansätzen (womit er etwa die Modelle Freuds oder Skinners meint) ab, um seinerseits einen „holistischen" bzw. systemischen Ansatz zu vertreten. Die Bezeichnung „mechanistisch" steht hier für die vereinfachende Reduktion komplexer Phänomene auf eine ↗ lineale Mechanik von Elementen, bzw. Ursache-Wirkungs-Beziehungen. Die stärkere Bemühung um eine einheitliche Terminologie wäre hier sehr zu wünschen.

2. Wissenschaftliche Erklärungen im Lichte einer radikal-konstruktivistischen Erkenntnistheorie

Es wird an anderer Stelle ausführlich erörtert (rekursive ↗ Systembeschreibung, ↗ Kybernetik 2. Ordnung), daß jeder Versuch einer wissenschaftlichen Welterkenntnis zunächst eine Wechselwirkung zwischen beobachtendem und beobachteten Systemen gebunden ist. „Realität" kann nie losgelöst vom Betrachter gesehen werden, der diese „Realität" konstruiert. Es kann deshalb nicht darum gehen, wie der von Popper vertretene kritische Rationalismus es ausdrückt, ein Netz auszuwerfen, um die wahre Welt einzufangen, sie zu rationalisieren und damit zu erklären (Popper, 1969, 352, zit. n. v. Schlippe, 1986, 9).

Für Kuhn (in Stegmüller, 1979, 124) wie für Maturana (1982, 238) sind Vorstellungen von *der* Wirklichkeit vielmehr bloße Metaphern, bzw. ↗ Modelle, die stets auf die subjektive Matrix eines Beobachters relativiert werden müssen. In diesem Sinne läßt sich Systemtheorie nicht ontologisch, sondern nur perspektivisch begründen (vgl. jedoch den ontologischen ↗ Systembegriff bei Luhmann (z.B. 1984, 30)).

Für Maturana besteht in diesem Sinne ein wesentlicher Aspekt wissenschaftlichen Vorgehens im Erzeugen von ↗ Modellen als Erklärungen für beobachtete Phänomene:

> „Wir wollen also begriffliche oder konkrete Systeme entwickeln, die nach unserer Absicht isomorph sind den (Modellen von) Systemen, die die beobachteten Phänomene erzeugen. Jede Erklärung ist in der Tat stets die bewußte Reproduktion, bzw. Neuformulierung eines Systems oder Phänomens, die von einem Beobachter einem anderen Beobachter angeboten wird, der sie akzeptiert oder ablehnt, indem er zugibt, bzw. leugnet, daß sie ein Modell des zu erklären Systems oder Phänomens ist. Entsprechend stellen wir fest, daß ein System oder Phänomen wissenschaftlich erklärt worden ist, wenn ein Standard-Beobachter akzeptiert, daß die Relationen oder Pro-

zesse, die es als System oder Phänomen einer besonderen Klasse definieren, begrifflich oder konkret reproduziert worden sind. Ein Beobachter muß bei jeder Erklärung zwei grundlegende Operationen ausführen:

a) die genaue Kennzeichnung (und Abgrenzung) des Systems (der zusammengesetzten Einheit) oder des Phänomens, das erklärt werden soll;

b) die Identifizierung und Abgrenzung der Bestandteile sowie der Relationen zwischen diesen Bestandteilen, die die begriffliche oder konkrete Reproduktion des zu erklärenden Systems oder Phänomens erlauben" (Maturana, 1982, 238).

Weiterführende Literatur

Bunge, M.: Scientific Research, Bd. 1 und 11. Berlin, Springer, 1967.

Kuhn, T.: Die Struktur wissenschaftlicher Revolutionen. Frankfurt, Suhrkamp, 1976.

Maturana, H. R.: Erkennen: Die Organisation und Verkörperung von Wirklichkeit. Braunschweig, Vieweg, 1982.

Popper, K.: Logik der Forschung. Tübingen, Mohr, 1969.

Stegmüller, W.: Rationale Rekonstruktion von Wissenschaft und ihrem Wandel. Stuttgart, Reclam, 1979.

Modelle

Unter dem Blickwinkel einer ↗ konstruktivistischen Erkenntnistheorie wird die Modellbildung zur allgemeinen Grundlage wissenschaftlichen Vorgehens; dies schon aufgrund der Einsicht, daß jede Form der Wahrnehmung auf der Konstruktion von Modellen beruht.
Modelle sind grundsätzlich selektiv, perspektivisch und zweckorientiert:

> „. . . Jegliche menschliche Weltbegegnung bedarf des Mediums ‚Modell': in dem sie auf das − passive oder aktive − Erfassen von etwas aus ist, vollzieht sie sich relativ zu bestimmten Subjekten, ferner selektiv − intentional selektierend und zentrierend − und in je zeitlicher Begrenzung ihres Original-Bezuges" (Stachowiak, 1978, 56).

Die Modellbildung (bzw. die Wirklichkeitskonstruktion) ist dabei ein rekursiver Prozeß: Die subjektiven Annahmen eines Individuums leiten dessen Modellbildung (z.b. Modelle von Krankheiten und Krankheitsverläufen) und diese Modelle dienen wiederum als Auswahl dessen, was zur Wirklichkeitsbildung herangezogen wird. Die dadurch entstehende Möglichkeit, unterschiedliche Standpunkte gegenüber einem Phänomen einzunehmen, sehen systemisch orientierte Autoren keineswegs als Nachteil:

> „. . . Aus einem systemischen Wissenschaftsverständnis (folgt) die Achtung vor allen Versuchen, die ↗ Komplexität der Welt auf immer wieder neue und kreative Weise zu reduzieren" (v. Schlippe, 1986, 10).
> „. . . Gerade die Vielfalt der Perspektiven erlaubt es, einen Gegenstand angemessen zu rekonstruieren" (Kriz, 1985, 289).

Besondere Probleme ergeben sich aber daraus, daß menschliche Organismen ihre Welt mittels sprachlicher Modelle konstruieren. Die Sprache als Medium der Beschreibung unserer Wirklichkeit verführt ständig dazu, die Benennung von Dingen mit den Dingen selbst zu verwechseln (vgl. ↗ konsensueller Bereich und Sprache).

Besonders in der klinischen Wirklichkeitskonstruktion sollte man sich der Relativität ↗ selbstreferentiell erzeugter Modelle der Beschreibung immer bewußt sein. Soweit klinische Diagnosen auf Sprache angewiesen sind, gelten auch für sie Korzybskis (1933) drei Prinzipien der allgemeinen Semantik:

1. Prinzip der *Nicht-Identität*: Modelle (Karten) sind nicht identisch mit den Originalen (Territorien).
2. Prinzip der *Nicht-Vollständigkeit*: Das Modell gibt niemals alle Aspekte der Wirklichkeit wieder.

   Dieses Prinzip relativiert den Anspruch vieler Autoren, Ganzheitlichkeit im Sinne von Vollständigkeit bei der Beschreibung zu erreichen. Man kann nie „alles" erfassen. Wichtiger ist vielmehr, geeignete Kriterien für eine „sinnvolle Abgrenzung von Systemen (↗ Grenzen) zu finden.
3. Prinzip der *Selbst-Reflexivität*: Jede Wirklichkeitskonstruktion ist relativ bezüglich des Beobachters. Klinische Wirklichkeitskonstruktion muß deshalb die Bedingungen ihrer Erzeugung mitkonstruieren. Der Beobachter muß sich mitdenken.

Auch ein Therapeut kann nichts anderes tun, als gemeinsam mit seinem/n Klienten zunächst ein relevantes Modell der Wirklichkeit zu erzeugen, um handlungsfähig zu werden. Modelle halten dabei ein Bild der dynamischen Wirklichkeit für einen Moment fest. Ganz in diesem Sinne sind Schiepeks (1986) idiographische ↗Systemmodelle zu verstehen. Systemmodelle sind kognitive Organisationsinstrumente (Ropohl, 1978, 32), die ein psychosozialer Praktiker konstruiert und benutzt, um sein Handeln, z.B. in einem sozialen System (etwa einer Jugendwohngruppe), zu koordinieren und zu reflektieren.

Ein Systemmodell ist, mit anderen Worten, ein *generativer Mechanismus* (Maturana, 1982, 16), der in der Lage sein soll, beobachtete Phänomene und Dynamiken auf der Modellebene zu reproduzieren.

Modelle sind dabei als abstrakte, rekursive Systeme zu verstehen, deren Komponenten und Relationen nicht vorab definiert sind. Beide Aspekte des Systems werden je nach erforderlichem Auflösungsgrad und je nach Referenzebene (↗Emergenzebene) von Fall zu Fall festgelegt:

Bezüglich *biologischer* Systeme (z.B. Zellen, Organe) können deren materielle Teilsysteme als Komponenten und ihre verschiedenen Stoffwechselverbindungen als Relationen definiert werden.

Bei *psychischen* Systemen wäre etwa eine Differenzierung der kognitiven und emotionalen Schemata (Piaget; Grawe, 1986) als Komponenten sowie deren Beziehungen als Relationen denkbar.

Für *soziale* Systeme können Individuen (Mitglieder) als Komponenten und ihre Interaktionen als Relationen definiert werden (z.B. Familien als dyadische oder triadische Systeme). Diese Darstellungsform ist bei Familientherapeuten üblich. In der Tradition von Parsons oder Luhmann besteht eine weitere mögliche Darstellungsform sozialer Systeme darin, kommunikative Handlungen als Komponenten zu definieren und deren selektive Relationierung, bzw. wechselseitige Ermöglichung verbal oder graphisch (vgl. idiographische ↗Systemmodelle) zu beschreiben.

Stachowiak (1973, 131 ff.) faßt die Merkmale von Modellen wie folgt zusammen (vgl. Ähnlichkeit zu Korzybski, s. o.):

1. Abbildungsmerkmal: „Modelle sind stets Modelle von etwas, Abbildungen, Repräsentationen natürlicher oder künstlicher Originale, die selbst wieder Modelle sein können." Dieses Merkmal hat nichts mit einem naiven Abbildrealismus zu tun, sondern ist als erkenntnis- und zweckorientierte Wirklichkeitskonstruktion zu verstehen.

2. Verkürzungsmerkmal: Modelle können niemals alle, sondern nur die dem Konstrukteur relevanten Merkmale enthalten.

3. pragmatisches Merkmal: „Modelle (sind) . . . ihren Originalen nicht per se eindeutig zugeordnet. Sie erfüllen ihre Ersetzungsfunktion (a) für bestimmte – erkennende und/oder handelnde, modellbenutzende – Subjekte, (b) innerhalb bestimmter Zeitintervalle und (c) unter Einschränkung auf bestimmte gedankliche oder tatsächliche Operationen."

Weiterführende Literatur

Lenk, H.: Wissenschaftstheorie und Systemtheorie. In: Lenk, H. & G. Ropohl (Hrg.): Systemtheorie als Wissenschaftsprogramm. Königstein/Ts., Athenäum, 1978, 239–269.

Ropohl, G.: Einführung in die allgemeine Systemtheorie. In: Lenk, H. & G. Ropohl (Hrg.): Systemtheorie als Wissenschaftsprogramm. Königstein/Ts., Athenäum, 1978, 9–49.

Stachowiak, H.: Allgemeine Modelltheorie. Wien, Springer, 1973.

Stachowiak, H.: Erkenntnis in Modellen. In: Lenk, H. & G. Ropohl (Hrg.): Systemtheorie als Wissenschaftsprogramm. Königstein/Ts., Athenäum, 1978, 50–64.

Ökosysteme

Odum (1983, 11) faßt das Ökosystem als die grundlegende Funktionseinheit in der Ökologie auf, „weil es beides umschließt, Organismen und Umwelt".

Eine umfassende Betrachtung dieser Grundeinheit muß eine Vielzahl von qualitativ unterschiedlichen Faktoren einbeziehen: materielle, räumliche und biologische Bedingungen, Arbeitssituation, Erholungsmöglichkeiten, Ernährung usw. bilden ein komplex vernetztes Gesamtsystem.

Der umfassende Komplex menschlicher Lebensbedingungen, der sich sowohl auf Individuen als auf deren Umwelt bezieht, sei dabei mit dem Terminus *Humanökosystem* bezeichnet (vgl. Mogel, 1984, 33).

Schiepek (1986, 36 ff.) charakterisiert Ökosysteme durch folgende Merkmale (vgl. Mogel, 1984; Odum, 1983):

1. Ökosysteme umfassen Faktoren unterschiedlichster Qualitäten, z.B. physikal., geolog., meteorol., chem., biol., sozial., in Humanökosystemen auch psychischer Art. Die Betrachtungsebene ist damit nicht auf Organismen festgelegt. Andere Systemebenen wie Zellen oder über individuelle Gemeinschaften sind denkbar.

2. Ökosysteme sind thermodynamisch offene Systeme (v. Bertalanffy, 1968; Jantsch, 1982). Sie importieren und exportieren Materie und Energie. Ökosysteme sind ebenso wie individuelle lebende Systeme weit von einem thermodynamischen Gleichgewicht entfernt, womit Wachstum, Gestaltung und Komplexitätszunahme möglich werden. (Das Erreichen eines Gleichgewichtszustandes würde zum Stillstand des Austausches mit der Umwelt führen).

Das Verhalten von Ökosystemen scheint nun der klassischen Thermodynamik zu widersprechen, deren 2. Hauptsatz von einer Entropiemaximierung ausgeht, allerdings in bezug auf energetisch geschlossene Systeme. Die Ausbildung immer unwahrscheinlicherer, d.h. immer stärker differenzierter und höher organisierter Strukturen kann daher mit den klassischen physikalischen Inventarien nicht mehr befriedigend erklärt werden.

Einen Ausweg aus diesem theoretischen Dilemma schufen erst Prigogine (1978; 1979) sowie Nicolis & Prigogine (1977) mit der Entwicklung einer ⟋ Ungleichgewichts-Thermodynamik. Ging die klassische Thermodynamik davon aus, daß die Entropie eines isolierten Systems nur zunehmen kann, bis ein thermodynamisches Gleichgewicht erreicht ist, so nimmt nun die Ungleichgewichts-Thermodynamik statt eines einseitigen Entropieflusses einen Entropie*austausch* zwischen System und Umwelt an. Natürliche Systeme entwickeln sich gewissermaßen auf Kosten der Umgebung. Sie benutzen die Energie oder Information, die sie der Umgebung entnommen haben, zum

Aufbau ihrer eigenen ↗ Struktur. Thermodynamisches Ungleichgewicht wird damit zur Quelle von Ordnung und Formendynamik. Jantsch (1982) versucht diese ursprünglich chemischen Konzepte in einer Art „Ungleichgewichtsökologie" auf ökologische und soziale Systeme zu übertragen.

3. Ökosysteme sind dynamische Systeme, d.h. sie vollziehen strukturelle Änderungen über die Zeit. In der Ökologie kommt der Untersuchung dieser Prozesse unter dem Thema ökologische Sukzession große Bedeutung zu (s. dazu Odum, 1983, 405).

Ökosysteme schaffen als materiell und energetisch offene Systeme die Bedingungen ihrer eigenen Entwicklung. Evolution muß deshalb nicht Anpassung an restringierende Umweltbedingungen bedeuten, sondern kann ebenso die Gestaltung der physikalischen Umwelt durch die biologischen Systeme (Populationen, Gemeinschaften) einbeziehen. Mit starker Ähnlichkeit zu Luhmanns (1984) Überlegungen bezüglich sozialer Systeme beschreibt bereits Margalef (1968) die Entwicklung eines Ökosystems als Informationsakkumulation. Die daraus gewonnene Eigenkomplexität (z.B. bezüglich der Strukturierung der Lebensprozesse oder der Diversifikation der Arten) dient der größeren Autonomie und Stabilität bezüglich Umwelteinflüssen. Stabilität ist jedoch nicht mit Starrheit zu verwechseln, die ein System sehr anfällig gegenüber Umweltveränderungen machen würde.

4. Ökosysteme sind hierarchisch organisiert. Jantsch (1982, 338 ff.) betont jedoch, daß Hierarchisierung keine einseitige Kontrolle bedeuten muß, sondern auch als „vielschichtige dynamische Koppelung" von Ebenen aufgefaßt werden kann, die interagieren und gleichzeitig ihre Autonomie bewahren (vgl. ↗ Ebenen der Systembeschreibung; ↗ stratifizierte Autonomie; ↗ System; ↗ Macht und Kontrolle).

5. Ökosysteme stehen mit anderen Ökosystemen in Wechselwirkung, und zwar über Materie- und Energiefluß ebenso wie über kommunikative ↗ strukturelle Koppelungen. Die Entwicklung, bzw. Evolution von Ökosystemen erfolgt wechselseitig verkoppelt (↗ Ko-Evolution): Änderungen eines Systems stimulieren Änderungen benachbarter Systeme; ↗ Komplexitäten werden aufeinander abgestimmt (vgl. Ultrazyklus unter ↗ Ko-Evolution). Jantsch (1982, 271 ff.) sieht in der Kommunikation (in einem sehr weiten Sinne) ein wesentliches Moment der Entwicklung überindividueller Systeme.

6. Ökosysteme sind weitgehend zur ↗ Selbstregulation befähigt. Vester und v. Hesler (1980, 6) nennen dazu eine Reihe von Eigenschaften, die die ↗ Selbstregulation in Ökosystemen gewährleisten: geringe Entropie, d.h. hoher Ordnungsgrad, hohes Maß an verfügbarer Energie, hoher Informationsgrad, Kontrolle des Wachstums durch Rückkoppelungen, Netz von stabilisierenden Wechselwirkungen, optimale Artenvielfalt, optimale biochemische Vielfalt, effektive Ausnutzung der Energie u. a.

Neben der Betonung der Aufrechterhaltung selbstregulierter Gleichgewichtszustände bei Vester & von Hesler kommt es Jantsch vor allem auf die selbststabilisierende Dynamik von Ungleichgewichtsprozessen in Ökosystemen an. Ein absoluter Gleichgewichtszustand, in dem lokale Fluktuationen aus der Eigendynamik des Systems heraus unmöglich wären, würde die Selbstregulationsfähigkeit des Systems bezüglich Umweltveränderungen deutlich reduzieren. Lokale Instabilitäten sind einer globalen, selbstregulativen Dynamik durchaus förderlich (↗ Stabilität; ↗ Ungleichgewichtsthermodynamik).

7. Die Festlegung von Systemgrenzen sowie die Wahl der Beschreibungsebene sind rein beobachterabhängig. Systeme liegen nicht einfach vor (Allen & Starr, 1982; Eckensberger, 1978; Lenk & Ropohl, 1978), sie werden zum Zwecke der Modellbildung konstruiert.

8. Ökosysteme sind als „middle-number-systems" (Weinberg, 1975) zu charakterisieren. Sie besitzen zu viele Komponenten, um alle Einzelzusammenhänge mit eigenen Gleichungen erfassen zu können und zu wenige, um über Mitteilungsprozesse das Systemverhalten sinnvoll beschreiben zu können.

Während der Begriff des Ökosystems als Modelleinheit die gesamte ökologische Erscheinungsvielfalt umfassen kann, verweist die Bezeichnung *Humanökosystem* auf das Zusammenwirken qualitativ unterschiedlicher Faktoren an unterschiedlich ausgedehnten Lebensräumen des Menschen. Bezieht man auch psychische und soziale Prozesse der beteiligten Individuen ein, könnte der Begriff für das Ineinandergreifen qualitativ verschiedenartiger Prozesse, Faktoren und Parameter auch in Gemeinden, Städten, Betrieben, psychosozialen Einrichtungen oder Familien stehen.

Davon zu unterscheiden ist der wesentlich engere Begriff des ↗ sozialen Systems, der auf einem bestimmten Blickwinkel der Interaktion strukturell gekoppelter menschlicher Individuen (Maturana; Hejl, 1985), bzw. kommunikativer Handlungen (Luhmann) abhebt. In der Konzeption Luhmanns (1984) würden Ökosysteme und soziale Systeme aufgrund ihrer unterschiedlichen basalen Operationen (Energie- und Materieaustausch versus Kommunikation) zur Umwelt des jeweils anderen gehören (vgl. dort auch das Verhältnis von psychischen und sozialen Systemen, S. 346 ff.).

Weiterführende Literatur

Allen, T. F. H. & Th. B. Starr: Hierarchy: Perspectives for Ecological Complexity. Chicago, University of Chicago Press, 1982.
Eckensberger, L. H.: Die Grenzen des ökologischen Ansatzes in der Psychologie. In: Graumann, C. F. (Hrg.): Ökologische Perspektiven in der Psychologie. Bern, Huber, 1978, 49–82.
Holling, C. 5.: Resilience and Stability of Ecosystems. In: Jantsch, E. & C. H. Waddington (eds.): Evolution and Consciousness: Human Systems in Transition. Reading, Mass., Addison-Wesley, 1976, 73–92.
Jantsch, E.: Die Selbstorganisation des Universums. München, dtv, 1982.
Mogel, H.: Ökopsychologie. Stuttgart, Kohlhammer, 1984.
Odum, E. P.: Grundlagen der Ökologie in zwei Bänden. Band 1: Grundlagen. Band 2: Standorte und Anwendungen. Stuttgart, Thieme, 1983.

Operationale Schließung

1. Partielle Geschlossenheit als Voraussetzung für autonomen Umweltbezug

Gemäß der Ontologie Maturanas ist der Mensch – wie andere lebende Systeme – dadurch gekennzeichnet, daß er sich in einem rekursiven ↗ autopoietischen Prozeß permanent selbst reproduziert. Dieser zirkuläre Prozeß der Selbsterhaltung (↗ Autopoiese) wird erst möglich durch die Fähigkeit, in abgeschlossener Weise gegenüber der Umwelt zu operieren, jedoch dabei gleichzeitig gegenüber Energie- und Materieaustausch offen zu bleiben. Systeme sind damit *sowohl offen als auch abgeschlossen.*

Lebende Systeme beziehen sich in ihrem Verhalten nur auf sich selbst, d.h. jeweils auf ihre aktuelle (materiell verstandene) innere ↗ Struktur. Was dabei als Verhaltensfreiheit, z.B. des Menschen, erscheint, ist streng strukturell determiniertes Verhalten zu jedem Zeitpunkt seiner Existenz. Lebende Systeme haben *keine* Wahlmöglichkeit bezüglich ihres Verhaltens. Die Freiheit, die jeder Mensch empfindet, basiert darauf, daß er keinen Einblick in das komplexe Funktionieren seiner neurophysiologischen Struktur hat. Er beschreibt die mechanistischen Hervorbringungen seines Nervensystems in „semantischer", bzw. in „vitalistischer" Weise als Wirklichkeit, in der er lebt und, kraft seines „freien" Willens handelt. Die Illusion der Freiheit beruht vor allem auf der ↗ strukturellen Plastizität, bzw. Veränderbarkeit der lebenden Struktur. Genauso wie diese einerseits das Phänomen des Lernens ermöglicht, hat sie andererseits die mangelnde Prognostizierbarkeit menschlichen Verhaltens bei gleichzeitiger Determiniertheit zur Folge (↗ Plan- und Prognostizierbarkeit).

Die Tatsache, daß jeder Mensch sich zu einem bestimmten Zeitpunkt nur in *einer* Weise verhalten kann, veranlaßt strukturdeterministisch orientierte Autoren zu der Annahme, lebende Systeme verhielten sich bezüglich ihrer (wieder materiell verstandenen) Struktur stets *perfekt.* „Sie machen niemals Fehler" (Dell, 1984, 161).

Wenn Systeme nun Umweltereignisse nur zum Anlaß nehmen, um mit ihrer eigenen Struktur zu interagieren, muß das Konzept der Übertragung von Information neu überdacht werden. In der Tat kommt Maturana in dieser Hinsicht zu dem Schluß, daß es so etwas wie Informations-Input für ein lebendes System nicht gibt. Jedes ↗ strukturell plastische System erzeugt bzw. konstruiert (↗ Konstruktivismus) seine eigene „Information" streng deterministisch aus den Anregungen seiner relevanten Umwelt, unter ständiger Veränderung der eigenen Struktur. Das bedeutet, daß Organismen mit einem Nervensystem stets die Bedingungen ändern, unter denen Umwelt einwirken kann (lernen).

Was die spezifischen Freiheitsgrade lebender Systeme ausmacht, ist gerade die Möglichkeit, Umweltanstöße durch den Filter operational geschlossener, systemeigener „Sprache" und Prozesse betrachten zu können, um dann „selbst" (d.h. ↗ strukturdeterminiert) über die Art und Bedeutung dieser Anregungen entscheiden zu können. *Operationale Schließung wird damit zur zentralen Voraussetzung für autonomes Verhalten* (zur Autonomie des Gehirns und seiner Funktion für die Prozesse der Selbsterhaltung ((Roth, 1987) siehe ↗ Autopoiese).

2. Therapie als operational geschlossener Prozeß

Für eine Bildung sozialer/therapeutischer Systeme unter den oben genannten Voraussetzungen stellt der Theorieentwurf Luhmanns (1984) einen möglichen Beschreibungsrahmen zur Verfügung. Mit Luhmann könnte man den Beziehungsaufbau zwischen Therapeut und Klient als Interaktion zwischen zwei „black boxes" (S. 157) begreifen. Jede black box bestimmt ihr Verhalten durch abgeschlossene ↗ selbstreferentielle Operationen innerhalb ihrer ↗ Grenzen, deshalb müssen beide auch bei aller Bemühung füreinander undurchsichtig bleiben.

Therapie nimmt somit ihren Ausgang von der Unbestimmtheit, bzw. den offenen Möglichkeiten der Situation, die für potentielle Interaktionspartner bestehen (doppelte Kontingenz, S. 148 ff.). Das System wird in Gang gebracht durch die Frage, ob der Partner eine Kommunikation annimmt oder ablehnt, d.h., ob und wie er auf einen Sinnvorschlag (↗ Grenzen) reagiert (Luhmann, 1984, 160). Diese stattfindenden Handlungen und Kommunikationen schaffen strukturbildende Bedeutungen, von denen aus sich der soziale Prozeß weiter fortsetzt. Das Geschehen in der Therapie nimmt damit ebenfalls auf sich selbst bezug. Therapie ist operational geschlossen. Fragen schließen an Fragen an, Erwartungen an bisher erreichte Veränderungen.

Soziale/therapeutische Systeme sind damit nicht auf wechselseitiges Durchschauen bzw. auf Verhaltensprognosen angewiesen. Es gibt „. . . keine basale Zustandsgewißheit und keine darauf aufbauenden Verhaltensvorhersagen . . . kontrolliert werden nur die *daraus folgenden* Ungewißheiten in bezug auf das *eigene* Verhalten der Teilnehmer" (ebd., S. 157, Herv. i. O.).

Soziale Systeme ersetzen ihre wechselseitige Intransparenz durch Unterstellungen (d.h. Zurechnung von Verhaltenserwartungen) und unterstellte Unterstellungen . . ., bis hin zu dem Punkt, an dem die erprobten Unterstellungen eine Strategie des ‚als-ob' tragfähig machen" (Willke, 1987, 103).

Angesichts dieser Verhältnisse müssen sich lebende Systeme in ihren Beziehungen zueinander Indeterminiertheit und Determinierbarkeit unterstellen. Selbst wenn sie strikt deterministisch operieren würden, fahren sie damit am besten (Luhmann, 1984, 156). Durch bloßes Unterstellen erzeugen beide Realitätsgewißheit. Sie beobachten die Input-Output-Relationen des jeweils anderen Systems in seiner Umwelt und lernen dadurch ↗ selbstreferentiell aus ihrer Beobachterperspektive.

In der Therapeut-Klient-Situation wird dadurch langsam eine Annäherung an gemeinsame Wirklichkeitskonstruktionen möglich. Therapeutische Interventionen können trotz der Eigengesetzlichkeit psychischer und sozialer Systeme Regelhaftigkeiten annehmen und zur Komplexitätsreduktion beitragen (Willke, 1984, 198). In dem Maße, in dem es gelingt, einen gemeinsamen ↗ konsensuellen Bereich zu konstruieren, kann der Therapeut z.b. versuchen, andere als die bisherigen systemeigenen „Differenzen" an das Klientensystem heranzutragen (Willke, 1987, 100). Bedeutsame Differenzen können z.b. aus der Untersuchung sog. „Druckpunkte" (Willke, 1983, 27) komplexer Systeme (re-)konstruiert werden. Damit sind Stellen im System angesprochen, auf deren Veränderung es sehr sensibel reagiert (z.b. Familienregeln, Tabus, Grenzziehungen). Vorschläge zur Identifizierung von Druckpunkten in komplexen Systemen macht Schiepek (1986, 156).

Weiterführende Literatur

Maturana, H. R.: Erkennen: Die Organisation und Verkörperung von Wirklichkeit. Braunschweig, Vieweg, 1982.

Luhmann, N.: Soziale Systeme. Grundriß einer allgemeinen Theorie. Frankfurt/M., Suhrkamp, 1984.

Willke, H.: Systembeobachtung, Systemdiagnose, Systemintervention – weiße Löcher in schwarzen Kästen? In: Schiepek, G. (Hrg.) Systeme erkennen Systeme. München, Psychologie Verlags Union, 1987, 94–114.

Organisation

In Maturanas Theorie ↗ autopoietischer Systeme bezeichnet der Terminus „Organisation" (gr.: Organon Instrument) die Relationen zwischen den Bestandteilen eines Systems, die dieses System als eine Einheit definieren. Der Begriff verweist somit auf die funktionale Rolle der Bestandteile bei der Konstitution der Einheit.

Vom kognitiven Standpunkt bestimmt die Organisation einer Einheit den Begriff, der die *Klasse von Einheiten* definiert, zu der diese Einheit gehört (Maturana, 1982, 139).

Die Organisation einer Einheit ist zu unterscheiden von seiner ↗ *Struktur*. Die Struktur bezeichnet die *konkret* gegebenen Bestandteile sowie die Relationen, die diese Bestandteile in ihrer Mitwirkung an der Konstitution einer gegebenen Einheit erfüllen müssen (S. 140). Zur Identifikation eines Systems als Einheit einer bestimmten Klasse ist es notwendig und hinreichend, seine Organisation darzustellen.

Dazu ein Beispiel: Um ein Objekt der Klasse „Stuhl" zuordnen zu können, muß ich zwar überprüfen, ob gewisse Relationen zwischen seinen Teilen, die ich Beine, Lehne und Sitzfläche nenne, gegeben sind. Kann eine Einheit diese grundlegende relationale Organisation seiner Teile aufweisen, wird sie als Mitglied der Klasse der Stühle klassifiziert. Ob der Stuhl nun gepolstert ist oder nicht, ob er aus Metall, Holz oder Kunststoff besteht, ist zwar bei der Angabe seiner konkreten Struktur von Interesse, für seine Einordnung in eine bestimmte Klasse von Einheiten jedoch gänzlich irrelevant.

Für ein lebendes System ist folgerichtig ebenfalls die Art seiner Organisation anzugeben, um entscheiden zu können, ob die ↗ Einheit ein lebendes Wesen ist oder nicht.

Die Zuordnung eines Systems zu einer bestimmten Klasse ist an den unveränderten Fortbestand bzw. Erhalt seiner Organisation gebunden.

Dell (1986, 29) bezeichnet in dieser Hinsicht die grundlegende Organisation biologischer Systeme ihrer Natur nach als *lebend*, infolgedessen jede Änderung der Organisation deren Tod bedeuten würde. Demgegenüber ist die Organisation eines ↗ sozialen Systems „nicht seiner Natur nach *sozial*" (S. 29). Soziale Systeme beruhen nicht nur auf dem Bestand der sie bildenden Organismen, ihre Organisation beruht vielmehr auf dem systemgerecht geformten sprachlichen Bereich, in dem die Mitglieder des Systems operieren und damit auch Beobachter sein können (↗ konsensueller Bereich und Sprache). Soziale Systeme können im Gegensatz zu biologischen Systemen ihre Organisation ändern, da diese lediglich auf dem Austausch von Beschreibungen ihrer Mitglieder beruhen.

Luhmann vertritt hier eine abweichende Meinung. Für ihn sind ↗ soziale Systeme (analog zu lebenden Systemen) ↗ autopoietische Systeme. Soziale Systeme reproduzieren sich demnach durch ↗ selbstreferentiell geschlossenes Prozessieren ihrer ↗ basalen Operation. Die basale Operation sozialer Systeme ist ↗ Kommunikation. Physische und psychische Systeme gehören nach Luhmann folglich zur Umwelt sozialer Systeme.

Familientherapeuten, die diese Konzepte verwenden (z.B. Ludewig, 1983, Dell, 1986) sprechen folgerichtig vom „Tod" bzw. „Zerfallen" eines bestimmten Familiensystems (in bezug auf dessen Organisation) und dem anschließenden Aufbau einer neuen Organisation der Familie unter therapeutischem Einfluß.

Als Organisation einer Familie kann man sich einen spezifischen Typus von Kommunikation vorstellen, der reproduziert wird, um die grundlegenden Beziehungsmuster bzw. die Einheit der Familie aufrechtzuerhalten. Dies können mentale Konstrukte wie Sinnmuster, Regeln, Mythen, Ideen, erinnerte Geschichte etc. sein, die sich in einem ↗ selbstreferentiellen System zu einer operativen Schließung verdichtet haben (Willke 1984, 1982, vgl. ↗ Kohärenz bei Dell, 1986). Die familiäre ↗ Kommunikation kann als spezifische rekursive Verweisungsstruktur betrachtet werden, die eine permanente Reproduktion der familiären Organisation gewährleistet.

Es bleibt darauf hinzuweisen, daß der hier vorgestellte Organisationsbegriff sich in seiner Verwendung eher an neueren systemtheoretischen Ansätzen orientiert. Diese legen ihr Augenmerk auf die Beschreibung von Prozessen, durch die sich die Organisation eins Systems als Differenz zur Umwelt konstituieren und aufrechterhalten kann.

In den traditionellen, z.B. betriebswirtschaftlich orientierten Organisationswissenschaften bezeichnet der Terminus eine mehr statisch verstandene Ordnung von arbeitsteilig und zielgerichtet miteinander arbeitenden Personen und Gruppen. Organisation wird hier nahezu synonym mit dem Begriff der Institution gebraucht. E. Schein (1969) definiert Organisation als „die rationale Koordination der Aktivitäten einer Anzahl von Menschen, um einige gemeinsame, explizit definierte Ziele und Zwecke zu erreichen, und zwar durch Arbeits- und Funktionsteilung und eine Hierarchie der Autorität und Verantwortung."

Auch Selvini-Palazzoli scheint sich an dieser Auffassung zu orientieren, wenn sie die „stets vorhandene formalisierte hierarchische Struktur" (1984, 240) großer Organisationen (z.B. Betriebe, Krankenhäuser, Schulen) hervorhebt. Sie kommt mit ihrer Arbeitsgruppe zu der „grundlegenden Schlußfolgerung, daß das strategische Vorgehen des Psychologen sich in erster Linie an seiner Stellung gegenüber der hierarchischen Struktur der Organisation ausrichten muß" (ebda, S. 244). Nach Selvini-Palazzoli gehört dazu vor allem, daß der Berater sich selbst und seine Rolle in der Organisation deutlich definiert „und die Grenzen seiner Möglichkeiten und Fähigkeiten, die zur Lösung von Problemen beitragen, absteckt" (1978, 71).

Weiterführende Literatur

Ludewig, K.: Die therapeutische Intervention – eine signifikante Verstörung der Familienkohärenz im therapeutischen System. In: Schneider, K. (Hrg.): Familientherapie in der Sicht therapeutischer Schulen. Paderborn, Junfermann-Verlag, 1983, 78–95.
Maturana, H.R.: Die Organisation des Lebendigen: eine Theorie der lebendigen Organisation. In: Maturana, H.R.: Erkennen: Die Organisation und Verkörperung von Wirklichkeit, Braunschweig, Vieweg, 1982, 138–156.
Willke, H.: Zum Problem der Intervention in selbstreferentielle Systeme. *Zeitschrift für systemische Therapie*, 1984, 2 (7), 191–200.

Paradoxe Intervention

Seit dem Ende der sechziger Jahre erfährt die Methode der Paradoxen Intervention (griech.: Para = gegen, doxa = Meinung) im Zuge systemischer Theoriebemühungen in der Psychotherapie regen Zuspruch (vgl. Watzlawick u.a. 1969, 1975; Haley 1977, 1978; Selvini Palazzoli u.a. 1978, 1981). Unter Paradoxer Intervention verstehen Therapeuten eine Strategie therapeutischen Eingriffs, die einen therapierelevanten Sachverhalt (z.B. ein Symptom) in einer sich selbst widersprechenden Weise interpretiert und mit einer Handlungsaufforderung (Verschreibung; „Hausaufgabe") verknüpft. Als ⁊ Zielvorstellung wird der Effekt intendiert, den angesprochenen Sachverhalt aufgrund seiner „logischen Unmöglichkeit" zugunsten neuen Verhaltens zu überwinden.

Probleme

Eigentümlicherweise blieben jedoch die Erklärungsversuche hinsichtlich der Wirkungsweise Paradoxer Intervention bei weitem hinter der klinischen Anwendungshäufigkeit zurück. Die Methode funktioniert, dies scheint zu genügen.

Ein Grund für diesen Erklärungsmangel scheint in dem irreführenden Vorschlag Watzlawicks und dessen Mitarbeitern (1969, 174) zu liegen, Paradoxien neben ihren logisch-mathematischen sowie semantischen Eigenschaften auch in einer Rubrik „Pragmatische Paradoxien" einzuordnen (vgl. die Kritik bei Ziegler 1977, 88ff) und für die psychotherapeutische Praxis nutzbar zu machen. Der sprachlich-symbolische Charakter paradoxer Aussagen wird hierbei unter Einführung verschiedener „sozialer" Zusatzregeln (bindende komplementäre Beziehung; Handlungsaufforderung durch Befehl; Verbot, den Beziehungsrahmen zu verlassen und zu metakommunizieren; vgl. Watzlawick u.a. 1969, 175) auf seiten des von der Paradoxie Gemeinten und Bezeichneten, sprich: mit seinem „Objektbereich" verknüpft, ohne die Zwangsläufigkeit der Wirkungsweise von „paradoxem Zeichen" zu „paradox Bezeichnetem" sicherzustellen.

Paradoxe Vorhersagen und Handlungsaufforderungen funktionieren auch bei Herstellung der angegebenen Rahmenbedingungen nicht zwingend (dieser Befund wird durch die sich durchweg gegenseitig widersprechende Forschung über „Paradoxe Intervention" gestützt. Vgl. auch die Metastudie von Weeks und L'Abate (1985, 173ff)). Das eigentümlich „Paradoxe" tritt in dieser Erklärung in den Hintergrund; man ist versucht zu sagen, daß es bei den angegebenen Situationsrestruktionen nicht überrascht, auch einem nichtparadoxen Befehl die behaupteten „paradoxen" Folgen zuzuschreiben.

Ein weiterer Grund für die Abstinenz in puncto wissenschaftlicher Erklärung paradoxer Phänomene liegt in der Schwierigkeit, den Inhalt paradoxer Verschreibungen auf den „Knotenpunkt" (vgl. Selvini Palazzoli u.a. 1978, 94) zu bringen. Damit ist gemeint, daß ein verläßliches Analyse- und Interpretationsschema für das Verständnis innersystemischer Funktionsmechanismen fehlt, um den optimalen Eingriffspunkt paradoxer Verschreibung zu eruieren. Bislang bleibt das Was, Wann und Wie paradoxer Intervention dem „Gespür" des Therapeuten überlassen.

Zu erwähnen bleibt ein dritter Mangel der theoretischen Annäherung an paradoxe Phänomene: die fehlende gemeinsame Basis in Form einer Definition von Paradoxien. Minimalkonsens scheint bezüglich einer aus der Logik entnommenen Definition zu bestehen, die besagt, daß eine Paradoxie sich als ein Widerspruch definieren läßt, „der sich durch folgerichtige Deduktion aus widerspruchsfreien Prämissen ergibt" (Watzlawick u.a. 1969, 171). (Der überwiegende Teil der Autoren auf dem Gebiet paradoxer Intervention enthält sich einer Definition von Paradoxa und leitet sofort in eine Beschreibung der Interventionstechnik über (vgl. überblicksartig Weeks & L'Abate, 1979, 62f).) Diese Definition mag allerdings für einen Kalkül ↗ „trivialer" logischer Systeme genügen, berührt jedoch nicht die prozeßhafte Besonderheit nicht-trivialer Systeme, die sich aus dem Konzept der Selbstreferenz (Luhmann, 1984) ableitet.

Systemische Grundlage

Im Lichte systemtheoretischer Rekonstruktion erscheinen die angegebenen Defizite zwar in einem Erklärungszusammenhang, vermögen aber bisher lediglich zum Teil gelöst zu werden. Grundlegend für diese Bemühung ist die Vorstellung der ↗ operationalen Schließung (vgl. Maturana & Varela, 1987) von Systemen. Dies bedeutet, daß sich (↗ autopoietische) Systeme jeglicher Art nach Maßgabe eigener, von der Umwelt unabhängiger Operationsregeln selbst bestimmen, für ein kausales Interventionsinteresse also grundsätzlich unerreichbar sind. Dies schließt nicht aus, daß solche Systeme einem Umweltimpuls gegenüber nicht sensibel wären, reduziert eine kausale äußere Veränderungsabsicht jedoch auf das Maß einer ↗ Verstörung, deren Wirkung das betroffene System selbst kanalisiert. Durch die Benutzung ↗ konsensueller Bereiche, die von Sozialen Systemen bereitgestellt werden können, erhöhen die Systeme die Möglichkeit der Kontaktnahme und zugleich die Wahrscheinlichkeit der Annahme bestimmter Kommunikationsangebote. Dem Vorschlag Luhmanns (1984) folgend, muß hierbei zwischen Bewußtseins- und ↗ sozialen Systemen säuberlich unterschieden werden. Demnach sind die kommunikativen Bemühungen des Therapeuten in Form Paradoxer Intervention Umwelt für das Klientensystem. Erschwerend kommt hinzu, daß auch das biologische System des Klienten, welches sowohl als „Träger" eines körperlichen Symptoms fungiert als auch den körperlichen Ausdruck von Verhalten repräsentiert, Umwelt für sein eigenes Bewußtseinssystem darstellt.

Angesichts dieser Vorgaben erscheint es vermessen, einen „Knotenpunkt" des Klientensystems bestimmen und „pragmatisch paradox" beeinflussen zu wollen.

Trotzdem kann, bis zum Beweis des Gegenteils, davon ausgegangen werden, daß Paradoxe Verschreibungen therapeutisch erwünschte Effekte zeitigen (beispielsweise das Verschwinden eines leidverstärkenden Verhaltens). Wie ist dies unter den oben genannten Einschränkungen erklärbar? Der intervenierende Therapeut muß hierzu von der Prämisse ausgehen, daß das Leiden (idealtypischerweise als biologisch-leibliches Phänomen) in irgendeiner Verbindung zu kognitiv-symbolischen Mustern (als Bewußtseinsphänomen) steht. Genauer gesagt: das Bewußtseinssystem steht in einem ↗ Interpenetrationszusammenhang (Luhmann, 1984, 286 ff) (vgl. ↗ strukturelle Kopplung) mit dem biologischen System. Eine weitere Prämisse besagt, daß das Bewußtseinssystem des Therapeuten unter „Verwendung" eines Sozialen Systems, dessen Grundelemente durch Kommunikationen repräsentiert sind (Luhmann, 1984, 191 ff), mit dem Bewußtseinssystem des Klienten interpenetriert. Interpenetration kann als wechselseitiges Zur-Verfügung-Stellen eigener ↗ Komplexität zum Aufbau eines anderen Systems (Luhmann, 1984, 290) verstanden werden. Dies plausibilisiert zwar die Möglichkeit gegenseitigen „Verstehens", impliziert aber keineswegs seine Zwangsläufigkeit; die Voraussetzung operationaler Schließung autopoietischer Systeme ist somit gewährt.

Definition von Paradoxie (Identität, Negation, Selbstreferenz)

Das Selektionsangebot (Komplexität im obigen Sinne) des Therapeuten, an das sich der Klient anschließen kann, sieht folgendermaßen aus: ein symptomatisches Verhalten des Klienten wird kommunikativ auf einen sprachlich-symbolischen Nenner gebracht. (An dieser Stelle zeigt sich, daß die Etikettierung dieses Verhaltens von einem beiderseitigen Beobachtungs- und Interpretationsprozeß abhängig ist; um so mehr je mehr Therapiebeteiligte (systemische Familientherapie) diesen Prozeß beeinflussen (vgl. ↗ Systemmodell, idiographisches). Dieser Sachverhalt (Position) wird dann in sein Gegenteil (Negation) verkehrt und selbstreferentiell, argumentativ zwingend, mit der Ausgangsposition rückgekoppelt; es entsteht somit eine sprachlich-symbolische Figur, die das behauptet, was sie verneint und umgekehrt. Wesentlich für diese Definition einer Paradoxie ist, daß die Negation als Sachverhalt eine identisch gemeinte Verdoppelung des Positionssachverhaltes darstellt, nicht etwa nur einen Teil meint. Dies erscheint deshalb so wichtig, weil nur ein sprachlich-symbolischer Zusammenhang diejenige Zeitlosigkeit herzustellen vermag, die einerseits notwendig ist, um die Position gleichzeitig behaupten und negieren zu können und andererseits den (empirisch leicht denkbaren) Schein einer Identität von positiv und negativ Behauptetem zu etablieren (vgl. Schöppe/Brunner, 1988).

„Verhaltensänderung"

Eine mögliche Reaktion auf paradoxe Zumutungen ist, sich der Zumutung als Ganzes zu entledigen und neuartige gedankliche wie kommunikative Elemente anzuschließen (vgl. „Lösungen zweiter Ordnung" bei Watzlawick u.a. 1974), diese müssen in einen selbstreferentiellen (autopoietischen) Bewußtseinszusammenhang integriert werden, um für das betroffene System überhaupt funktional „handhabbar" zu werden. Neue Relationierungen und Strukturierungen werden geschaffen, die im Sinne des Interpenetrationsaxioms ihrer Umwelt (hier den angrenzenden biologischen und sozialen Systemen) eine neuartige Komplexität zur Verfügung stellen. Ob die benachbarten Systeme dieses Angebot verarbeiten, entscheidet ihr eigener autopoietischer Reproduktionszusammenhang.

Arno Schöppe

Weiterführende Literatur

Schöppe, A. & E.J. Brunner: Ein Systemischer Erklärungsversuch paradoxer Kommunikation und Intervention. In: System Familie 1 (1988) 3.
Selvini Palazzoli, M. u.a.: Paradoxon und Gegenparadoxon. Ein neues Therapiemodell für die Familie mit schizophrener Störung. Stuttgart, 1981.
Weeks, G.R. & L. L'Abate: Paradoxe Psychotherapie. Theorie und Praxis in der Einzel-, Paar und Familientherapie, Stuttgart 1985.

Plan- und Prognostizierbarkeit

Ein auffälliges Merkmal vieler (verhaltens-)therapeutischer Publikationen war und ist leider noch heute eine Art „technologischer Triumphalismus" (vgl. Grawe, 1984). Im Laufe ihrer kurzen Geschichte entwickelte etwa die Verhaltenstherapie eine Vielzahl von Interventionstechniken, wobei versucht wurde, deren Wirksamkeit durch experimentelle Arbeiten zur Effektivitätskontrolle nachzuweisen. Das besondere Problem dabei war und ist, daß unter der impliziten Voraussetzung einer wissenschaftstheoretischen „Kontinuitätsannahme" (Westmeyer, 1978, 111) kein prinzipieller Unterschied zwischen dem Nachweis der Wirksamkeit einer Maßnahme unter kontrollierten Bedingungen und der Verwendung derselben Technik bei der Behandlung einer im Alltag entstandenen Verhaltensstörung gemacht wird.

Der damit verbundene Versuch, die therapeutische Wirklichkeit zu operationalisieren und zu vermessen, führte zu einer drastischen Reduzierung des betrachteten Realitätsausschnitts, welche die Idealisierungsbedingungen (Westmeyer, 1976; 1978, 113) der in den Theorien formulierten Zusammenhänge gewährleisten sollte.

Angesichts dieser für die wissenschaftliche Theoriebildung äußerst unbefriedigenden Situation zog Westmeyer (1978, 118) den Schluß, die Klinische Psychologie mangels möglicher Anbindung an die Allgemeine Psychologie nicht mehr als angewandte Wissenschaft, sondern als Technologie zu bestimmen.

Die systemische Theoriebildung geht über diese Kritik Westmeyers hinaus: Wer klinisches Handeln auf technologische Regeln stützt, muß erstens so tun, als ob die Elemente eines Systems sich in vorhersehbarer Weise zueinander verhalten und verändern würden. Zweitens muß er annehmen, daß seine Eingriffe im System einen bestimmten, vorhersehbaren Effekt erzielen könnten, bzw. daß das System durch Interventionen in einen bestimmten ↗ Zielzustand hineinmanövriert werden könne.

Zutreffend wäre dieses Verständnis jedoch nur, wenn individuelle wie überindividuelle Systeme (Familien, Heime, Stadtteile) als ↗ triviale Systeme betrachtet werden könnten. Eine entsprechende Betrachtung der psychosozialen Praxis muß jedoch als völlig unangemessen abgelehnt werden. Wir haben es dort mit individuellen, lebenden (↗ Autopoiese), ↗ sozialen und humanökologischen (↗ Ökosystem) Systemen zu tun, die als nicht-triviale Systeme charakterisiert werden müssen.

Nicht- ↗ triviale Systeme ändern ständig die Bedingungen ihres weiteren Prozessierens als Ergebnis ihrer inneren Dynamik (vgl. ↗ operationale Schließung). Ihr Verhalten aufgrund bestimmter Inputs vorher sagen zu wollen, ist deshalb nicht möglich. Die aus der physikalischen Mechanik entnommenen

Vorstellungen einer technologischen Machbarkeit von Therapie sind somit zu relativieren. Therapie kann nicht mehr als Steuerungsprozeß von außen betrachtet werden, der Systeme auf einem vorher festgelegten Weg über verschiedene Barrieren hinweg zum ↗ Ziel bringt.

Die mangelnde Planbarkeit enthebt uns nicht der Verantwortung für unser klinisches Handeln. Da wir z.B. aus den Arbeiten Dörners et al. (1983) wissen können, daß das Verhalten komplexer, eigendynamischer Systeme kaum zu kontrollieren und zu prognostizieren ist, wird es unter einem systemischen Verständnis von Therapie nicht darum gehen, bestimmte Strategien oder einmal ins Auge gefaßte Ziele unter allen Umständen beizubehalten. Eine Alternative zur langfristigen Vorabplanung von Therapie bietet das Konzept temporalisierter sozialer Systeme (Luhmann, 1984). Das Prinzip der ↗ Temporalisierung verweist auf die zeitliche Begrenztheit der Existenz von Komponenten sozialer Systeme. Diese müssen in einem selbstreferentiellen Prozeß ständig neu reproduziert werden, um eine bestimmte zusammengesetzte ↗ Einheit aufrechtzuerhalten.

Da Luhmann Kommunikationen als die Komponenten sozialer Systeme betrachtet, sollte der psychosoziale Praktiker es sich zur Aufgabe machen, ständig kommunikativ „anschlußfähig" zu sein, um an aktuelle Bedürfnisse bzw. Dynamiken des/der Klienten anknüpfen zu können, bzw. um über Kommunikation auf Kognitions-Emotions-Ein[h]eiten rückschließen zu können.

Temporalisierung verweist weiterhin auf die begrenzte zeitliche Planbarkeit des therapeutischen Gesamtprozesses. Änderungen in der Systemstruktur im Gefolge therapeutischer Interventionen benötigen Zeit. Zeit, die sich nach systemeigenen Vorgaben richtet und wiederum kaum im Voraus verplant werden kann. Die Arbeiten von Dörner et al. (1983) zum Umgang mit Unbestimmtheit und Komplexität sowie deren Übertragungsversuch auf die Therapie von Kaimer (1986) lehren uns zudem, daß wir uns bei der Planung von Interventionen in komplexen Systemen nicht eingleisig auf einen bestimmten Schwerpunkt beschränken dürfen. Die kaum durchschaubare systemeigene Dynamik erfordert Neben- und Fernwirkungsanalysen, Trendanalysen und Hintergrundkontrolle, um bei gegebener Dringlichkeit und Wichtigkeit eventuell den Schwerpunkt der Arbeit wechseln zu können (Dörner et al., 1983, 19ff). Einfache Problemlösekonzepte vom Typ „Istzustand-Barriere-Sollzustand" erscheinen damit nicht mehr haltbar.

Schiepek (1987a) hat einige Argumente zu den Grenzen der Prognostizierbarkeit in komplexen Systemen zusammengefaßt. Sie ergeben sich beispielsweise aus
− der begrenzten Verarbeitungskapazität des Beobachters, der übergroße Komplexität oft in kurzer Zeit reduzieren muß und nie genau wissen kann, ob die relevantesten Strukturen erfaßt wurden;
− den prinzipiellen Grenzen unseres kognitiven Systems, das uns meist zwingt, einen eher hohen Auflösungsgrad bei der Betrachtung komplexer Systeme zu wählen.

−der relativen Autonomie von Teilsystemen und ↗ Emergenzniveaus. Über- oder untergeordnete Ebenen sind nicht in der Lage, ein System instruktiv zu beeinflussen (↗ stratifizierte Autonomie). Die Umwelt kann ihre Komplexi- tät nur zur Verfügung stellen. Verarbeitet wird diese Komplexität gemäß den operationalen Möglichkeiten des entsprechenden Systems (↗ operatio- nale Schließung; ↗ Interpenetration).

−Zufallsfluktuationen in destabilisierten Systemzuständen, aus denen durch ↗ Selbstorganisationsprozesse neue dynamische Muster entstehen können (↗ Ungleichgewichts-Thermodynamik, Prigogine, 1978; Synergetik, Haken, 1981a,b, 1987; ausführlicher s. Schiepek, 1987a, 25).

−der sensiblen Abhängigkeit der Systemdynamik von den Anfangsbedingun- gen. Häufig ist zwar ein sog. Attraktorbereich (↗ Chaos, ↗ Stabilitätsfor- men) angebbar, in dem sich das System befindet. Der aktuelle Zustand des Systems in seinem Zustandsraum ist jedoch nicht bestimmbar (vgl. Theorie des deterministischen ↗ Chaos).

Zusammenfassend bleibt festzustellen, daß die Anwendung systemtheoreti- scher Konzepte in den Sozialwissenschaften nicht zu einer neuen Systemkont- rolltechnologie führen wird. Gerade die Erweiterung des Blickwinkels auf komplexe vernetzte Handlungsfelder in der Ökologie, Politik, Psychologie, usw. hat die Grenzen der Steuer- und Planbarkeit deutlich gemacht. Manche wer- den sich bezüglich der Beeinflußbarkeit komplexer Systeme mehr erhofft haben. Sie werden sich mit weniger zufriedengeben müssen.

Weiterführende Literatur

Forrester, J. W.: Planung unter dem dynamischen Einfluß komplexer sozialer Systeme. In: Ronge, V. & G. Schmieg (Hrsg.): politische Planung in Theorie und Praxis. München, Piper, 1971a.
Grawe, H.: Mißerfolg in der Psychotherapie aus verhaltenstherapeutischer Sicht. *Ver- haltensmodifikation*, 1984, **5** (4), 219−234.
Prigogine, I.: Time, structure, and fluctuations. *Science*, 1978, **201**, 777−785.
Schiepek, G.: Das Konzept der systemischen Diagnostik. In: ders. (Hrsg.): Systeme er- kennen Systeme. Psychologie Verlags Union, München, 1987a, 13−46.
Westmeyer, H.: Wissenschaftstheoretische Grundlagen klinischer Psychologie. In: Baumann, U., Berbalk, H. & G. Seidenstücker (Hrsg.): Klinische Psychologie: Trends in Forschung und Praxis I. Bern, Huber, 1978, 108−132.

(rekursive) Systembeschreibung

(Der Terminus „rekursive Systembeschreibung" löst den Begriff der systemischen Diagnostik ab. Zur Begründung siehe ↗ Selbstreferentialität und Schiepek (1987, 11).)

Die rekursive Systembeschreibung verweist auf erste Ansätze zu einer Theorie klinischer Erkenntnis, die neben einer Beschreibung der beobachteten Wirklichkeit auch die Möglichkeiten und Grenzen des erkennenden Systems in Rechnung stellt. Das Interesse richtet sich damit sowohl auf die Systeme bezüglich derer Orientierungen erfolgen soll, als auch auf die Bedingungen dieser Orientierung. Angesprochen sind neuronale, kognitive, psychische, sozialkommunikative sowie methodische (d.h. datengenerierende und -verarbeitende) Prozesse.

Der Begriff des ↗ Systems legt hierbei bewußt keinen bestimmten Bezugs- bzw. Arbeitsbereich fest. Relevant können sowohl individuelle Systeme (z.B. organismische, neuronale, psychische) als auch ↗ soziale oder (human-) ↗ ökologische Systeme sein, was auf eine interdisziplinäre Perspektive der Systembeschreibung hinweist.

Die rekursive Systembeschreibung bleibt dabei bei ihrem Anspruch, diagnostische Ansätze allgemein von dem Geruch eines stark analytischen, abbildrealistischen, reifizierenden oder gar ontologisierenden Denkens (z.B. in der Psychiatrie) zu befreien. Damit könnte ein Anlaß bestehen, neu über Aufgabe und Gegenstand der Diagnostik nachzudenken und sich mit einer veränderten ↗ Epistemologie (vgl. Dell, 1984) in diesem Arbeitsgebiet auseinanderzusetzen.

Mögliche Kennzeichen dieses geänderten Verständnisses fassen Schiepek & Kaimer (1987) in fünf Punkten zusammen:

1. Lineales versus systemisches Denken

Lineales Denken, wie es den Modellen der funktionalen Verhaltensanalysen (Kanfer & Phillips, 1970; Schulte, 1974) zugrunde liegt, trennt die Wirklichkeit in abhängige und unabhängige Variablen, konstruiert Verhaltensketten von auslösenden- und Folgeereignissen usw. Ereignisse und Verhaltensweisen sind dabei isoliert zu beobachten.

Systemisches Denken dagegen betont Regelkreis- und Rückkoppelungsprozesse (↗ Kybernetik) statt ↗ linealer Ereignisabfolgen. Ereignisse existieren nicht isoliert voneinander, sondern nur in ihrer wechselseitigen Bezogenheit (↗ Kontextualisierung). Die ↗ Komplementarität lineal/systemisch ist daher auch als absolut/relativ (i.S. von Relation) interpretierbar.

Systemisches Denken (↗ Systemtheorie und systemisches Denken) entfernt sich grundsätzlich vom Konzept der Kausalität. Der Gegenstand der Betrachtung weitet sich zu einem Feld von rekursiv vernetzten Ereignissen, bei deren Betrachtung die Unterscheidung zwischen Ursache und Wirkung überflüssig wird.

Autoren dagegen, die sich in der Tradition des klassischen „H-O-Schemas" (Hempel & Oppenheim, 1948) bewegen, halten zirkuläre Aussagen für wissenschaftliche Erklärungen nicht geeignet (z.B. Reinecker, 1987a, 179). Die Tatsache, daß die Beschreibungen zirkulärer Prozesse, welche in der ↗ Kybernetik und ↗ Selbstorganisationstheorie breite Anwendung finden (vgl. die Def. von ↗ Selbstorganisation bei Küppers, 1986, 98: Selbstorganisationsprozesse wirken in spezifischer Weise auf ihre Randbedingungen zurück), im H-Schema nicht vorgesehen sind, muß rekursive Erklärungen (↗ mechanistische Erklärungen) nicht diskreditieren.

Wenn wir uns klarmachen, daß Wissenschaft „ein geschlossener kognitiver Bereich ist, in dem alle Aussagen notwendig subjektabhängig sind" (Maturana, 1982, 237) bzw. durch einen Standard-Beobachter validiert werden, der von der Wissenschaft selbst definiert worden ist, dann muß diese Subjektabhängigkeit zum Ausgangspunkt wissenschaftlichen Vorgehens gemacht werden.

Wissenschaftliches Vorgehen wird damit zum Verfahren der ↗ Modellbildung. Nach Maturana ist jede Erklärung die bewußte Reproduktion bzw. Neuformulierung eines Systems oder Phänomens durch einen Beobachter. Ein System oder Phänomen wurde dann wissenschaftlich erklärt, „wenn ein Standard-Beobachter akzeptiert, daß die Relationen oder Prozesse, die es als System oder Phänomen einer besonderen Klasse definieren, begrifflich oder konkret reproduziert worden sind" (1982, 238). Eingeschlossen sind damit natürlich auch zirkuläre Prozesse.

Dazu ein einfaches Beispiel: Gemäß dem klassischen Paradigma könnte der Darstellung eines Ehestreits als ein sich selbst aufrechterhaltender und verstärkender Zyklus von Vorwurf und Verteidigung kein Erklärungswert zukommen, wenn nicht zwischen Ursache und Wirkung getrennt würde (vgl. Reinecker, 1987a, 179).

Diese Trennung ist bei der Betrachtung derartiger sozialer Dynamiken aber völlig unerheblich. Nach systemischer Auffassung würde dieser Erklärung eines Streits nichts weniger schaden, wenn der Anfang (bzw. die Ursache) der Auseinandersetzung nicht mehr festgestellt werden könnte.

Rekursive Beschreibung bedeutet, sich ein Modell eines Wirklichkeitsausschnitts zu machen, um sein Handeln (z.B. als Therapeut) an diesem Modell orientieren zu können (Schiepek, 1987a, 17). Die Modelle, die sich ein Praktiker von einem (System-) Einzelfall macht, können als idiographische ↗ Systemmodelle (Schiepek, 1986, 76 f.) bezeichnet werden. Sie dienen dazu, die Vernetzungen, Rückkoppelungen und Strukturen eines Systems zu (re-) konstruieren. ↗ Systemmodelle sind generative Mechanismen (genauer s. dort). Durchläuft man ihre rekursiven Schleifen mehrmals, so sollte daraus beobachtetes oder beschriebenes Systemverhalten erklärbar werden (↗ mechanistische Erklärung).

2. Objektivität des Erkennens versus Konstruktivismus

Die vorherrschenden Theorien in den Naturwissenschaften nehmen an, die Wirklichkeit könne objektiv erfaßt werden, wenn man nur die geeigneten präzisen Instrumente dazu hätte. Eine Fülle neurophysiologischer Befunde weisen jedoch das Nervensystem als ↗ operational abgeschlossenes System aus. Jede Interaktion des Nervensystems mit seiner Umwelt ist eine Interaktion mit sich selbst (↗ Selbstreferentialität). Das bedeutet, daß jede Wahrnehmung bereits konstruierte (individuelle) Wahrnehmung ist. Die Frage der Verankerung von Wirklichkeitskonstruktionen führt damit zum Fragesteller zurück. Ludewig (1987) schlägt aufgrund dieser Überlegungen vor, statt Theorien über Beobachtungsgegenstände künftig eher Theorien über „den Beobachter" zu entwikkeln.

Erkennen ist ↗ kontextabhängig. Für die rekursive Systembeschreibung bedeutet dies, daß eine Wirklichkeit in Abhängigkeit vom Beobachter und vom Erkenntnisgegenstand immer auch anders (re-)konstruierbar ist. Westmeyer (z.B. 1984) hat dem in seinem Konzept der relativ rationalen Interventionsbegründung Rechnung getragen.

3. Objektivierender Gegenstandsbezug versus rekursive Beschreibung

Die klassische Trait-Diagnostik wie auch die Problemanalyse in der Verhaltenstherapie zeichnen sich durch den Versuch aus, Probleme und deren Bedingungen aus einer objektivierenden Distanz erfassen zu wollen. Man hat oft den Eindruck, die Therapeut-Klient-Beziehung oder der Ablauf der Therapie seien für die Problembeschreibung ohne Belang. Erst in jüngerer Zeit wird z.B. auch in der Verhaltenstherapie die Bedeutung der therapeutischen Beziehung in breiterem Maße erkannt (Zimmer, 1983) und in verschiedenen Konzepten zur „interaktionellen Diagnostik") berücksichtigt (z.B. Caspar, 1984; Zingg, 1985).

Im Bereich der Familientherapie weist Minuchin (1974) mit seinem Konzept der „interactional diagnosis" auf die Bedeutung von Beziehungsvariablen hin: ... the therapist can come to know the properties of a whole system *only* by interacting with it" (zit. n. Keeney, 1979, 124).

Jede Begegnung eines Therapeuten mit der Umwelt ist seine Begegnung (vgl. Punkt 2). Er hat deshalb sein eigenes Denken und Handeln mitzudenken (↗ Kybernetik 2. Ordnung).

Jeder Wahrnehmungsprozeß bezieht die Struktur des erkennenden Systems mit ein. Dazu kommt, daß der Therapeut nur etwas erkennen kann, wenn er im System (inter-)agiert und dieses dazu bringt, sich zu verhalten (bzw. sich zu verändern). Erkenntnis setzt Veränderung voraus und nicht umgekehrt.

Neben dem Einfluß der eigenen Person wird es für den Therapeuten bedeutsam, die Funktionen von Beschreibung und Therapie für das jeweilige (Human-) ↗ Ökosystem zu thematisieren. Therapie kann die unterschiedlichsten Aufgaben und Bedürfnisse erfüllen: Suche nach Verbündeten, Bestätigung eines Problems, Beschwichtigung von Schuldgefühlen etc. . Die selbstreferentielle Systembeschreibung hat sich damit selbst zu beschreiben, womit sie jedoch in einen endlosen Regress sich selbst beschreibender Beschreibung gerät. Dieser Regress, der einen weiteren Grund für nicht herstellbare Objektivität dastellt, muß abgebrochen werden, um die Voraussetzung für Orientierung und Handeln zu schaffen. Die Beteiligten orientieren sich aufgrund von Momentaufnahmen über sich selbst und ihrer Umwelt. Dadurch wird die Umwelt so konstruiert, daß sinnvolles Handeln möglich wird. Die „kognitiven" Momentaufnahmen treffen jedoch im Augenblick weiterer Interaktionen schon nicht mehr zu. Bewußtseinssysteme und soziale Systeme müssen füreinander *partiell intransparent* bleiben. Bei aller Bemühung und bei allem Zeitaufwand bleiben sie füreinander undurchsichtig, denn „sie selbst sind immer schneller" (Luhmann, 1984, 156).

Schließlich stehen rekursive Systembeschreibung und Therapie zueinander in einem rückkoppelnden Bezug. Die klinische Wirklichkeitsbeschreibung schafft einerseits die Voraussetzung für Therapie, indem sie Vorstellungen über Systemzusammenhänge konstruiert, andererseits (re-)konstruiert sie das Ergebnis therapeutischen Handelns. Das Verhältnis ist ebenfalls rekursiv.

4. Objektsprachliche Bindung an ein vorgegebenes Konzept versus Metastrategie systemischer Wirklichkeitskonstruktion

Will die klinische Wirklichkeitskonstruktion nicht hinter den Handlungsbedingungen komplexer Systeme zurückbleiben, ist sie als *Metastrategie* zu konzipieren. In ein Modell, das man sich von therapeutisch relevanten Wirklichkeitsausschnitten macht, können damit Hypothesen unterschiedlicher theoretischer Herkunft eingehen. Die Metastrategie als übergeordnetes Konzept liefert Kriterien zur Auswahl von Theorien und Befunden (zu Auswahlkriterien vgl. Schiepek, 1986, 105 ff), ↗ systemtheoretische bzw. ↗ kybernetische Überlegungen liefern Formprinzipien bei der ↗ Modellbildung. Eine Vorabfestlegung auf bestimmte inhaltliche Beschreibungskonzepte wird prinzipiell vermieden, wenngleich dabei Ausbildung und Vorerfahrung des Therapeuten/Beobachters (sinnvollerweise) eine Vorselektion bedeuten. Die Vorteile einer Metastrategie (↗ systemische Therapie) liegen in der Möglichkeit der Nutzung verschiedener (Grundlagen-) Theorien der Psychologie und ihrer Nachbardisziplinen, damit verbunden in einer Erweiterung der Denk- und Handlungsmöglichkeiten sowie der möglichen Berücksichtigung mehrerer ↗ Ebenen der Systembeschreibung.

5. Technisch-interventionistischer Zugriff versus Therapie als Schaffen von Bedingungen für die Möglichkeit von ↗ Selbstorganisation eines oder mehrerer ↗ ko-evolvierender Systeme in einem bestimmten sozialen Kontext

Siehe dazu ausführlich die Stichwörter: ↗ Macht und Kontrolle; ↗ operationale Abgeschlossenheit; ↗ Plan- und Prognostizierbarkeit; ↗ Selbstorganisation; ↗ systemische Therapie.

Für manchen Praktiker mögen diese Überlegungen und die daraus abgeleiteten Strategien nur eine Beschreibung dessen sein, was er ohnehin tut. Willke (1984, 199) antwortet darauf:

> „Im Gegensatz zum Praktiker geht es dem Theoretiker nicht um das Ergebnis, sondern um die mögliche Begründung eines Ergebnisses, das wir durchaus schon kennen mögen. Denn nur brauchbare Begründungen machen Erfahrungen transferierbar."

In diesem Sinne versteht sich auch die selbstreferentielle Systembeschreibung als *empirisches Vorgehen*, das sich um die Rekonstruktion praktischer Tätigkeit bemüht. Die Rekonstruktion beabsichtigt dabei, praktisches Vorgehen transparent, damit kritisierbar und für Weiterentwicklungen offen zu halten (Schiepek, 1986, 48 f.).

Weiterführende Literatur

Schiepek, G.: Systemische Diagnostik in der klinischen Psychologie. München, Psychologie Verlags Union, 1986.

Schiepek, G.: Das Konzept der systemischen Diagnostik. In: Ders. (Hrg.): Systeme erkennen Systeme. München, Psychologie Verlags Union, 1987a, 13–46.

Schiepek, G. & P. Kaimer: Von der Verhaltensanalyse zur systemischen Diagnostik. In: Caspar, F. (Hrg.): Problemanalyse in der Psychotherapie. Tübingen, DGVT, Forum 13, 1987, 108–132.

Selbstorganisation

„Selbstorganisierende Prozesse sind solche physikalisch-chemischen Prozesse, die innerhalb eines mehr oder weniger breiten Bereiches von Anfangs- und Randbedingungen einen ganz bestimmten geordneten Zustand oder eine geordnete Zustandsfolge einnehmen (vgl. Grenzzyklus unter ⁊ Stabilitätsformen). Das Erreichen des bestimmten Ordnungszustandes wird dabei nicht oder nicht wesentlich von außen aufgezwungen, sondern resultiert aus den spezifischen Eigenschaften der am Prozeß beteiligten Komponenten. Der Ordnungszustand wird spontan erreicht" (Roth, 1986, 153 ff.).

Küppers (1986, 98) verweist in seiner Definition auf die Bedeutung z.B. der biologischen Randbedingungen, die in Selbstorganisationsprozessen nicht mehr kontingent sind (wie etwa in der traditionellen Physik), sondern zur Dynamik in einem rückkoppelnden Bezug stehen: „Als Selbstorganisation sei jeder selbsttätig ablaufende Prozeß bezeichnet, in dessen Verlauf die Gesetze der Physik und Chemie ihre zunächst unspezifischen Randbedingungen auf spezifische Weise transformieren."

Für Zwölfer (1986, 181) ist der Begriff bei seiner Anwendung auf ökologische Systeme nach fünf Gesichtspunkten einzugrenzen:

„1. Selbstorganisation bedeutet nicht autonome (i.S.v. isolierter) Organisation. Damit sich ein ökologisches System organisieren kann, müssen Energie und meist auch Materie und Information (hier anderer Informationsbegriff als bei Maturana) von außen einfließen können.
2. Das Ergebnis dieser Prozesse ist – wenn überhaupt – nur in groben Zügen festgelegt. Im Detail herrscht ein großes Maß an Freiheit.
3. Die einzelnen Elemente eines ökologischen Systems sind nicht in dem Sinne organisiert, wie Organe eines Organismus aufeinander abgestimmt sind. Ein ökologisches System ist *kein* Organismus und auch kein *Überorganismus*, wie das früher vielfach im Zusammenhang mit dem Begriff der „Lebensgemeinschaft" behauptet wurde (vgl. Organismus vs. Gesellschaft unter ⁊ Autonomie).
4. Von einem organisierten ökologischen System sollten wir nur dort sprechen, wo wir Anpassungen und Steuermechanismen nachweisen können, die einen innerhalb bestimmter Grenzen in seinen Grundzügen vorhersagbaren Systemzustand bewirken.
5. . . . . Selbstorganisation liegt dann vor, wenn die Ordnung eines Systems diesem nicht alleine durch äußere Bedingungen aufgeprägt ist."

Als Beispiel für einen einfachen selbstorganisierenden Prozeß nennt Roth die dreidimensionale Faltung eines Proteinmoleküls. Das Molekül bildet sich spontan, sobald die Aminosäuren als entsprechende Bausteine in der richtigen Reihenfolge vorliegen. Der Grund für diesen selbstorganisierenden Prozeß liegt hier im Erreichen des bindungsenergetisch günstigsten Zustandes.

Der selbstorganisierte Prozeß des Lebens

Die unvergleichbar kompliziertere Erscheinungsform lebender Systeme läßt sich im Prinzip als eine zyklische Verknüpfung selbstorganisierender Prozesse verstehen, wobei jeder selbstorganisierte Prozeß genau die Anfangsbedingungen für den nächsten schafft. Neben dem Prozeß der Selbstherstellung, der etwa spezifische Komplexe chemischer Reaktionen kennzeichnet, verfügt dabei als einziger bekannter Prozeß der des Lebens über die Fähigkeit zur Selbsterhaltung (↗ Autopoiese). An der Heiden et al. (1985, 333) nennen als eine der grundlegenden Bedingungen für die Selbsterhaltung einen vom System selbsterzeugten (autonomen) Rand (↗ Grenzen), über den das System die Interaktionen mit seiner (in gewissen Grenzen veränderbaren) Umwelt regeln kann (z.B. Energie- und Materieaustausch).

Man kann selbstherstellende Systeme nicht wie Maschinen bauen. Es können dafür lediglich die Ausgangsmaterialien in geeigneter Konzentration bereitgestellt werden. Der Aufbau geschieht von selbst und ohne weiteres Zutun, was z.B. die Möglichkeit reparierender Eingriffe sehr erschwert.

„Selbstherstellende Systeme besitzen eine weitgehende ↗ Autonomie, die nicht nur die Ausbildung ihres Randes betrifft. Dies schränkt einerseits die Möglichkeit externer Eingriffe ein, ist aber an dererseits der Grund für bemerkenswerte Selbstheilungsfähigkeiten" (ebda, S.334).

Die Begriffe der Selbstherstellung und besonders der der Selbsterhaltung beziehen sich auf die spezifische Organisation lebender Systeme. Dagegen kann die Selbstorganisation als ein sehr allgemeines Prinzip betrachtet werden, das auf die verschiedensten dynamischen Prozesse (kommunikative, ökologische, politische usw.) übertragbar ist. Die ↗ Autopoiese kann somit als Spezialfall der Selbstorganisation dynamischer Systeme betrachtet werden.

Selbstorganisierende Prozesse in der psychosozialen Praxis

Die Schlußfolgerungen an der Heidens et al. zur Beeinflußbarkeit selbstherstellender Systeme liefern wertvolle Anregungen, um Modellvorstellungen für die Arbeit in/mit komplexen Systemen zu generieren. Die Ergebnisse relativieren etwa die Vorstellungen einer kontrollierten Außen-Steuerbarkeit sozialer Netzwerke (Röhrle, B. & W. Stark, 1985). Auf der Ebene sozialer Prozesse, z.B. in der Gesundheitsarbeit, können wir demzufolge Anregungen (Informationen, Techniken) mehr oder weniger nur bereitstellen. Ob diese Angebote in das selbstorganisierte Funktionieren der Adressatensysteme (Familien, Heime, Stadtteile) aufgenommen werden und der Destabilisierung bzw. Veränderung festgefahrener Muster dienen können, hängt vom Zustand des angeregten Systems selbst ab (vgl. 1 ↗ Strukturdeterminismus; ↗ operationale Schließung).

Bezüglich der Veränderung von Systemen liegen verschiedene Modellvorstellungen vor. Die gleichen Bedingungen, die den Prozeß der ↗ Autopoiese ermöglichen (partielle Offenheit, Ungleichgewicht), können durch die Möglichkeit interner Selbstverstärkung von Fluktuationen auch die Veränderung von Systemen vorbereiten. „Ohne solche innere Verstärkungsmöglichkeit gibt es keine echte Selbstorganisation. Die mögliche Konsequenz ist die Evolution des

Systems durch eine unbestimmte Folge von Instabilitäten, von denen jede zur spontanen Bildung einer neuen autopoietischen Struktur führt" (Jantsch, 1982, 79 f.; vgl. a. „Ordnung durch Fluktuation" unter ↗ Ungleichgewichts-Thermodynamik). Zwei weitere Theorien zur nicht-linearen Dynamik von Systemen werden unter den Stichwörtern ↗ Synergetik und ↗ Katastrophentheorie in diesem Glossar besprochen.

Die Systeme, mit denen wir es in der psychosozialen Praxis zu tun haben, sind als selbstorganisierende nicht triviale Maschinen zu betrachten (vgl. v. Foerster, 1984, 201; 1986, 43 ff.; ↗ Plan- und Prognostizierbarkeit). D.h. die Beeinflußbarkeit wechselt mit ihrer sich wandelnden Struktur ständig. Angesichts der undurchschaubaren Eigendynamik dieser zusammengesetzten ↗ Einheiten steht dem psychosozialen Praktiker nur ein sehr begrenzter, sich verändernder Eingangsrand (Dörner et al., 1983, 29) für seine Anregung zur Verfügung. Eingriffe können oft unüberschaubare Haupt-, Folge- und Nebenwirkungen zur Folge haben, sie können innerhalb der Systemdynamik aber auch wirkungslos verpuffen. Der Therapeut kann damit durch entsprechende Angebote lediglich die „Bedingungen für die Möglichkeit" einer Änderung herstellen. Therapie bedeutet entsprechend die Schaffung von Bedingungen für die Möglichkeit von Selbstorganisation auf verschiedenen ↗ Emergenzebenen eines komplexen Systems in einem als „Therapie" definierten Setting (vgl. Schiepek 1987a, 39).

Therapeutische Interventionen, die im allgemeinen auf der kommunikativen Ebene vermittelt werden, werden idealerweise im kognitiven System des/der Klienten wirksam. Da jede Systemebene jedoch relativ autonom ist, kann es beim Übergang etwa zwischen den kognitiven Systemen der Klienten zum sozialen Gesamtsystem der Familie zu Symmetriebrüchen bzw. Verzerrungen kommen. Interventionen, die im individuellen Kontext verstörend bzw. verändernd wirken, können im sozialen ↗ Kontext der Familie (↗ Kohärenz) völlig wirkungslos bleiben.

Aufgrund dieser Überlegungen erscheinen die in der Verhaltenstherapie verbreiteten Problemlösekonzepte und -programme von Therapie als zu undifferenziert:

> „Hat man den Problemtypus der Übererwindung von Barrieren zwischen Ist- und Sollzustand vor Augen, so kann Therapie nicht als Lösung von Problemen interpretiert werden. Denn: Soll-Zustände entwickeln sich auf der Basis von Systementwicklungen, beeinflussen die Feststellung von Ist-Zuständen und werden wiederum von diesen beeinflußt (mehrfache Rekursivität)" (Schiepek, 1987a, 39).

Therapie unter den Bedingungen der Selbstorganisation läßt sich eher mit Dörners (1976) prozeßbetonter Variante des dialektischen Problemlösens vergleichen. Zielzustände sind hier nicht vorab festgelegt, sondern werden erst im Laufe handlungsgebundener Feedbackschleifen deutlich. Das Anstreben von Zielen wird damit nicht sinnlos, es erhält in diesem Rahmen vielmehr eine andere Funktion. Ziele bieten Perspektiven und damit motivationalen Anreiz. Die Formulierung von Teilzielen kann den therapeutischen Prozeß übersichtlicher und durchschaubarer machen (ausführlicher s. ↗ Ziele). Die psychosoziale Praxis gewinnt unter diesen Prämissen eine evolutionäre, d.h. zukunftsoffene Perspektive. Für den Praktiker ist es zunächst gewiß nicht leichter, wenn man seine Arbeit als Begegnung selbstorganisierender, ↗ operational abgeschlossener Systeme konzeptualisiert. Kann man aber damit die ↗ trivialisierenden Entwürfe der Realität bisheriger Ansätze vermeiden, wird die Gesundheitsarbeit in Zukunft vielleicht mehr Erfolg haben.

Weiterführende Literatur

an der Heiden, U., G. Roth & H. Schwegler: Die Organisation der Organismen: Selbstherstellung und Selbsterhaltung. *Funkt. Biol. Med.* 5, 1985,330.

Dress, A., H. Hendrichs & G. Küppers (Hrg.): Selbstorganisation. Die Entstehung von Ordnung in Natur und Gesellschaft. München, Piper, 1986.

Küppers, B.-O.: Wissenschaftsphilosophische Aspekte der Lebensentstehung. In: Dress et al. (Hrg.), 1986, 81–102.

Roth, G.: Selbstorganisation – Selbsterhaltung – Selbstreferentialität: Prinzipien der Organisation der Lebewesen und ihre Folgen für die Beziehung zwischen Organismus und Umwelt. In: Dress et al. (Hrg.), 1986, 149–180.

Zwölfer, H.: Insektenkomplexe an Disteln – ein Modell für die Selbstorganisation ökologischer Kleinsysteme. In: Dress et al. (Hrg.), 1986, 181–218.

Selbst-/Fremdreferentialität

„Die Theorie selbstreferentieller Systeme behauptet, daß eine Ausdifferenzierung von Systemen nur durch Selbstreferenz zustandekommen kann, d.h. dadurch, daß die Systeme in der Konstitution ihrer Elemente und ihrer elementaren Operationen auf sich selbst (sei es auf Elemente desselben Systems, sei es auf Operationen desselben Systems, sei es auf die Einheit desselben Systems) bezug nehmen. Systeme müssen, um dies zu ermöglichen, eine Beschreibung ihres Selbst erzeugen und benutzen; sie müssen mindestens die Differenz von System und Umwelt systemintern als Orientierung und als Prinzip der Erzeugung von Informationen verwenden können" (Luhmann, 1984, 25).

Luhmann macht damit Selbstreferenz grundlegend von Differenzerfahrungen abhängig. Der Begriff der Referenz bezeichnet zunächst eine Operation, „die aus den Elementen der Unterscheidung und der Bezeichnung (distinction, indication im Sinne von Spencer-Brown) besteht" (Luhmann, 1984, 596). Etwas wird bezeichnet im Kontext einer Unterscheidung von anderem.

Die Operation der Selbstreferenz beschreibt ein „Sichzusichverhalten" (Miller, 1987, 187). „Sie bezeichnet, immer geführt durch eine Unterscheidung, etwas, mit dem sie sich identifiziert" (Luhmann, 1984, 600). Je nach der Art einer – operativ eingeführten – Unterscheidung (Differenz) kann sich ein spezifisches Selbst selbst bestimmen. Das voraussetzungsvolle Operieren z.B. sozialer Systeme in ihren Umwelten basiert nach Luhmann auf drei Formen der Selbstreferenz, die sich wechselseitig voraussetzen:

1. Basale Selbstreferenz

Die grundlegende Einheit, die sich hierbei auf sich selbst bezieht, ist die der Kommunikation. Durch die Unterscheidung von *Element* und *Relation* wird sie zum referierenden Selbst. Kommunikation bezieht sich über andere Kommunikation auf sich selbst zurück.

„Wenn eine kommunikative Handlung anschlußfähig sein bzw. eine Folgehandlung auslösen und somit auf dieser elementaren Ebene die Reproduktion eines sozialen Systems sichergestellt werden können soll, so muß sie sich als eine mögliche Folge der vorausgehenden bzw. als Prämisse einer möglichen Folgehandlung verstehen; d.h. sie muß durch Einbeziehung eines solchen Handlungszusammenhangs auf sich selbst Bezug nehmen" (Miller, 1987, 192).

2. Prozessuale Selbstreferenz (Reflexivität)

Von prozessualer Selbstreferenz bzw. Reflexivität spricht Luhmann, „wenn die Unterscheidung von *Vorher* und *Nachher* elementarer Ereignisse zugrunde liegt" (Luhmann, 1984, 601). Kommunikation wird durch eine Abfolge von Reaktionserwartungen und Erwartungsreaktionen zum Prozeß.

Die Grundfunktion der Struktur- wie der Prozeßbildung liegt in der Reduktion von Komplexität (↗ Struktur). Prozesse entstehen durch zeitliche Einschränkung der Freiheitsgrade von Elementen bzw. durch Selektionsverstärkung.

„Die Grundform aller prozessualen Reflexivität ist immer Selektion von Selektion ...
(Ein) Ereignis kommt nur im Prozeß vor, weil es sein Zustandekommen der Selektivität früherer und späterer Ereignisse verdankt" (Luhmann, 1984, 610 f).

Der durch basale Selbstreferenz konstituierte Handlungsfluß wird duch reflexive Operationen zum Selbst, das durch Prüfung des Anschlußprozesses auf sich selbst Bezug nimmt. „Man kann erst am Anschlußverhalten prüfen, ob man verstanden worden ist" (Luhmann, 1984, 199). Die Operation der Reflexivität faßt damit eine Vielzahl von Elementen zusammen und ermöglicht, daß über Kommunikation bzw. den Kommunikationsverlauf kommuniziert werden kann.

3. Systemreferenz (Reflexion)

Basale und prozessuale Selbstreferenz bilden die Voraussetzung für eine weitere Form der Selbstreferenz, die eine Zuordnung zu bzw. Ausgrenzung aus einem Insgesamt kollektiv akzeptierter Erwartungen erst ermöglicht (Miller,1987, 192). Diese Form der Selbstreferenz nennt Luhmann Systemreferenz bzw. Reflexion.

„Als Reflexion bezeichnen wir somit den Fall, in dem Systemreferenz und Selbstreferenz zusammenfallen. Ein System orientiert die eigenen Operationen an der eigenen Einheit. Hierfür kommt als Leitdifferenz nicht die Vorher/Nachher der Prozesse in Betracht, sondern die Differenz von System und Umwelt" (Luhmann, 1984, 617).

Das Selbst, das hier auf sich Bezug nimmt, ist das (soziale) System. Damit kollektiv nicht Akzeptiertes ausgegrenzt werden kann, muß die Differenz von System und Umwelt ins System selbst eingeführt werden. (Soziale) Systeme bewältigen diese Aufgabe im Sinne eines „re-entry" (Luhmann, 1988b, 79), d.h. durch die Wiedereinführung einer Unterscheidung in das durch sie Unterschiedene. Systeme können ihre eigenen Grenzen durch dieses „re-entry" unterlaufen, d.h. thematisieren, ohne sie dadurch aufzuheben (genauer siehe ↗ soziales System).

Klinische Wirklichkeitskonstruktion ist dann reflexiv, wenn das soziale System der Therapie im Laufe seines Prozessierens auf seine eigene Selbstbeschreibung, d.h. auf die Kennzeichnung,die es von sich in Unterscheidung zu seiner Umwelt angefertigt hat, Bezug nimmt.

In der Theorie selbstreferentieller Systeme entsteht Ordnung aus reduktiven Mustern von Selektivität. „Die Ordnung des Zusammenhangs von Selbstreferenz und Fremdreferenz ist nicht mehr als Identität, sondern nur noch ihrerseits als *Differenz* (Hervorh. d. Verf.) zu begreifen. Sie kann nur beobachtet oder erschlossen werden und ist deshalb notwendig systemrelativ und ohne äußeren Bezugspunkt" (Wilke in Haferkamp & Schmid, 1987, 254).

Selbstreferentielle Prozesse schließen, so wurde deutlich, an sich selbst an. Jede Veränderung basiert konstitutiv auf einem verhergehenden Zustand des Systems. Selbstreferentielle Systeme sind folglich intern zustandsdeterminierte Systeme (↗ Selbstorganisation; ↗ Strukturdeterminismus).

In diesem Sinn sind auch neuronale Systeme selbstreferentiell (s. Roth, 1987), insofern nämlich, als neuronale Impulse anschließen können. Sie sind damit zugleich operativ abgeschlossen. Menschliches Erkennen muß folglich als ein auf den Beobachter relativierter Prozeß der Wirklichkeitskonstruktion betrachtet werden. Klinische Wirklichkeitskonstruktion ist dann reflexiv, wenn das soziale System der Therapie im Laufe seines Prozessierens auf seine eigene Selbstbeschreibung Bezug nimmt.

Um den Diagnostikbegriff von der Konnotation des ↗ linealen objektivierenden Gegenstandsbezugs zu lösen, schlug Schiepek (1986) zunächst vor, den gesamten therapiebezogenen Erkenntnisprozeß bzw. die klinische Wirklichkeitskonstruktion unter der Bezeichnung „systemische Diagnostik" zu subsumieren. Da dieser Versuch, auf der Basis zirkulärer Epistemologie (zum Epistemologiebegriff s. Dell, 1984) eine Alternative zu einem völligen Diagnostikverzicht anzubieten, jedoch zu einigen Mißverständnissen geführt hat, werden die entsprechenden Arbeiten nun unter dem Titel „rekursive Systembeschreibung" weitergeführt. Was bleibt, ist nach wie vor die Überzeugung, daß man auf Diagnostik im Sinne einer klinischen Wirklichkeitskonstruktion nicht verzichten kann oder mit Watzlawicks Worten: Man kann nicht nicht erkennen.

Die klinische Wirklichkeitskonstruktion ist an Sprache gebunden; damit gelten auch für sie die nicht-aristotelischen Postulate von Korzybski (1933, in: Reinecker, 1983, 74; ausführlich unter ↗ Modelle). Für diesen Zusammenhang ist besonders das dritte Postulat (Grundsatz der Selbst-Reflexivität) von Interesse. Es weist darauf hin, daß es nicht dasselbe ist, ob wir eine Familie beschreiben oder die Beschreibung einer Familie beschreiben. Letzteres erfordert eine konzeptionelle Metaebene, von der aus der Vorgang der Wirklichkeitskonstruktion selbst zum Thema gemacht werden kann (↗ Kybernetik 2. Ordnung; ↗ Konstruktivismus).

Mit jeder Reflexion über den diagnostisch-therapeutischen Prozeß tritt die Wirklichkeitsbeschreibung in einen Kreislauf ein, in dem sie sich selbst nicht mehr einholen kann. Jede Beschreibung erfordert weitere Interaktionen, um die Beschreibung zu beschreiben usw. .

Um als Beobachter/Therapeut handlungsfähig bleiben zu können, muß dieser kognitive oder kommunikative Prozeß unterbrochen werden. Bezahlt werden muß dieser Abbruch mit einer gegenseitigen *partiellen Intransparenz* kognitiver und ↗ sozialer Systeme (↗ konsensueller Bereich und Sprache). Selbstreferentielle Systeme produzieren ein und reagieren auf ein unscharfes Bild ihrer selbst (Luhmann, 1984, 51).

Der vorliegende Versuch, Diagnostik und Therapie als rekursives System zu konzeptualisieren, schließt den Glauben an Diagnostik als eine Abbildung der Wirklichkeit aus. Diagnostik bildet nicht ab, sie konstruiert Wirklichkeit. Jeder daran Beteiligte orientiert sich dazu selbstreferentiell innerhalb seines ↗ operational abgeschlossenen kognitiven Bereiches. Wirklichkeit wird ko-erfunden (Deissler, 1985)

Der Begriff der Fremdreferentialität verweist auf das Geschehen in der Therapie, das den Therapeuten anregen kann, sich innerhalb seines kognitiven

Bereiches neu zu orientieren. Gleiches gilt selbstverständlich für den Klienten. Denkt der Therapeut seine eigene Person sowie die Interaktion mit dem/den Klienten mit, ist seine Reflexion zugleich selbst- und fremdreferentiell.

Weiterführende Literatur

Hejl, P. M.: Sozialwissenschaft als Theorie selbstreferentieller Systeme. Frankfurt/M., Campus, 1982.
Hofstadter, D. R.: Gödel, Escher, Bach. Ein Endloses Geflochtenes Band. Stuttgart, Klett-Cotta, 1985.
Varela, F.: Der kreative Zirkel. In: Watzlawick, T. (Hrg.): Die erfundene Wirklichkeit. München, Piper, 1981, 294–309.
Willke, H.: Zum Problem der Intervention in selbstreferentielle Systeme. *Zeitschrift für systemische Therapie*, 1984, **2** (7), 191–200.

Selbstregulation

Selbstregelnd sind diejenigen Systeme, deren jeweils als Regler fungierende Komponente ihrerseits von anderen Komponenten des Systems geregelt werden. Selbstregelnde Systeme sind damit rückgekoppelte Systeme (↗ Kybernetik), die ihre Führungsgrößen selbst erzeugen (Hejl, unveröff. Arbeitspapier).

Hejl unterscheidet die Steuerung als einen Spezialfall von der Regelung, bei dem es keine Rückkoppelung gibt. „Steuerungssysteme sind lineare Systeme, in denen die steuernde Komponente über geeignete Steuerimpulse spezifische Zustände oder Verhaltensweisen der zu steuernden Komponenten festlegt"(ebd.). Selbstregulierung kann entweder durch die systemintern erzeugte Modulation der Führungsgröße geleistet werden oder durch die Übernahme von Regelungsfunktionen von anderen Komponenten.

Es ist eine der grundlegenden Einsichten der ↗ Systemtheorie, daß „selbständige Teilsysteme nur dann auf die Umwelt mit einem „anpassungsfähigen Verhalten" reagieren können, wenn sie einen inneren (= Selbstregulation) oder äußeren (Steuerung) Kontrollmechanismus besitzen" (Vester, 1984, 58 f.):

Ohne die Angabe eines bestimmten Regelungsmechanismus kann wahrscheinlich sinnvollerweise überhaupt nicht von einem System gesprochen werden.

Selbstregulierung bildet somit die Grundvoraussetzung für das Überleben in einer dauernd sich ändernden Umwelt. Störungen werden über eine Art Meßfühler erfaßt und durch veränderten Austausch mit der Umwelt bzw. über interne Prozesse (↗ Kybernetik) ausgeglichen.

Durch die Tatsache, daß damit auch verschiedene weniger komplexe Subsysteme Regelungsfunktionen in einem komplexen Gesamtsystems übernehmen können (vgl. im Gegensatz dazu Ross Ashbys „Gesetz der erforderlichen Vielfalt" (*law of requisite variety*, Ashby, 1974), welches besagt, daß ein System zur Kontrolle seiner Umwelt eine größere Vielfalt von Beziehungen, das heißt eine höhere ↗ Komplexität aufweisen muß als die betreffende Umwelt), wird ein System anpassungsfähig, d.h. es kann sich auf verschiedenste eigene Bedürfnisse einstellen. Dabei ist es gleichgültig, ob diese durch die Eigendynamik des Systems oder durch Umweltveränderungen hervorgerufen wurden (Hejl, ebd.; vgl. a. Vesters acht ↗ biokybernetische Grundregeln, die eine weitgehende Selbstregulation materiell gedachter Systeme garantieren sollen).

Weiterführende Literatur

Hejl, P. M.: Systemdefinitionen. Unveröff. Arbeitsunterlage, o. J..
Vester, F.: Neuland des Denkens. München, dtv, 1984.
Vester, F. & A. v. Hesler: Sensitivitätsmodell. Frankfurt/M., Regionale Planungsgemeinschaft Untermain, 1980.

Soziales System

Bezüglich der Definition eines sozialen Systems besteht bei Systemtheoretikern heute noch Uneinigkeit. Es geht u.a. um die Frage, was denn als Komponente sozialer Systeme betrachtet werden kann. Hier sollen zunächst zwei Ansätze dargestellt werden, die das Einzelindividuum als entsprechende Komponente konzeptualisieren. Anschließend wird mit dem funktional-strukturellen Ansatz von Luhmann eine Theorie vorgestellt, die von konkreten Personen bzw. Organismen völlig abstrahiert und Kommunikation bzw. deren Zurechnung als Handlung als Komponenten sozialer Systeme einsetzt.

1. Die Entstehung sozialer Systeme aus biologischer bzw. strukturdeterministischer Sicht

Der Neurobiologe H.R. Maturana will ausschließlich lebende, z.B. menschliche Systeme und ihre rekurrierenden Interaktionen als Komponenten sozialer Systeme gelten lassen„, . . . a collection of interacting living systems constitutes a (social) system as a network of interactions and relations . . . " (Maturana, 1980a, 11f).

Er sieht die Entstehung sozialer Systeme untrennbar verbunden mit der Entwicklung von Organismen, die durch wechselseitige (rekursive) Interaktionen einen spezifischen abgrenzbaren Phänomenbereich hervorbringen.

> „Unter sozialen Phänomen verstehen wir Phänomene, die mit dem Zustandekommen von ↗ (strukturellen) Koppelungen 3. Ordnung einhergehen, und unter sozialen Systemen die ↗ Einheiten 3. Ordnung, die so entstehen" (Maturana & Varela, 1987, 209). Koppelungen 3. Ordnung treten dann auf, „sobald Organismen mit Nervensystemen entstanden sind und diese an rekursiven Interaktionen teilnehmen . . ." (ebd., S. 197).

Der rekursive Charakter dieses Austausches führt notwendig zum gemeinsamen „strukturellen Driften"(ebd., S. 127) der Organismen, ein Vorgang, den wir bereits unter dem Stichwort der Ko-Ontogenese kennengelernt haben. In diesem Prozeß der Ko-Ontogenese verwirklichen die beteiligten Organismen im wesentlichen ihre individuellen Ontogenesen als Teil eines Netzwerks, das die besondere innere, bzw. soziale Phänomenologie hervorbringt. Das gegenseitige Auslösen von koordinierten Verhaltensweisen unter den Mitgliedern einer sozialen Einheit wird dabei als ↗ *Kommunikation* bezeichnet.

Obwohl die Koppelung 3. Ordnung ein universelles Phänomen ist, kann die Art der Verwirklichung bei den verschiedenen Tierarten, z.B. den Insekten, Huftieren oder Primaten variieren. Die Mechanismen der Koppelung reichen dabei vom chemischen Austausch (Tropholaxis) bei den Insekten bis zum sprachlichen Austausch (Linguolaxis) bei Menschen. Der Unterschied zwischen

Kommunikation und Sprache liegt darin, daß die Sprache zur Koordination von Handlungen in Hinsicht auf Handlungen führt, die zum sprachlichen Bereich selbst gehören (vgl. ↗ konsensueller Bereich und Sprache).

2. Soziale Systeme als „synreferentielle"Systeme

Der Auffassung, individuelle lebende Systeme als Komponenten sozialer Systeme zu betrachten, haben sich auch Sozialwissenschaftler, z.B. Hejl (1985; 1987) angeschlossen. Nach Hejl (1987, 128) kann eine Gruppe lebender Systeme als soziales System definiert werden, wenn sie folgende zwei Bedingungen erfüllen:
1. „Jedes der lebenden System muß in seinem kognitiven Subsystem mindestens einen Zustand (de facto eine Menge von Zuständen, die auf der Bedeutungsebene als eine für das betreffende System relevante Realität aufzufassen sind) ausgebildet haben, der mit mindestens einem Zustand der kognitiven Systeme der anderen Gruppenmitglieder verglichen werden kann.
2. Die lebenden Systeme müssen mit Bezug auf diese parallelisierten Zustände interagieren. Anders formuliert: Die Systemmitglieder müssen eine gemeinsame Realität und damit einen Bereich sinnvollen Handelns und Kommunizierens erzeugt haben *und* auf ihn bezogen interagieren."
Mit seiner Festlegung auf „kognitive Zustände" faßt Hejl den Begriff des sozialen Systems eher eng und bringt ihn in die Nähe des Terminus „Gruppe" (Komponenten des sozialen Systems sind die Mitglieder).
Hejl (1985, 102 ff.) versucht darüber hinaus, den spezifischen Typus sozialer Systeme zu bestimmen. Dabei greift er auf diejenigen Prozesse zurück (Selbstorganisation, Selbsterhaltung, Selbstreferentialität), die bei der Betrachtung lebender, ↗ autopoietischer Systeme deren Besonderheit kennzeichneten (vgl. Roth, 1986).
Hejl kommt nach eingehender Analyse zu dem Schluß, daß soziale Systeme keines der Bestimmungsmerkmale lebender Systeme nach Roth erfüllen. Soziale Systeme seien weder selbstorganisierend noch selbsterhaltend oder selbstreferentiell. Eine der Überlegungen, mit denen Hejl seine Ansicht begründet, ist die Tatsache, daß soziale Systeme nicht ihre Mitglieder im physischen Sinne erzeugen. Folglich ist es bei der Betrachung dieser ↗ Einheiten für ihn nicht denkbar, von Einzelindividuen abzusehen (methodischer Individualismus, genauere Argumentation siehe dort).
Da sozial ausgebildete Zustände der lebenden Systeme aber eine zentrale Rolle spielen, schlägt Hejl vor, soziale Systeme als „synreferentiell" zu bezeichnen: „Als „synreferentiell" bezeichne ich also jene Teilmenge selbstreferentiell erzeugter Wahrnehmungen, Denkprozesse und mit ihnen zusammenhängender Handlungen, die in heterarchischen (Die Qualifikation als „heterarchisch" verweist darauf, daß in einem so geordneten Prozeß keine Komponente dominiert, also keine Hierarchie besteht. Dies ist z.B. bei geschlossenen/kreisstruktu-

rellen Prozessen der Fall (Hejl, 1987, 146).), sozialen Interaktionen erzeugt werden" (Hejl, 1987, 128 ff.).

3. Die Abstraktion von konkreten Einzelindividuen in der funktionalstrukturellen Systemtheorie Luhmanns

Luhmann (1984) versucht, in seinem grundlegenden Werk „Soziale Systeme" Maturanas Theorie der ↗ Autopoiese für eine übergreifende Beschreibung der ↗ Organisation von ↗ Systemen zu nutzen. Was Maturana auf lebende, individuelle Systeme einzuschränken suchte, weitet damit Luhmann zu einer allgemeinen, umfassenden Beschreibungskategorie für ↗ selbstreferentielle Systeme auf allen möglichen Referenzebenen aus. Dies kann nur gelingen, wenn man, wie Roth (1986, 178) anmerkt, einen „ontologischen Systemebenenwechsel" vornimmt, d. h., wenn man die Zustände, die ein individuelles ↗ autopoietisches System annehmen kann, zu Komponenten einer „nächsthöheren" und damit sozialen Ebene macht.

Folgt man dieser Operation, so kann man mit Luhmann (in Krüll et al., 1987, 10) mehrere grundverschiedene Arten autopoietischer Systeme beschreiben, je nachdem welche ↗ basale Operation die Autopoiese vollzieht. „So muß man die Autopoiesis des Lebens, die Autopoiesis des Bewußtseins und die Autopoiesis der Kommunikation unterscheiden. Durch den bloßen Vollzug der entsprechenden Operationen bilden sich völlig verschiedene Systeme, die sich von jeweils ihrer Umwelt unterscheiden lassen" (ebd.). Neuronale Zustände können nur an neuronale Zustände anschließen, Gedanken nur an Gedanken, und Kommunikation nur an Kommunikation. Luhmann betrachtet damit folgerichtig neuronale oder psychische Systeme als Umwelten sozialer Systeme.

Als Elemente sozialer Systeme macht Luhmann (1984, 240) nicht ganze Individuen, sondern ↗ Kommunikationen (bzw. deren Zurechnung als Handlung) geltend. Dies ermöglicht ihm eine wesentlich differenziertere Beschreibung von Prozessen auf und zwischen verschiedenen ↗ Emergenzebenen auf der Basis der Theorie ↗ selbstreferentieller, ↗ autopoietischer ↗ Systeme.

Natürlich sieht auch Luhmann, daß Kommunikation ohne die autopoietischen Prozesse des Lebens und des Bewußtseins nicht möglich wäre. Ihm geht es aber eher um die Bestimmung eines Letztelementes, bei dessen Auflösung das „Soziale" als Prozeß schließlich verschwinden würde. Die Frage, ob nun Kommunikation oder Handlung als dieses Letztelement betrachtet werden soll, beantwortet er wie folgt:

> „Der elementare, Soziales als besondere Realität konstituierende Prozeß ist ein Kommunikationsprozeß. Dieser Prozeß muß aber, um sich selbst steuern zu können, auf Handlungen reduziert, in Handlungen dekomponiert werden. Soziale Systeme werden demnach nicht aus Handlungen aufgebaut, so als ob diese Handlungen auf Grund der organisch-psychischen Konstitution des Menschen produziert werden und für sich bestehen könnten, sie werden in Handlungen zerlegt und gewinnen durch diese Reduktion Anschlußgrundlagen für weitere Kommunikationsverläufe" (Luhmann,

1984, 193) (Man kann) „*Kommunikation* reflexiv nur handhaben (zum Beispiel be-
streiten, zurückfragen, widersprechen)..., wenn sich feststellen läßt, wer kommunikativ *gehandelt* hatte" (ebda, S. 241).

Wenn soziale Systeme nun aus Kommunikationen bestehen, erhebt sich natürlich die Frage nach einer möglichen Abgrenzung, bzw. System-Umwelt-Diffe-
renzierung auf dieser Ebene. Luhmann macht als Ordnungsform hierfür das
Kriterium des Sinns geltend: Sinn bildet als selektiver Mechanismus eine Auswahl aus dem Angebot von Kommunikationsmöglichkeiten und bildet damit
Systemidentität aus (genauer s. ↗ Grenzen). Sinn reduziert chaotische, ungeordnete Umweltkomplexität auf eine vom System verarbeitbare, geordnete
↗ Komplexität.

Soziale Systeme schaffen somit ein Komplexitätsgefälle zu ihrer relevanten
Umwelt, das durch Sinngrenzen stabilisiert wird. Soziale Systeme, wie ihre
Grenzen liegen nicht vor (obwohl Luhmann einen ontologischen ↗ Systembegriff zu vertreten scheint), sie werden durch Beschreibungen eines Beobachters
konstituiert. Er bestimmt darüber, was er als zugehörig betrachtet und was
nicht. Systemgrenzen verlaufen da, wo das soziale System der Beobachter nach
seinen Unterscheidungen sie zieht.

Auch das Sozialsystem Familie wird folglich qua Grenzziehung über sinnhafte Kommunikation konstituiert. Da Luhmann streng zwischen den verschiedenen Emergenzebenen einer biologischen, psychischen und kommunikativen Realität unterscheidet, bestehen für ihn Familien „nur aus Kommunikationen, nicht aus Menschen und auch nicht aus „Beziehungen" zwischen Menschen." (Luhmann, 1988b, 76).

Auch Luhmann sieht jedoch eine Besonderheit gerade darin, daß die Frage
der Bestandserhaltung von Familien sich nicht an Kommunikationen, sondern
an ganzen Personen orientiert. Um auch diesen Fall von stark an Personen
orientierten Systemen mit dem Instrumentarium seiner Systemtheorie beschreiben zu können, bietet Luhmann das Konzept des „*re-entry"* an, das auf
G. Spencer-Brown (1979) zurückgeht. Systeme bedürfen nach Luhmann eines
re-entry, d.h. der Wiedereinführung einer Unterscheidung in das durch sie Unterschiedene, um „sich selbst als System-in-einer-gesellschaftlichen-Umwelt
beobachten" zu können (Luhmann, 1988b, 79). Im Falle von Familien wird
dieses re-entry nun an Personen vollzogen.

> „Es beruht auf der Identität von Personen und führt dazu, daß das externe und das
> interne Verhalten bestimmter Personen intern relevant wird. Person - das ist der
> Identifikationspunkt des Gesamtverhaltens eines Menschen innerhalb und außerhalb
> der Familie. Über Personen, freilich nur über sehr wenige, kann die Umwelt, freilich
> nur in engen Ausschnitten, in das System wiedereingeführt werden, ohne damit ihre
> Unterschiedenheit einzubüßen. Die Person, das ist ein Orientierungsgesichtspunkt,
> mit dem das System seine eigenen Grenzen unterlaufen kann, ohne sie dadurch auf-
> zuheben oder zu verwischen" (ebda).

„Externes" Handeln, sei es psychischer oder körperlicher Art oder Handeln in
anderen Sozialsystemen (Beruf, Freizeit etc.) kann damit zur „Angelegenheit
familieninterner Kommunikation" gemacht werden.

„... alles was eine Person betrifft, ist in der Familie für Kommunikation zugänglich. Geheimhaltung kann natürlich praktiziert werden und wird praktiziert, aber sie hat keinen legitimen Status. Man kann eine Kommunikation über sich selber nicht ablehnen mit der Bemerkung: Das geht Dich nichts an! Man hat zu antworten und man darf sich nicht einmal anmerken lassen, mit welcher Vorsicht man auswählt, was man sagt" (ebda, S. 80).

Diese eindeutige Verankerung der Familie im „Sozialen", bzw. „Kommunikativen" soll nicht darüber hinwegtäuschen, daß ein solches System besondere psychologische Belastungen auslösen kann. Luhmann bestreitet denn auch nicht, „daß die beteiligten psychischen Systeme gerade in ihrem Verhalten zu diesem, sie besonders fordernden und besonders enttäuschenden Sozialsystem verletzlich sind, aber auch spezifische Lernchancen haben, ..." (ebda).

Die ↗ Grenzen eines sozialen Systems sind zu unterscheiden vom innenerzeugten Rand (vgl. ↗ Grenzen) lebender Systeme. Die Existenz eines lebenden Systems (z.B. des Menschen) ist im wesentlichen von der unveränderten Erhaltung seiner Organisation und des damit entstehenden „freien Randes" (an der Heiden et al., 1985) abhängig. Mit der Auflösung seines Randes (z.B. Haut) ist auch das Ende der Existenz eines lebenden Systems verbunden. Die Grenzen eines sozialen Systems sind dagegen auflösbar. Nach dem „Zerschlagen" der spezifischen Organisation eines interaktionalen Systems wird sich mit Sicherheit ein neues System mit einer neuen spezifischen ↗ Kohärenz bilden, die dem momentanen Zusammenpassen der Systemmitglieder entspricht. Genau auf diesen Überlegungen beruht das familientherapeutische Konzept der ↗ Verstörung.

In der Therapie sind Systemgrenzen erst allmählich durch die Schilderungen der Klienten und durch Beobachtungen des Therapeuten festzulegen (vgl. ↗ Kybernetik 2. Ordnung: Der Beobachter eines (sozialen) Systems erzeugt die Grenzen eines Systems durch seine Beschreibung mit). Eine Betrachtungsweise, die die im Behandlungszimmer sitzende Familie als „das System" annimmt, wäre folglich zu einfach. Die Festlegung von relevanten ↗ Grenzen von sozialen Systemen ↗ kontextualisiert und qualifiziert psychische und soziale Probleme genauso wie andere Phänomene in spezifischer Weise, indem sie diese auf den damit entstandenen Systemkontext bezieht (Schiepek, 1986, 135).

In Anlehnung an Luhmann ist der therapeutische Prozeß als der Versuch eines sozialen Systems interpretierbar, ungeordnete Umweltkomplexität in eine für dieses Systems handhabbare und geordnete Systemkomplexität zu transformieren. Im Laufe der Therapie werden eine Vielzahl von Kommunikationen erzeugt, deren Relationierung sich verändert. Damit verändern sich rekursiv auch die Sinngrenzen des Systems. Abstrahiert man, wie Luhmann, völlig von den Einzelindividuen, so läßt sich Therapie als sozial-kommunikativer ↗ Selbstorganisationsprozeß mehrerer sozialer Systeme (therapeutisches System, Supervisionssystem) verstehen. Ein Vorteil dieses zweifellos abstrakten Ansatzes liegt darin, daß keinerlei theoretische (inhaltliche oder relationale) Vorwegannahmen durch die Theorie gemacht werden. Inhalte und Sinngrenzen konstituieren sich in jedem Einzelfall neu (der genaueren Klärung des Luhmannschen ⟋ Kommunikationsbegriffs wurde ein eigener Artikel gewidmet).

4. Schließung

Luhmanns Entschluß, nur Kommunikationen als Komponenten sozialer Systeme gelten zu lassen, ist wohl theoriebautechnisch zu begründen. Auch Luhmann weiß, daß soziale Systeme individueller, physischer und psychischer Grundprozesse bedürfen, um existieren zu können und berücksichtigt dies auch in seinem ⟋ Interpenetrationskonzept. In diesem Sinne ist die Meinung Hejls (1985; 1987) sicher richtig, daß bei der Betrachtung sozialer Systeme nicht von den Individuen abgesehen werden kann. Was bei Hejl jedoch zu kurz kommt, ist die Berücksichtigung des ⟋ ko-evolutionären Verhältnisses von individuell-psychischer und sozialer Systemebene. Beide Ebenen sind nicht nacheinander, sondern gleichzeitig entstanden. Die grundlegenden menschlichen Phänomene des Geistes und der Selbstbewußtheit konnten sich erst durch interindividuelle, bzw. soziale Koppelung und mittels sprachlicher Interaktion entwickeln.

„Der Geist als Phänomen des In-der-Sprache-Seins im Netz sozialer und sprachlicher Koppelung (ist) nichts, das sich in meinem Gehirn befindet. Bewußtsein und Geist gehören dem Bereich sozialer Koppelung an, und dort kommt ihre Dynamik zum Tragen" (Maturana & Varela, 1987, 252).

Der sprachliche Bereich, den Menschen durch Teilnahme an sozialen Interaktionen erzeugen, wird Teil ihrer Existenz und damit Grundlage ihrer Identität.

In Ergänzung und als Umkehrung von Hejls Schlußfolgerung kann deshalb genausowenig von sozialen Systemen (bzw. den kommunikativen Handlungen) abgesehen werden, wenn man von Individuen spricht.

Weiterführende Literatur

Dell, P. F.: Klinische Erkenntnis. Dortmund, verlag modernes lernen, 1986.

Hejl, P. M.: Konstruktion der sozialen Konstruktion. Grundlinien einer konstruktivistischen Sozialtheorie. In: Gumin, H. & A. Mohler (Hrg.): Einführung in den Konstruktivismus. München, Oldenbourg, 1985.

Hejl, P. M.: Zum Begriff des Individuums. Bemerkungen zum ungeklärten Verhältnis von Psychologie und Soziologie. In: Schiepek, G. (Hrg.): Systeme erkennen Systeme. München, Psychologie Verlags Union, 1987a, 115−154.

Luhmann, N.: Soziale Systeme. Frankfurt, Suhrkamp, 1984.

Stabilität und Resilience

1. Definitionen

Holling (1976, 83) bezeichnet diejenigen Systeme als stabil, die in der Lage sind, einen bestimmten (Gleichgewichts-) Zustand oder stabile Oszillationen aufrechtzuerhalten.

> „Stability . . . is the ability of a system to return to an equilibrium state after a temporary disturbance. The more rapidly it returns, and with the least fluctuation, the more stable it is."

May (1980, 143) verbindet den Begriff nicht mit der Aufrechterhaltung eines bestimmten Zustandes, wenn er definiert:

> „Stabilität . . . ließe sich mit der Fähigkeit zur Erholung nach Störungen oder einfach mit der Fortdauer des Systems gleichsetzen."

Holling (ebd.) würde jedoch dafür die Bezeichnung „resilience" verwenden, die er von „stability" unterscheidet:

> „Resilience determines the persistence of relationships within a system and is a measure of the ability of this system to absorb change of state variables, driving variables, and parameters, and still persist."

Die Hollingsche Unterscheidung hat den Vorteil, nach prozeßorientierten Kriterien verschiedene Stabilitätsformen unterscheiden zu können. So kann etwa ein Betrieb, der fähig ist, sich den ständig wechselnden Anforderungen (Moden) des Absatzmarktes anzupassen als hoch „resilient" eingestuft werden, da er es schafft, zu überleben. Dagegen würde man ihm, wenn man die Einhaltung eines bestimmten Zustandes zum Maßstab nimmt, eine geringe „Stabilität" bescheinigen. In ähnlicher Weise wäre etwa eine Familie zu beurteilen, die es schafft, den ständig wechselnden Anforderungen ihrer Mitglieder „hinterher zu evolvieren" und dabei eventuell beträchtliche Veränderungen in kauf nimmt.

Im Bereich der Familientherapie versucht man die „resilience" von ↗ sozialen Systemen über eine Differenzierung des Regelbegriffs in Regeln 1. und 2. Ordnung zu fassen. Als Regeln 2. Ordnung (z.B. „Dieser Zustand darf auf keinen Fall infrage gestellt werden", bzw. „Dieser Zustand ist prinzipiell veränderbar") werden Regeln verstanden, die den Umgang eines Systems mit den eigenen Regeln steuern, also den Umgang mit der Veränderung von Regeln 1. Ordnung (z.B. „Wir sind eine Familie mit hohem emotionalem Zusammenhalt und enger Bindung").

In Übereinstimmung mit Watzlawick et al. (1974, 41f) sehen v. Schlippe & Schweitzer (1988) eine zentrale Aufgabe der Familientherapie darin, diese Regeln der 2. Ordnung zu erfassen, da sie als Kennzeichen der „resilience" bzw. Gesundheit einer Familie betrachtet werden können. V. Schlippe und Schweitzer halten die Methode der Fragebogendiagnostik zur Identifizierung dieser Metaregeln für nicht geeignet. Da die Beziehungen zwischen Handlungen als latente Merkmale nicht über konkrete Verhaltensweisen, sondern nur über Sequenzen, bzw. Diskrepanzen von Verhaltensweisen operationalisiert werden können, halten sie die therapieorientierte Einzelfallforschung momentan für die in diesem Zusammenhang angemessenste Form, Familienforschung zu betreiben (ebda, S. 15f, zit. n. Manuskr.).

Obwohl der Begriff „resilience" somit mehr auf eine evolutionäre, prozeßorientierte Sichtweise hinweist, wird in der weiteren Diskussion der eingeführte Begriff der Stabilität benutzt.

2. Stabilität in der neueren Systemtheorie (unter besonderer Berücksichtigung Luhmanns)

Mit der Wende zum prozeßorientierten Denken in den westlichen Wissenschaften müssen auch unsere Vorstellungen von stabilen bzw. überlebensfähigen Systemen erneuert bzw. differenziert werden. Eine dynamische Sichtweise der Entstehung und Erhaltung von Systemen muß sich mit dem Problem beschäftigen, wie diese, trotz partieller Offenheit, eine Differenz zur Umwelt, also in gewisser Weise eine Form der Negation von Entropie aufrechterhalten und ihren Bestand sichern können.

Nach Luhmann wird die für den Systemaufbau und -erhalt wichtige Reduzierung ungeordneter Umwelt- ↗ Komplexität in geordnete Systemkomplexität vor allem durch zwei Systemaspekte gewährleistet: erstens *Strukturen* und zweitens *Prozesse*. Entwickelt ein System bestimmte umweltbezogene Funktionen und dynamisch-prozeßhafte Merkmale, braucht es entsprechende Strukturen, die diese Prozesse ermöglichen. Prozesse können Veränderungen der Strukturen bewirken. Letzteres zieht wiederum einen Wandel im Verhalten von Systemen nach sich. Luhmann (1984, 73 f.) unterscheidet Strukturen und Prozesse in ihrem Verhältnis zur Zeit:

> „Strukturen halten Zeit reversibel fest, denn sie halten ein begrenztes Repertoire von Wahlmöglichkeiten offen. Man kann sie aufheben oder ändern oder mit ihrer Hilfe Sicherheit für Änderungen in anderen Hinsichten gewinnen (z.B. Änderungen von Erwartungen). Prozesse markieren dagegen die Irreversibilität der Zeit. Sie bestehen aus irreversiblen Ereignissen. Sie können nicht rückwärts laufen."

Sehr deutlich zeigt sich die Notwendigkeit einer veränderten Sichtweise am Beispiel psychischer und sozialer Systeme. Beide werden aus *instabilen* Komponenten (Kognitionen bzw. Handlungen) gebildet, die nur kurze Zeit dauern oder, wie z.B. Handlungen, im Entstehen schon wieder vergehen, also überhaupt keine Dauer haben.

Für Systeme mit derartig ↗ temporalisierten Komponenten sind nun die klassischen Vorstellungen von Stabilität nicht mehr ausreichend. Alle Systemkomponenten verschwinden, d.h., sie können sich als Elemente in der Zeit nicht halten. Sie müssen laufend neu hervorgebracht werden und dies aufgrund der Konstellation der Komponenten, die im Moment aktuell ist. Stabilitätserhaltung wird mit instabilen Komponenten zum Reproduktionsproblem. Strukturen dienen nunmehr dazu, den unaufhörlichen Prozeß der Erneuerung von Systemelementen zu ermöglichen (im Falle ↗ sozialer Systeme wird z.B. der Anschlußwert kommunikativer Handlungen über Sinn mitaktualisiert), um damit ein hinreichend stabiles System aus ihren Komponenten aufzubauen. Temporalisierte Systeme kombinieren gewissermaßen Stabilität und Instabilität, um eine hohe Sensibilität gegenüber ausgewählten Umweltaspekten in jedem Reproduktionsschritt zu gewährleisten. Es geht damit nicht mehr um statische, sondern um *dynamische* Stabilität (vgl. Jantsch, 1982). Luhmann (1984, 78) nennt gerade diejenigen Systeme, die in gewisser Weise „auf einer gar nicht vorhandenen Grundlage" aufbauen, ↗ autopoietische Systeme.

3. Zwei Betrachtungsweisen von Systemstabilität

Eine Diskussion um den Stabilitätsbegriff ist zur Zeit unter mindestens zwei Perspektiven möglich und sinnvoll:

a) Gleichgewichtsorientierung. Es wird davon ausgegangen, daß Systeme strukturelle und dynamische Veränderungen vornehmen, um ihre Stabilität unter veränderten Umweltbedingungen aufrechtzuerhalten. Es werden Mechanismen untersucht, die Systeme zur Verfügung haben, um umweltbedingte Störungen abzudämpfen und sich daran anzupassen. Ein System ist stabil, wenn es dabei wenig von seiner Struktur und Dynamik ändern muß.

b) Ungleichgewichtsorientierung. Unter dieser Perspektive treten Übergänge zwischen strukturellen und dynamischen Organisationsformen in den Mittelpunkt. ↗ Selbstorganisierende Systeme forcieren eigene Entwicklungen, wodurch sie aus dem bisherigen Gleichgewicht „kippen" können. Es kommt zu qualitativen Sprüngen. Ziel dieser Veränderungsbereitschaft ist die Entwicklung völlig neuer dynamischer und struktureller Muster (↗ Ungleichgewichtsthermodynamik) und damit die Bildung einer neuen Form von Ordnung („Ordnung durch Fluktuation", Prigogine, 1979; Nicolis & Prigogine, 1977; ↗ Synergetik, Haken, 1981a,b).

Eine Unterscheidung zwischen diesen beiden Perspektiven ist manchmal schwer zu treffen, da auf der einen Seite beide die Veränderbarkeit von Systemen betonen und auf der anderen Seite zwischen Übergangsphasen auch Phasen der „globalen Stabilität" (Jantsch, 1982, 86 f.) liegen müssen (neben anderen Gründen wären Systeme ansonsten von der ungeordneten ↗ Komplexität der Umwelt nicht unterscheidbar). Diese Stabilitätsphasen sind nicht von außen vorgegeben, sondern resultieren aus systeminternen Prozessen, z.B. aus der Wissens- bzw. Erfahrungsbildung des Systems, die durch Umweltkontakte möglich wird.

„Wissen drückt sich darin aus, daß das System selbst zur Stabilität gegenüber Fluktuationen gefunden hat, und dieses Wissen stellt nichts anderes dar, als die in ein bestimmtes Beziehungssystem eingebrachte Erfahrung der Wechselwirkung zwischen System und Umwelt" (Jantsch, 1982, 87).

Zudem zeigen Beispiele, daß die Gleichgewichts- wie die Ungleichgewichtsorientierung bei der Bestimmung der Systemstabilität gleichberechtigt nebeneinander stehen: Für ein Erziehungsheim mag ein häufiger Wechsel seiner Mitglieder erwünscht, bzw. die Regel sein, um die organisatorische Stabilität aufrechtzuerhalten. Für ein anderes Heim kann der Eintritt oder das Ausscheiden schon eines Mitglieds zu erheblichen Instabilitäten führen.

4. Stabilität und Komplexität

Unter der Perspektive einer Gleichgewichtserhaltung in Systemen gelten einzelne Elemente oder Elementketten als sehr wenig stabil (Abb. 10a). Beim Auftreten zeitweiliger Störungen aus der Umwelt haben sie kaum die Möglichkeit, Korrekturen oder Umstrukturierungen vorzunehmen (Vester 1984, 40). Als Beispiel vergleiche man nur die politische Macht, bzw. Widerstandsfähigkeit (Ressourcen) eines einzelnen Individuums mit der eines komplexen Systems (z.B. einer politischen Partei).

Entgegen den Schlußfolgerungen, die einfache quantitative Berechnungen in der Mathematik nahelegen, steigt die Stabilität von Systemen mit zunehmender ↗ Komplexität zunächst an. Es scheint damit neben anderen Gründen (s. u.) weniger die Zahl der Vernetzungen für die Stabilität eines Systems wichtig zu sein, als vielmehr die Art ihrer Anordnung (ebd.).

So finden wir z.B. bei lebenden Systemen mit zunehmender Größe keine blinde Zunahme an ungeordneter Vernetzung (Abb. 10b), sondern die Ausbildung von stärker vernetzten Subsystemen in einer umfassenden Struktur (Abb. 10c).

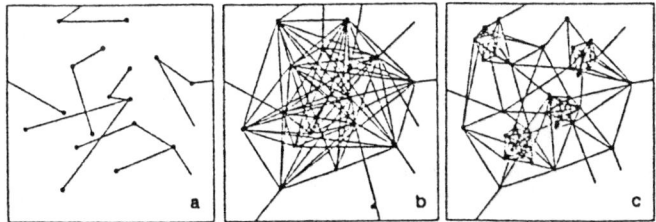

Abb. 10 a: Nicht vernetzte Elemente. b Zustand starker Vernetzung. c Ausbildung von Substrukturen (nach Vester, 1984, 40)

Man kann davon ausgehen, daß sich die Stabilität lebender Systeme auf eine derartige verschachtelte, hierarchische Vernetzung gründet (ebd., S. 41). Subsysteme und hierarchische Strukturen schützen wirksamer eine zu starke Ausbreitung von Eigen- oder Umweltfluktuationen, anders als dies z.B in stark und diffus vernetzten Systemen der Fall sein kann.

Allen & Starr (1982, 70) bezeichnen eine vergleichbare hierarchische Strukturierung als „near-decomposability". Derartige Systeme sind dadurch gekennzeichnet, daß sie Substrukturen ausbilden, *innerhalb* derer intensivere Interaktionen bestehen als *zwischen* den Substrukturen. Durch die Ausbildung von Teilsystemen erlangt eine ↗ Einheit einen größeren Verhaltensspielraum gegenüber veränderten Umweltbedingungen (↗ Autonomie). Veränderungen müssen nicht mehr das gesamte System betreffen; Umstrukturierungen im Subsystem reichen aus und können auch schneller und vielgestaltiger ablaufen als es dem Gesamtsystem möglich wäre. Ein Beispiel für „near-decomposable" Systeme bilden z.b. Erziehungsheime, die in relativ autonome, familienähnliche (im Idealfall!) Einheiten aufgegliedert sind. Störungen des Gruppenklimas müssen hier nicht das ganze Heim betreffen, sondern können in der betreffenden Wohngruppe aufgearbeitet werden.

Mit Vester (1984, 81) können wir damit zunächst schlußfolgern, daß strukturierte Systeme unabhängig von ihrem Vernetzungs*grad* stabiler sind als unstrukturierte Systeme. Die Bedeutung qualitativer Vernetzungsmuster wird zudem dadurch bestätigt, daß, ökologischen Untersuchungen zufolge, Systeme mit zunehmender (hier: rein quantitativer) Anzahl von Wechselwirkungen eher dynamisch-fragil (= zerbrechlich) werden (May, 1980, 145). Nach anfänglicher Zunahme sinkt dementsprechend die Stabilität eines Ökosystems ab einem bestimmten Vernetzungsgrad wieder ab. Frühere Annahmen der ökologischen Theorienbildung (s. Elton, 1958; Hutchinson, 1959), die einen einfachen gleichgerichteten Zusammenhang zwischen Stabilität und Komplexität annahmen, sind damit widerlegt.

Auch ein kurvilinearer Verlauf (erst Anstieg der Stabilität, dann Abfall) scheint nach den Untersuchungen von May den Zusammenhang nicht vollständig beschreiben zu können, da z.B. die „Überlebenschancen" eines Systems zusätzlich stark von den Anforderungen seiner relevanten Umwelt abhängen. Verschiedene Autoren (Holling, 1976; May, 1980; Odum, 1983) weisen darauf hin, daß in einer relativ homogenen Umwelt mit wenig zufälligen Schwankungen auch komplexere empfindlichere Systeme eine gute Überlebenschance besitzen, während starke externe Schwankungen tendenziell von einfacher strukturierten Systemen besser ausgeglichen werden können.

> „Eine vorhersagbare („stabile") Umwelt kann, kurz gesagt, die Existenz eines verhältnismäßig komplexen und fein ausbalancierten Ökosystems ermöglichen; eine unvorhersagbare („instabile") dagegen wird vermutlich eher ein einfach strukturiertes, robustes Ökosystem erfordern" (May, 1980, 145).

Zahlreiche weitere Faktoren nehmen auf die (In-) Stabilität von Ökosystemen Einfluß, auf die hier aber nicht weiter eingegangen werden kann (z.B. die Überschneidung ökologischer Nischen; Konkurrenz zwischen Populationen; Verteilung der Diversität (Vielfalt) in klein- und großräumigen Systemen; Energie- und Materiedurchsatz; Art, Vielfalt und Intensität der Belastungsfaktoren (Schadstoffe, einseitige Nutzung, s. ↗ biokybernetische Grundregeln).

Weiterführende Literatur

Holling, C. S.: Resilience and Stability of Ecosystems. In: Jantsch, E. & C. H. Waddington (eds.): Evolution and consciousness: Human Systems in transition. Reading, Mass., Addison-Wesley, 1976, 73–92.
May, R. M. (Hrg.): Theoretische Ökologie. Weinheim, Verlag Chemie, 1980.
Odum, E. P.: Grundlagen der Ökologie in zwei Bänden. Band 1: Grundlagen. Band 2: Standorte und Anwendungen. Stuttgart, Thieme, 1983.
Vester, F.: Neuland des Denkens. München, dtv, 1984.

Stabilitätsformen

Die Bemerkungen zum ↗ Stabilitätsbegriff aus dem Blickwinkel einer Theorie dynamischer Systeme haben gezeigt, daß Stabilität nicht mit Begriffen des Stillstandes bzw. der Nicht-Veränderung gleichgesetzt werden kann. Gleichgewichtsorientierte Ansätze sehen vielmehr die Fähigkeit von Systemen angesprochen, angesichts immer komplexerer Umweltbedingungen eine immer größere Vielfalt von Störungen und Störungstypen auszugleichen.

Systemstabilität kann nach einer Unterscheidung von Ashby (1968) unterschiedlich stark ausgeprägt sein:

Die einfachste Stabilitätsform bildet der *Regelkreis* (↗ Kybernetik), bei dem nur ein bestimmter Parameter konstant gehalten wird. Ein klassisches Bespiel hierfür ist das Thermostat. Dem gegenüber werden die sog. *ultra*stabilen Systeme mit verschiedenen Störungstypen fertig, insbesondere auch mit neu auftretenden Störungen aufgrund von Umweltveränderungen. Nach Klaus & Liebscher (1979, 760) liegt Ultrastabilität dann vor, wenn ein System folgende Eigenschaften hat: „a) Es ist stabil, d.h., es verfügt über die Fähigkeit, seinen Zustand gegenüber einer bestimmten Klasse von Störungen aus der Umgebung aufrechtzuerhalten; b) falls weitere Formen von Störungen aus der Umgebung auftreten, denen gegenüber das System den bestehenden Zustand nicht mehr aufrechterhalten kann, wählt es unter den ihm zur Verfügung stehenden verschiedenen Verhaltensweisen so lange eine neue aus, bis es wieder einen stabilen Zustand erreicht."

Als Beispiel wird von Klaus & Liebscher ein homöostatisches System von vier um je eine Achse bewegliche Elektromagneten genannt. Ändert sich der Parameterwert in einem der vier Teilsysteme (z.B. durch willkürliches Umstöpseln der Verbindungsdrähte), so überträgt sich die Störung auf das Gesamtsystem. Dieses sucht nun solange nach einer geeigneten Kombination der Verhaltensweisen der vier Teilsysteme (Magneten), bis wieder ein Stabilitätszustand des Gesamtsystems erreicht ist.

Eine noch höhere Stabilitätsform stellt nach Ashby die *Multi*stabilität dar. Sie liegt vor, wenn mehrere ultrastabile Teilsysteme derart zusammengekoppelt sind (z.B. als Systemhierarchien; ↗ System), daß diese (relativ) autonom (vgl. ↗ stratifizierte Autonomie) existieren können. Multistabile Systeme können Umweltveränderungen durch eine Modifikation ihrer Teilsysteme ausgleichen (vgl. near-decomposability unter ↗ Stabilität) und damit zusätzliche Flexibilität erreichen. Die Fähigkeit dieser Systeme, je nach Störeinwirkung, verschiedene Untersysteme zu einem ultrastabilen System zusammenzuschalten, nennt Ashby *Dispersionsverhalten*.

„(Ein multistabiles System) unterscheidet sich von einem einfachen ultrastabilen System ... (mit) dergleichen Anzahl Variablen dadurch, daß es wesentlich weniger Zeit benötigt, um einen stabilen Zustand zu erreichen. Für die hochkomplexen Systeme, wie sie z.B. im Bereich der lebenden Organismen auftreten, wird das Prinzip der Ultrastabilität dadurch überhaupt erst realisierbar. Wenn man dem multistabilen System, über die bereits beschriebenen Mechanismen hinausgehend, noch die Fähigkeit verleiht, Störungen, die aufeinander folgen, auch durch nacheinander erfolgende Anpassung zu beantworten, so zeigt das System *Lernverhalten"* (Klaus & Liebscher 1979, 764).

Welche Störungen nun in welchem Ausmaß die verschiedenen Teilsysteme eines Systems erreichen, hängt weiterhin von der Art und der Intensität der Vernetzung der Substrukturen ab. Systeme werden z.b. um so stabiler sein, je mehr negative Rückkoppelungsschleifen gegenüber positiven Rückkoppelungen vorherrschen (Dörner et al., 1983). In der Paartherapie lassen sich häufig beobachtbare dynamische Muster als positiv rückgekoppelte (aufschaukelnde) Kreisläufe interpretieren, die aber meist in negative (abschaukelnde) Schleifen eingebunden sind. Im Beispiel der Paarbeziehung, die unter dem Stichwort idiographisches ↗ Systemmodell entwickelt wird, manifestiert sich diese eskalierend wirkende positive Rückkoppelung als Streit der Ehepartner. Daß diese Dynamik nicht außer Kontrolle gerät, d.h., systemzerstörend wirkt, dafür sorgt jeweils die ↗ kohärente Beziehungskonstellation des betreffenden Paares (genauer siehe dort).

Dynamische Aufschaukelungen lassen sich häufig aus wechselseitig ↗ linealen *Interpunktionen* (Du fängst immer an!) oder personengebundenen Attributionen (Du nimmst dir nie Zeit für mich!) herleiten. Nach Watzlawick et al. (1969, 57ff) ist die Natur einer Beziehung durch die Art der Interpunktion des Kommunikationsablaufes seitens der beteiligten Partner bedingt. ↗ Kommunikation kommt erst dadurch zustande, daß jeder Interaktionsteilnehmer dem ununterbrochenen Kommunikationsfluß eine Struktur zugrunde legt (bzw. legen muß). Bateson und Jackson (1964) nannten diese Strukturen, die natürlich interessen-, kultur und wahrnehmungsspezifisch differieren können, „Interpunktionen von Ereignisabfolgen".

Interpunktionsdifferenzen sind bei vielen Beziehungskonflikten zu finden. Sie können eine selbstbeschleunigende Eigendynamik entwickeln (z.B. Verfestigung von Krankenrollen durch Angehörige, Gewichtsabnahme bis zur Magersucht, Ehestreit sogar bis zum Mord), wenn sie nicht in stabilisierende Muster eingebunden sind.

Therapie kann häufig diese entlastende Stabilisierung anbieten, wodurch zumindest zeitweise die Symptomatik als mögliches Regulativ einer interpersonellen Beziehung wegfallen kann. Die Reduzierung der Probleme und – meist damit verbunden – das Ende der Therapie, lassen aber möglicherweise die Leere und Inhaltslosigkeit des Ehelebens wieder zutage treten. Der damit verbundenen steigenden Gefahr einer Trennung wird nicht selten eine Reaktivierung der ursprünglichen Problematik entgegengesetzt. Nicht selten leiten die Partner damit einen weiteren Kreislauf in Form eines oszillierenden Musters ein.

Allen & Starr (1982, 170) haben für den Bereich der Ökologie verschiedene Stabilitäts-, bzw. Instabilitätsmuster komplexer Systeme beschrieben, die auch für die Modellierung psychischer, sozialer sowie anderer humanökologischer Dynamiken geeignet erscheinen. Wie angedeutet, lassen sich bei vielen Paaren regelmäßige Oszillationen des Verhaltens feststellen, die eine jeweils gegenläufige, bzw. ↗ komplementäre Richtung aufweisen. Engagiert sich der Mann sehr stark für eine Beziehung, fühlt sich die Frau eingeengt. Läßt das Interesse des Mannes nach, ist die Frau wiederum um Zuwendung bemüht usw. Geht es dem einen Partner gut, fühlt sich der andere schlecht und umgekehrt. In modellhafter Weise zeigt die Trajektoriendarstellung in Abb.11b dieses zyklische Verhalten eines Systems, das zwischen verschiedenen Zuständen hin- und herspringt, bei der kleinsten Fluktuation instabil wird und deshalb nicht stabilisierbar ist. (*Trajektorien* beschreiben das Verhalten eines Systems in seinem Zustandsraum. Der Zustandsraum ist durch die gewählten Parameter festgelegt (s.u.). In mathematischer Terminologie resultiert die Trajektorie aus der ersten Ableitung der Differentialgleichung). Je mehr sich das System vom stabilen Gleichgewichtszustand entfernt, in desto größeren Zyklen wird nach Allen & Starr das System in sog. neutral-stabilen Bahnen (Jantsch, 1982, 108) um diesen Zustand oszillieren („*Neutral stability*" bei Allen & Starr, 1982, 170; vgl. Abb. 11b).

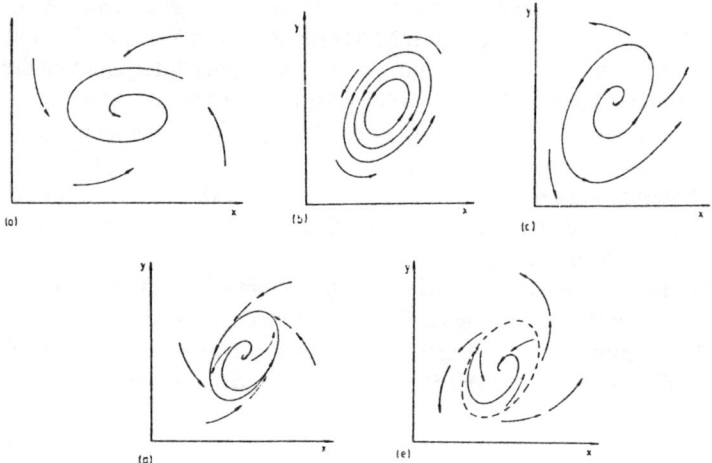

Abb. 11: Phasendiagramme verschiedener Stabilitäts- und Instabilitätsmuster (n. Allen und Starr, 1982, 170). Erklärung siehe Text

Neutral stabiles Verhalten von Systemen, wie es in den 20er Jahren bereits von Lotka & Volterra beschrieben wurde, muß jedoch als unrealistisch vereinfachte Annahme betrachtet werden. In vielen Fällen wird sich ein sog. „Attraktionsbereich" ergeben (Erklärung siehe ↗ Chaos).

Ein anderes dynamisches Muster, bei dem sich die Variabilität der Ausprägung der Komponenten schließlich bis zu einem Gleichgewichtspunkt reduziert, in dem alle Komponenten des Systems zur Ruhe kommen, nennen Allen & Starr (ebd.) *„Global stability"*. Ein einfaches Beispiel stellt etwa ein Federpendel dar, das nach seiner Auslenkung durch Reibungsverluste schließlich an einem einzigen Punkt, seiner Gleichgewichtslage, stehen bleibt (Abb. 11a und 12).

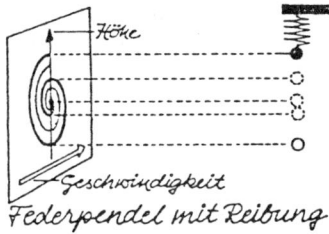

Abb. 12: Federpendel mit Reibung

Dieser Bereich, der die Bahnen aus allen Teilen des Systems „magisch anzuziehen" scheint, wird daher auch *„Attraktor"* (↗ Chaos) genannt. Im Falle des Pendels würde man von einem punktförmigen Attraktor sprechen (Abb. 13).

Abb. 13: Punkt-Attraktor

Der augenblickliche „Zustand" eines Pendels wird durch zwei Parameter festgelegt: die Höhe des Gewichts und seine Geschwindigkeit. Versteht man diese beiden Parameter als Koordinaten auf einem Blatt Papier, so läßt sich der momentane Zustand als Punkt in einem Koordinatensystem darstellen. Jedem Zustand entspricht ein Punkt des Blattes und umgekehrt. Man nennt die von den Koordinaten aufgespannte Fläche (bzw. den aufgespannten Raum) daher auch den *„Zustandsraum"* (obwohl dieser hier nur zweidimensional ist) eines Systems (vgl. Abb. 12).

Entfernt sich das dynamische Verhalten eines Systems (z.B. aufgrund äußerer Störungen) immer mehr von einem Gleichgewichtspunkt, spricht man von *„Global instability"* (Abb.11c). Diese Form der progressiven Zunahme des Ungleichgewichts ist jedoch nicht stets mit dem Exitus eines Systems verbunden. Das System kann vielmehr in einen anderen Attraktorbereich überwechseln (s.u.) und dort neue dynamische Muster entwickeln. Haken (1981a; 1981b) beschreibt derartige nicht-lineare Phasenübergänge (aus externer Sicht meist als „spontane" Veränderungen beschrieben) im Rahmen seines Konzepts der ↗ Synergetik. Im Bereich sozialer Phänomene betrachtet Haken etwa die dynamischen Prozesse der öffentlichen Meinungsbildung oder die Entstehung von neuen Modetrends als Wettbewerb konkurrierender Richtungen, wobei schließlich eine Mehrheitsmeinung die Oberhand gewinnt und die anderen Richtungen „versklavt" (1981, 162).

Nicolis & Prigogine (1977), sowie Jantsch (1982) konzeptualisieren auf der Basis einer ↗ Ungleichgewichts-Thermodynamik vergleichbare Prozesse als Entwicklung dissipativer Strukturen. Ebenfalls diskontinuierliche Veränderungen werden schließlich in der ↗ Katastrophentheorie (Thom, 1975; Zeeman, 1977) erfaßt. Die gestrichelte Ellipse in Abbildung 11e umschreibt einen sog. *„Attraktorbereich"*, innerhalb dessen alle Systemkomponenten einem Gleichgewichtspunkt zustreben, außerhalb davon aber immer instabiler werden.

Das letzte Stabilitätsmodell stellt schließlich typisches *„Grenzzyklusverhalten"* (stable limit cycles) dar. Die Variabilität sämtlicher Systemkomponenten tendiert zu einer Oszillation bestimmter zyklischer Schwingungen um einen Gleichgewichtspunkt, die entlang der durchgezogenen Ellipse verlaufen (Abb. 11d).

Der Grenzzyklus stellt nach dem Fixpunkt den nächstkomplizierteren Attraktor dar. Betrachten wir schließlich zusammengesetzte Schwingungen oder quasi-periodisches Verhalten im dreidimensionalen Raum, so erhalten wir *Ring-* bzw. *Torus*-Attraktoren (Crutchfield et al., 1987). Auch das Systemverhalten innerhalb dieser Attraktorenbereiche ist noch beliebig genau vorhersagbar. Torus-Attraktoren können jedoch gegenüber Störungen sehr leicht instabil werden (Deker & Thomas, 1983), wodurch sog. *seltsame* Attraktoren entstehen, deren Verhalten, obwohl determiniert, nicht mehr vorausberechenbar ist (ausführlicher vgl. ↗ Chaos). Abb. 14 faßt die vier Stufen von Attraktoren zusammen, wie sie bereits 1970 von den Physikern D. Ruelle & F. Takens beschrieben wurden:

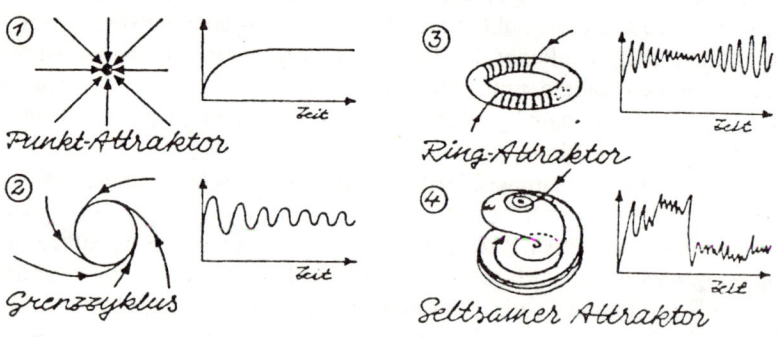

Abb. 14 (Nach Deker und Thomas, 1983, 75)

Nach Jantsch (1982, 107) befinden sich „gesunde" und widerstandsfähige Ökosysteme stets fernab vom Gleichgewichtszustand, jedoch in der Regel auf einem Punkt innerhalb ihres Attraktionsbereiches. Ein hohes Maß an räumlichen und zeitlichen Fluktuationen sorgt dafür, daß das System ständig in Bewegung bleibt. Gerade diese kontinuierlichen lokalen Instabilitäten sind für die allgemeine Stabilität des Systems verantwortlich.

> „Je näher das System dem Gleichgewichtszustand kommt, desto weniger widerstandsfähig wird es, desto leichter kann es durch irgend eine zufällige Fluktuation, etwa durch klimatiscbe Schwankungen oder das Auftreten einer neuen Art, völlig zerstört werden" (ebd., S. 109; ↗ Ungleichgewichts-Thermodynamik)

Holling (1976, 89) nimmt diese Überlegungen zum Anlaß, vor zu starken planerischen Einflüssen („management procedures") auf die gesellschaftliche Entwicklung zu warnen, da dies den Bereich der natürlichen Auslese („natural selection") und folglich den Grad der natürlichen Stabilität verändern könnte.

Diese durchaus kritikwürdige, weil zu globale Auffassung Hollings wird aus der Erkenntnis abgeleitet, daß komplexe, fein ausbalancierte Ökosysteme kaum mehr in der Lage sind, zufällige Schwankungen ohne größeren Schaden zu verarbeiten (↗ Stabilität; May, 1980).

Dem ist entgegenzuhalten, daß es bezüglich der Stabilität von Systemen weniger auf den quantitativen Vernetzungsgrad ankommt (Holling) als vielmehr auf die qualitative Art der Vernetzung (↗ Stabilität; Vester, 1984).

Weiterführende Literatur

Allen, T. F. H. & Th. B. Starr: Hierarchy: Perspectives for Ecological Complexity. Chicago, University of Chicago Press, 1982.
Crutchfield, J. P. et al.: Chaos. Spektrum der Wissenschaft, Febr. 1987, 78–90.
Haken, H.: Synergetik. Eine Einführung. Nichtgleichgewichts-Phasenübergänge und Selbstorganisation in Physik, Chemie und Biologie. Berlin, Springer, 1981a.
Jantsch, E.: Die Selbstorganisation des Universums. München, dtv, 1982.

Stratifizierte Autonomie

Das Prinzip der stratifizierten Autonomie bezeichnet in der Evolutionstheorie von Jantsch (1982) die geordnete Verbundenheit (↗ strukturelle Koppelung) mehrerer hierarchisch aufeinander bezogener Systemebenen, die innerhalb ihres Operationsmodus (↗ basale Operation) unabhängig voneinander funktionieren, jedoch dadurch in ihrem Verhaltensspielraum eingeschränkt werden, daß sie ihre gemeinsame Existenz erst wechselseitig ermöglichen.

Die ↗ autonomen physiologischen, psychischen, sozialen, wirtschaftlichen und biologisch-ökologischen Prozesse beteiligen sich in vielschichtiger Weise an einer gemeinsamen ↗ Ko-Evolution, die koordiniert abläuft, ohne zentral kontrolliert zu sein. Mit anderen Worten: Systeme verschiedener Referenz- (bzw. ↗ Emergenz-)Ebenen sind an den Bestand und das Operieren anderer Systeme gebunden; z.b. soziale Systeme an Bewußtseinssysteme und vice versa (Luhmann, 1984, 293; Maturana & Varela, 1987, 252); desgleichen Bewußtseinssysteme an neuronal-funktionelle Systeme und umgekehrt, diese an die ↗ Autopoiese des Organismus, die wiederum den Zellbestand des Gehirns sichert usw.

Entgegen der Sichtweise des Neo-Darwinismus (Mayr, 1984), der die Anpassung des Organismus an eine gegebene Umwelt annimmt, betont das Prinzip der ↗ Ko-Evolution von Makro- und Mikrowelt, daß das individuelle Lebewesen das ↗ Ökosystem mitformt und dadurch selbst einen Einfluß auf die Art der natürlichen Auswahl der Gene hat, die die folgenden Generationen beeinflussen werden. Auf der anderen Seite stellt das Ökosystem Selektionsmechanismen bereit, die die Evolution seiner Mitglieder beeinflussen und ändert damit selbst die Struktur der Beziehungen, durch die es konstituiert wird (Jantsch, 1982, 208).

Stratifizierte Autonomie als Ordnungsfunktion der Hierarchiebildung in komplexen Systemen hat mit ↗ Kontrolle und Macht, ausgeübt von oben nach unten, nichts zu tun. Stattdessen ermöglicht „dieses Phänomen der ↗ Selbstorganisation hierarchisch aufeinander bezogener Schichten . . . die ↗ Autopoiese und Evolution einer ganzheitlich wirkenden, vielschichtigen Realität. Es entsteht keine Kakophonie der einzelnen Schichten, sondern dynamische reich orchestrierte Verbundenheit" (ebd., S. 336).

Mit der Annahme einer stratifizierten Autonomie, bzw. Ko-Evolution strukturell gekoppelter Systemebenen wird die Frage nach dem „unbewegten Beweger", der alle Fäden in der Hand hält, obsolet. Die Vielfalt unserer Wirklichkeit entsteht weder planvoll noch zielorientiert. Sie wird vielmehr möglich durch einen komplex vernetzten stratifizierten (d.h. geschichteten) Aufbau, in dem „jede Ebene ihre eigene, selbstorganisierende Dynamik (erzeugt), die die entsprechende autopoietische Struktur mit ihrer Umwelt in Beziehung treten läßt" (S. 338). Jantsch betrachtet ↗ Ökosysteme folglich als ↗ autopoietische Systeme.

Luhmann (1984, 286 ff.) hat unter dem Begriff der ↗ Interpenetration ein ähnliches Konzept entworfen, wobei er ausführlich das Verhältnis zwischen psychischen und ↗ sozialen Systemen diskutiert. Zu den Konsequenzen für die psychosoziale Praxis siehe deshalb dort.

Weiterführende Literatur

Jantsch, E.: Die Selbstorganisation des Universums. München, dtv, 1982.
Mayr, E.: Evolution. In: Evolution. Spektrum der Wissenschaft, Heidelberg, 1984, 8–19.

Struktur

1. Struktur und Strukturdeterminismus

In der Terminologie Maturanas werden unter dem Begriff Struktur (lat.: struere = bauen) diejenigen Bestandteile und Relationen verstanden, die in *konkreter Weise* eine bestimmte ↗ Einheit konstituieren und ihre Organisation verwirklichen (Maturana & Varela, 1987, 54).

In bezug auf lebende Einheiten ist diese Struktur veränderbar bzw. plastisch, d.h., daß jede Interaktion eines lebenden Systems (Pflanze, Tier, Mensch) mit seiner relevanten Umwelt eine Modifikation seiner Struktur zur Folge hat (↗ strukturelle Plastizität). Lebende Systeme können und müssen sich gegenüber Veränderungen in ihrer Umwelt strukturell anpassen oder sie zerfallen. „Lebewesen müssen als ↗ autopoietische Systeme ihre eigene Struktur und damit die Interaktionsbeziehungen mit ihrer Umwelt so gestalten, daß der Prozeß der Autopoiese nicht gefährdet wird" (Köck, 1983). Der Unterschied zwischen Lebewesen derselben ↗ Organisation besteht in den Unterschieden ihrer Struktur.

Im allgemeinen bezeichnen wir Systeme mit variabler (plastischer) Struktur als „intelligente" Systeme, da deren Reaktionen auf die Umwelt sich ständig ändern, bzw. zu einer noch umfassenderen Koppelung mit der Umwelt führen.

Lebende Systeme sind, so lange sie existieren, an ihre Umwelt gekoppelt. Das gilt besonders für ihr Verhältnis zu anderen lebenden Systemen (vgl. reziproke ↗ strukturelle Koppelung; ↗ konsensueller Bereich und Sprache).

In Anlehnung an diese ↗ strukturdeterministische Sichtweise sprechen inzwischen einige systemisch orientierte Familientherapeuten nicht von „pathologischen" (Familien)systemen oder „neurotischen" Beziehungsstrukturen, da deren Problematik als momentan einzige Möglichkeit des Zusammenpassens der jeweiligen individuellen Strukturen begriffen wird (↗ Kohärenz; z.B. Ludewig, 1983). Dieses Zusammenpassen wird stets als „perfekt" betrachtet, d.h., es entspricht den jeweils gegebenen Möglichkeiten der einzelnen Strukturen (der Begriff der Perfektheit impliziert hier keinerlei Wertung, da er streng mechanistisch gebraucht wird). Ein kaputter Autoreifen ist in diesem Sinne ebenfalls perfekt, da der momentane Zustand seiner materiellen Struktur genau den Möglichkeiten entspricht, die diese in der für sie relevanten Umwelt hat. Dells (1986, 59) griffige Formel für diese Sichtweise lautet: „Das System ist, was es ist. Punkt."

2. Die Tradition des Strukturbegriffs

Strukturkonzepte haben in der systemtheoretischen Begriffsbildung eine lange Tradition. Levi-Strauss (1967) wie auch Parsons (1964) orientieren sich bei ihren diesbezüglichen Analysen auf die Differenz von unstrukturierter und strukturierter ↗ Komplexität. Realität wird nach diesen strukturalistischen Ansätzen als Reduktion völlig offener, unbestimmbarer Komplexität verstanden, die dadurch entdeckt werden kann, daß man auf prägnante Strukturen und Konfigurationen stößt. Ordnung und Struktur werden zum Hinweis dafür, daß man es mit Realität zu tun hat (vgl. a. Ruhs, 1988).

Die diversen Definitionsversuche des Terminus „Struktur" weisen nach Ciompi (1982) im allgemeinen drei Elemente auf: a) ein Ganzes, b) die Teile dieses Ganzen und c) die Beziehungen zwischen diesen Teilen. Auf den dritten (dynamischen) Aspekt wurde im Laufe der Zeit immer mehr Wert gelegt. Ciompi greift bei seinem Definitionsversuch auf Vorarbeiten von Piaget (1976) zurück, der eine Struktur sehr allgemein als ein System von Transformationen beschreibt und als ihre wichtigsten Charakteristika die Totalität, die Transformation und die Autoregulation nennt. Im Prozeß der Strukturbildung ist nach Piaget das Phänomen der Transformation „solidarisch" mit dem der Invarianz verbunden. Gleichbleibende (invariante) und veränderliche Komponenten sind notwendig, um Strukturen zu schaffen (vgl. Struktur und Prozeß bei Luhmann, 1984, 73). Ciompi (1982, 104) definiert entsprechend: „Eine Struktur ist ein Produkt aus einer Invarianz und einer Varianz" und versucht damit, die drei Piagetschen Charakteristika einer Struktur zu berücksichtigen.

Die Begriffe Struktur, Funktion und Prozeß sind aufeinander zu beziehende Begriffe, die unterschiedliche Sichten natürlicher Abläufe zum Ausdruck bringen. Wird die Gesamtheit der Relationen eines Systems als Struktur bezeichnet, so beschreibt dies nichts Statisches, sondern das komplexe Verhältnis synchroner (gegenwärtiger) und diachroner (historischer) Beziehungen. Aus der Wiederkehr bestimmter Interaktionsmuster lassen sich spezifische Regeln erschließen, welche die Struktur eines Systems ausmachen. Mit dem Strukturbegriff ist oft eine Vorstellung von Statik verbunden, die verschleiert, daß Strukturen nichts weiter sind als sich wiederholende Prozesse. „Deren Steuerung und Regelung (↗ Selbstregulation) ist nicht zufällig: Sie bestimmt sich durch ihre jeweilige Funktion. Die Frage, ,wozu' eine bestimmte Struktur dienlich ist, und die Frage: ,Mittels welcher Struktur läßt sich eine Funktion am besten erfüllen?' verdeutlichen am besten solche Wechselbeziehungen von Struktur und Funktion" (Simon & Stierlin, 1984).

3. Der Strukturbegriff in der funktional-strukturellen Systemtheorie

Luhmann weist in seinem funktional-strukturellen Ansatz darauf hin, daß es nicht genügt, Strukturen als Relationen zwischen Elementen zu definieren, denn damit würde mit jedem Element auch die Relation zu einem anderen Element verschwinden. Gerade Relationen erlangen in diesem Sinne Strukturwert dadurch, daß sie eine „Auswahl aus einer Vielzahl von kombinatorischen Möglichkeiten darstellen und damit die Vorteile aber auch die Risiken einer selektiven Reduktion (↗ Komplexität; ↗ doppelte Kontingenz) einbringen. Und nur diese Auswahl kann beim Auswechseln der Elemente konstant gehalten, das heißt, mit neuen Elementen reproduziert werden" (Luhmann, 1984, 384). Die Strukturbildung in temporalisierten Systemen benutzt jedoch gerade diesen Zerfall der Elemente, um daraus Ordnung aufzubauen.

> „Sie zieht gerade aus dem Zerfall der Elemente, hier: dem zwangsläufigen Aufhören jeder Handlung, Energie und Information für die Reproduktion von Elementen, die dadurch immer strukturell vorkategorisiert und doch immer neu erscheinen" (ebda, S. 383).

Die funktional-strukturelle Systemtheorie überwindet die traditionellen Vorstellungen von statisch geronnenen Strukturen in Systemen. Struktur und Prozeß verhalten sich nicht wie das Feste und das Fließende, ihre Funktion liegt vielmehr in der Reduktion von Komplexität durch doppelte Selektivität. Ausgangspunkt dieser Überlegungen sind komplexe Systeme, in denen nicht mehr jedes Element mit jedem verknüpft werden kann. „In solchen komplexen Systemen entwickeln sich zwei ↗ emergente selektive Mechanismen: 1. Strukturen und 2. Prozesse. Strukturen fangen das Risiko *selektiver* Relationierung der Elemente auf; Prozesse das Risiko der *Indirektheit* der Relationierung der Elemente. Anders formuliert: Strukturen ermöglichen es dem System, nur bestimmte Selektionsmuster in der Verknüpfung der Elemente zu realisieren und andere, auch mögliche Verknüpfungsmuster als für das System irrelevant zu behandeln. Prozesse erlauben es dem System, das Nacheinander der Verknüpfungen nach bestimmten Mustern selektiv zu steuern und aus der Differenz zwischen möglichen zeitlichen Verknüpfungen und aktualisierten zeitlichen Verknüpfungen eine systemspezifische Zeit zu produzieren" (Willke, 1978, 382 f.; 1982, 99).

Gerade diese Selektionswirkung von Strukturen (Luhmann, 1984, 387) ist bei Interventionen in komplexe Systeme bedeutsam. Abgesehen davon, daß Strukturen und Prozesse sich wechselseitig voraussetzen und beeinflussen, zwingen Strukturen die im System möglichen Prozesse in einen bestimmten Rahmen. Strukturen schaffen eine Vorauswahl von möglichen Handlungsoptionen durch Ausgrenzung eines systemspezifischen Sinngefüges aus einer überkomplexen Umwelt (Willke, 1983, 30; zu Sinn als Ordnungsfunktion vgl. ↗ soziales System sowie ↗ Grenzen).

Die konzeptuelle Trennung von Strukturen und Prozessen kann es dem psychosozialen Praktiker erleichtern, Veränderungsprozesse in komplexen Systemen behutsam, bzw. differenziert einzuleiten: Prozesse können verändert werden, wobei zunächst an bewährten Strukturen festgehalten wird, oder es werden bestimmte prozessuale Routinen konstant gehalten und Strukturen verändert. Eine differenzierte Betrachtung von Veränderungen unter diesen beiden Aspekten verbindet das Angebot von Stabilität auf der einen, mit der Möglichkeit zur Veränderung auf der anderen Seite. Die zeitliche Aufeinanderfolge von Veränderungsschritten kann dabei die Notwendigkeit vermeiden, alles auf einmal ändern zu müssen (Willke, 1983).

Begreift man eine Struktur nun nicht mehr als etwas materiell Gewonnenes, bzw. Fixiertes, sondern als prozessuales Ordnungsmuster der aktiven Reproduktion von Komponenten, bzw. von Interaktionen zwischen Komponenten, so wird der Begriff mit dem des *Eigenwertes* bzw. *Eigenverhaltens* (eng.: Eigenvalue bzw. -behaviour) von Heinz von Foerster vergleichbar. Eigenwerte beschreiben die spezifische Selektions- bzw. Koordinationsleistung ↗ autonomer Systeme, durch die sie sich als kohärente (↗ Kohärenz) ↗ Einheiten zu ihrer Umwelt in Beziehung setzen können (↗ Grenzen; ↗ Komplexität; ↗ Selbstreferentialität).

Eigenwerte können einem Beobachter sekundär natürlich als materiell fixiert erscheinen, denn

„ontologisch können Eigenwerte und Objekte – und entsprechend ontogenetisch: stabiles Verhalten und die Manifestation des ‚Begreifens' eines Objekts durch ein Subjekt – nicht unterschieden werden. In beiden Fällen sind ‚Objekte' ausschließlich in die Erfahrung der eigenen sensumotorischen Koordination eines Subjekts ein geschlossen, d.h., ‚Objekte' sind durchweg subjektiv" (von Foerster, 1985b, 212).

„Die Eigenwerte . . . und die ihnen entsprechenden . . . (kognitiven Operationen) stehen in einem komplementären Verhältnis zueinander, d.h. sie implizieren einander; die . . . (Eigenwerte) repräsentieren die in der Außenwelt beobachtbaren Manifestationen der (introspektiv zugänglichen) kognitiven Rechenprozesse (Operationen) . . ." (ebda, S. 211).

Den Eigenwert bzw. das Eigenverhalten des Prozessierens *psychischer Komponenten* bezeichnet Grawe (1986) als *Schema*. Schemata können als sich selbst reproduzierende Ordnungsmuster betrachtet werden, die sich unter bestimmten Ausgangsbedingungen (über in ähnlicher Weise vorgenommene Selektionen von Kognitions-Emotions-Einheiten) einstellen (Schiepek, 1988b). Bestimmte soziale Situationen werden zum Beispiel immer wieder in ähnlicher Weise interpretiert, bestimmte Objekte immer wieder mit denselben Bezeichnungen oder bildlichen Repräsentationen versehen.

Weiterführende Literatur

Ciompi, L.: Affektlogik: Über die Struktur der Psyche und ihre Entwicklung. Stuttgart, Klett-Cotta, 1982.
Foerster, H. v.: Sicht und Einsicht. Versuche zu einer operativen Erkenntnistheorie. Braunschweig, Vieweg, 1985b.
Levi-Strauss, C.: Strukturale Anthropologie 1 und 11. Frankfurt/M., Suhrkamp, 1977/78.
Parsons, T.: Zur Theorie sozialer Systeme. Opladen, Westdeutscher Verlag, 1976.
Piaget, J.: Die Äquilibration der kognitiven Strukturen. Stuttgart, Klett, 1976.
Schiepek, G.: Auf der Suche nach dem kleinsten gemeinsamen Nenner – Vorschlag für einen Orientierungsrahmen einer sozialwissenschaftlichen Synergetik. Bamberg, unveröffentl. Manuskript, 1988b.

Strukturdeterminismus

Die Annahme eines strukturdeterminierten Universums bildet das Grundprinzip in Maturanas mechanistischem Weltbild (↗ mechanististische Erklärungen). Es wird davon ausgegangen, daß sämtliches Verhalten lebender wie nicht lebender Objekte vollständig durch deren (materiell verstandene) ↗ Struktur determiniert ist. Die Struktur eines Objekts determiniert sein Verhalten, nicht die Umwelt (Maturana: Medium). Die Struktur bestimmt, mit welchen Ereignissen in seiner Umwelt ein Objekt interagiert und wie es sich bei jeder dieser Interaktionen verhalten wird (vgl. ↗ operationale Schließung).

Bedeutsam dabei ist, daß bei ↗ strukturell plastischen Systemen, wie z.B. dem Menschen, die Struktur nichts Statisches ist, sondern daß diese sich mit jeder Interaktion mit der Umwelt, was gleichzeitig immer auch Interaktion mit sich selbst bedeutet, verändern kann (Lernen). Kräfte und Einflußfaktoren können das Verhalten eines Objektes nicht bestimmen, sondern lediglich anregen (perturbieren, Maturana & Varela, 1987, 27). Sie bieten nur die historische Gelegenheit für das System, sein strukturdeterminiertes Verhalten fortzusetzen (↗ Struktur).

Was zu allererst aus den Annahmen des Strukturdeterminismus folgt, ist die Unmöglichkeit instruktiver Interaktion (einseitiger Kontrolle; vgl. ↗ Ko-Ontogenese)„ . . . Die Vorlesung eines Professors determiniert nicht, was die Studenten lernen; es ist vielmehr die Struktur der Studenten, die das Schicksal der Vorlesung determiniert" (Dell, 1986, 96). Dell (ebd., S. 99 f.) faßt einige Schlußfolgerungen und Konsequenzen zusammen, die die Annahmen des Strukturdeterminismus für unser Weltbild nahelegen:

1. Wir müßten akzeptieren, daß Objektivität nicht möglich ist. Es gibt keine „korrekten" Sichtweisen, sondern lediglich eine Einigung, einen Konsens (↗ konsensueller Bereich und Sprache; ↗ Konstruktivismus).

2. Verstehen ist keine objektive Bestimmung dessen, was kommuniziert worden ist. Erfolgreiche Kommunikation ist konsensuell, nicht objektiv.

3. Es gibt keine absoluten bzw. objektiven Verstärker oder Verhaltenskontingenzen. „Die Verstärkung, die einsetzt, ist . . . die Reaktion des Organismus auf die Kontingenz; die Kontingenz ist nur relativ zur Struktur des Organismus ein Verstärker" (ebd., S. 100).

4. Es gibt weder eine objektive Information noch einen objektiven Reiz. Die Struktur eines Objekts determiniert, wie er mit einer „Information" umgeht. Die Natur eines Reizes ist durch die Reaktion definiert, die er hervorbringt; diese kann bei jedem Individuum anders sein (↗ operationale Schließung).

5. Es gibt keine paradoxen Reaktionen oder Interventionen; dementsprechende Beschreibungen sind Beschreibungen eines Beobachters. Paradoxierte

Systeme reagieren nicht „paradox", sondern immer strukturgemäß (vgl. Perfektheit unter ↗ Struktur).

6. Entsprechendes gilt für das Konzept des Widerstandes: jeder Patient reagiert nach einer Intervention auf die ihm einzig mögliche Art – entsprechend seiner Struktur. Das Konzept des Widerstands ist insofern ein epistemologischer Irrtum (i.S. von Bateson).

7. Konzepte der Homöostase sind ebenfalls Beschreibungen von Beobachtern, die diese an das System herantragen. Familiensysteme verhalten sich gemäß der Art und Weise, wie die individuellen Strukturen zueinanderpassen und nicht gemäß irgendwelcher Regelungsprinzipien, die von außen an das System herangetragen werden.

8. Begriffliche Klassifikationen, wie z.B. die der „Pathologie", verlieren unter einer strukturdeterministischen Perspektive ihre Bedeutung. Pathologie würde implizieren, daß wir a) nicht bereit sind, die Struktur des Organismus so zu akzeptieren wie sie ist (↗ Struktur) und/oder b) annehmen, daß instruktive Interaktion hätte stattfinden sollen, aber der Organismus aufgrund eines Defektes nicht darauf reagiert hat. Pathologie setzt immer ein bestimmtes Konzept von Normalität bzw. Wirklichkeit voraus. Gerade diese Wirklichkeit ist aber nicht vorhanden, sie wird konsensuell konstruiert. Was Pathologie ist, ist eine beobachterabhängige Festlegung.

Es ist zweifellos ein Verdienst Dells, daß er die Arbeiten des Neurobiologen H.R. Maturana zum Anlaß nimmt, neu über therapeutisches Denken und Handeln zu reflektieren. Es bleibt jedoch die Frage, ob die Ergebnisse neurophysiologischer Untersuchungen in einer Weise auf den phänomenbereich sozialen Verhaltens übertragen werden können, wie Dell dies versucht. Nützt es einem Klienten irgendetwas, wenn ich ihm glaubhaft versichere, daß niemand seine neuronale Struktur instruktiv beeinflussen kann? Vielleicht kann ich einem Klienten etwas Angst nehmen oder die Verantwortung, die auf einem Therapeuten lastet, verringern. Automatisch lösen sich jedoch belastende psychische oder soziale Bindungen dadurch nicht auf.

Es klingt nicht sehr überzeugend, wenn Begriffe wie Macht, Pathologie oder Widerstand, die dem sozialen Phänomenbereich entstammen, mit ontologischen Konzepten relativiert werden, d.h. mit Ansätzen, die sich mit den materiellen Voraussetzungen und Seinsverfassungen der Natur beschäftigen. Die Konstruktion unserer sozialen Realität ist wesentlich an Sprache gebunden, d.h., Wirklichkeit wird durch Beobachtung, Beschreibung und Austausch mit anderen menschlichen Systemen erschaffen (↗ konsensueller Bereich und Sprache). Erst das soziale Phänomen der Sprache ermöglicht dem Menschen dessen intimste Erfahrungen des Geistes und der Selbstbewußtheit. „Bewußtsein und Geist gehören dem Bereich sozialer Koppelung an, und dort kommt ihre Dynamik zum Tragen" (Maturana & Varela, 1987, 252).

Es wird deutlich, daß ontologische und soziale Überlegungen völlig verschiedene Phänomenbereiche bzw. ↗ Emergenzebenen ansprechen (↗ stratifizierte Autonomie). Wenn wir z.B. Machtbeziehungen in unserer sozialen Welt konstruieren bzw. bestätigen, hat dies Auswirkungen auf unsere Sichtweise der zwischenmenschlichen Realität. Dabei bleibt es ohne Belang, wenn wir wissen, daß uns auf der Ebene neurophysiologischer Prozesse niemand instruktiv beeinflussen kann (↗ Macht und Kontrolle). Wir lösen unsere Probleme auf der Ebene kognitiver und sozialer Prozesse und nicht durch den Anstoß von Neuronen in unserem Nervensystem.

Der Strukturdeterminismus versucht, auf der Basis neurophysiologischer Untersuchungsergebnisse zu erklären, aufgrund welcher (materiell verstandener) Mechanismen die Phänomene menschlichen Lebens hervorgebracht werden können. Strukturdeterministische Erkenntnisse jedoch, wie Dell, in direkter Weise auf andere Phänomenbereiche übertragen zu wollen, muß als unzulässige Vermengung verschiedener ↗ emergenter Ebenen betrachtet werden (Levold, 1984; 1986). Im übrigen sind auch die Aussagen des Strukturdeterminismus, die geradewegs in eine konstruktivistische Erkenntnistheorie einmünden, an die Erkenntnisfähigkeit des Menschen gebunden. Auch der Strukturdeterminismus bzw. der ↗ Konstruktivismus kann sich nicht neben sich selbst stellen und muß deshalb mehrere Beschreibungsformen nebeneinander gelten lassen.

Weiterführende Literatur

Dell, P. F.: Von systemischer zur klinischen Epistemologie. I. Von Bateson zu Maturana. *Zeitschrift für systemische Therapie*, 1984, **2** (7), 147–171.
Dell, P. F.: Klinische Erkenntnis. Dortmund, verlag modernes lernen, 1986.
Levold, T.: Die Therapie der Macht und die Macht der Therapie. Über die Wirklichkeit des Sozialen. *Zeitschrift für systemische Therapie*, 1986, **4** (4), 243–252.
Maturana, H. R.: Erkennen: Die Organisation und Verkörperung von Wirklichkeit. Braunschweig, Vieweg, 1982.

Strukturelle Koppelung

Das Konzept der strukturellen Koppelung ist Maturanas Beschreibung der Beziehung zwischen einer strukturdeterminierten ↗ Einheit und dem Medium, in dem diese existiert. Maturanas Ontologie (↗ Strukturdeterminismus) postuliert, daß alles Verhalten, sei es eines Staubkornes oder eines Menschen, vollständig durch deren ↗ Struktur determiniert ist. Das Verhalten lebender ↗ Systeme wird dabei lediglich als besondere Form des allgemeinen Prinzips des Strukturdeterminismus betrachtet (vgl. dagegen etwa die Annahmen des Vitalismus unter ↗ mechanist. Erklärung).

Das Konzept der strukturellen Koppelung wird notwendig, da eine strukturdeterminierte Welt entgegen dem klassischen systemtheoretischen Denken die ↗ operationale Schließung von Systemen impliziert. Einfache Informationsübertragungskonzepte, die (für unabhängig vom System existierende Information) offene Systeme voraussetzen, sind damit nicht mehr anwendbar. Das Verhalten eines Systems, das strukturell an seine Umwelt gekoppelt ist, kann von dieser nicht direkt bzw. instruktiv beeinflußt werden, es sei denn, die Einwirkung hat den Zerfall des Systems zur Folge. Das System kann durch Milieuveränderungen nur angeregt (perturbiert) werden. Ob und wie das System darauf reagiert, hängt alleine von seiner inneren Struktur ab. *Die strukturelle Koppelung von Systemen wird von Beobachtern meist als semantische Koppelung beschrieben*, d.h. so als ob der Zustand eines Systems das Ergebnis einer Errechnung wäre, nachdem das System dazu die notwendige Information aus der Umwelt eingeholt hat. Die Umwelt eines strukturdeterminierten Systems enthält jedoch weder „Bedeutung" noch „Sinn"; dies sind semantische Beschreibungen eines Beobachters, die nichts mit der geschlossenen strukturdeterminierten Funktionsweise des Systems zu tun haben (vgl. ↗ mechanistische und vitalistische Erklärungen).

Lebende Systeme bedürfen trotz operationaler Schließung einer Umwelt, um existieren zu können. Die Umwelt muß die physikalischen Elemente bereitstellen, die das lebende, ↗ autopoietische System zur Produktion seiner Bestandteile benötigt. Bezüglich des Energie- und Materieaustauschs sind lebende Systeme also offen. „Es ist eine implizite konstitutive Bedingung der Autopoiese, daß die autopoietische Einheit in einem Medium existiert, mit dem diese interagiert . . ." (Maturana, 1982, 143).

Da autopoietische Systeme definitionsgemäß ihre ↗ Organisation auch unter ständigem strukturellen Wandel aufrechterhalten, muß die Verwirklichung der Autopoiese zur Selektion einer ↗ Struktur des lebenden Systems führen, die den dauernden Umweltveränderungen Rechnung tragen kann. Anders gesagt: Die Verwirklichung dieser Struktur in einem ständig sich verändernden Medium muß spezifische Zustandsveränderungen zulassen, die durch spezifische

Zustandsveränderungen des Mediums ausgelöst werden können, oder das System zerfällt: Die Zustandsveränderungen des Organismus entsprechen den Zustandsveränderungen des Mediums (ebd., S. 252). Das Ergebnis einer solchen dynamischen Strukturenübereinstimmung ist die *strukturelle Koppelung*. Strukturelle Koppelung ist aus ontologischer Sicht mit „Existenz" synonym. „Strukturelle Koppelung als komplementäre Beziehung zwischen einer Einheit und dessen Medium ... ist eine konstituierende Bedingung der Existenz jeder Einheit" (Maturana in Dell, 1984, 163). Ein Stein, der existiert, ist an seine Umwelt gekoppelt. Das einfache Verhalten eines Steines zeigt aber nun augenfällige Unterschiede gegenüber dem komplexen Verhalten etwa eines Menschen. Das entscheidende dabei ist, daß das Verhalten von Säugetieren sich auf ihre ↗ strukturelle Plastizität, d.h., auf ihre Lernfähigkeit gründet. Koppeln zwei ↗ strukturell plastische Systeme aneinander, „ist das Ergebnis der ontogenetischen strukturellen" Koppelung ein ↗ konsensueller Bereich, d.h., ein Verhaltensbereich, in dem die strukturell determinierten Zustandsveränderungen der Organismen in ineinander verzahnten Sequenzen aufeinander abgestimmt sind" (Maturana, 1982, 150 ff.).

Diese Abstimmung geschieht wechselseitig bzw. reziprok. Die Interaktionsbzw. Lerngeschichte zweier gekoppelter lebender Systeme führt zur reziproken Selektion ihrer plastischen ↗ Strukturen. Die Zustandsveränderungen des einen Systems wirken auf das andere und umgekehrt, so daß ein wechselseitig selektiver und wechselseitig Interaktionen auslösender konsensueller Bereich von Zustandsfolgen entsteht (↗ Ko-Ontogenese). Die Ausbildung dieses konsensuellen Bereiches schafft die Grundlage für sprachliche (wie auch nichtsprachliche) Kommunikation.

Im Kontext lebender Systeme unterscheidet Maturana zuweilen zwischen strukturellen Koppelungen erster, zweiter und dritter Ordnung. Die Einteilung bezieht sich auf die entsprechend klassifizierte Bildung lebender ↗ Einheiten. Einheiten 1. Ordnung (Zellen) entstehen durch eine entsprechende Verkoppelung (1. Ordnung) ihrer Bestandteile im Prozeß der ↗ Autopoiese. Metazeller (Pflanzen, Tiere) werden durch reziproke Koppelung (2. Ordnung) aus Einheiten 1. Ordnung gebildet. Soziale Phänomene gehen schließlich einher mit Koppelungen dritter Ordnung, die auf der Ko-Ontogenese der beteiligten Organismen (Einheiten 2. Ordnung) beruhen. Interaktionen zwischen menschlichen Individuen (Einheiten 2. Ordnung) sind damit als Koppelungen dritter Ordnung zu betrachten (↗ soziale Systeme).

In den Sozialwissenschaften wird heute versucht, dieses ursprünglich neurophysiologische Konzept auf das relationale Geschehen in interpersonellen (bzw. ↗ sozialen) Systemen zu übertragen. Die am interaktionalen Prozeß beteiligten Individuen werden dabei meist als Komponenten und deren Beziehungen bzw. Interaktionen als Relationen des Systems definiert. Eine Ausnahme bildet Luhmann (z.B. 1984), der Kommunikationen als Komponenten ↗ sozialer Systeme betrachtet.

Strukturell gekoppelte Systeme können, wie bereits angedeutet, aufeinander keinen direkten (bzw. instruktiven) Einfluß ausüben. Sie müssen füreinander intransparent bleiben. „Keiner kann in das Gehirn, das Bewußtsein, die ‚Schaltzentrale' des anderen schauen und beobachten, nach welchen Operationsregeln der andere arbeitet. Kein Therapeut weiß, wie sich die Gedanken des Patienten bilden, verknüpfen, verändern und reproduzieren" (Willke, 1987, 97). Strukturell gekoppelte Individuen müssen eine gemeinsame Sicht der Wirklichkeit via konsensueller Abstimmung erst erzeugen (Wirklichkeit hier nicht gemeint als gesellschaftlich-historische Perspektive i.S. von Kriz, 1987) oder, wie Deissler (1985) es ausdrückt: Wirklichkeit wird ko-kreativ erfunden.

Begreift man Therapie nicht mehr als technisch-interventionistisches Vorgehen, sondern als interaktionales Geschehen strukturell gekoppelter Systeme, so müssen Individuen als nicht- ↗ triviale Systeme begriffen werden (v. Foerster, 1985, 44 f.). Nicht-triviale Systeme müssen sich trotz (oder besser: wegen) deterministischer Grundannahmen gegenseitig Autonomie und Freiheit zugestehen, weil sie sich anders nicht behandeln können (↗ operationale Schließung).

Schließlich hat das Konzept der strukturellen Koppelung Auswirkungen auf die ↗ Prognostizierbarkeit und Planbarkeit von Therapie: Systeme, die füreinander intransparent sind, also die Eigendynamik des anderen nicht kennen, können gemeinsame Entwicklungen im voraus kaum sicher abschätzen. Das Systemverhalten kann sich nie auf Verhaltenssicherheit, sondern immer nur auf mehr oder weniger stabile Verhaltenserwartungen beim anderen gründen (vgl. Kybernetik der „black boxes" unter ↗ konsensueller Bereich und Sprache bei Willke, 1987). Die Durchführung von Therapie unter dieser Prämisse hat deshalb nichts mehr mit einem algorithmischen Programm zu tun, sondern fordert vom Therapeuten Flexibilität und die Bereitschaft, an aktuelle Dynamiken im therapeutischen System anschließen zu können (↗ Temporalisierung).

Weiterführende Literatur

Maturana, H. R. & F. J. Varela: Der Baum der Erkenntnis. München, Scherz, 1987.
Schiepek, G. & P. Kaimer: Von der Verhaltensanalyse zur systemischen Diagnostik. In: Caspar, F. (Hrg.): Problemanalyse in der Psychotherapie. Tübingen, DGVT, Forum 13, 1987.

Strukturelle Plastizität

„Eine Einheit, deren ↗ Struktur sich verändern kann, während ihre ↗ Organsisation invariant bleibt, ist eine plastische Einheit, und die strukturellen Interaktionen, in deren Verlauf diese Invarianz erhalten werden kann, sind (Stör-)Einwirkungen. Da die Zustandsveränderungen eines ↗ autopoietischen Systems durch seine Struktur determiniert werden, stellen die (Stör-)Einwirkungen, aufgrund derer die autopoietische Einheit Zustandsveränderungen (Strukturveränderungen ohne Identitätsverlust) erleidet, lediglich Auslöseereignisse dar, die die Abfolge der Zustandsveränderungen der autopoietischen Einheit an die Abfolge derjenigen Zustandsveränderungen des Mediums ankoppeln, die die Störeinwirkungen darstellen" (Maturana, 1982, 143 f.).

Strukturell plastische Systeme sind lernende Systeme. Oft fühlen wir uns veranlaßt, sie als „intelligent" zu bezeichnen. Sie scheinen intelligent, da die Plastizität ihnen ständige Änderungen ihrer Reaktionen auf die Umwelt gestattet. Auch strukturell plastische Systeme sind ↗ operational abgeschlossen und zweckfrei. Der „Spielraum" für mögliche Veränderungen (d.h. für diejenigen strukturellen Änderungen, die ein System durchlaufen kann, ohne zugrunde zu gehen) wird von der Umwelt festgelegt, ohne daß diese jedoch determinierend eingreift (↗ Strukturdeterminismus).

Die Vorstellung eines aktiven Anpassens lebender Systeme an ihre Umwelt hat dabei nichts mit ihrem inneren ↗ selbstreferentiellen Funktionieren zu tun. Kategorien wie „Anpassung" sind Beschreibungen von Beobachtern, die entsprechend ihrem subjektiven Erleben ihre Welt konstruieren (↗ Konstruktivismus).

Weiterführende Literatur

Maturana, H. R.: Erkennen: Die Organisation und Verkörperung von Wirklichkeit. Braunschweig, Vieweg, 1982.

Supervision

Mit dem Beginn einer Beratung konstituiert sich ein therapeutisches System, das sich aus dem/den Klienten und dem/den Therapeuten als Komponenten zusammensetzt. Der Terminus „Komponente" soll hierbei darauf hinweisen, daß jedes individuelle Mitglied als konstituierender Bestandteil des Systems betrachtet wird. Der Wegfall einer Komponente hätte die Ausbildung eines neuen Systems mit anderen Beziehungen zwischen den übrigen Komponenten zur Folge (↗ soziales System; ↗ Verstörung).

Bei allen systemischen Familientherapieansätzen ist die Supervision ein fester Bestandteil sowohl der Ausbildung als auch der praktischen Arbeit. Supervisoren betrachten eine Sitzung (oft hinter der Einwegscheibe) und nehmen meist noch vor einer Intervention (z.b. in Form des consulting-break beim Mailänder Ansatz, vgl. Tomm, 1984) Einfluß auf das therapeutische Geschehen (Life-Supervision). Die Intensität dieser supervidierenden Begleitung kann sehr unterschiedlich sein. Das Spektrum reicht von eher seltenen Fallbesprechungen bis zu den sehr intensiven Formen der Life-Konsultation bzw. Life-Supervision ohne und mit Einwegscheibe (dann per Telefon).

Erste, insgesamt sehr ermutigende Erfahrungsberichte über Life-Supervision in der Therapie (Kingston & Smith, 1985; Andersen, 1987) sowie in der Ausbildung (Liddle, Davidson & Barrett, 1985) liegen bereits vor. Liddle et al. berichten aus einer Befragung von 85 Ausbildungskandidaten, daß besonders die unerfahreneren Trainees die Anwesenheit und Hilfestellung des Life-Supervisors als sehr hilfreich empfanden und Anweisungen sehr gut annehmen konnten, wenn sie konstruktiv formuliert waren. Das direkte Kennenlernen alternativer Konzepte und Interventionsmöglichkeiten wurde als besonders wertvoll bewertet. Erfahrenere Trainees erlebten die entsprechenden Situationen teilweise schwieriger, da sie mehr Freiraum und die Berücksichtigung ihres eigenen Stils beanspruchten.

Kingston & Smith (1985) betonen die Vorteile, die sich aus der Metaposition des Life-Supervisors ergeben (Herv. i. Orig.):

> „Die Tatsache, ein klein wenig weiter zurückzusitzen und verbal und non-verbal anzuzeigen, daß man eine andere Rolle als der Partner annimmt, reicht aus, die familiären Schwierigkeiten aus einer ganz anderen Perspektive zu sehen . . . Besonders wichtig ist, daß er (der Supervisor) das, was (mit) seinem Kollegen in Beziehung zur Familie geschieht, hört und sieht" (S. 78).

Die gleichen Autoren sehen fünf spezifische Vorteile bei der Arbeit ohne Einwegscheibe:

1. Die Anzahl und Identität der am therapeutischen Prozeß Beteiligten ist bekannt; alle Beteiligten können sich sehen. Dadurch wird eine klare Abgrenzung des Gesamtsystems möglich.

2. Live-Supervision führt zu erhöhter Aufmerksamkeit des Supervisors. Er kann die emotionalen Reaktionen der Familie leichter erkennen.

3. Der Supervisor kann sofort reagieren. Sein analoges Verhalten (Watzlawick et al., 1969) ist der Familie direkt zugänglich, was bei der Unterstützung des Therapeuten förderlich sein kann.

4. Eindeutige Rollen, die zugleich hierarchisch und kooperativ sind, stehen der Familie modellhaft zur Verfügung.

5. Die Bearbeitung von Meinungsverschiedenheiten durch klare unzweideutige Kommunikation kann der Familie gleichfalls als Modell dienen.

Eine zusätzliche Variante der Life-Supervision hat der norwegische Familientherapeut Tom Andersen (1987) entwickelt: Er läßt diejenigen, die während der Therapie in der Metaposition sind, ab und zu mitteilen, was sie gesehen haben und worüber sie spekulieren. Der Therapeut und die Familie, die im selben Raum sind, greifen diese Anregungen auf und diskutieren über deren spezielle Brauchbarkeit in der Therapie. Andersen ist der Ansicht, daß sich eine Familie durch diese Arbeitsweise aus einer erhöhten Anzahl von Ideen diejenigen heraussuchen kann, die für ein Weiterarbeiten geeignet erscheinen. Der Familie könne damit „maximales therapeutisches Rauschen" (Daelemans, 1987) zugänglich gemacht und zur spezifischen Bearbeitung anheimgestellt werden.

Die Supervision ist in allen Variationen ein sehr schwieriger Prozeß, der gut vorbereitet werden muß: Das therapeutische Team sollte hinsichtlich seiner theoretischen und praktischen Grundlagen annähernd die gleiche Sprache sprechen, d.h. etwa die gleichen theoretischen Konzepte benutzen. Voraussetzung jeder Supervision ist weiterhin eine gründliche Konfliktbearbeitung im Team, damit sich das Supervisionssystem nicht um seine eigenen Probleme herumorganisiert. Aufgabe, Funktion und Grenzen der therapeutischen wie der supervidierenden Rolle müssen so klar wie möglich abgesprochen werden. Gegenseitiger Respekt und das grundlegende Verlangen beider Seiten, jedes auftauchende Problem zu bearbeiten, sind unabdingbar. „Ohne diese Art Offenheit kann traditionelle Supervision mittelmäßig werden, aber teilnehmende Supervision wird gewiß fürchterlich fehl schlagen" (Rosenberg et al., 1968, 294, zit. n. Kingston & Smith, 1985, 80). Sind diese Voraussetzungen erfüllt, dann erleben Therapeuten die Hinweise eines Supervisors nicht mehr als Bedrohung bzw. Beleg ihrer eigenen Inkompetenz. Sie können die Anregungen als wertvolle Bereicherung in ihre eigene Arbeit einfließen lassen.

Weiterführende Literatur

Daelemans, S.: Kybernetische Muster der Supervision. *Zeitschrift für systemische Therapie*, 1987, 5(2), 101–104.

Hargens, J. & T. Andersen: Systemisches Denken und systemisches Arbeiten in Nordnorwegen. *Zeitschrift für systemische Therapie*, 1987, 5(2), 95–100.

Kingston, P. & D. Smith: Life-Konsultation ohne Beobachungsscheibe. *Zeitschrift für systemische Therapie*, 1985, 3(1/2), 77–83.

Liddle, H. A., Davidson, G. S. & M. J. Barrett: (Aus-) Wirkungen der Life-Supervision: Aus dem Blickwinkel der Trainees. *Zeitschrift für systemische Therapie*, 1985, 3(1/2), 69–75.

Tomm, K.: Der Mailänder familientherapeutische Ansatz: Ein vorläufiger Bericht. *Zeitschrift für systemische Therapie*, 1984, 1(4), 1–23.

Synergetik

Der Begriff „Synergetik" stammt aus dem Griechischen und bedeutet zu deutsch soviel wie „Die Lehre vom Zusammenwirken". Das von dem deutschen Physiker Hermann Haken begründete Forschungsgebiet sucht ungeachtet des überwältigenden Formenreichtums der Natur nach allgemeinen Gesetzmäßigkeiten, aus denen heraus verstanden werden kann, wie Strukturen, Muster und makroskopische Ordnung in der Welt entstehen.

Das sozialwissenschaftliche Interessante dabei ist, daß Haken die allgemeinen Gesetze, die er formuliert, nicht auf die materielle, unbelebte Natur beschränkt sehen will, sondern daß er genauso lebende Systeme sowie dynamische Prozesse in der Ökonomie, Soziologie, Psychologie etc. in seine Grundaussagen einbezieht. Die Synergetik kann in diesem Sinne als eine Wissenschaft vom geordneten, ↗ selbstorganisierten, kollektiven Verhalten angesehen werden, die Aussagen von hoher Allgemeingültigkeit macht (Haken, 1981b, 21). Den Ausgangspunkt bildete für Haken die Untersuchung des Laserlichts als synchronisierte (geordnete) Wellen. Der grundlegende Zugang der Synergetik zu ihrem Untersuchungsgegenstand unterscheidet sich dabei entscheidend von den Strategien anderer moderner Wissenschaften:

Das traditionelle und oft auch erfolgreiche Vorgehen, um Strukturen oder Vorgänge besser zu verstehen, war und ist, ein Untersuchungsobjekt in immer kleinere Teile zu zerlegen. Physiker zerlegten Atome in noch kleinere Teilchen, Biologen präparierten Zellen aus den Geweben heraus und fanden darin wiederum Zellkern, Zellmembran etc. Der Nachteil ist, daß wir mit dieser mikroskopischen Zerlegung am Ende zwar die Einzelbestandteile kennen, aber nichts wissen über deren Beitrag bzw. deren Zusammenwirken beim Aufbau makroskopischer Ordnungen. Hier nun setzt die Synergetik ein. Sie fragt nicht mehr danach, wie Strukturen aufgebaut sind, sondern wie sie entstehen. Ihre grundlegende These ist, daß die Ordnungsbildung in so heterogenen komplexen Strukturen wie z.B. im Laser, in Schneekristallen, im Auge einer Fliege, in menschlichen Gesellschaften, in der Sprache oder der Musik usw. sich nach den gleichen übergeordneten Regeln beschreiben läßt (↗ Systemtheorie und systemisches Denken). Es sind die Regeln, nach denen sich die unbelebte Materie selbst organisiert (vgl ↗ Selbstorganisation), um uns sinnvoll erscheinende Vorgänge hervorzubringen.

Die Synergetik hat erkannt, daß es auch in der unbelebten Natur zu Strukturbildungen kommt, wenn diese Strukturen durch einen ständigen Strom von Energie bzw. Nährstoffen aufrechterhalten werden. Für diese offenen Systeme gilt das alte Boltzmannsche Prinzip nicht mehr, nach dem die Unordnung in einem System (Entropie) immer größer wird, wenn man es sich selbst überläßt. Ein grundlegendes Prinzip der Synergetik besagt vielmehr, daß die Bestandteile offener Systeme unter dem Einfluß zugeführter Energie bzw. Materie permanent neue Lagen zueinander, neuartige Bewegungsabläufe oder neuartige Reaktionsvorgänge testen. Einer oder einige dieser Bewegungs- bzw. Reaktionsabläufe, an denen die Einzelteile jeweils in großer Zahl beteiligt sind, zeigt sich schließlich anderen kollektiven Bewegungen überlegen. Diese speziellen Abläufe verstärken sich lawinenartig und gewinnen gegenüber den anderen Bewegungsformen die Oberhand. Sie *„versklaven"* (ein wertfrei zu verstehender Fachausdruck der Synergetik) alle anderen Prozesse. Die dadurch entstehenden neuen Bewegungsabläufe, genannt *„Moden"*, prägen dem System seine makroskopische Struktur auf, die meist auch für den Menschen wahrnehmbar ist. Der neue dynamische Zustand, den das System so erreicht, erscheint uns in der Regel gegenüber dem alten Zustand von höherer Ordnung bzw. neuer Qualität zu sein (vgl. dazu die Konzepte der ↗ Emergenz (z.B. Willke, 1982) sowie der ↗ Kohärenz (Dell, 1986) von Systemen).

Die neuen „Moden" werden in der Terminologie der Synergetik zu *„Ordnern"*, die das weitere Zusammenwirken der Elemente organisieren. Existieren mehrere „Ordner" mit gleichen Wachstumsraten, so können diese durch Kooperation u.U. wieder eine völlig neuartige Struktur ausbilden (Haken, 1981b, 243).

Die durch empirische Forschung weitgehend belegten Modellvorstellungen der Synergetik sollen nun durch zwei Beispiele aus der unbelebten und der belebten Natur veranschaulicht werden:

1. Makroskopische Bewegungen in Flüssigkeiten

Bei genügend hoher Temperaturdifferenz zwischen unteren und oberen Schichten geschieht in Flüssigkeiten etwas Überraschendes: Die Flüssigkeit setzt sich durch die Erhitzung in Bewegung, aber keineswegs wild durcheinander, sondern makroskopisch wohlgeordnet in Form von Rollen (Benard-Zellen, vgl. Abb. 15, (Nicolis & Prigogine, 1987)). Das gleiche Phänomen ist in Form von wohlgeordneten Wolkenstraßen am Himmel zu beobachten.

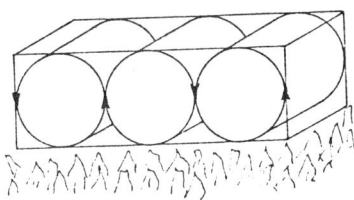

Abb. 15: Rollenförmige Bewegung von Flüssigkeit

Bei Erhitzung der Flüssigkeit dehnen sich die unteren Flüssigkeitsteile aus und steigen nach oben. Von oben drückt jedoch die kältere und schwerere Flüssigkeit nach unten. Erreicht die Temperaturdifferenz eine bestimmte Größe, ist es für die Flüssigkeit die energetisch günstigste Lösung, die Fluktuationen zu einer geordneten Bewegung zusammenzufassen. Die günstigste dieser Bewegungen wird schließlich die anderen „versklaven", d.h. sich gegenüber Konkurrenzbewegungen durchsetzen. Je nach Art des Gefäßes und der Flüssigkeit entsteht dabei eine Rollenbewegung, die die Funktion eines „Ordners" einnimmt. Nach Haken (1981b, 49) läßt sich, mit gewissen Einschränkungen, genau berechnen, welche kollektive Bewegung schließlich „gewinnen" wird und welche anderen Bewegungen „versklavt" werden.

An diesem Punkt ist ein wichtiger Unterschied zur Theorie dissipativer Strukturen von Prigogine u.a. (1977; 1979) festzustellen, da dort Ordnungszustände, die sich nach diskontinuierlichen Veränderungen bilden, als grundsätzlich nicht prognostizierbar gelten (↗ Ungleichgewichts-Thermodynamik). Außerdem sei diese Theorie, so Haken, nicht in der Lage, vorauszusagen, welche dissipativen Strukturen (offene synergetische Systeme überhaupt entstehen. Neuere Arbeiten dieser sogenannten „Brüsseler Schule" schlagen jedoch, so seine Einschätzung, eine ähnliche Richtung wie die Synergetik ein (1981b, 241).

Die Berechenbarkeit der kollektiven Bewegungen erfährt eine prinzipielle Einschränkung dadurch, daß sich die Rolle genauso linkswie rechtsherum bewegen kann, was von einer „zufälligen" Anfangsschwankung abhängt. (Der Begriff des Zufalls wird hier nicht im Sinne von Indeterminiertheit gebraucht. Es soll damit nur angedeutet werden, daß es unmöglich ist, die zeitliche wie energetische Identität dieser Anfangsschwankung genau zu bestimmen.)

2. Öffentliche Meinung als „Ordner"

Die Vorgänge, die im physikalischen Bereich durch die Erhitzung einer Flüssigkeit eingeleitet werden, versucht Haken (1981b, 157 ff.) nun für die Betrachtung soziologischer Vorgänge nutzbar zu machen. Er sieht eine vergleichbare Situation gegeben, wenn es etwa in einer Gesellschaft durch wirtschaftliche Veränderungen, Gesundheits- oder Umweltbedrohungen zu einer zunehmenden Destabilisierung in einzelnen Bereichen oder im gesamten politischen System kommt. Destabilisierung könnte hier bedeuten, daß sich unter den Bürgern die Ansicht vermehrt, es müsse etwas Neues geschehen.

Betrachtet man in dieser Hinsicht Teilbereiche in unserer Gesellschaft, so sind, z.B. hinsichtlich der Durchsetzbarkeit einer industriefreundlichen Energie und Umweltpolitik, besonders im Gefolge von Tschernobyl, Rheinverseuchung, Natur- und Waldsterben, durchaus Destabilisierungsansätze zu erkennen.

Bezüglich der Frage einer Ausgrenzung von HIV-positiven Personen ist dieser Destabilisierungsprozeß eher noch weiter fortgeschritten. Hier konkurrieren bereits mehrere gesellschaftliche Strömungen („Moden") sehr heftig um die Position des „Ordners" miteinander. Da der einzelne Bürger in diesen Phasen der Instabilität sehr stark auf die Meinung seiner Mitmenschen achtet, kommt der sog. „öffentlichen Meinung" ein besonderes Gewicht zu, denn „die herrschende öffentliche Meinung und die Meinung der einzelnen bedingen und stabilisieren sich im Sinne der Synergetik gegenseitig" (= ⟋ selbstorganisierende Rekursivität; Haken, 1981b, S. 164). Auch im Falle von Aids können dabei relativ kleine Fluktuationen zu einem lawinenartigen Meinungsumschwung führen (z.B. durch die Entwicklung eines sehr wirksamen Impfstoffs in die eine, sowie etwa durch die Entdeckung eines weiteren, besonders leicht übertragbaren Virus in die andere Richtung). Rationale, wohlüberlegte Argumente spielen bei diesen Prozessen der Meinungsbildung oft nur eine untergeordnete Rolle. Bei kollektiven Effekten kommt es oft gar nicht auf objektive Maßstäbe an, sondern auf die subjektive Meinung, die sich schließlich im Kollektiv durchsetzt.

Etwas zu subjektiv scheinen mir die synergetischen Überlegungen Hakens zur Wirtschaftspolitik zu sein (S. 133 ff.). Seine Empfehlung, selbstorganisierende Prozesse dadurch zu stärken, daß man in das Wirtschaftssystem möglichst wenig steuernd eingreift, findet in dem klassischen Grundkonflikt zwischen Freiheit und Gleichheit seine Grenzen. Hier sind unseres Erachtens differenzierte (divergente) Lösungen gefordert, die die unterschiedlichen, teilweise gegensätzlichen Bedürfnisse der Gesellschaftsmitglieder berücksichtigen (divergent im Sinne von Rappaport, 1985; ⟋ Empowerment).

Haken (1981, 146) sieht ganz richtig, daß es mehrere Lösungen für ein bestimmtes Problem geben *kann*. In menschlichen Gesellschaften *muß* allem Anschein nach eine geschützte Vielfalt von Lösungen bereitgestellt werden, denn die Gewährung völliger Freiheit für alle Lösungen würde in vielen Bereichen bald zu inhumaner Einseitigkeit führen.

Weiterführende Literatur

Haken, H.: Synergetik. Eine Einführung. Nichtgleichgewichts-Phasenübergänge und Selbstorganisation in Physik, Chemie und Biologie. Berlin, Springer, 1981a.
Haken, H.: Erfolgsgeheimnisse der Natur. Synergetik: Die Lehre vom Zusammenwirken. Stuttgart, DVA, 1981b.
Haken, H.: Synergetik und ihre Anwendung auf psychosoziale Probleme. In: Stierlin, H., Simon, F. B. & G. Schmidt: Familiäre Wirklichkeiten. Stuttgart, Klett-Cotta, 1987, 36–50.
Haken, H. (Geshrg.): Springer Series in Synergetics. Berlin, Springer.

System

1. Die Entwicklung des Systembegriffs

Ein einheitlicher Systembegriff (System, gr.: Synhistamein = zusammen stehen) ist nach dem derzeitigen Stand der systemischen Theoriebildung nicht verfügbar. An verschiedenen typischen Definitionsversuchen läßt sich jedoch in gewisser Weise die Entwicklung des Systembegriffes wie der Systemtheorie nachvollziehen. Luhmann (1971, 10) unterscheidet in dieser Hinsicht anhand des Verhältnisses von System und Umwelt vier Klassen systemtheoretischer Konzepte:

In die erste Klasse fällt die inzwischen klassische Definition von Hall & Fagen (1968, 81), die versucht, Systeme mit Hilfe der Kategorien „Ganzes" und „Teil" zu bestimmen, dabei jedoch den Bezug des Systems zur Umwelt gänzlich ausklammert: „Ein System ist eine Menge von Objekten zusammen mit Beziehungen zwischen diesen Objekten und zwischen ihren Merkmalen."

In einer zweiten Klasse können die Theorien der Gleichgewichtssysteme zusammengefaßt werden. Sie betrachten Systeme ebenfalls „... als aus sich selbst heraus bestehend, (ziehen) aber die Umwelt immer schon als Quelle von Störungen mit in Betracht, die im System entweder kompensiert oder nicht kompensiert werden können" (Luhmann, ebd.). Hierzu gehören an einem Ziel bzw. Sollwert ausgerichtete Systeme, z.B. Thermostaten.

In die dritte Klasse ordnet Luhmann die Theorie umweltoffener Systeme ein. Sie geht davon aus, „daß Systeme sich nur durch ... selektive Steuerung von Austauschprozessen mit der Umwelt erhalten können ... (Sie sind) als grenzerhaltende und bestandserhaltende Kombination von Prozessen (zu) untersuchen" (1971, 10). Viele biologische Systemmodelle (Stoffwechsel – Energiefluß) lassen sich hier zuordnen. Ihr Charakteristikum ist das „Fließgleichgewicht" (vgl. v. Bertalanffy, 1968, 156 ff.).

Die vierte Klasse bilden schließlich die kybernetischen Systemtheorien. Sie begreifen „das Verhältnis von System und Umwelt als eine Differenz in ↗ Komplexität ... Ein System muß, wenn es sich erhalten will, seine eigene Komplexität zu der der Umwelt in ein Verhältnis der Entsprechung bringen – ‚requisite variety' bei Ashby (↗ Selbstregulation) – und im übrigen seine geringere Komplexität durch verstärkte Selektivität wettmachen" (Luhmann, ebd.).

Es gibt zwischen System und Umwelt keine Punkt-für-Punkt-Übereinstimmung (dies würde im übrigen die Differenz zwischen System und Umwelt aufheben). Jedes System rekonstruiert vielmehr das Relationsgefüge eines komplexen Zusammenhangs durch einen zweiten Zusammenhang mit weniger Relationen durch Selektion, „... denn nur durch Selektion einer Ordnung kann ein System komplex sein" (Luhmann, 1984, 48).

Nach Luhmann muß die alte Vorstellung aufgegeben werden, daß Systeme aus Elementen *und* Relationen zwischen den Elementen bestehen (ebd., S. 66; Herv. i. Orig.). Relationierungen entstehen durch Selektionszwang. Sie dienen der Qualifizierung der Elemente im Hinblick auf einen Ausschnitt ihrer Möglichkeiten. Gemäß einem zirkulären Wirklichkeitsverständnis (↗ selbstreferentielle Systembeschreibung) qualifizieren die Relationen die Elemente. Elemente und Teilstrukturen konstituieren sich in ihrem So-Sein und in ihrer Dynamik wechselseitig. Schiepek (1988b) definiert entsprechend: „Ein System ist ein sich selbst relationierendes Gebilde, wobei die Relationierung über Prozesse der Selbstreferenz temporalisierter Komponenten erfolgt. Diese Prozesse produzieren, reproduzieren und verändern bestimmte strukturelle Muster des Systems (↗ Selbstreferentialität; ↗ Temporalisierung; ↗ Komponenten und Systeme; ↗ Struktur).

Selbstreferentielles Prozessieren ist nach Luhmann (in Krüll et al., 1987, 10) jeweils nur auf der Ebene der ↗ basalen Operation eines Systems möglich: „ . . . kein System (kann) eigene Operationen außerhalb der eigenen ↗ Grenzen vollziehen . . . , also auch sich selbst nicht durch eigene Operationen mit der Umwelt verbinden . . .".

Luhmann nimmt deshalb an, daß es mehrere grundverschiedene Arten ↗ autopoietischer Systeme gibt, die sich durch ihre ↗ basalen Operationen voneinander abgrenzen lassen. „So muß man die Autopoiesis des Lebens, die Autopoiesis des Bewußtseins und die Autopoiesis der ↗ Kommunikation unterscheiden. Durch den bloßen Vollzug der entsprechenden Operationen bilden sich völlig verschiedene Systeme, die sich von jeweils ihrer Umwelt unterscheiden lassen (ebda).

2. Die Unterscheidung zweier Systembegriffe: der Selbstreferenz- und der Vernetzungsbegriff

Durch seine Neufassung in der Theorie ↗ selbstreferentieller Systeme (z.B. Luhmann, 1984) konnte der Systembegriff gegenüber der klassischen Definition von Hall & Fagen (1968) eine deutliche Präzisierung erfahren. Die Objekte eines Systems wurden zu ↗ temporalisierten, nur systemrelativ existierenden ↗ Komponenten, die Relationen zu produktiven Interaktionen zwischen Komponenten (Def. von Schiepek, 1988b, siehe oben).

Im Bereich der empirischen Forschung muß dieser theoriebautechnische Fortschritt jedoch zur Zeit mit erheblichen Operationalisierungsproblemen bezahlt werden: selbstreferentielle Prozesse temporalisierter Komponenten sind jeweils nur auf einer Referenzebene und nur durch prospektive Studien erfaßbar. Auf der (↗ Emergenz-)Ebene biologischer und psychischer Systeme sind diese zudem kaum direkter Beobachtung zugänglich.

Nun zeigt sich die Leistungsfähigkeit der sozialwissenschaftlichen Systemforschung unseres Erachtens aber gerade darin, daß sie Zusammenhänge zwischen Prozessen auf verschiedenen Emergenzebenen zu rekonstruieren in der Lage ist. Viele psychosoziale Forschungsvorhaben zielen genau darauf ab, physikalische, biologische, psychische, soziale, politische, ökonomische und andere Prozesse zum Zwecke der Modellierung komplexer Szenarien miteinander in Beziehung zu setzen. Diese Aufgabe scheint nur lösbar, wenn über die Nutzung von Makroparametern (z.B. Populationsdichte, Entropiestufen, Konzentrations- und Verteilungsparameter und zum Beispiel deren Kovariation über die Zeit (nach geeigneter prozessualer Operationalisierung) verfolgt werden kann.

Zur Untersuchung dieser umfassenden Prozesse (z.B. Auswirkungen von ökologischen Veränderungen auf soziale Strukturen und individuelle Verarbeitungsmechanismen) kann unserer Meinung nach weiterhin der traditionelle Vernetzungsbegriff des Systems genutzt werden (Schiepek, 1988b). Den klassischen Vorstellungen der Systemwissenschaft folgend, wären damit operationalisierte theoretische Konstrukte als Systemobjekte und (z.B. formale mathematisierbare) Funktionen als Systemrelationen zu betrachten.

Die vereinfachenden Abstraktionen dieses Modells müssen dabei jedoch sehr deutlich gesehen werden. Mit dem vom Beobachter/Modellbildner gewählten Objekten und Relationen sind die möglichen System- bzw. Netzwerkprozesse festgelegt. Eine Umwelt existiert für das *Modell* nicht (s. Baecker, 1988). Konstruiert man z.B. eine Familie über deren Mitglieder als Elemente und den entsprechenden Beziehungen als Relationen, so bleiben damit System-Umwelt-Kontakte ausgeschlossen.

Die Nützlichkeit des Vernetzungsbegriffs von Systemen sehen wir momentan in zweifacher Hinsicht (Schiepek, 1988b, 18f, zit. n. Manuskript):

„a) als Basis für die Konstruktion dynamischer ↗ Systemmodelle . . . und

b) als Basis für die Veranschaulichung von Vernetzungen zwischen Elementen, die im Prinzip unabhängig von dieser Vernetzung denkmöglich sind. . . . (z.B.) verschiedene psychosoziale Einrichtungen, welche diverse Kontakte miteinander unterhalten, zum Beispiel wechselseitige Zuweisung von Klienten, wechselseitiger Erfahrungsaustausch, Koordination ihrer Tätigkeiten, etc. . .“

3. Systemhierarchien

Seit den 60er Jahren besteht die Tendenz, Systemdifferenzierung als Hierarchie zu beschreiben. Hierarchien ermöglichen es komplexen Systemen, in denen Relationierungen zwischen allen Elementen nicht mehr realisierbar wären, geordnete ↗ Strukturen auszubilden und Komplexität zu bewältigen (Willke, 1978). Die Annahme hierarchischer Modelle ist in der Psychologie geläufig (vgl. hierarchische Stufenmodelle in der Entwicklungspsychologie (Selg, 1978; Tote-Einheiten bei Miller, Galanter & Pribram (1973); VVR-Einheiten bei Hacker (1973); hierarchische Plananlyse bei Grawe (1980)). Hierarchie soll hierbei keine Weisungskette von oben nach unten bezeichnen, gemeint ist in diesem Zusammenhang nur „daß Teilsysteme wiederum Teilsysteme ausdifferenzieren können, und daß auf diese Weise ein transitives Verhältnis des Enthaltenseins im Enthaltensein entsteht" (Luhmann, 1984, 38). Hierarchieebenen setzen sich nicht additiv aus Substrukturen zusammen, sie schaffen ihr eigenes, qualitativ neues ↗ Emergenzniveau (↗ Ebenen der Systembeschreibung). Die Beziehungen zwischen emergenten Systemebenen sind hierbei weder instruktiv noch völlig frei. Es herrscht relative Autonomie (↗ stratifizierte Autonomie). Übergeordnete Strukturen beschränken den Verhaltensspielraum untergeordneter Systeme, während diese die Realisationsmöglichkeiten des Ganzen beschränken.

Anfang der 70er Jahre leiteten dann besonders die Arbeiten des chilenischen Neurobiologen H.R. Maturana einen neuen Entwicklungsschub in der Theoriebildung ein. Als zentrale Konzepte gewannen die Begriffe der ↗ Selbstorganisation bzw. der ↗ Selbstreferentialität immer mehr an Bedeutung. Die Theorie selbstreferentieller Systeme behauptet, daß eine Ausdifferenzierung von Systemen nur durch Selbstreferenz zustandekommen kann. Systeme müssen in den Prozessen der Konstitution ihrer Elemente und Operationen auf sich selbst Bezug nehmen können. Für Bewußtseins- und soziale Systeme bedeutet dies, daß sie eine Beschreibung von sich selbst erzeugen und sich damit von ihrer Umwelt ausgrenzen können (↗ Grenze).

Eine erste Konsequenz war, daß selbstreferentielle Systeme bezüglich ihrer Operationen als abgeschlossen betrachtet wurden. Die klassische Unterscheidung zwischen offenen und geschlossenen Systemen wurde damit ersetzt durch die Frage, wie selbstreferentielle Schließung Offenheit (Umweltkontakt) erzeugen könne (↗ operationale Schließung; ↗ Strukturdeterminismus).

Nach Maturana ist diese Frage leichter zu beantworten, wenn wir ein System aus dem Blickwinkel seines inneren mechanistischen Funktionierens betrachten. Wir können damit gleichzeitig die Gefahren sprachlicher Erklärungen umgehen. Sprachliche Erklärungen lenken unsere Aufmerksamkeit vom System weg auf seinen Gebrauchszusammenhang, d.h., auf seinen relationalen Kontext. Die wissenschaftliche Erklärung eines Phänomens bzw. Systems setzt nach Maturana aber „... notwendigerweise eine *nicht reduktionistische mechanistische Reproduktion*" des Phänomens ↗ System voraus (Maturana, 1982, 16; vgl. generativer Mechanismus unter ↗ Modelle).

Soll ein konkretes System erklärt werden, muß nach Maturana sowohl seine ↗ Organisation als auch seine ↗ Struktur reproduziert werden. Entsprechend definiert Zeleny (1980, 5): „A system is a unity of its organization and structure".

Obwohl von einigen Autoren (z.B. Dell, 1984, 161) die Unvereinbarkeit des Strukturdeterminisimus mit Vorstellungen von Systemhierarchien postuliert wird, erscheint uns ↗ selbstreferentielles Operieren im Kontext einer geordneten, hierarchischen Strukturierung möglich und sinnvoll (jedoch nur unter der Voraussetzung eines modifizierten Hierarchiebegriffs, vgl. ↗ Ebenen der Systembeschreibung).

Setzt man eine ↗ emergente Ordnungsbildung voraus, so ist jedes System in eine grundlegende Dialektik zwischen Autonomie (realisiert durch Selektionierung untergeordneter Systeme) und Integration (als Element in übergeordnete Teilsysteme) eingebunden. Allen & Starr (1982, 8 ff .) haben dieses Wechselverhältnis zwischen hierarchischen Strukturen in ihrem Holon-Konzept thematisiert. Holons wirken beschränkend auf die Verhaltensmöglichkeiten untergeordneter Systeme, die selbst Holons darstellen, passen sich aber umgekehrt in übergeordnete Systeme (Holons) ein, und werden von diesen in ihrem Verhaltensspielraum beschränkt.

Es bleibt darauf hinzuweisen, daß Hierarchieebenen keine ontologischen Realitäten sind, sondern Beschreibungen eines Beobachters (Roth, 1981, 113). Wie er einzelne Systemebenen abgrenzt, hängt von seinen Unterscheidungen ab. Allen & Starr (1982, 11) gehen von n-dimensionalen, kontinuierlichen Hierarchien aus und betrachten die Unterteilung in diskrete Stufen lediglich als methodisches Hilfsmittel (vgl. auch den Begriff der „Heterarchie" bei Hejl (1987, 146) unter ↗ soziales System).

4. Das System: Wirklichkeit oder Konstruktion?

Im Rahmen der systemtheoretischen Diskussion kann manchmal der Eindruck entstehen, daß mit der Beschreibung technischer, physikalischer oder sozialer Systeme konkrete Objekte in der Realität bezeichnet werden sollen. So etwa aus der Sicht der materialistischen Erkenntnistheorie: „Systeme existieren als geordnete ganzheitliche Gebilde objektiv" (Autorenkollektiv, 1973, 73).

Existieren Systeme nun real oder muß man sie als beobachterrelative kognitive Organisationsinstrumente zur Beschreibung einer subjektiven Wirklichkeit betrachten?

Luhmanns Position dazu ist recht eindeutig, aber nicht unproblematisch. Er versteht seinen systemtheoretischen Ansatz keinesfalls als „bloße Methode der Wirklichkeitsanalyse" (1984, 30), sondern als Aussagensystem, das sich auf die „wirkliche Welt" (ebda) bezieht. Luhmann benutzt damit einen *ontologischen* Systembegriff, d.h., er geht davon aus, „daß es Systeme gibt" (ebda).

> „Der Systembegriff bezeichnet also etwas, was wirklich ein System ist, und läßt sich damit auf eine Verantwortung für Bewährung seiner Aussagen an der Wirklichkeit ein" (ebda).

Diese Wirklichkeit kann nach Luhmann zunächst als unfaßbare, ungeordnete ↗ Komplexität begriffen werden. Sie ist zwar nicht direkt erfaßbar, Komplexität ist jedoch durch „so etwas wie Sinn, Zeit, Ereignisse, Handlungen, Erwartungen usw." erfahrbare Realität und damit zugleich Bedingung der Möglichkeit der Ausdifferenzierung von Wissenschaft (ebda, S. 13).

Unter der Prämisse einer ↗ konstruktivistischen Erkenntnistheorie kann diese Ausdifferenzierung nur durch beobachterrelative, perspektivische Modell- bzw. Begriffsbildung erfolgen (↗ Modelle). Die Begriffe und Modelle bewähren sich daran, ob sie die Dynamik einer beobachteten (und dadurch natürlich beobachterrelativen) Wirklichkeit zu reproduzieren in der Lage sind.

Auch Luhmanns Anspruch, mit seiner Begrifflichkeit „reale" Systeme beschreiben zu wollen, wird sich diesem Modell- bzw. „Realitätstest" stellen müssen. Selbstverständlich ist vollständige Übereinstimmung mit der Wirklichkeit weder erreichbar noch beweisbar. (Verhaltensmodellhaftigkeit und Strukturmodellhaftigkeit sind unabhängig voneinander, d.h., ein bestimmtes Verhalten eines Systems kann mit unterschiedlichsten Strukturmodellen hergestellt werden, bedeutet also keine wechselseitige Bewährung!). Relevante Informationen ergeben sich vielmehr aus Unterschieden zwischen Begriffsbildung und beobachteten Phänomenen.

> „Die entsprechenden Begriffe dienen der Wissenschaft als Sonden, mit denen das theoretisch kontrollierte System sich der Realität anpaßt; mit denen unbestimmte ↗ Komplexität in bestimmte Komplexität überführt wird . . . Begriffe formieren den Realitätskontakt der Wissenschaft als Differenzerfahrung. Und Differenzerfahrung ist Bedingung der Möglichkeit von Informationsgewinn und Informationsverarbeitung" (Luhmann, 1984, 13).

Aus ↗ konstruktivistischer Sicht sind Systeme jedoch beobachterabhängige Beschreibungen und damit grundsätzlich perspektivisch (Stachowiak, 1978, 56; von Foerster, 1988). Damit erscheint es gerechtfertigt, Systeme als formale ↗ Modelle (Ropohl, 1978, 32) zu betrachten, mit deren Hilfe die Gegenstände der Erkenntnis beschrieben werden. Händle & Jensen (1974, 26) formulieren entsprechend: „Systeme sind keine Gegenstände der Erfahrungswelt, sondern (theoretische) Konstruktionen." Systeme sind Modelle, die sich der Mensch von der Realität macht. Man kann diese Auffassung als modellistischen Systembegriff bezeichnen. Mit Stachowiak (1973, 131 ff.) sind daher Systeme, wie alle Modelle, durch drei Merkmale zu kennzeichnen: a) das Abbildungsmerkmal, b) das Verkürzungsmerkmal und c) das pragmatische Merkmal; (genauer siehe ↗ Modelle).

Das formale Verständnis des Begriffs System erlaubt der Systemtheorie einen Beitrag zur Generalisierung und Vereinheitlichung bislang unverbundener einzelwissenschaftlicher Theorien zu leisten (Metatheorie). Neben der Formulierung allgemeiner Gesetze tritt dabei die beschreibende Funktion in den Vordergrund. Die Verbindung des kybernetischen Aspekts mit dem der Regelungs- und Informationstheorie (↗ Kybernetik) könnte zudem zu einer neuen und adäquateren Fundierung der Handlungswissenschaften beitragen (vgl. ↗ Systemtheorie und systemisches Denken).

Weiterführende Literatur

Luhmann, N.: Moderne Systemtheorien als Form gesamtgesellschaftlicher Analyse. In: Habermas, J. & N. Luhmann: Theorie der Gesellschaft oder Sozialtechnologie – Was leistet die Systemforschung? Frankfurt/M., Suhrkamp, 1971.

Ropohl, G.: Einführung in die allgemeine Systemtheorie. In: Lenk, H. & G. Ropohl (Hrg.): Systemtheorie als Wissenschaftsprogramm. Königstein/Ts., Athenäum, 1978, 9–49.

Stachowiak, H.: Allgemeine Modelltheorie. Wien, Springer, 1973.

Willke, H.: Systemtheorie und Handlungstheorie – Bemerkungen zum Verhältnis von Aggregation und Emergenz. *Zeitschrift für Soziologie*, 1978, 7(4), 380–389.

Willke, H.: Systemtheorie. Stuttgart, Fischer, UTB, 1982.

Systemische Methodologie

Die Methodologie als Metawissenschaft analysiert nach Bunge (1967, 31 ff.) die in den Einzelwissenschaften zum Einsatz gelangenden Methoden der Erkenntnisgewinnung. Bunge rechnet sie zusammen mit der allgemeinen Wissenschaftslogik und -philosophie zu den „Metawissenschaften der Einzelwissenschaften", die gemeinsam mit den sog. „Tatsachenwissenschaften der Einzelwissenschaften" (Psychologie; Soziologie; Geschichte der Wissenschaft) die sechs Gegenstandsbereiche der allgemeinen Wissenschaftstheorie (auch: Wissenschaftswissenschaft bzw. Science of science) bilden (Schneewind, 1977, 19 f.).

Eine systemische Methodologie, so wie sie hier entwickelt werden soll, sieht sich eng verbunden mit der Erkenntnistheorie des „Radikalen Konstruktivismus" (von Foerster, von Glasersfeld, Watzlawick). Abgelehnt werden deshalb teleologische Auffassungen von Wissenschaft, die den Fortschritt von Erkenntnis als eine Bemühung mit dem Ziel interpretieren, der „wahren Verfassung der Natur" immer näher zu kommen (so z.B. Karl Popper). Die Möglichkeit einer solchen „absoluten" bzw. „wahren" Erkenntnis muß inzwischen aufgrund einer Vielzahl von empirischen Befunden, vor allem aus dem Bereich der Neurophysiologie, stark in Zweifel gezogen werden (z.B. Maturana, 1982; von Foerster, 1981a; Roth, 1987; Schwarz, 1987; vgl. ↗ Konstruktivismus; ↗ operationale Schließung; ↗ Selbst-, Fremdreferentialität). Die Rede von der wahren Verfassung der Natur kann damit nur als Metapher aufgefaßt werden, bzw. ist nur dann sinnvoll, wenn das Prädikat „wahr" auf „Sätze" oder „Aussagen" innerhalb einer Aussagenlogik bezogen wird (dann im Sinne von Exaktheit bzw. Adäquatheit).

Von einer fortschrittlichen wissenschaftlichen Theorie kann in diesem Sinne nicht mehr verlangt werden, „als daß sie dieselben Phänomene, welche die alte Theorie zu erklären vermochte *genausogut oder besser* erklärt, und daß sie *darüberhinaus* gewisse *zusätzliche* erklärende und prognostische Leistungen erbringt" (Stegmüller, 1979, 124). Fortschritt heißt somit Fortschritt des Wissens und nicht Fortschritt auf ein Ziel bzw. eine Wahrheit hin. Da Fortschritt nach diesem Kriterium nicht nur auf eine einzige Weise erfolgen kann, entsteht die Möglichkeit der *Fortschrittsverzweigung bzw. -gabelung* (ebd.).

Mit der Aufgabe des Wahrheitsbegriffs muß Wissenschaft nicht in der Irrationalität enden. In den modernen Naturwissenschaften wie auch in zunehmendem Maße in den Geisteswissenschaften wird Forschung auch ohne absolute Wahrheit durch ↗ Modellbildung möglich. Modelle bilden Teile der Wirklichkeit ab; sobald sie nicht mehr brauchbar sind, werden sie durch andere ersetzt. Einen Vorschlag einer systemischen Methodologie stellen Arbeiten zur Konstruktion idiographischer ↗ Systemmodelle zur Verfügung (Schiepek,

1986, 1987a,b). Auch Schiepek geht dabei von einer konstruktivistischen Position aus. In der psychosozialen Praxis wie in anderen Wirklichkeitsbereichen ist folglich eine Vielzahl von nebeneinander existierenden Modellen vorstellbar. Modelle sind Beschreibungen von Beobachtern, die nie alle Faktoren erfassen können. Sie werden deshalb – in der Forschung wie in der Praxis – auch nie einen möglichen Fehlschlag verhindern können.

Der Wissenschaftstheoretiker T. Kuhn (1967) hat aufgezeigt, daß naturwissenschaftliche Theorien empirisch weder bestätigt noch widerlegt werden können. In ähnlicher Weise kann auch für die psychosoziale Praxis gefolgert werden: „Die klinischen Wirklichkeitskonstruktionen eines Beobachters, sowie die beobachteten (d.h. konstruierten) Therapieergebnisse könnnen sich weder verifizieren noch falsifizieren, noch können sie sich gegenseitig Erfolgsgarantien liefern" (Schiepek, 1987b, 18, zit. n. Manuskr.).

Kriterien einer systemischen Methodologie

Der Verzicht auf eine beobachter-unabhängige Objektivierung wissenschaftlicher Erkenntnis in der systemischen Forschung macht eine Suche nach neuen Kriterien notwendig. Beruft man sich auf Westmeyers (1979) Vorschlag einer „relativ rationalen" Begründung von Wissenschaft, so müssen eine systemische Methodologie und entsprechende Kriterien auf Konsensfähigkeit beruhen.

Die folgenden Ausführungen beziehen sich auf Schiepek (1987b), der zum Zwecke einer Systematisierung der Kriteriendiskussion folgenden Einteilungsvorschlag macht:

1) Kriterien zu grundlegenden Aspekten wissenschaftlichen Vorgehens;
2) Kriterien zur Modell- und Theoriebildung;
3) Kriterien der Datengenerierung;
4) ethische Kriterien.

Zu 1) Als grundlegendes Charakteristikum des wissenschaftlichen Vorgehens sowie des Gegenstandsbereiches kann die *Systemhaftigkeit* gelten. Dies bedeutet im einzelnen:

Rekursivität statt ↗ Linealität. Die Unterscheidung zwischen abhängigen und unabhängigen Variablen wird aufgegeben zugunsten zirkulärer bzw. rekursiver Verbindungen. Die traditionelle zweiwertige Logik müßte hierbei durch eine neue ersetzt werden.

Prozeßorientierung (dynamische ↗ Modelle) anstelle statischer Aussagen. Die Darstellung bzw. Rekonstruktion von Prozessen wird z.B. in idiographischen ↗ Systemmodellen durch das Durchlaufen der zirkulär vernetzten Systemelemente ermöglicht.

Organisierte Komplexität. Wissenschaft hat eine Ordnungsfunktion zu übernehmen, d.h., sie muß ungeordnete in geordnete ↗ Komplexität transformieren. Komplexität ist dabei vom Beobachter kalibrierbar. Aufgrund der Komplexität des Beobachtungsgegenstandes wird eine Wirklichkeitsbeschreibung meist auf mehreren ↗ Ebenen erfolgen.

Methodische Selbstreferenz. Wissenschaftliches Vorgehen erfordert eine Reflexion der eigenen Voraussetzungen, Handlungsbedingungen und Vernetzungen in ihr Gegenstandsfeld (vgl. ↗ rekursive Systembeschreibung). Forschung verändert ihren Untersuchungsgegenstand. Es ist deshalb wichtig, nach der *Handlungsrelevanz* sowie nach den Konsequenzen des Forschungsprozesses selbst, und nicht erst nach seinen Ergebnissen zu fragen (vgl. Zecha & Lukesch, 1982).

Theorie — Empirie — Verzahnung. Die Theoriebildung sollte auf eine qualitative oder quantitative Datenbasis beziehbar sein und von dieser umgekehrt wieder modifiziert werden können. Die dazu erforderliche *Konkretheit* der Theoriebildung erleichtert gleichzeitig eine Umsetzung in die Praxis. Erschwerend wirkt dabei sicherlich die Vielzahl der existierenden Theorien und Modelle (vgl. Fortschrittsgabelung s.o.).

Praktische und emanzipatorische Relevanz. Die Ergebnisse der Forschung müssen im psychosozialen Kontext Verwendung finden können. Ökologische Rahmen- bzw. ↗ Kontextbedingungen müssen explizit mitkonstruiert werden, auch um gesellschaftliche Einbindungen transparent und damit diskussionsfähig zu machen. Praktiker und Betroffene sind nicht passive Empfänger, sondern aktive Mitgestalter des Forschungsprozesses.

Damit wird gleichzeitig klar, daß Forschung nicht zu objektiver Erkenntnis führt, sondern relativ ist bezüglich Beobachter, Fragestellung, Bedarfslage usw.. *Diversifikation* wird damit zum sinnvollen und allgemeinen Kennzeichen praxisrelevanter Forschung. Angesprochen ist damit die Passung wissenschaftlicher Wirklichkeitskonstruktion in die vom Produzenten und Rezipienten erzeugten Nischen (↗ Ökosysteme bzw. Lebenswelten).

Verschiedene Kriterien wurden von den Autoren des Diskurses systemischer Methodologie (Hrg: Schiepek, 1988a) vorgeschlagen (z.B. Brunner: kommunikative Validierung; ökologische Validierung; Schiepek: kommunikative Relativierung; humanökologische Vernetzung). Nähere Ausführungen zur Methodologie und zur mathematischen Modellierung sozialer Prozesse siehe dort.

Zu 2) Die unter 1) genannten Kriterien behalten auch hier ihre Gültigkeit.

Transparenz. Modelle/Theorien müssen die jeweilige Wirklichkeitskonstruktion explizit und damit nachvollziehbar machen können.

Sie erhalten damit eine *kommunikative Funktion.* Einzelfallbezogene Modelle dienen in der psychosozialen Praxis einer kriteriengeleiteten Kommunikation und Dokumentation.

Kritisierbarkeit. Transparenz und Kommunizierbarkeit erlaubt eine kritische Hinterfragung von Modellen durch Forscher, Praktiker und Betroffene. Bei entsprechender ↗ konsensueller Abstimmung wird damit relative Rationalität (Westmeyer, 1979) möglich. Völlige Deckungsgleichheit bei der Modellkonstruktion durch verschiedene Beobachter/Forscher ist dabei kein zwingendes Kriterium (Schiepek, 1986). *Kreativität.* Modelle/Theorien können idealerweise neue Denk-, Handlungs- bzw. Forschungsmöglichkeiten erzeugen (vgl. a. 2. unter idiographische ↗ Systemmodelle).

Zu 3) Für den Bereich der Datengenerierung sind andere Kriterien zu berücksichtigen als für die Modell- und Theoriebildung. Soweit dies mit systemischen Konzepten vereinbar ist, können durchaus die vorhandenen Verfahren (z. B. Fragebögen, Familien-Klima-Skalen, Interviews, Beobachtungsmethoden zur Interaktionsanalyse, Inhaltsanalyse usw.) zur Anwendung kommen. Besondere Bedeutung können daneben z.b. qualitative Verfahren sowie kontinuierliche oder diskontinuierliche Verlaufsindikatoren (Prozeßforschung) erlangen. Das Kriterium der *intersubjektiven Übereinstimmung* behält dabei (bei entsprechendem Datenniveau) seine Berechtigung (zur Beurteilung einzelner Datengenerierungsverfahren vgl. Schiepek, 1986, 149 ff.; Brunner, 1984; Roth, 1984).

Zu 4) Die Subjektivität jeder Wirklichkeitskonstruktion zieht eine besondere Verantwortung für jeden Modellkonstrukteur nach sich. Dies wirft die Frage nach ethischen Kriterien auf.

Wissenschaftliches und praktisches Handeln ist grundsätzlich *parteilich.* Dazu sollte sich jeder verantwortlich Tätige bekennen. Parteilichkeit meint hier nicht Macht und Kontrolle, sondern die Tatsache, daß wissenschaftliche Arbeit immer in bestimmte Begründungs- und Verwertungszusammenhänge eingebunden ist. Sprache erzeugt Wirklichkeit mittels der verwendeten Leitdifferenzen (Luhmann, 1984; Willke, 1987), die Handlungsbegründungen für höchst unterschiedliche Zwecke gestatten. Verleugnen wir dies, machen wir uns zum Anwalt derer, die mittels vernetztem Denken zu immer perfekteren, weil subtileren und intransparenteren Zugriffsformen sozial- und obrigkeitsstaatlicher „Hilfen" kommen wollen (Verwaltungs-, Planungs- und Polizeimaßnahmen folgen oft auf dem Fuß), dies aber gleichzeitig mit einer anti-interventionistischen Terminologie zu verschleiern suchen (Schiepek, 1987b, 24; vgl. a. ↗ Macht und Kontrolle, sowie Levold, 1986).

Systemisches Denken muß sowohl auf die *Gefahr von Macht und Kontrolle,* erzeugt mittels Sprache (bzw. sprachlicher Leitdifferenzen), hinweisen, als auch auf *Kontrollierbarkeitsmythen* und *technische Machbarkeitsphantasien* auf anderen Ebenen. Hier ist man permanent zur Selbst- und Fremdkritik aufgefordert, um seiner Verantwortung für Leben und Umwelt gerecht zu werden.

Weiterführende Literatur

Brunner, E. J. (Hrg.) Interaktion in der Familie. Berlin, Springer, 1984.
Brunner, E.J.: Grundfragen der Familientherapie. Berlin, Springer, 1986.

Schiepek, G.: Psychosoziale Praxis und Forschung: Ein methodologischer Entwurf aus systemischer Sicht (1987b). Erscheint in: Reiter, L., Brunner E.J., S. Reiter-Theil (Hrg.): Von der Familientherapie zur systemischen Therapie. Berlin, Springer, 1988, 51–73.

Schiepek, G. (Hrg.): Diskurs systemischer Methodologie. (Mit Beiträgen von E.J. Brunner, A.v. Schlippe, K. Ludewig, P. Kaimer, H. Willke, F. Reither und U. an der Heiden). *Zeitschrift für systemische Therapie*, 6 (2), 1988a.

Schneewind, K. A.: Zum Verhältnis von Psychologie und Wissenschaftstheorie. In: ders.(Hrg.): Wissenschaftstheoretische Grundlagen der Psychologie. München, Reinhardt (UTB), 1977, 11–25.

Stegmüller, W.: Rationale Rekonstruktion von Wissenschaft und ihrem Wandel. Stuttgart, Reclam, 1979.

Westmeyer, H.: Die rationale Rekonstruktion einiger Aspekte psychologischer Praxis. In: Albert, H. & K. H. Stapf (Hrg.): Theorie und Erfahrung. Stuttgart, Klett, 1979, 139–161.

Systemische Therapie

Der Begriff der systemischen Therapie wird hier in einem vergleichsweise umfassenden Verständnis eingeführt. Er soll ausdrücklich keinen speziellen Handlungsansatz oder eine besondere Therapietechnik, z.B. der Familientherapie, bezeichnen. Das Konzept verweist vielmehr auf einen neuen Entwurf psychosozialer Praxis, konstruiert mittels systemischen Denkens. Systemisches Denken meint eine grundlegende Betrachtungsweise jeglicher Phänomenbereiche, die den Blick auf Muster, Zusammenhänge und Dynamiken lenkt (Ropohl, 1978; ⁊ Systemtheorie und systemisches Denken).

Üblicherweise sind jedoch mit dem Etikett „systemische Therapie" die verschiedensten Vorstellungen über Denk- und Arbeitsweisen einzelner familientherapeutischer Schulen verknüpft. Deshalb werden zunnächst drei der bekanntesten Konzepte vorgestellt, um danach mehr auf übergreifende Kennzeichen systemtherapeutischen Arbeitens einzugehen.

1. Schulen der Familientherapie

1.1 Der strukturelle Ansatz

Die strukturelle Methode, wie sie vor allem von Minuchin (1977) und Minuchin & Fishman (1983) vertreten wird, hat ein eher loses Verhältnis zu systemischen Grundlagentheorien. Minuchin bewegt sich vor allem in der Begrifflichkeit der Rollen- und Organisationstheorie, um Strukturen, ⁊ Grenzen und Rollenverteilungen in einer Familie zu beschreiben.

Grundlage des Vorgehens ist sein *normatives* Modell einer gut funktionierenden Familie. Eine angemessen organisierte Familie sollte, so Minuchin, durch klare, d.h. weder diffuse noch starre Grenzen zwischen den familiären Subsystemen sowie nach außen gekennzeichnet sein (⁊ Autonomie). Pathologische Familien weisen demnach oft eine nicht deutlich definierte Generationengrenze zwischen Eltern und Kindern auf. Beispiel: Eine Tochter wird zur Vertrauten der Mutter und in eheliche Schwierigkeiten eingeweiht.

Die Interventionen struktureller Therapeuten richten sich folglich vor allem auf eine Neuplanung und aktive Umgestaltung der familiären Organisation. Das Ziel wird dabei häufig sein, die Intimsphäre des elterlichen Subsystems zu schützen und eine einheitliche, konsistente Haltung der Eltern gegenüber ihren Kindern zu erreichen.

1.2 Der strategische Ansatz

Der Begriff „strategische Therapie" wurde von Jay Haley (z.B. 1977) geprägt, um die Notwendigkeit aktiver und angemessener Planung des Therapieprozesses zu betonen. Die Betonung der hierarchisch übergeordneten Position des Therapeuten, der versucht, Kontrolle über den Therapieprozeß zu erlangen, zeigt dabei deutliche Parallelen zum strukturellen Ansatz.

Der strategische Therapeut zeigt sich zunächst weniger an der gesamten Familienstruktur interessiert, als vielmehr an der detaillierten Klärung des spezifischen Problems, seiner interaktionellen Regelmäßigkeiten und seines engeren raum-zeitlichen Kontextes. Das besondere Interesse an den Details eines Systems wird durch das Modell sich selbst verstärkender Zyklen verständlich, das u.a. dem strategischen Ansatz zugrunde liegt. Es wird dabei davon ausgegangen, daß das System oft genau diejenigen Symptome aufrechterhält, die es zu beseitigen trachtet („Die Lösung ist das Problem!", Watzlawick et al., 1974). Angeregt wurde diese Problemsicht vor allem durch die kommunikationstheoretisch orientierte Schizophrenieforschung der „Palo-Alto-Gruppe" (z.B. Bateson, Jackson, Haley, Weakland, 1956).

Das Ziel der strategischen Therapie ist dementsprechend die Identifizierung und Veränderung derjenigen regelmäßigen Verhaltenszyklen, die sich um ein Symptom herum gebildet haben. Große Bedeutung erlangt dabei die Technik der Situationsumdeutung. Der Therapeut versucht dabei eine Situation derart zu reformulieren, daß sie von der Familie in ihrer Bedeutung neu wahrgenommen werden kann. Manche Therapeuten werfen dem strategischen Ansatz „Manipulation durch Rhetorik" vor. Die Reaktionen zeigen jedoch, daß diese eher pragmatisch orientierte Therapierichtung offenbar sehr gut mit diesem Vorwurf leben kann (nach Hoffman, 1982).

1.3 *Der systemische Ansatz (Das Mailänder Modell)*

Das Modell systemischer Therapie der Mailänder Familientherapeutin Mara Selvini Palazzoli und ihres Teams kann wohl als die konsequenteste Verbindung systemtheoretischer und kybernetischer Grundlagentheorien mit familientherapeutischer Praxis betrachtet werden. Aus der Perspektive einer zirkulären ↗ Epistemologie wird es von den vorgestellten Ansätzen am ehesten der Rekursivität und wechselseitigen Bedingtheit menschlichen Verhaltens gerecht (vgl. ↗ Kohärenz; ↗ Systemtheorie und systemisches Denken).

Weber & Simon (1988) unterscheiden die Entwicklung des Mailänder Ansatzes nach zwei Hauptphasen. Die Arbeit in der ersten Phase lehnt sich stark an die kurztherapeutischen Konzepte der Palo-Alto-Gruppe an. Man war davon überzeugt, durch möglichst passende und raffinierte Interventionen (meist am Schluß der Sitzung) die Familie direktiv und ↗ lineal beeinflussen zu können. Die Vorstellungen von Familien glichen denen ↗ trivialer, d.h. im Prinzip berechenbarer Maschinen, die mittels passender Interventionen (Inputs) in ein verändertes Gleichgewicht (Homöostase) zu bringen waren. Die Position des Therapeuten ist hierarchisch übergeordnet. Er versucht, das „Spiel" der Familienmitglieder zu durchschauen und im Gefolge davon zu kontrollieren. Das mittlerweile zum Klassiker gewordene Buch „Paradoxon und Gegenparadoxon" (dt. 1977) dokumentiert eindrucksvoll die großen Erfolge des Ansatzes bereits in dieser Phase.

Vor allem durch den Einfluß der Arbeiten Batesons (dt. 1981; 1982) kam es Mitte der siebziger Jahre zu einem Prozeß des Umdenkens (Weber & Simon, 1988) der besonders durch die Aufdeckung von Macht- undKontrollierbarkeitsmythen in der Therapie gekennzeichnet war. Die Begriffe der Homöostase und des Widerstandes verloren an Bedeutung bzw. wurden an einer für den Therapieprozeß funktionalen Weise reformuliert (vg. ↗ Kohärenz).

Die theoretischen Eckpfeiler für das neue Konzept wurden durch den Artikel „Hypothetisieren − Zirkularität − Neutralität. Drei Regeln für den Leiter der Sitzung" (Selvini Palazzoli et al., 1981) gesetzt. Insgesamt konnte damit die Informationserzeugung *während* der Sitzung gegenüber der früher sehr betonten Abschlußintervention wesentlich an Bedeutung gewinnen. „Information gewinnen" heißt für das Mailänder Team hauptsächlich „einen Unterschied feststellen", womit sie sich in direkter Weise auf Batesons Informationsbegriff beziehen: „Information ist der Unterschied, der einen Unterschied ausmacht" (Bateson, 1981, 582). Informationen und Unterschiede werden vom Mailänder Team auf eine sehr kreative Weise durch eine speziell dafür entwickelte Fragetechnik gewonnen: die *zirkuläre Befragung* (Selvini Palazzoli et al., 1981; Penn, 1983; Tomm, 1984; 1988).

„Es handelt sich dabei um eine Interviewmethode, die es erlaubt, gleichzeitig Informationen zu gewinnen (Exploration) und beim Gesprächspartner zu erzeugen (Intervention)" (Weber & Simon, 1988, 770).

„Der Grundsatz besteht immer darin, Fragen zu stellen, die einen Unterschied ansprechen oder eine Beziehung definieren. Fragen nach dem Kommentar von jemandem über die Ehe seiner Eltern, oder Fragen darüber, wie jemand seine Familienmitglieder danach einstuft, wer durch den Tod eines anderen am meisten gelitten hat, oder darüber, wie jemand auf einer Skala von 1 bis 10 die Wut seiner Mutter und dann die seines Vaters einstuft, wenn seine Schwester spät nachts nach Hause kommt − all dies sind Fragen nach dem Unterschied" (Hoffman, 1982, 303).

Zirkuläre Fragen können eine Fülle positiver Effekte für die Therapie erzeugen, von denen hier nur einige angedeutet werden können (nach Weber & Simon, 1988):

− Veränderung der „inneren affektiv-kognitiven Landkarten" (bzw. „Schemata" nach Grawe, 1986) der einzelnen Familienmitglieder, die sich in ↗ ko-ontogentischer Abstimmung entwickeln.
− unverbunden Erlebtes (z.B. Krankheit) kann in einen sich verändernden raumzeitlichen Beziehungskontext gestellt werden (↗ Kontextualisierung).
− Betonung der wechselseitigen Bedingtheit des Verhaltens. Jedes Familienmitglied wird als aktiv Handelnder und damit Verantwortlicher definiert.

Die Technik der zirkulären Befragung dient gleichzeitg dazu, dynamische *Hypothesen* über das kybernetisch verstandene Beziehungssystem zu gewinnen und zu prüfen. An die Stelle individuumzentrierter Diagnosen treten damit Annahmen über die Wirkung und Funktion problematischer Verhaltensweisen auf der Beziehungsebene. Kybernetisch gedachte dynamische Hypothesen werden sich im allgemeinen von den Erklärungsmustern der Familie unterscheiden und darin ist auch ihre duale Wirkung sowohl als Diagnose- wie auch als Interventionsinstrument zu sehen.

In letzter Zeit hat sich vor allem Karl Tomm mit der Weiterentwicklung und Einteilung verschiedener Fragetechniken beschäftigt (1987a, b; 1988). Er unterscheidet zwischen den Dimensionen: orientierende/intervenierende Absicht und linealer/zirkulärer Denkhintergrund. Aufgrund dieser Einteilung kommt er zu vier verschiedenen Frageformen: orientierende Absicht, linealer Denkhintergrund: lineale Fragen; orientierende Absicht, zirkulärer Dehkhintergrund: zirkuläre Fragen; intervenierende Absicht, linealer Denkhintergrund: strategische Fragen; intervenierende Absicht, zirkulärer Hintergrund: reflexive Fragen.

Die Betonung strikter *Neutralität* des Therapeuten ist Selvinis dritte Regel, die die Wirksamkeit des therapeutischen Prozesses gewährleisten soll. Neutralität kann als die Fähigkeit beschrieben werden, einseitigen Bündnissen mit Familienmitgliedern zu entkommen, moralische Beurteilungen zu vermeiden, sowie allen ↗ linealen Zuschreibungsversuchen zu widerstehen.

Neutralität schließt dabei keineswegs zeitweise Bündnisse mit einzelnen Familienmitgliedern, z.B. während der zirkulären Befragung, aus. Sie ist aber nur dann erreicht, wenn nach einer Sitzung kein Teilnehmer sagen könnte, der Therapeut habe zu ihm oder zu ihr gehalten.

In enger Verbindung zur Neutralität steht schließlich das Eingeständnis des Therapeuten, daß er keinerlei ↗ Macht hat, direkt irgendeinen Wandel in der Familie zu bewirken. Hierin ist ein wesentlicher Unterschied zu den strukturellen und strategischen Ansätzen zu sehen. Entschließt man sich gemäß dem Mailänder Modell zu einer Abschlußintervention, so wird diese meist erst nach einer kurzen Beratungspause (*consulting-break*) und nach Absprache mit dem ↗ Supervisions-Team (z.B. hinter der Einwegscheibe) vorgenommen. In diesen Abschlußkommentaren werden die Familien oft mit einer radikal veränderten und damit völlig überraschenden Sichtweise ihres Problems konfrontiert.

Im einzelnen enthalten die Interventionen meist *Umdeutungen* in Form einer positiven Konnotation (d.h. einer positiven Bewertung des Symptoms, des Status Quo, der noblen Absichten aller Beteiligten usw.). Oft sind diese Umdeutungen verbunden mit („ ↗ *paradoxen*") Verhaltensverschreibungen, deren Ziel es ist, bestimmte als störend eingestufte Kognitions- und Interaktionsmuster der Familie zu unterbrechen. Selvini Palazzoli (1977) betont, daß in diese Abschlußintervention unbedingt alle Familienmitglieder einbezogen werden müssen, damit diese wirksam werden kann.

Abschließend ist noch einmal herauszustellen, daß auch das Mailänder Team mittlerweile von der Position einer geradlinigen kausalen Veränderung abgerückt ist (↗ Macht und Kontrolle) und zudem der Rolle des Therapeuten bei der Konstitution des therapeutischen Systems breitere Beachtung schenkt (↗ Kybernetik 2. Ordnung). Der Therapeut wird als Katalysator bzw. Vermittler von Information betrachtet, der durch das Anbieten veränderter Sichtweisen eines Problems versucht, Prozesse der familiären Selbstorganisation zu fördern.

2. Übergreifende Merkmale systemischer Therapie

Systemische Therapieansätze könnten übergreifend durch ihr Bemühen gekennzeichnet werden, intra- oder interviduell definierte Probleme auf der Ebene kommunikativer Muster und Beziehungsstrukturen einer Kleingruppe (üblicherweise Familie), die als (↗ soziales) ↗ System bezeichnet wird, zu rekonstruieren. Interventionen, die diese Kommunikationsmuster und Beziehungsstrukturen verändern, verändern nach Auffassung dieser Ansätze auch das Problem.

2.1 Intervention in der systemischen Therapie

Die Überlegungen und Schlußfolgerungen, zu denen wir unter den Stichworten ↗ soziales System, ↗ Strukturdeterminismus, ↗ strukturelle Koppelung, ↗ operationale Abgeschlossenheit, ↗ rekursive Systembeschreibung u.a. gelangen konnten, haben wichtige Folgen für eine Theorie der Intervenierbarkeit in komplexe Systeme (s. Willke, 1984, 1988).

Eine der wichtigsten Prämissen bildet die Erkenntnis, daß lebende und soziale Systeme innerhalb eines geschlossenen kognitiven Bereiches operieren und sich damit nur in Abhängigkeit von ihrer eigenen Struktur verändern und nicht aufgrund der Interventionen oder Absichten eines Therapeuten. Diese ↗ operationale Schließung bezieht sich auch auf den Therapeuten, der zwar versuchen kann, Sprache, Sichtweisen und Vorstellungsbilder der Klienten aufzugreifen (↗ konsensueller Bereich und Sprache), um Ansatz- bzw. Druckpunkte innerhalb des ↗ selbstreferentiellen Prozessierens des Systems zu finden. Da er aber innerhalb des Bereiches seiner eigenen kognitiven Struktur verbleibt, konstruiert er das System immer aus seiner Sicht (↗ Konstruktivismus). „Erkennen impliziert Interaktionen und wir können nicht unserem Bereich der Interaktionen, der geschlossen ist, verlassen. Wir leben in einem Bereich subjektabhängiger Erkenntnis und subjektabhängiger Wirklichkeit" (Maturana, 1982).

Therapie ist unter dieser Perspektive nicht anders denn als Angebot zur Selbsthilfe zu verstehen. Was der Klient mit diesen Angeboten macht, entspricht *seiner* Struktur, ist also seine Sache. Der Aspekt der Planbarkeit therapeutischen Handelns wird dadurch stark relativiert. Konzeptualisiert man Therapie als einen dynamischen Prozeß ↗ strukturell gekoppelter ↗ selbstorganisierender Systeme, so kann sie nicht mehr als programmartiger Algorithmus (der etwa viele verhaltenstherapeutische Programme auszeichnet) betrachtet werden.

Ins Zentrum rückt ein Vorgehen, das sich an der selbstorganisierenden Dynamik des Klientensystems orientiert. Da die Reaktionen komplexer Systeme auf therapeutische Eingaben kaum prognostizierbar sind (Dörner et al., 1983), muß sich eine Vorabplanung in der Regel auf wenige Hypothesen beschränken, an deren Bestätigung dann weiter angeschlossen werden kann. Als Beispiel sei hier nur das Problem der ↗ Grenzen ↗ sozialer Systeme erwähnt.

Eine Beschreibungsmöglichkeit für den Prozeß der systemischen Therapie bietet Luhmanns Konzept der ↗ Temporalisierung (1984, 76 ff.). Vom Therapeuten verlangt ein temporalisiertes Vorgehen, daß er auch an selbstreferentiell sich modifizierender Zustände des Klientensystems anschließen kann und ständig bereit ist, an neu entstehende Dynamiken anzuknüpfen. Komplexe Systeme reagieren nach eigenen, systeminternen Zeitvorgaben, weshalb Interventionen (↗ Verstörung) für ihre Wirksamkeit eine systemspezifische Zeit benötigen. Auch autoritäre Maßnahmen nach dem Muster „mehr desselben" können diese Zeitdauer nicht verkürzen (Schiepek & Kaimer, 1987). „Die Kunst der Intervention könnte darin bestehen, Gelegenheiten, wenn sie sich bieten, zu nutzen: und vielleicht auch darin, die Chance, daß sich Gelegenheiten bieten, planmäßig zu verdichten" (Luhmann in Simon, 1988, 53).

Das Mailänder Team um Selvini-Palazzoli berücksichtigt diese „Trägheit" komplexer Systeme, indem es nur wenige Therapiesitzungen (evtl. mit großen zeitlichen Abständen zwischen den Sitzungen) anberaumt und seine Interventionen knapp und gebündelt an die Klienten heranträgt.

Parallelen zu diesen Aussagen finden sich in Dörners Lohhausenstudie (1983). Die „guten" Problemlöser führten ihre Maßnahmen gebündelt und zielgerichtet durch. Sie achteten häufiger auf neuentstehende Dynamiken (Nebeneffekte). „Schlechte" Problemlöser neigten zu kurzen, ungebündelten und notfallartigen Entscheidungen, die sie seltener auf ihre Wirkungen im System überprüften.

Wirksamen Interventionen sollte immer eine Suche nach besonders sensiblen Druckpunkten im System vorausgehen. Im Kontext von Therapie wird die (Re-) Konstruktion solcher Druckpunkte eine der Hauptaufgaben der ↗ selbstreferentiellen Systembeschreibung (zur Identifizierung von Druckpunkten siehe Schiepek, 1986, 156). Eine wichtige Hilfe dazu bildet die Konstruktion idiographischer ↗ Systemmodelle, die als generative Mechanismen (Maturana, 1982, 16) das beobachtete System auf der ↗ Modellebene (evtl. graphisch) reproduzieren.

Auch durch die sorgfältigste Modellbildung und Interventionsauswahl sind selbstorganisierende Systeme nicht instruktiv steuerbar. Darüber scheint unter systemischen Therapeuten weitgehend Einigkeit zu herrschen. Völlig unterschiedliche Auffassungen zeigen sich jedoch bei der Beschreibung bzw. ↗ Modellierung therapeutischer Interventions- und Änderungsprozesse.

Während Ludewig (1987) als „Maieutiker" durch „entbindende Konversation" versucht, „Problem-Systeme" aufzulösen (vgl. Punkt (2.) unter ↗ Systemtheorie und systemisches Denken), Elkaim (1980) (destabilisierte) Systeme fern vom Gleichgewicht durch Akzentuierung von Fluktuationen in neue evolutionäre Ordnungszustände treibt (↗ Ungleichgewichts-Thermodynamik), sehen sich die Autoren dieses Glossars gezwungen, Therapie, im Sinne eines ↗ selbstregulierenden Prozesses, als (↗ ko-)„evolutionäres Experimentieren" (Dunn, 1971; Jantsch, 1982) zu rekonstruieren.

Fast alle Modelle beschreiben Therapie dabei als einen zieloffenen Prozeß. Eventuell vorher festgelegte Zielzustände haben deshalb in der systemischen Therapie nicht unbedingt die Funktion, erreicht werden zu müssen, sie bieten vielmehr Perspektiven und motivationale Anreize selbstorganisiertes Handeln (wieder) zu ermöglichen (ausführlicher vgl. ↗ Ziele).

2.2 Systemische Therapie und die Frage der Macht

Die meisten systemisch orientierten Autoren weisen die Existenz von Machtbeziehungen in der Therapie als „epistemologische Irrtümer" (sensu Bateson) entschieden zurück. Wir haben unter dem Stichwort ↗ Macht und Kontrolle jedoch bereits dargelegt, daß dieses Problem etwas differenzierter betrachtet werden sollte. In der Tat können Machtbeziehungen auf der biologischen bzw. neurophysiologischen Ebene aufgrund einer erschöpfenden empirischen Befundlage ausgeschlossen werden (z.B. Maturana, 1982; Schwarz, 1987; von Foerster, 1981; Roth, 1986). Es erscheint jedoch problematisch, diese Ergebnisse auf die ↗ Emergenzebene sozialer Phänomene übertragen zu wollen, denn diese wird mit Luhmann (1984) nicht durch interne Zustände des Nervensystems, sondern durch sinnhafte Kommunikation konstituiert, für die die Gesetze der Neurophysiologie nicht gelten.

Menschliches Bewußtsein entsteht über gedankliche bzw. symbolische Rekursion, die Sprachform gewinnen kann (↗ konsensueller Bereich und Sprache). Die Frage der Macht wird somit dann zum Teil zwischenmenschlicher Realität, wenn wir über sie sprechen, sie bestätigen und verteidigen. Im Zuge einer weitgehenden funktionalen Differenzierung unseres sozialen Systems werden zwangsläufig soziale Positionen zu besetzen sein, die mehr als andere eine Prägung der „symbolischen" Umwelt qua Einflußnahme ermöglichen (Levold, 1986, 246). Dazu gehört auch die Position des Familientherapeuten, dem einerseits als Instanz sozialer Kontrolle von oben, andererseits – durch Zuschreibungsprozesse von unten –, eine Machtposition zugewiesen wird. Diese Macht unter dem Hinweis auf die biologische ↗ Organisation des Menschen zu leugnen, würde bei einer Familie zu recht Befremden hervorrufen, denn biologische Prozesse gehören zur Umwelt ↗ sozialer Systeme (Luhmann, 1984) und haben für deren Prozessieren keinerlei determinierende Bedeutung. Zwischenmenschliche Probleme entstehen im kognitiven und sozialen Bereich und müssen auch in diesen Bereichen gelöst werden.

Was wir als psychosoziale Praktiker tun können ist, darauf hinzuweisen, daß der Glaube an die Macht im sozialen Bereich eben auf einem Glauben beruht, dieser aber weitgehend unsere Wirklichkeit konstituiert. Es erscheint unvertretbar, die Existenz von Machtbeziehungen in unserer Gesellschaft einfach wegreden zu wollen. Für viele Klienten jedoch dürfte die Einsicht, daß Macht in vielen Fällen nur auf kognitiven Zuschreibungsprozessen beruht und eben nicht auf ontologischen Determinanten, eine wesentliche Bereicherung und Erleichterung darstellen (↗ Macht und Kontrolle).

Es gibt sicher nicht wenige Therapeuten und Planer, die hofften, mit der Entwicklung systemischen Denkens irgendwann ein perfektes Kontrollinstrumentarium komplexer Systeme an die Hand zu bekommen. Die zunehmende Forschung in diesem Bereich machte jedoch die Begrenztheit der Plan- und Prognostizierbarkeit in komplexen Systemen gerade durch systemtheoretische Ansätze deutlich (z.B. Dörner et al., 1983). Schiepek (1987a, 25) hat dazu einige Argumente zusammengetragen. Mit dem Wissen der ↗ Systemtheorie kann Therapie nicht mehr als technischinterventionistischer Steuerungsprozeß begriffen werden. Schiepek & Kaimer (1987, 117) definieren Therapie in diesem Sinne als *„Schaffen von Bedingungen für die Möglichkeit von Selbstorganisation eines oder mehrer strukturell gekoppelter Systeme in einem bestimmten sozialen (meist als Therapie definierten) Kontext"*. Der Begriff der ↗ Ko-Evolution könnte sich hier beispielsweise auf ein Familiensystem samt seiner Umweltkontakte beziehen (Human- ↗ Ökosystem), das durch Therapie die Möglichkeit (zurück-)erhalten soll, (eine) eigene Nische(n) (im Sinne von Ballmer & von Weizäcker, 1974) selbst zu gestalten und darin zu überleben.

3. Systemische Therapie als Metastrategie

Wie bereits in der Einleitung erwähnt, definiert sich systemische Therapie, so wie sie hier verstanden wird, nicht über bestimmte therapeutische Techniken (z.B. zirkuläre Fragen, positive Konnotation, Reframing usw.). Mit dem Begriff „systemisch" soll vielmehr ein Ansatz umrissen werden, der therapeutisches Handeln vor eine grundlegende andere Sicht der Wirklichkeit stellt (↗ Systemtheorie und systemisches Denken). Diese Sichtweise sei beispielhaft durch die grundlegenden Arbeiten von Heinz v. Foerster (1981; 1985a; 1985b) und Schmidt (1987) zum „Radikalen Konstruktivismus" sowie von Maturana (1982) und Luhmann (1984) zur Theorie ↗ selbstreferentieller biologischer bzw. sozialer Systeme umrissen. Erstmalig werden damit neuere erkenntnistheoretische Arbeiten für eine Theorie therapeutischen Handelns genutzt.

Die systemische Therapie hat sich zum Ziel gemacht, möglichst viele für die Gesundheit relevante Faktoren zum Gegenstand der Betrachtung zu machen. In ihrem Blickwinkel können damit prinzipiell mehrere ↗ emergente Ebenen rücken. Da sich die systemische Therapie vorab weder auf eine bestimmte Referenzebene (z.B. kognitiv, sozial, politisch) noch auf eine bestimmtes „Territorium" (Paar, Familie, Schulklasse) festzulegen braucht, kann sie als *Metastra-*

tegie verstanden und benutzt werden. Über Inhalt und Auflösungsgrad der Betrachtung entscheidet somit der Einzelfall. Unter dieser Perspektive ist es somit nicht sinnvoll, die systemische Therapie auf der Ebene konkreter Interventionen mit anderen Therapieansätzen vergleichen zu wollen. Dazu kommt, daß praktisches therapeutisches Handeln trotz systemischem Hintergrund zumindest teilweise auch der Basis klassische Arbeitsweisen benutzen kann. Abzugrenzen haben sich systemische Ansätze jedoch von lineal-kausalen Rekonstruktionen sozialer Wirklichkeit, bei denen Machtbeziehungen, moralische Urteile sowie der Versuch der Kontrolle des Klientenverhaltens als Bestandteile der Therapie noch eine Rolle spielen.

Man kann jetzt natürlich als gestandener Praktiker diese theoretischen Überlegungen als „Episto-Geplapper" (Coyne, 1982, in Dell, 1986, 109) abtun und einräumen, daß Erfahrungen in der psychosozialen Praxis dem diametral entgegenstehen. Jeder Praktiker kann genügend Beispiele für eigenes effektives „lineales" Handeln in der Therapie anführen: „Ich unterbrach das Kommunikationsmuster des Ehepaares"; „Ich veränderte die irrationalen Gedanken meiner Klientin" usw.. Dell (1986) versucht in seinem Artikel „Zur Verteidigung linearer Kausalität" eine Brücke zwischen systemischer Erkenntnistheorie und praktischer „linealer" Erfahrung zu schlagen. Er weist darauf hin, daß beide Phänomene Gültigkeit beanspruchen können, es aber in der Auseinandersetzung zwischen Praktikern und Theoretikern zu einer unzulässigen Vermengung der Bereiche Erfahrung und Erklärung kommt. „Erklärung liefert den Grund für oder die Ursache dessen, was wir erfahren/erleben. Daher muß Erklärung immer meta zu Erfahrung/Erleben sein" (Dell, 1986, 112).

Das Problem ist nahezu identisch mit der Diskussion um die Frage der ↗ Macht. Epistemologen argumentieren bei diesem Streit auf einer biologisch-ontologischen Ebene. Hier können sie die Möglichkeit einer einseitigen Kontrolle zurecht ablehnen. Praktiker bewegen sich mit ihrer Argumentation in einem völlig anderen Bereich. Hier geht es um die interpersonelle Konstruktion sozialer Realität, die wesentlich an Sprache gebunden ist. Eine Lösung dieses Problems ist damit nur zu erreichen, wenn man streng eine „logische Buchhaltung" (Maturana & Varela, 1987; Ludewig, 1986), d.h. eine Trennung ontologischer und sozialer Phänomenbereiche, einhält.

Auf diesem Hintergrund kann der Begriff „systemische Therapie" auch als Widerspruch in sich betrachtet werden, denn therapeutisches Handeln sowie die eventuelle Erfahrung einer Verhaltensänderung des/der Klienten werden immer „lineal" erlebt. Man kann nur systemisch denken, aber nicht systemisch handeln. Handeln ist entweder immer systemisch, weil es in komplexen Systemen stattfindet (aber nur, wenn man die Welt so *denkt*) oder nie, weil Handeln nur Handeln ist und nur das Denken über dieses Handeln Systeme berücksichtigen kann. Es gibt also eine systemische Wirklichkeitskonstruktion (↗ rekursive Systembeschreibung; ↗ Systemtheorie und systemisches Denken), aber keine systemische Therapie.

Zum derzeitigen Stand der systemischen Diskussion könnte nun die berechtigte Frage gestellt werden, ob diese Änderung der *Denkweise* denn nun über das bisher Getane hinaus etwas bringt. Dies zu beweisen, wird Inhalt weiterer systemischer Forschung werden müssen. Dazu muß aber zunächst eine eigene ↗ systemische Methodologie entwickelt werden.

Weiterführende Literatur

Dell, P. S.: Klinische Erkenntnis. Zu den Grundlagen systemischer Therapie. Dortmund, verlag modernes lernen, 1986.

Duss-von Werdt, J. & R. Welter-Enderlin (Hrg.): Der Familienmensch. Stuttgart, Klett-Cotta, 1980.

Hoffman, L.: Grundlagen der Familientherapie. Hamburg, Isko Press, 1982.

Keeney, B. P.: Ästhetik des Wandels. Hamburg, Isko Press, 1987.

Keeney, B. P.: Konstruieren therapeutischer Wirklichkeiten. Praxis und Theorie systemischer Therapie. Dortmund, verlag modernes lernen, 1987.

Keeney, B. P. & J. Ross: Mind in Therapy: Constructing Systemic Family Therapies. New York, Basic Books, 1985.

Reiter, L., Brunner, E. J. & S. Reiter-Theil (Hrg.) Von der Familientherapie zur systemischen Perspektive. Berlin, Springer, 1988.

Selvini-Palazzoli, M., Boscolo, L., Cecchin, G. & G. Prata: Paradoxon und Gegenparadoxon. Stuttgart, Klett-Cotta, 1977.

Selvini-Palazzoli, M.: Hypothetisieren – Zirkularität – Neutralität: Drei Richtlinien für den Leiter der Sitzung. Familiendynamik, 1981, 2(6), 123–139.

Simon, F.B. (Hrg.) Lebende Systeme. Heidelberg, Springer, 1988.

Tomm, K.: Systemische Therapie. Das Mailänder Modell, ein vorläufiger Bericht, 1983.

Tomm, H.: Interventive Interviewing I: Strategizing as a Fourth Guide line for the Therapist. *Family Process* 26, 1987a, 3–13.

Tomm, H.: Interventive Interviewing II: Reflexive Questioning as a Mean to Enable Self-Healing. *Family Process* 26, 1987b, 167–183.

Tomm, H.: Interventive Interviewing III: Intending to Ask Lineal, Circular, Strategic, or Reflexive Questions? *Family Process* 27, 1988, 1–15.

Willke, H.: Zum Problem der Intervention in selbstreferentielle Systeme. *Zeitschrift für systemische Therapie* 2 (7), 1984, 191–200.

Willke, H.: Systemtheoretische Grundlagen des therapeutischen Eingriffs in autonome Systeme. In: Reiter, L., Brunner E.J., Reiter Theil, S. (Hg.): Von der Familientherapie zur systemischen Perspektive, Heidelberg, Springer, 1988, 41–50.

(idiographisches) Systemmodell

1. Wissenschaftliche Wirklichkeitskonstruktion als Modellbildung

Unter dem Blickwinkel einer ↗ konstruktivistischen Erkenntnistheorie wird die Konstruktion von ↗ Modellen zu einem der Hauptaspekte wissenschaftlicher Wirklichkeitsbeschreibung. Im Gefolge grundlegender Arbeiten, z.B. Maturanas (1982) oder von Foersters (1981, 1985ab) mußte man anerkennen, daß jeder Erkenntnisprozeß (bzw. jede Problembeschreibung) eine bereits konstruierte, d.h. durch einen ↗ selbstreferentiellen Prozeß des erkennenden Systems hervorgebrachte Wahrnehmung (bzw. Errechnung) ist, und daß es aus dieser beobachterabhängigen Wirklichkeitskonstruktion im Prinzip kein Entkommen gibt (↗ rekursive Systembeschreibung). Folgerichtig konnte damit die Suche nach einer objektiven Wahrheit bzw. Realität unabhängig von einem Beobachter aufgegeben werden, zugunsten einer gemeinsamen Erzeugung von Wirklichkeit durch Beschreibung und Modellbildung.

In der Therapie muß sich unter diesen Prämissen das Interesse von der objektiven Analyse eines Problems (vgl. Problemanalyse in der Verhaltenstherapie) zu einer gemeinsamen konsensuellen Erzeugung von Realität zusammen mit den Klienten oder Kollegen verschieben (↗ konsensueller Bereich und Sprache). Dabei geht es nicht mehr um das Finden einer Wahrheit, sondern um die Erzeugung von Konsens bzw. Dissens. Die Modellbildung wird in der Therapie zum unverzichtbaren kognitiven Organisationsinstrument, das es ermöglicht, geordnete ↗ Komplexität zu erzeugen, diese kommunizierbar zu machen und damit zu einer gemeinsamen Sicht der Wirklichkeit zu gelangen.

Schiepek (1986) nennt die Modelle, die psychosoziale Praktiker von der Wirklichkeit konstruieren, in/mit der sie interagieren *„idiographische Systemmodelle"*. Das Adjektiv „idiographisch" betont hierbei, daß sich ein Systemmodell jeweils auf einen konkreten (System-) Einzelfall bezieht. Im übrigen lehnt sich diese Begriffsbestimmung an die Ausführungen Thomaes (1968) zur Idiographik an. Danach muß eine möglichst umfassende modellhafte Beschreibung eines konkreten Phänomens mit Abstrichen versehen werden, die sich

a) aus dem Nicht-Vollständigkeitspostulat von Korzybski, wonach ein Modell niemals alle Aspekte der Wirklichkeit wiedergibt (vgl. ↗ Modelle),

b) aus der spezifischen Fragestellung bzw. aus dem pragmatischen Zweck (z.B. dem der Therapie)

der Beschreibung ergeben. Die häufig erhobene Forderung nach einer Voraussetzungsfreiheit des idiographischen Vorgehens kann nicht im Sinne einer völligen Theoriefreiheit verstanden werden, sondern als prinzipielle theoretische und methodische Offenheit, was die Formulierung inhaltlicher Thesen anbelangt (Schiepek, 1985, 268: Anm.).

2. Wozu braucht man idiographische Systemmodelle?

Die Konstruktion eines idiographischen Systemmodells kann verschiedenen Zwecken dienen:

a) Als Kommunikationsbasis erleichtert es eine Diskussion und mögliche Konsensbildung bezüglich des beobachteten Phänomens. Damit wird eine grundlegende Voraussetzung für die „relativ rationale Begründung" (Westmeyer, 1979) des therapeutischen Vorgehens geschaffen.

b) Der Einübung in systemisches Denken zum Zwecke der Ausbildung (Erkennen von Mustern, Zusammenhängen und Dynamiken; Differenzierung verschiedener emergenter Ebenen; Verwendung linealer Teilhypothesen usw.).

c) Die Veranschaulichung von Regelhaftigkeiten im System erleichtert sowohl eine Orientierung hinsichtlich basaler ⁄ komplementärer Verhaltensmuster als auch die Möglichkeit einer gewissen Prognose des Systemverhaltens zum Zwecke der Intervention.

d) In komplexen Szenarien (Schule, Stadtteil, Institution) können zentrale oder randständige Variablen bzw. Subsysteme besser identifiziert und der Grad ihrer Vernetzung leichter abgeschätzt werden.

e) Komplexe Zusammenhänge (Rückkoppelungen, Pufferung, Schwellenwerte, Oszillationen) können für Klienten/Betroffene besser verdeutlicht werden (⁄ Empowerment).

f) Systemmodelle können die Grundlage für Simulationen bilden und die systemische Theoriebildung anregen.

3. Modellbildung als Teil einer systemischen Metastrategie

Systemmodelle sind zunächst als leere (d.h. abstrakte) und rekursive Systeme aufzufassen, deren Komponenten und Relationen vorab nicht festgelegt sind. Gerade dies ermöglicht der systemischen Modellbildung eine inhaltliche Offenheit für verschiedene Beschreibungsebenen und Auflösungsgrade, die notwendig ist, um z.B. die sehr heterogenen Determinanten und Bereiche des psychosozialen Geschehens beschreiben zu können. Die weitgehende Offenheit für eine Beobachtung verschiedenster „Territorien" macht die systemische Modellbildung als ⁄ selbstreferentielle Systembeschreibung zur *Metastrategie.* Die Komponenten der Modelle werden je nach den inhaltlichen Erfordernissen und pragmatischen Zwecken der Wirklichkeitskonstruktion von Fall zu Fall festgelegt. Im Gegensatz zu anderen Modellkonzepten (z.B. Minuchin; Vester & von Hesler) handelt es sich bei diesen Komponenten weder um Personen oder andere materielle Systeme (Fabriken, Städte) noch ausschließlich um kommunikative Handlungen, sondern um begriffliche Konstrukte (z.B. intrapsychische Prozesse, Kognitionen, Interaktionen, Rollenverhältnisse, Außenkontakte usw.). Die Vorteile dieser Konzeptualisierung sind leicht einsichtig, wenn man sich klarmacht, daß die Beschreibung eines Ehestreits auf der Ebene ganzer Personen viel zu grob wäre, um die spezielle Beziehungsproblematik zu rekonstruieren. Probleme entstehen nicht auf der Ebene einzelner Individuen, sondern durch die Art und Weise, wie individuelle kognitive Strukturen zusammenpassen.

Innerhalb eines Systemmodells können die angesprochenen Konstrukte durchaus verschiedene Bereiche (Nebenordnung) oder Referenzebenen (Überordnung) kennzeichnen. Die ↗ Komplexität des Systems bestimmt sich durch die Anzahl der Komponenten sowie dem Grad ihrer Vernetztheit. Sie ist dabei kein Merkmal des Systems, sondern ist die vom Beobachter gewählte Komplexität der Beschreibung eines Systems. Die inhaltliche Auswahl der Konstrukte richtet sich nach den Bezugstheorien, die zur Formulierung von Teilhypothesen des Modells herangezogen werden. Je nach Gegenstandsbereich werden deshalb für die klinische Wirklichkeitskonstruktion verschiedene objektsprachliche Theorien und Befunde für die Modellbildung nutzbar gemacht (*multipler Theorienbezug*). Dadurch wird ein interdisziplinärer Zugang sowie die Berücksichtigung mehrerer Systemebenen (z.B. biol., psych., soz., gesellschaftl.) ermöglicht. Die meisten vorliegenden Theorien der Einzeldisziplinen setzen ihre spezifischen Konstrukte über einseitig gerichtete Zusammenhangsannahmen (Wenn-Dann-Aussagen) in Relation.

Die systemische Modellbildung kombiniert nun mehrere dieser Teilhypothesen (*lineale Teilbögen*) zu einer komplex strukturierten, *rekursiven Makrohypothese*. Solange keine ausgearbeitete psychologische Systemtheorie zur Verfügung steht, kann damit die Erzeugung von Modellen systemisch-rekursiver Kreisprozesse als Vernetzung derartiger linearer Teilbögen betrachtet werden. Diese Vorstellung sollte, wie gesagt, nur als vorläufig betrachtet werden, denn im Systemkontext muß mit einer deutlichen Relativierung der in den linealen Teilhypothesen formulierten funktionalen Zusammenhängen zwischen den Variablen gerechnet werden.

Die dargestellten Relationen zwischen den Komponenten (Konstrukten) eines Systemmodells bezeichnen keinen Transport von Materie, Energie oder Information. Sie stehen für abstrakt angenommene Ko-Variationen meist positiver (je mehr A, desto mehr B) oder negativer (je mehr A, desto weniger B) Art. Denkbar sind aber auch komplexere Zusammenhänge: (umgekehrt) U-förmig, S-förmig, beschleunigt usw.

4. Einige grundlegende Aspekte der Konstrukton idiographischer Systemmodelle dargestellt an einem Beispiel

Maturana & Varela (1987) beschreiben die Art des Kontaktes zwischen autonomen, lebenden Systemen als rekursive ↗ strukturelle Koppelung. Ein typisches Beispiel einer konflikthaften, rekursiven Koppelung stellt die Streitsituation zwischen zwei Ehepartnern dar. Die dabei häufig auftretenden Schuldzuschreibungen der beiden Partner lassen sich als lineale Teilbögen rekonstruieren, die sich in vernetzter Form zu einem Kreisprozeß schließen. Streitigkeiten können allgemein als positiv rückgekoppelte (aufschaukelnde) Prozesse betrachtet werden, die einer Regelung durch übergeordnete negative Rückkoppelungsschleifen bedürfen, um nicht unkontrolliert zu eskalieren (↗ Kybernetik). Die einfachste Form einer derartigen interpersonellen Dynamik könnte etwa wie folgt aussehen (Abb. 16):

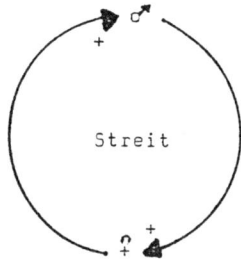

Abb. 16·

Hinweise für eine differenziertere Darstellung dieser sich selbst aufrechterhaltenden Problematik erhalten wir durch Beobachtung und alltagssprachliche Beschreibungen bzw. Beschreibungsangebote der Klienten. Im einzelnen könnten diese selbst geschilderten oder gemeinsam konstruierten linealen Komponenten bzw. Wirklichkeitskonstruktionen eines Streits wie folgt aussehen:

♀ – Immer wenn er mir Tips gibt, fühle ich mich unverstanden und bevormundet;
   – Wenn ich mich unverstanden und bevormundet fühle, werde ich ärgerlich und reagiere mit Anschuldigungen;
♂ – Auf Anschuldigungen reagiere ich mit Rückzug;
   – Um den Gesprächsfaden wieder anzuknüpfen bzw. um das Problem zu überwinden, reagiere ich mit (technischen) Lösungsvorschlägen (= Tips geben).

Die Auswahl und Einordnung dieser ersten Zusammenhangshypothesen hängt natürlich vom Bedingungs- und Änderungswissen sowie den persönlichen Vorlieben des/der Therapeuten ab. Zur Konstruktion eines Systemmodells benutzt er spezifische Bauelemente, die er aus seinen subjekiven Theorien, aus sachlogischen Zusammenhängen sowie mittels Analogiebildung generiert. Wie alle Modelle sind damit auch idiographische Systemmodelle grundsätzlich selektiv, perspektivisch und zweckorientiert (Stachowiak, 1978, 56; ↗ Modelle).
   Die Prüfung der generierten linealen Teilhypothesen kann anhand der Befunde von psychologischen Grundlagentheorien erfolgen. In unserem Fall kä-

men dafür etwa die Reaktanztheorie (z.B. Brehm, 1980), die Theorie der erlernten Hilflosigkeit (Seligman, 1979) sowie Modelle der Streßverarbeitung (Coping, z.B. Lazarus & Folkman, 1984) in Betracht. Unter Verwendung der genannten Teilhypothesen könnte eine systemische Makrohypothese in erster Annäherung wie folgt (re-)konstruiert werden (Abb. 17):

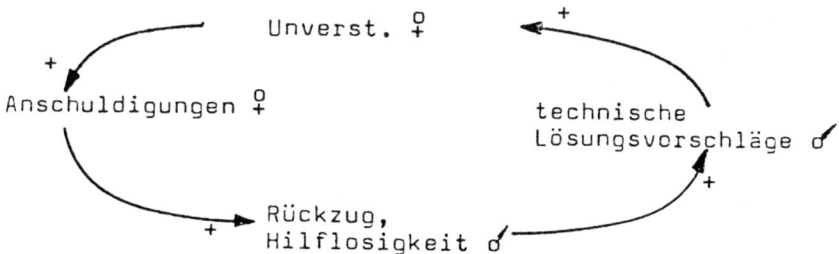

Abb. 17: Makrohypothese des grundlegenden Beziehungsmusters eines Paares

Wie bereits angedeutet, können in einem Systemmodell Konstrukte aus verschiedenen ↗ emergenten Ebenen aufscheinen. Zum Zwecke einer Paartherapie dürfte es in dieser Hinsicht interessant sein, neben der sozialen Ebene der interpersonellen Kommunkation auch die intraindividuellen Strukturen der beiden Partner, die dieses Kommunikationsmuster ermöglichen, zu beschreiben.

In unserem Therapiebeispiel wurde nun versucht, durch Fragen zur individuellen und gemeinsamen Lebensgeschichte Informationen zu den je persönlichen Strukturen der Klienten zu erhalten. Zusätzlich wurden zwei „vertikale Plananalysen" nach Grawe (1982) erstellt. (Die beiden Ehepartner wollen wir im folgenden als Herr und Frau Z. bezeichnen).

Bei Herrn Z. verdichteten sich dabei die Informationen zu einem Bild, das sich durch den Versuch der Verwirklichung der folgenden Pläne kennzeichnen läßt:

− Behalte Kontrolle über die Beziehungsgestaltung;
− Versuche Probleme sofort und konkret zu lösen;
− Vermeide Konflikte;

Bei Frau Z. ergaben sich folgende handlungsleitende Pläne:

− Versuche als Frau selbständiger und unabhängiger zu werden;
− Überlasse anderen (die Verantwortung für) Entscheidungen;

Betrachtet man diese (natürlich vom therapeutischen Team wiederum perspektivisch und zweckorientiert rekonstruierten) individuellen Strukturen, dann ist festzustellen, daß sie sich sowohl auf der intra- als auf der interpersonellen Ebene wechselseitig voraussetzen und ergänzen, d.h. daß sie ↗ komplementär zueinander organisiert sind.

Die vorliegenden Pläne des Mannes lassen sich vereinfacht als grundlegendes Spannungsverhältnis zwischen einer Tendenz, als perfekter Problemlöser auftreten zu wollen, und dem Versuch, möglichst Konflikte zu vermeiden, interpretieren. Die Plananalyse bei Frau Z. ergab, wie gesagt, eine grundlegende Polarität zwischen ihrem Hang nach Selbstverwirklichung und der Schwierigkeit, eigene Entscheidungen zu treffen.

Diese beiden individuellen Strukturen organisieren sich rekursiv zu einem basalen Muster der Kommunikation (Entscheidungen♂⇔ Entscheidungsangst♀), das beide Systeme wiederum bindet und stabilisiert (negative Rückkoppelung, ↗ Kybernetik). Graphisch ließe sich diese mehrfachkomplementäre Dynamik (↗ Komplementarität) wie folgt darstellen (Abb. 18):

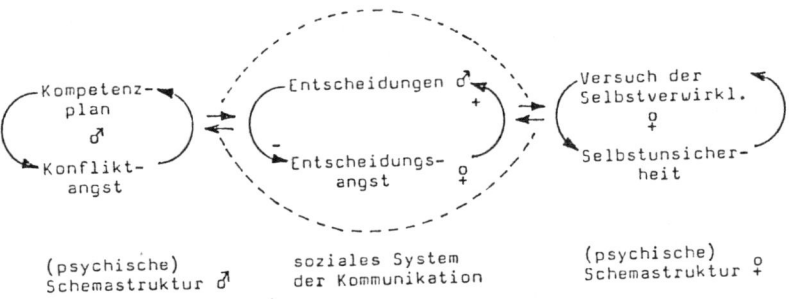

Abb. 18: Mehrfachkomplementarität der intra- und interpersonellen Dynamik

Der Begriff der „Mehrfachkomplementarität" soll hier andeuten, daß die spezifische Beziehungsdynamik sowohl auf der intra- als auch auf der interpersonellen Ebene von zueinander „passenden" (↗ kohärenten) Strukturen ermöglicht wird.

Das Bedürfnis nach mehr Selbstverwirklichung bei Frau Z. ist im Zusammenhang mit ihrer Angst vor Entscheidungen zu sehen. Beide Pläne setzen sich wechselseitig voraus; der eine ist nicht ohne den anderen denkbar (intrapersonelle Komplementarität ♀) Entsprechendes bei Herrn Z: Sein Problemlöse- und Kontrollplan muß zusammen mit seiner Angst vor Konflikten gesehen werden. Hätte Herr Z. Freude an Auseinandersetzungen mit seiner Frau, gäbe es kaum Gründe, sie zu kontrollieren und zu bevormunden (intrapersonelle Komplementarität ♂). Die spezifische „Passung" dieser beiden individuellen Strukturen ergibt nun das spezifische Beziehungsmuster, welches beide Partner als konflikthaft beschreiben. Herr Z. übernimmt die Rolle des „Managers" und „Problemlösers" in der Partnerschaft, die Frau Z. ihm auch gerne überläßt. Konflikthaft wird diese „interpersonelle ↗ Komplementarität" dadurch, daß Frau Z. sich trotz (oder wegen) der technischen Fähigkeiten ihres Mannes emotional unverstanden fühlt und Herr Z. als Antwort nur wieder eine technische Lösung (Hilfestellung, Erklärung) nach dem Muster „mehr desselben" parat hat. Frau Z. wird daraufhin immer unzufriedener, worauf ihr Mann mit Hilflosigkeit und Rückzug reagiert (Schwellenwert; vgl. Abb. 13). Nach einiger Zeit reagiert Herr Z. abermals mit einem formalen Lösungsvorschlag, womit ein neuer Kreislauf eingeleitet wird.

Allgemein betrachtet wird es damit entscheidend zu erkennen, „daß es nicht bestimmte, vorweg schon vorhandene Eigenschaften des Menschen sind, die die Bildung sozialer Systeme ermöglichen" (Luhmann, 1984, 29). Beide Ebenen ermöglichen sich durch ↗ Interpenetration gegenseitig. Soziale Strukturen benutzen die Komplexität psychischer Strukturen, um diesen quasi diejenigen Handlungen zu entziehen, die ihren Regeln genügen; psychische Strukturen entwickeln umgekehrt ihre Komplexität erst im Hinblick auf soziale Strukturen (ebd., S. 293). Das Verhältnis ist rekursiv. „Psychische Systeme sind im Wege der ↗ Ko-Evolution entstanden. Die jeweils eine Systemart ist notwendige Umwelt der jeweils anderen" (ebd., S. 92).

Idiographische Systemmodelle bilden Ausschnitte aus (Human-) ↗ Ökosystemen nicht Ausschnitt für Ausschnitt wie ein Puzzle ab, einzelne Wirklichkeitsausschnitte können vielmehr in unterschiedliche Kontexte eingebaut und in verschiedene begriffliche Komponenten gefaßt aufscheinen. Bei der nun folgenden vernetzten Darstellung der bisher erarbeiteten Teilaspekte in einem etwas komplexeren Systemmodell muß dieser Aspekt berücksichtigt werden. Dieses erste Gesamtmodell wurde noch um einige Komponenten erweitert, die jedoch aufgrund der bisherigen Ausführungen leicht interpretierbar sind. So wirkt sich der Streit einerseits negativ auf die sexuellen Aktivitäten in der Partnerschaft aus, andererseits trägt er zu einer weiteren Sensibilisierung gegenüber dem Problem bei. Der zentrale Grundkonflikt wird im Modell aus mehrere Perspektiven und unterschiedlich differenziert beschrieben (Abb. 19).
Welche Komplexität idiographische Systemmodelle schließlich erreichen, hängt nicht von den Eigenschaften des beobachteten Systems, sondern vom gewählten Auflösungsgrad sowie der Komplexität des Beobachters ab. Ein Systemmodell gilt in der Regel nur für einen bestimmten Zeitraum. Um den Verlauf zum Beispiel einer Therapie zu verfolgen, sind somit mehrere Modelle zu konstruieren. Komplexere Systemmodelle werden in Schiepek (1985; 1986) dargestellt. Schiepek & Kaimer verglichen ihre bisher konstruierten Systemmodelle mit dem Ziel, allgemeine dynamische Muster zu extrahieren. Sie gelangten für den Problembereich „Paarbeziehungen" zu einem abstrakten Modell, das mehrere dynamisch gekoppelte Hierarchieebenen umfaßt (zum Begriff der Hierarchie in der Systemtheorie vgl. ↗ System sowie ↗ Ebenen der Systembeschreibung).

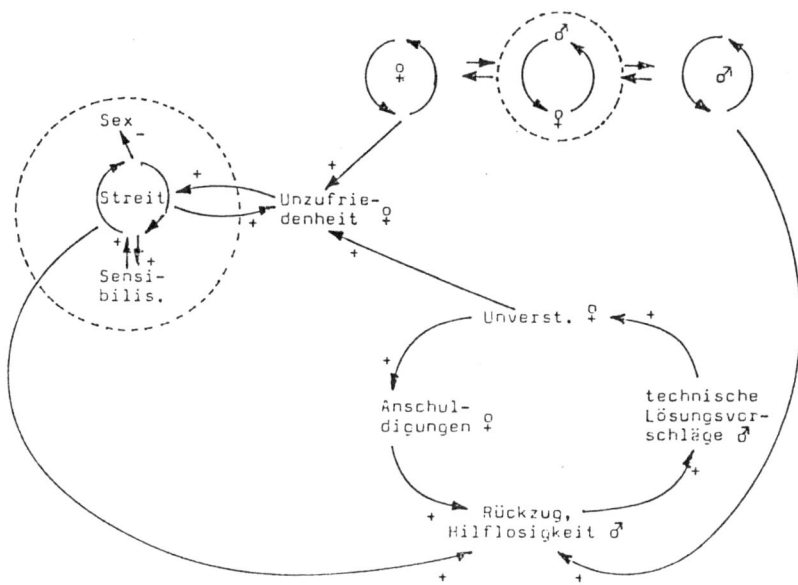

Abb. 19: Skizziertes Systemmodell eines Paarkonflikts

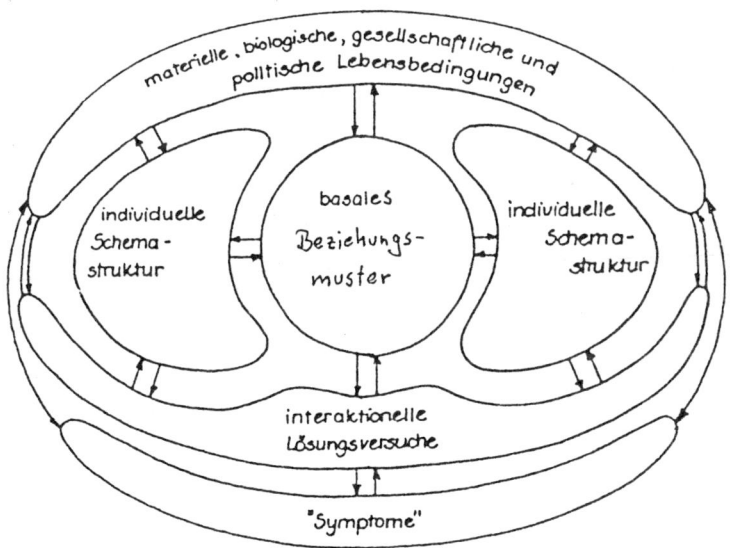

Abb. 20: Abstrahiertes Muster einer Paarbeziehung

„Handelt es sich beispielsweise um Modelle von Paarbeziehungen, so gruppieren sich die individuellen Schemastrukturen der Partner um die kybernetische Darstellung der grundlegenden Beziehungsmuster. Davon können Interaktionsmuster unterschieden werden, die als Lösungs- oder Ausbruchsversuche aus dem Fliegenglas der von mindestens einem Partner als unbefriedigend erlebten Beziehungsmusters interpretierbar sind (vgl. das Denkmodell der Palo-Alto-Gruppe: Probleme bestehen meist in den Lösungsversuchen von problematisierten Zuständen). In diese intra- und interpersonelle Kybernetik sind als weiterer Bereich die „Symptome" mit ihren spezifischen Rückkoppelungsmechanismen und kybernetischen Funktionen eingebunden. All dies ist dann seinerseits mit den entsprechenden ökologischen und gesellschaftlichen Lebensbedingungen vernetzt" (Schiepek & Kaimer, 1987, 123).

5. Systemmodelle als mechanistische „Makro"-Erklärungen beobachteter Phänomene

Gemäß den systemtheoretischen und neurophysiologischen Grundlagen dieses Ansatzes funktionieren ↗ selbstreferentielle psychische und soziale Systeme stets ihrer Struktur entsprechend. Sie operieren kohärent (Dell, 1986, 62), d.h., alle Aspekte des Systems sind einander angepaßt (fit).

Widersprüchliches Verhalten bzw. „Konflikt" ist somit kein Merkmal des Funktionierens eines Individuums bzw. eines sozialen Systems, sondern stellt die Beschreibung eines Beobachters (der auch sein eigener Beobachter sein kann) dar (Maturana, 1982; Dell, 1986; ↗ Kohärenz, ↗ mechanistische Erklärung). Das zueinander passende Verhalten verschiedener Subsysteme sollte im idiographischen Systemmodell mit dem Durchlaufen der rekursiven Schleifen des (meist graphisch dargestellten) Gesamtsystem erkennbar werden.

Maturana (1982, 16) bezeichnet ↗ Modelle, die in mechanistischer Weise das Verhalten eines beobachteten Systems aus der Interaktion seiner Komponenten erklären, als generative Mechanismen (↗ Modelle). Ein Systemmodell dient als generativer Mechanismus, wenn auf der Modellebene die Dynamik (das Verhalten) eines Systems erzeugt und damit erklärt wird. Durchläuft man dieses Modell mehrfach, so sollte daraus, entsprechend den empirisch festgestellten Veränderungen, die Dynamik von Konstellationen und Variablenausprägungen erkennbar werden. Isolierte Komponenten tragen nichts zur Erklärung (Generierung) von Komponenten bei.

6. Kybernetische Formprinzipien und Konstruktionskriterien der Modellbildung

Die ↗ rekursive Systembeschreibung stellt als Metastrategie lediglich kybernetische Formprinzipien sowie Kriterien für den schrittweisen Konstruktionsprozeß zur Verfügung. Hierzu liegen verschiedene Orientierungsrichtlinien vor (Schiepek, 1986; 1987a, 19 ff). Zunächst ist zu fordern, daß idiographische Systemmodelle die Dynamik der beobachteten Phänome beschreiben und erklären (z.B. Veränderung von Häufigkeiten oder Ausprägungen, Oszillationen, Interaktionsmuster). Weitere Fragen richten sich nach dem Gegenstandsbereich der Beschreibung und dessen Abgrenzung, dem Auflösungsgrad, verschiedenen ↗ Emergenzebenen, Einbeziehung des Therapeuten, Konzentration auf Teilsysteme, Grad der Vernetzung usw. Weitere Orientierungshilfen bilden die Antworten auf systembezogene Fragen bzw. kybernetische Kriterien (vgl. Vester & v. Hesler, 1980). Beispielhafte Gesichtspunkte wären hier etwa die Identifizierung aktiver (eigendynamischer) und passiver Systemelemente, die Untersuchung der Relationen zwischen diesen Elementen (Dependenz- und Effektanzanalyse nach Dörner et al., (1983, 399 f)), Grad und Stärke der Vernetzung, Rückkoppelungsschleifen, puffernde und beschleunigende Komponenten, Grenz- und Schwellenwerte, strukturelle Bedingungen, Außenkontakte und -abhängigkeiten sowie andere kybernetische Funktionen der Elemente usw. (ausführlicher s. Schiepek, 1986, 81 ff.; Dörner et al., 1983, 19 ff).

Notwendig ist des weiteren eine Operationalisierung bzw. empirische Verankerung von Elementen und Teilstrukturen der Systemmodelle. Operationalisierungen führen die begrifflichen Elemente und Relationen eines Systemmodells in konkrete, beobachtbare und meßbare Variablen über. Zum Zwecke der Datengewinnung kann auf vorhandene Verfahren (Rating-Skalen, Fragebögen, Tagesprotokolle, Interviews) zurückgegriffen werden. Dörner et al. (1983) unterscheiden in dieser Hinsicht zwischen Spezialindikatoren, welche einzelne Systemkomponenten repräsentieren und Generalindikatoren, die auf dynamische Muster anderer Komponenten verweisen.

Schließlich ist auf eine Entwicklung sinnvoller Abbruchkriterien für die Beendigung der Modellkonstruktion zu achten (Schiepek, 1986, 139). Für den Praktiker wird hierbei die verfügbare Zeit eine wichtige Rolle spielen. Des weiteren muß ein Systemmodell bezüglich seiner Komplexität überschaubar bleiben. Schließlich können Modelle danach geprüft werden, ob sie die mit den beobachteten Problemen zusammenhängenden dynamischen Muster ausreichend reproduzieren (Modelltest).

Zusammenfassend sei noch einmal betont, daß sich die ↗ rekursive Systembeschreibung bzw. die systemische Modellbildung als ein prinzipiell *empirisches* Vorgehen versteht, bei dem es allerdings weniger auf die Präzision der Erfassung von Teilkomponenten ankommt, als vielmehr auf die Darstellung der Muster von Zusammenhängen.

Weiterführende Literatur

Schiepek, G.: Ökologische Konzepte als Heuristiken in der klinisch-psychologischen Systemdiagnostik: ein Fallbeispiel. Partnerberatung, 1985, 22, 25–38.
Schiepek, G.: Systemische Diagnostik in der klinischen Psychologie. München, Psychologie Verlags Union, 1986.
Schiepek, G.: Psychosoziale Praxis und Forschung: ein methodologischer Entwurf aus systemischer Sicht (1987b). In: Reiter, L., Brunner, E. J. & S. Reiter-Theil (Hrg.): Von der Familientherapie zur systemischen Perspektive. Berlin, Springer, 1988.

Systemtheorie und systemisches Denken

1. Systemtheorie als Metatheorie

Eine einheitliche Systemtheorie gibt es nicht. Als einer der wichtigsten Gründungsväter neuerer systemtheoretischer Entwicklungen gilt heute der österreichische Biologe Ludwig von Bertalanffy. Erste Ansätze zum systemischen Denken wurden von ihm bereits 1928 formuliert und bis zum Ende der 40er Jahre zur sog. „Allgemeinen Systemtheorie" ausgebaut. Die Grundidee Bertalanffys bildet die sogenannte System*isomorphie*, d.h. die Annahme ähnlicher Struktur und Prozessmerkmale, die sich über verschiedene Wissensgebiete und Organisationsstufen hinweg von der biologischen Zelle bis zu supra-nationalen Systemen (vgl. den monumentalen Entwurf von Miller, 1978) in der belebten wie unbelebten Natur feststellen lassen. (Von Isomorphie kann dann gesprochen werden, wenn zwei oder mehr komplexe Strukturen so einander gegenübergestellt werden können, daß für jeden Teil der einen Struktur ein korrespondierender Teil der anderen Struktur identifiziert werden kann, der innerhalb der jeweiligen Struktur eine vergleichbare Funktion ausübt (Miller, 1978, zit. n. v. Schlippe, 1986, 4).)

> „Wir können uns . . . die Frage vorlegen, ob es nicht Prinzipien gibt, die für Systeme schlechthin gelten, gleichgültig ob diese physikalischer, biologischer oder sozialer Natur sind. Wenn wir uns diese Fragen vorlegen und den Begriff des Systems entsprechend definieren, so finden wir, daß es Modelle, Prinzipien und Gesetze gibt, die für verallgemeinerte Systeme zutreffen, unabhängig von der besonderen Natur dieser Systeme, . . . (v. Bertalanffy, 1957, 8 ff.).

Die Allgemeine Systemtheorie muß damit als Meta- bzw. Rahmentheorie betrachtet werden, entwickelt mit dem Ziel der Integration von verschiedenen und in verschiedene Wissensgebiete. Die Systemtheorie ist jedoch heute weit davon entfernt, bereits das Bild einer einheitlichen Wissenschaft mit einer klar abgegrenzten Begrifflichkeit abzugeben. Ein Grund mag darin liegen, daß sich systemisches Denken relativ unabhängig aus so unterschiedlichen Gebieten wie der Biologie, Physik, Chemie, Ökologie, Planungswissenschaft, Soziologie, Philosophie u.a. heraus entwickelte. Ropohl (1978, 11 ff) sieht neben der „General System Theory" von Bertalanffys hauptsächlich drei neuere Wurzeln systemischen Denkens, die sich heute in unterschiedlichste, sehr heterogene Fachgebiete ausdifferenziert haben: die ↗ Kybernetik, wie sie 1948 von Norbert Wiener vorgestellt wurde (Wiener, 1968); mehrere praxisorientierte Systemansätze (operations research, Systemanalyse, Systemtechnik (Patzak, 1982)) sowie die moderne Mathematik (als Wissenschaft von allgemeinen Strukturen und Relationen). Im Bereich der Sozialwissenschaften können Lewins Feldtheorie, die Gestaltpsychologie sowie Parsons frühe Ansätze zu einer Theorie sozialer Systeme als Versuche betrachtet werden, die in dieselbe Richtung gingen.

Für Hejl (1982, 23) ist die Systemtheorie der Versuch, „als Reaktion auf Atomismus, Mechanismus und Physikalismus-Chemismus ganzheitliches

Denken in dynamisierter Form im Rahmen und mit den Mitteln moderner Wissenschaft ... aufzunehmen." Systemisches Denken grenzt sich dabei ab von Ansätzen, denen es um die Zergliederung und Isolation von Elementen geht (Atomismus), die Elemente auf noch grundlegendere zurückführen wollen (Reduktionismus), die eine unmittelbar gegebene, eindeutige Realität annehmen (naiver Realismus) und die sich auf eine gradlinige kausale Abhängigkeit zwischen Variablen beschränken (lineales, dualistisches Denken) (Schiepek, 1986, 33).

Im Zentrum systemtheoretischer Ansätze steht folglich nicht die Natur der beobachteten Phänomene, sondern die Beziehungen zwischen diesen Phänomenen (↗ mechanist. Erklärung). Die traditionelle Sichtweise, daß Menschen und Dinge bestimmte Qualitäten und Merkmale in und von sich selbst „haben", wird aufgegeben zugunsten der zirkulären (bzw. systemischen) Annahme, daß sich solche Merkmale nur in Beziehung zu kontrastierenden Merkmalen anderer Menschen oder Dinge „zeigen" (↗ Kontextualisierung). Die Gestaltpsychologie formuliert entsprechend: Es gibt keine Figur ohne Hintergrund.

Der Erkenntnistheoretiker Maturana würde anmerken: „Eine Eigenschaft ist ein charakteristisches Merkmal einer ↗ Einheit, das durch eine Operation der Unterscheidung definiert wird. Die Feststellung einer Eigenschaft setzt daher immer einen Beobachter voraus" (1982, 241). Für Systemtheoretiker besteht keine Substruktur eines Systems unabhängig vom Gesamtsystem. Durch rückgekoppelte Zusammenhänge bedingen sich die Systemelemente in ihrem So-Sein gegenseitig, d.h. es besteht ein rekursives Verhältnis.

Eine interessante Variante der systemischen Theoriebildung bietet Luhmann (z.B. 1984), der in seiner Theorie ↗ sozialer Systeme vollständig von einem Mehrpersonenansatz abstrahiert und soziale Systeme über sinnhafte Handlungen bzw. ↗ Kommunikation (später (z.B. 1988) nur noch Kommunikation) rekonstruiert. Die Bildung und Ausdifferenzierung von Systemen begreift Luhmann in einem sehr radikalen Sinne als einen ↗ selbstreferentiellen Prozeß, d.h. das Prinzip der Selbstreferenz bezieht sich in seiner funktional-strukturellen Theorie nicht nur auf die Ebene der Struktur (↗ Selbstorganisation), sondern auch auf die Ebene der Komponenten (↗ Autopoiese). In sozialen Systemen wird folglich alles, was als ↗ Einheit verwendet wird (↗ Strukturen, ↗ Prozesse, Komponenten) und damit auch das System selbst durch ↗ selbstreferentielles Prozessieren erst erzeugt. Als grundlegende Systemleistung ist dazu eine Reduktion von Umwelt-/Komplexität erforderlich.

2. Systemisches Denken im Kontext psychosozialer Praxis

Im folgenden soll für die psychosoziale Praxis bzw. die Therapie aufgezeigt werden, daß die Bezeichnung „systemisches Denken" durchaus mit sehr heterogenen Vorstellungen verbunden wird:

1. Erkenntnistheoretisch orientierte Praktiker verbinden den Begriff meist mit Batesons systemischer ↗ Epistemologie und Maturanas Ontologie der lebenden Systeme (↗ Strukturdeterminismus; Maturana, 1982) sowie dem direkt daraus ableitbaren „Radikalen Konstruktivismus" (v. Foerster, 1981, 1985b; v. Glasersfeld, 1985, 1987; Watzlawick, 1981, 1985). Für individuelle, soziale und politische Probleme werden hauptsächlich sog. „epistemologische Irrtümer" verantwortlich gemacht (z.B. Glaube an Macht und Kontrolle; Bateson, 1981)

2. Im engeren Bereich der Familientherapie wird systemtheoretisch (bzw. systemisch) orientiertes Arbeiten meist mit einem Mehrpersonenansatz verbunden. Besondere Aufmerksamkeit wird dabei der Untersuchung interindividueller Kommunikations- und Beziehungsstrukturen gewidmet. Bekannte Vertreter dieser Gruppe (z.B. Watzlawick u.a., 1969; Selvini-Palazzoli, 1977) beschreiben entsprechende Probleme etwa als „symmetrische Eskalationen", „starre ↗ Komplementarität", „Störung des Inhalts- und Beziehungsaspekts (double bind)", „Triangulation", „diffuse oder zu starre Subsystemgrenzen" (z.B. Parentifikation) etc. Im Falle der Mailänder Schule (Selvini-Palazzoli et al.) wird z.B. durch eine spezielle Interviewtechnik (*zirkuläres* Fragen; s.a. Penn, 1983; Tomm, 1988) versucht, dynamische Hypothesen (*Hypothetisieren*) über das kybernetisch verstandene Familiensystem zu gewinnen. Die Therapeuten versuchen gegenüber den oft verwirrenden Interaktionsmustern der Familien eine *neutrale* Position zu wahren. Ist diese Basis erst einmal geschaffen, wird versucht, durch *Umdeutungen* (z.B. positive Konnotation) oder (paradoxe) *Symptomverschreibungen* eine bleibende Verhaltensänderung zu erreichen.

3. Eine konsequente Fortführung Luhmannschen Denkens bildet das Konzept „Problem-System" von Ludewig (1987, ursprünglich von H. Goolishian in den USA formuliert). Problem-Systeme sind nach Ludewig „Kommunikationsnetze, d.h. soziale Systeme, die um das Thema (Luhmann, 1984, 213 ff) ‚Problem' entstanden sind" (Ludewig, 1987, 165 f). Deren Struktur wird durch die Handlungen gebildet, die das Problem ↗ selbstreferentiell erzeugen und erhalten (↗ Autopoiese). Therapie wird folgerichtig als Erzeugung von Handlung bzw. Kommunikation konzeptualisiert, „die in ihrer rekursiven Koppelung (↗ strukturelle Koppelung) mit der als Problem definierten Kommunikation der Klienten eine neue Kommunikation – eine neue Realität – erzeugen, in die das Problem-System aufgehen und sich auflösen kann" („Therapie als Konversation", ebda, S. 164 ff).

Die Anwendung systemischen Denkens sollte jedoch nicht auf Familien beschränkt bleiben. Auch in komplexen Systemen, die sich über andere bzw. mehrere Referenzebenen organisieren, läßt sich diese Sichtweise gewinnbringend anwenden (z.B. in Gemeinden, Verwaltungen, Rechtssystemen (vgl. Hejl, 1982; Luhmann, 1984)), wobei natürlich andere theoretische und methodische Zugangsformen zur Anwendung kommen müssen (vgl. multipler Theorienbezug in der ↗ rekursiven Systembeschreibung).

Luhmann betrachtet etwa politische Systeme als ↗ selbstorganisierend im Medium von Machtbeziehungen und ökonomische Systeme im Medium von finanziellen Beziehungen (vgl. symbolisch generalisierte Kommunikationsmedien unter ↗ Kommunikation).

4. Systemisches Denken soll schließlich auf eine Metaperspektive verweisen, die Vernetzung und Rekursivität in Systemen unabhängig von der jeweiligen Art des Bezugssystems betont. Gegenstand der Betrachtung wird damit das gesamte Human-Ökosystem mit seinen vielfältig vernetzten Ebenen und Prozessen, womit die Forderung nach einem interdisziplinären Vorgehen besondere Bedeutung erhält. Bezüglich Beratung und Therapie wird besonders auf die Unmöglichkeit instruktiver Einflußnahme bzw. Kontrolle (↗ Macht und Kontrolle) verwiesen. Das Ziel der Therapie liegt hier im „Schaffen von Bedingungen für die Möglichkeit von Selbstorganisation" (Schiepek & Kaimer, 1987) der beteiligten Systeme, wobei der Einfluß bzw. die Funktion des Therapeuten /Beobachters in der Therapiesituation/im Human-Ökosystem mitgedacht wird (vgl. rekursive ↗ Systembeschreibung; ↗ Kybernetik erster und zweiter Ordnung).

Weiterführende Literatur

Bertalanffy, L. v.: General System Theory. New York, Braziller, 1968.

Miller, J. D.: Living Systems. New York, McGraw-Hill, 1978.

Ropohl, G.: Einführung in die allgemeine Systemtheorie. In: Lenk, H. & G. Ropohl (Hrg.): Systemtheorie als Wissenschaftsprogramm. Königstein/Ts., Athenäum, 1978, 9–49.

Schlippe, A. v.: Familientherapie im Überblick. Basiskonzepte, Formen, Anwendungsmöglichkeiten. Paderborn, Junfermann, 1984.

Tomm, H.: Der Mailänder familientherapeutische Ansatz: Ein vorläufiger Bericht. *Zeitschrift für systemische Therapie*, 1984, 1(4), 1–23.

Wiener, N.: Kybernetik. Reinbek, Rowohlt, 1968.

Temporalisierung

In Luhmanns Theorie sozialer Systeme (1984) verweist der Begriff der Temporalisierung auf die Bedeutung des Faktors Zeit, den bestimmte Systeme nutzen können, um ihre eigene Komplexität zu stabilisieren bzw. zu steigern. Systeme, die ihre Elemente temporalisieren, d.h. sie nur für eine begrenzte Dauer existieren lassen, erlangen damit den Vorteil, daß sie durch die ständig notwendige Reproduktion ihrer Komponenten laufend die Möglichkeit haben, sich den wechselnden Anforderungen der Umwelt anzupassen. Temporalisierte Systeme zwingen sich gewissermaßen durch die Art, wie sie ihre Elemente konstituieren, die Irreversibilität der Zeit (Luhmann, 1984, 77) zu beachten. Sie bilden sich aus instabilen Elementen, die nur kurze Zeit existieren oder sogar, wie z.B. Handlungen, überhaupt keine Dauer haben. Statische Stabilität wird zur dynamischen Stabilität (vgl. Jantsch, 1982).

> „Temporalisierte Elemente lassen sich auch durch Wiederholung nicht verstärken; sie sind von vornherein darauf angelegt, daß *etwas anderes* anschließt. Sie können nur „augenblickliche" Verknüpfungen aktualisieren und schaffen daher von Moment zu Moment neue Situationen, in denen Wiederholung oder Veränderung zur Disposition steht. Systeme dieser Art sind daher immanent unruhig, sind einer endogen erzeugten Dynamik ausgesetzt und zwingen sich dadurch genau selbst, hiermit kompatible Strukturen zu lernen" (Luhmann, 1984, 77).

Betrachtet man, wie Luhmann, Kommunikation bzw. Handlung als Komponenten ↗ sozialer Systeme, so kann deren Stabilität nicht auf der Stabilität der Komponenten, sondern nur auf der konditionierten Selektivität der Systeme selbst beruhen. Temporalisierte Systeme bauen sich, wie es Luhmann pointiert ausdrückt, „auf einer gar nicht „vorhandenen" Grundlage auf" (ebd., S. 78).

Es geht nicht um die Erhaltung einzelner Systemelemente, sondern um die Sicherung ihrer unaufhörlichen Erneuerung im Prozeß permanenter Auflösung und Reproduktion. ↗ Selbstreferenz ist zwar notwendig, aber nicht hinreichend für ein temporalisiertes System. Ein System, das sich selbst zwingt, seine Zustände laufend zu ändern, braucht Informationen aus seiner Umwelt, die es ermöglichen, (intern!) anschließende Zustände zu bestimmen. „Temporalisierung ... bedeutet Abhängigkeit von einem anspruchsvollen internen Arrangement und zugleich und dadurch: erhöhte Abhängigkeit von Umweltinformationen. Die Ausdifferenzierung des Systems wird dadurch gesteigert. Es wird durch endogen erzeugte ‚Reizbarkeit' sensibler für ausgewählte Aspekte seiner Umwelt" (ebd., S. 80).

Betrachtet man den Prozeß der Therapie unter dem Aspekt der Temporalisierung (seiner Komponenten), so wird klar, daß Therapie erst dann zum System werden kann, wenn zirkulierende anschlußfähige (über Sinn; vgl. ↗ Grenzen) Kommunikation erzeugt wird. Temporalisierung weist daraufhin, daß Therapie nicht gegeben ist mit der Anwesenheit eines Klienten und eines Therapeuten, der ein bestimmtes Standardprogramm anbietet.

Soziale Systeme können zwar auf eine gewisse vorstrukturierte Komplexität psychischer Systeme zurückgreifen (kollektive Sinnstrukturen im Rahmen unserer historisch-gesellschaftlichen Wirklichkeit; vgl. Kriz, 1987), sie bauen aber nicht auf fertigen menschlichen Eigenschaften auf. Diese werden in jedem sozialen System wie auch in der Therapie von Moment zu Moment erzeugt bzw. selegiert. Ein Therapeut wird damit an dem individuellen Zustand und die Dynamik eines Klienten nur anknüpfen können, wenn er Abschied von einem technologischen und programmartigen Verständnis von Therapie nimmt und sich von Moment zu Moment bemüht, durch Anschlußbereitschaft das temporalisierte System der Kommunikation nicht zerfallen zu lassen (vgl. Grawe, 1986).

Weiterführende Literatur

Grawe, K.: Schema-Theorie und interaktionelle Psychotherapie. Forschungsbericht, Universität Bern, 1986.

Luhmann, N.: Temporalization of Complexity. In: R. Felix Geyer & J. van der Zouwen (Hrg.): *Sociocybernetics* 11, Leiden, 1978, 95–111.

Luhmann, N.: Soziale Systeme. Grundriß einer allgemeinen Theorie. Frankfurt, Suhrkamp, 1984.

Triviale und nicht-triviale Maschinen

Das Verhalten *trivialer Maschinen* (TM) ist dadurch gekennzeichnet, daß den Input-Zuständen ein oder mehrere Output-Zustände eindeutig zugeordnet sind, d.h. sie verbinden unveränderlich und fehlerfrei durch ihre Operationen „Op" gewisse Ursachen (x) mit gewissen Wirkungen (y). Formalisiert ausgedrückt:

$$Op(x) \rightarrow y$$

oder

$$y = Op(x)$$

Von Foerster (1985, 44) gibt ein Beispiel der Synthese einer trivialen Maschine durch die Zuordnung von vier Wirkungen 1, 2, 3, 4 zu vier Ursachen (Abb. 21). Die Definition einer trivialen Maschine läßt sich damit durch die folgende tabellarische Form darstellen:

X	Y
A	1
B	2
C	3
D	4

Abb. 21

„Wenn immer man, zum Beispiel, dieser Maschine das Eingangssymbol (Ursache) x = A anbietet, ist das Resultat ihrer Operation das Ausgangssymbol (Wirkung) y = 1:

$$Op(A) = 1$$

oder gibt man ihnen die Eingangfolge BACDAD, so erhält man immer 213414, etc." (ebd.).

Von Foerster (ebd.) faßt die Eigenschaften trivialer Maschinen in vier Punkten zusammen. Eine TM ist:

1. synthetisch determiniert;
2. analytisch determinierbar;
3. vergangenheitsunabhängig;
4. voraussagbar.

Für *nicht-triviale Maschinen* (NTM) bedeutet jede Interaktion mit der Umwelt auch eine Interaktion mit sich selbst, so daß sich dadurch die strukturellen Voraussetzungen des Systems für weitere Interaktionen mit der Umwelt und mit sich selbst ändern. Die Operationen dieser Maschinen hängen damit von ihren jeweiligen, inneren Zuständen „z" ab, die selbst wieder von den vorausgegangenen Operationen beeinflußt werden.

Von Foerster (1985, 45) unterscheidet eine sog. „Wirkungsfunktion", die die zustandsabhängige Verknüpfung Ursache (x)/Wirkung (y) herstellt:

$$Op(z)(x) \rightarrow y$$

und eine sogenannte „Zustandsfunktion", die die Änderung der inneren Zustände reguliert und ursachenbedingt in vorgeschriebener Weise den jeweiligen Zustand (z) in den nächstfolgenden (z') verwandelt:

$$Op(x)(z) \rightarrow z'$$

Als einfachstes Beispiel synthetisiert v. Foerster eine nicht-triviale Maschine, die nur zwei Zustände (I und II) kennt. Im Zustand I wird dabei die gleiche Zuordnung Ursache/Wirkung gewählt wie eben im Beispiel der TM ($A \rightarrow 1$; $B \rightarrow 2$; $C \rightarrow 3$; $D \rightarrow 4$). Im Zustand II die invertierte Zuordnung ($A \rightarrow 4$; $B \rightarrow 3$; $C \rightarrow 2$; $D \rightarrow 1$). In den beiden folgenden Tabellen (Abb. 22) ist jeweils in der dritten Spalte der (willkürlich gewählte) nächste innere Zustand (z') angegeben, der von der Maschine nach der Operation eingenommen wird.

Im Zustand I

X	Y	Z'
A	1	I
B	2	II
C	3	I
D	4	II

Im Zustand II

X	Y	Z'
A	4	I
B	3	I
C	2	II
D	1	II

Abb. 22

Beispiel: Im Zustand I der NTM würde die Darbietung der Ursache B die korrespondierende Wirkung 2 erzeugen, worauf die NTM in den Zustand II überginge. Eine nochmalige Darbietung der Ursache B würde das Ergebnis 3 liefern, die Maschine würde daraufhin wieder in den Zustand I wechseln.

Von Foerster hat errechnet, daß von der gerade konstruierten Versuchsmaschine die unvorstellbar große Zahl von 10^{2466} Konstellationen möglich sind, wenn man nichts anderes weiß, als daß die Maschine durch jeweils vier Eingangs- und Ausgangssymbole charakterisiert ist. Reduziert man diese Zahl von 4 auf 2, so kann man immer noch zwischen $2^{16} = 65536$ möglichen Konstellationen auswählen. Bedenkt man, daß die Zahl der Elementarbausteine im Universum auf nur etwa 10^{72} geschätzt wird, so wird man das praktisch unlösbare analytische Problem der experimentellen Identifikation einsehen. Nach v. Foerster (ebd.) kann man zudem zeigen, daß es funktionelle Organisationen solcher Maschinen gibt, die prinzipiell nicht durch eine endliche Versuchsfolge erschlossen werden können (↗ Chaos).

In analoger Weise zur TM können damit die charakteristischen Eigenschaften nicht-trivialer Maschinen zusammengefaßt werden. Eine NTM ist:

1. synthetisch determiniert;
2. analytisch unbestimmbar;
3. vergangenheitsabhängig;
4. unvoraussagbar.

Anhand dieses Beispiels einer einfachen nicht-trivialen Maschine können wir nun das Phänomen der Nicht-Voraussagbarkeit komplexer Systeme trotz intern deterministischen Funktionierens besser verstehen. Luhmann (1985, 16) stellt bezüglich nicht-trivialer Systeme in analoger Weise fest, daß sie

„auch wenn sie determiniert operieren und selbst wenn sie nur über wenige Arten von Input und Output verfügen, so viele Zustände an nehmen können, daß sie nicht berechnet werden können und ihr Verhalten nicht prognostizierbar ist."

Luhmann (1984, 156) schließt daraus, daß gleichwohl lebende psychische wie soziale Systeme, trotz interner Determiniertheit, im Verhältnis zueinander am besten fahren, wenn sie sich gegenseitig Indeterminiertheit und externe Determinierbarkeit unterstellen. Mit anderen Worten: Selbst wenn sie ↗ operational abgeschlossen bzw. „blind" operieren, kommen sie am besten dann zurecht, wenn sie im System-Umwelt-Verhältnis wechselseitig Determinierbarkeit voraussetzen (vgl. ↗ Grenzen) und sich daraufhin beobachten.

Lebende ↗ autopoietische Systeme, die als typische Beispiele für nichttriviale Maschinen gelten können, bilden wechselseitig Hypothesen bzw. vorläufige Beschreibungen bezüglich der Operationsweise anderer NTMs.

„(Soziale) Systeme bilden sich durch die Interaktion von Teilen, die einander beobachten und beschreiben und ihre wechselseitige Intransparenz durch Unterstellungen und unterstellte Unterstellungen ersetzen bis hin zu dem Punkt, an dem die erprobten Unterstellungen eine Strategie des „als-ob" tragfähig machen" (vgl. Theorie der Black Boxes, Willke, 1987, 94 ff.; ↗ konsensueller Bereich und Sprache).

Das gesamte Glossar kann als der Versuch betrachtet werden, eine Epistemologie der Nicht-Trivialität zu formulieren und daraus Handlungsperspektiven für die psychosoziale Praxis abzuleiten. Therapeutisches Handeln, das auf technologischen Regeln gründet (Westmeyer, 1978) und damit Individuen trivialisieren muß, wandelt sich unter diesem Blickwinkel in ein interaktionelles Geschehen ↗ strukturell gekoppelter Systeme, das Bedingungen für die Möglichkeit von ↗ Selbstorganisation und ↗ Selbstregulation bereitstellt (↗ selbstreferentielle Systembeschreibung; ↗ systemische Therapie; ↗ Empowerment; Schiepek & Kaimer, 1987; Dell, 1986; Grawe, 1986; Keeney, 1987; Rappaport, 1985).

Weiterführende Literatur

Foerster, H. v.: Observing systems. Intersystems publications. Seaside, Calif., 1984, 2nd edn.

Foerster, H. v.: Entdecken oder Erfinden. In: H. Gumin & A. Mohler: Einführung in den Konstruktivismus. München, Oldenbourg, 1985, 27–68.

Luhmann, N.: Die Autopoiese des Bewußtseins. *Soziale Welt*, 1985, 36(4), 402–446. (Zit. n. Manuskr.).

Willke, H.: Systembeobachtung, Systemdiagnose, Systemintervention – Weiße Löcher in schwarzen Kästen? In: G. Schiepek (Hrg.): Systeme erkennen Systeme. München, Psychologie Verlags Union, 1987, 94–114.

Ungleichgewichts-Thermodynamik

Die Ungleichgewichts-Thermodynamik (Prigogine, 1978; 1979; Nicolis & Prigogine, 1977, 1987; Prigogine, Nicolis & Babloyanz, 1972) untersucht Systeme und Prozesse (z.B. bestimmte chemische Reaktionen), die sich fernab vom thermodynamischen Gleichgewicht befinden.

Die klassische Thermodynamik geht in ihrem zweiten Hauptsatz von einer Entropiemaximierung aus: Die Entropie eines isolierten Systems kann nur zunehmen, bis das System sein thermodynamisches Gleichgewicht erreicht hat. Jeder zukünftige makroskopische Zustand des isolierten Systems kann nur gleiche oder höhere Entropie aufweisen, jeder vergangene nur gleiche oder niedrigere als der gegenwärtige Zustand (Irreversibilität). Boltzmann interpretierte vor mehr als 100 Jahren diese Entropiezunahme als fortschreitende Desorganisation, als Evolution auf einen „wahrscheinlichsten" Zustand maximaler Unordnung hin. Angesprochen ist damit die physikalische Grundklasse der Gleichgewichtssysteme: „Handelt es sich um ein isoliertes System, ein System ohne Umwelt, so wird es also eine besondere Art von ↗ Selbstorganisation (oder, genauer gesagt, von Selbstdesorganisation) haben: Es wird auf seinen Gleichgewichtszustand hin evolvieren . . . dort angekommen, hört der Austausch mit der Umwelt auf" (Jantsch, 1982, 57). Auch der realisterische Fall teilweise offener Systeme wurde gemäß dem Boltzmannschen Ordnungsprinzip beschrieben. Evolution hieß: irreversible Entwicklung auf einen Gleichgewichtszustand hin.

Ganz im Gegensatz zu diesen Modellvorstellungen ist in der Natur jedoch die Herausbildung immer unwahrscheinlicherer Strukturen festzustellen, d.h. die Evolution scheint den Gesetzen Boltzmanns zu widersprechen. Einen Ausweg aus diesen theoretischen Problemen zeigten erst Prigogine und Mitarbeiter (s.o.) mit ihrer Theorie *dissipativer Strukturen*. Dissipative Strukturen sind Prototypen ↗ selbstorganisierender Systeme. Sie bilden die einfachste Ebene, auf der die Dynamik natürlicher Systeme auftritt. Jantsch (1982, 61) beschreibt sie als „. . . physikalisch-chemische Reaktionssysteme, die Energie- und Massedurchsatz im Austausch mit ihrer Umgebung ständig selbst in Gang halten und über längere Zeiträume global ↗ stabile Strukturen bilden . . . Sie wurden so genannt, weil sie ständig Entropieproduktion aufrechterhalten, also ständig „arbeiten" und Energie umsetzen." Nur durch diesen dauernden Austausch von Materie und Energie mit der Umwelt kann das hohe Ungleichgewicht aufrechterhalten werden, das die selbstorganisierenden Prozesse ermöglicht. Gleichgewicht entspräche Stillstand und Tod. Prigogine nennt dieses neue Entwicklungsprinzip „*Ordnung durch Fluktuation*".

Ein Alltagsbeispiel für das Phänomen dissipativer Strukturen liefert die Beobachtung eines aufgedrehten Wasserhahnes: Die Erhöhung des Wasserdrucks und der Durchflußmenge bewirkt, daß die laminare (d.h. glatte, durchsichtige) Strömung instabil wird und sich sprungartig eine turbulente Struktur einstellt. Bei einer weiteren Erhöhung des Wasserdrucks kann diese ihrerseits über eine weitere Instabilitätsschwelle zu einer neuen, von der ersten verschiedenen, turbulenten Struktur führen usf. Ein anderes Beispiel stellt die dynamische Struktur eines „Fahrradfahrers" dar. Mit Struktur wird hier nichts Statisches beschrieben. Eine dissipative Struktur ist eine Struktur von *Prozessen* (Jantsch, 1982, 52). Die Voraussetzungen für die Bildung dissipativer Strukturen „umfassen *Offenheit* gegenüber dem Austausch von Energie und Materie mit der Umgebung, einen Zustand *fern vom Gleichgewicht* und *auto- oder crosskatalytische Prozesse*. Der letzte Punkt bedeutet, daß bestimmte Moleküle an Reaktionen teilnehmen, in denen sie für die Bildung von Molekülen ihrer eigenen Art nötig sind (Autokatalyse) oder zuerst für die Bildung anderer Moleküle und daraufhin ihrer eigenen Art (Cross-Katalyse)" (ebd., S. 62, Herv. i. Orig.).

Maturana (1982) beschreibt die Dynamik einer solchen stabilen, aber niemals ruhenden Struktur als Prozeß der ⁊ Autopoiese. Ein autopoietisches System versucht sich selbst ständig in der gleichen Prozeßstruktur zu erneuern. Die Voraussetzung für evolutiven Wandel bilden Fluktuationen, die das System entweder selbst erzeugt oder es mehr oder wenig zufällig von außen treffen können, wie etwa durch Beifügung eines neuen Reaktions- bzw. Interaktionsteilnehmers oder durch Veränderung der quantitativen Verhältnisse des alten Reaktionssystems. Von innen können sich Fluktuationen durch positive Rückkoppelung (bzw. evolutives Feedback) ausbilden.

In Phasen der relativen Instabilität besteht nun die Möglichkeit einer (Selbst-) Verstärkung dieser Fluktuation (⁊ Synergetik). Erreichen sie eine bestimmte Schwelle (Bifurkationspunkt) „kippt" das System in ein neues (unwahrscheinlicheres) dynamisches Regime, das nicht mehr als Fortsetzung bisheriger Muster interpretierbar ist (Nicolis & Prigogine, 1987). Der Vorgang kann sich in einem neuen evolutiven Zyklus wiederholen (Abb. 23).

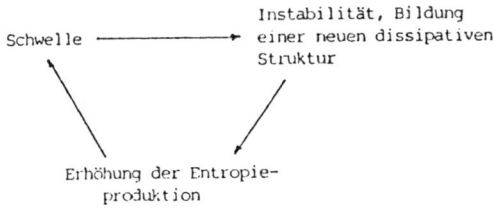

Abb. 23: Evolutives Feedback (siehe Jantsch, 1982, 78)

Das Ergebnis dissipativer Veränderungsprozesse ist kaum vorhersehbar (vgl. abweichende Meinung unter ↗ Synergetik). Die Zustände, die das System nach der nächsten Transformation prinzipiell erreichen kann, sind noch mit einer gewissen Wahrscheinlichkeit abzuschätzen. Nach dem Durchlaufen mehrerer Transformationen ist jedoch keine Prognose mehr möglich. Es läßt sich lediglich ein spezifischer Zustandsraum (vgl. Attraktorbereich unter ↗ Stabilitätsformen) angeben, indem sich das System irgendwo befindet.

Abschließend sei noch auf einige ethische Überlegungen hingewiesen, die sich aus der modellhaften Übernahme des Konzepts evolutionärer Systeme (bzw. Ordnung durch Fluktuation) für das Verständnis therapeutischer Prozesse ergeben: Der Ansatz zeigt sehr deutlich die Grenzen einer kontrollierbaren Intervention in komplexe Systeme auf (/Macht und Kontrolle; ↗ Ziele). Der Therapeut hat danach zwar die Möglichkeit als „neuer Reaktionsteilnehmer" ein System bis zu einem bestimmten Punkt zu destabilisieren, er kann aber kaum voraussehen, in welches dynamische Muster das System schließlich kippen wird. Es ist daher sehr genau zu prüfen, ob eine derartige Fluktuation wirklich allen Betroffenen zugute kommt, bzw. ob das System nicht auf Kosten einzelner Mitglieder in eine neue Ordnung überwechselt. Daß endgültige Lösungen für Probleme sowieso nicht erreicht werden können, betont auch Jantsch (1982, 369): „In der Dynamik dissipativer biologischer, sozialer und soziokultureller Prozesse ... gibt es keine Probleme, die ein für allemal gelöst werden können. Es gibt nur eine dynamische, evolvierende Problematik, die auf vielen Ebenen unter den verschiedensten Aspekten erscheint." Für die psychosoziale Praxis bleibt das Kriterium, stets so zu handeln, daß weitere Möglichkeiten entstehen (v. Foerster, 1981). (vgl. auch ↗ Synergetik; ↗ Katastrophentheorie).

Weiterführende Literatur

Jantsch, E.: Die Selbstorganisation des Universums. München, dtv, 1982.
Nicolis, G. & I. Prigogine: Self-organization in Non-equilibrium Systems. New York, Wiley, 1977.
Nicolis, G. & I. Prigogine: Die Erforschung des Komplexen. Band 1. München, Piper, 1987.
Prigogine, I.: Vom Sein zum Werden. München, Piper, 1979.
Riedl, R.: Evolution und Erkenntnis. München, Piper, 1982.

Verstörung

1. Bemerkungen zur Begriffsdefinition

Der Begriff der Verstörung lehnt sich an Maturanas Begriff der Perturbation an (Maturana & Varela, 1987, 27). Ludewig (1983) definiert eine *signifikante Verstörung* als eine Intervention, „die innerhalb der Familienkohärenz „neu" ist und zugleich eine bleibende Veränderung provoziert hat" (S. 87). Diese Definition muß in mehrerer Hinsicht kritisch erläutert werden:

a) Ludewig betont, daß unter dem Blickwinkel der ↗ strukturellen Koppelung lebender Systeme eine Verstörung nur als Perturbation (sensu Maturana) begriffen werden kann. Welches Verhalten eines Therapeuten wann eine Wirkung hinterläßt, hängt demgemäß alleine vom perturbierten System ab (Problem der dynamischen Trägheit bzw. systemeigenen Zeit, vgl. ↗ Temporalisierung). Trotzdem weist die Annahme eine signifikante Verstörung führe zu einer „bleibenden Veränderung" Merkmale linealen Denkens (Verstörung → Wirkung) auf.

b) Es werden keine Kriterien dafür angegeben, was als Wirkung betrachtet werden kann bzw. wie diese aussehen soll (Problem der Evaluation).

c) Unter einer evolutionären Perspektive ist es problematisch, von einer bleibenden bzw. dauerhaften Wirkung zu sprechen, da Wirkung einfach eine strukturelle/dynamische Veränderung bedeutet, die sich wiederum vernetzt ↗ kontextualisiert in neuen Strukturen fortsetzen kann. Dauerhaftigkeit widerspricht einer dynamisierten Sichtweise von Systemen.

2. Das Konzept der Verstörung

Ludewig betrachtet das Verstörungskonzept als eine Alternative zu dem bisher vorherrschenden „dualistischen" Verständnissen von Intervention in der Psychotherapie (dualistisch, weil Therapeut und Klient(en) als unabhängige, getrennte Systeme verstanden werden). Die Grundidee dieses Ansatzes leitet sich, wie in der Definition bereits angedeutet, aus Dells Theorie der ↗ Kohärenz 1982) ab. Nach Dell ist die Organisation eines zwischenmenschlichen, sozialen Systems ↗ operational abgeschlossen (Maturana). Alle Mitglieder des Systems verhalten sich gemäß ihrer ↗ strukturellen Möglichkeiten zueinander „passend" (bzw. „perfekt") und bilden damit die spezifische kohärente ↗ Einheit. Ein Therapeut, der mit dieser Einheit bzw. mit diesem Sozialsystem in Kontakt treten will, muß sich zunächst in das System hineinbegeben, bzw. Teil des Systems werden. Das Konzept impliziert somit, daß die Verstörung eines Systems nur von *innen* heraus möglich ist. Dies ist insofern bedeutsam, da der Therapeut zum Zeitpunkt seiner Einwirkung bereits von einem veränderten System ausgehen muß, einem System, das durch seine Anwesenheit eine neue Gestalt (bzw. ↗ Organisation) angenommen hat.

Genau genommen kann damit schon die Anwesenheit eines Therapeuten als Intervention bzw. Verstörung betrachtet werden, womit wir auf Abgrenzungsprobleme zu den Begriffen „Interaktion" bzw. „Perturbation" (s.o.) stoßen. Um den Begriff der Verstörung vor einer lineal-dualistischen Konnotation zu bewahren, müßte, unter einem ↗ strukturdeterministischen Blickwinkel (den auch Ludewig bevorzugt) in der Tat jeder Umweltkontakt, der in ↗ strukturell plastischen Systemen zu strukturellen/dynamischen Veränderungen führt, als Verstörung bezeichnet werden. Das Konzept der Verstörung reduziert sich folglich auf das Problem der Beobachtbarkeit dieser Veränderungen und führt damit direkt zur Problematik des rekursiven Verhältnisses zwischen Therapie (Verstörung) und Wirklichkeitsbeschreibung (vgl. ↗ selbstreferentielle Systembeschreibung), die einer genauen Beobachtbarkeit von Veränderungen prinzipielle Grenzen setzt.

Systeme sind nur beobachtbar, wenn sie sich bewegen (verhalten, Dynamik zeigen) oder zur Bewegung gebracht werden können z.B. durch Interaktion, Fragen etc.) (Minuchin, 1974; v. Schlippe & Schweitzer, 1988). Jede Beobachtung (Wirklichkeitsbeschreibung) setzt damit bereits eine Verstörung (strukturelle Änderung) voraus; anders ausgedrückt: Beobachtung kommt immer zu spät. Kein Therapeut kann beobachten, ob eine bestimmte Verstörung eine Veränderung hervorgerufen hat, denn wenn er dies versucht also interagiert), hat sich das System dadurch bereits wieder verändert.

Schließlich sei darauf hingewiesen, daß durch die Verbindung des Begriffs Verstörung mit der *Auflösung* interaktiver Systeme dieser nicht mehr auf die Definition eines ↗ sozialen Systems über Mitglieder (Maturana; Hejl) bezogen werden kann. Therapie wird in diesem Verständnis als Auflösung (nicht Veränderung) kommunikativer Problem-Systeme ‚Systemtheorie und systemisches Denken (2.); ↗ systemische Therapie) interpretiert, wobei davon ausgegangen wird, daß Familien mehrere Kommunikationssysteme in Gang halten bzw. neu konstituieren können (Ludewig, 1987). Um im Kontext von Therapie sinnvoll von einer Systemauflösung sprechen zu können, muß sich das Konzept auf die Referenzebene sozialer Kommunikation beziehen. Damit wird zum einen die Frage möglich, unter welchen Voraussetzungen (Bedingungen der Möglichkeit) eine (interaktionelle bzw. kommunikative) Neuorganisation des sozialen Systems geschaffen werden kann und zum anderen, ob unter diesen „neuen" kommunikativen Bedingungen ein ähnliches „Problemsystem" (Ludewig, 1987, 163 f.) *nicht* wieder entstehen wird.

Weiterführende Literatur

Ludewig, K.: Die therapeutische Intervention – eine signifikante Verstörung der Familienkohärenz im therapeutischen System. In: Schneider, K. (Hrg.): Familientherapie in der Sicht psychotherapeutischer Schulen. Paderborn, Junfermann-Verlag, 1983, 78–95.
Ludewig, K.: Vom Stellenwert diagnostischer Maßnahmen im systemischen Verständnis von Therapie. In: Schiepek, G. (Hrg.): Systeme erkennen Systeme. München, Psychologie Verlags Union, 1987, 155–173.

Ziele

1. Die Bedeutung der Zielbestimmung in den klassischen Problemlöseansätzen

Besonders in verhaltenstherapeutisch orientierten Veröffentlichungen wird der genauen Klärung und Analyse von Therapiezielen großes Gewicht beigemessen (vgl. Kanfer, 1979; 1980; Karoly & Kanfer, 1982). Schulte (1986, 21) formuliert: „Zur Beschreibung der Probleme des Klienten gehört notwendigerweise auch die Angabe der Therapieziele." Ähnlich Schmelzer (1986, 54): „Speziell für verhaltenstherapeutische Selbstmanagementansätze . . . ist die Frage nach den Zielen und Standards des Klienten von herausragender Bedeutung . . . ".

Die intensive Beschäftigung mit den Zielen des Klienten dient in diesem Zusammenhang vor allem der Beschreibung des Problems als Diskrepanz zwischen dem anzustrebenden „Soll-Zustand" (= Ziel) und dem aufgrund der Problemanalyse festgestellten „Ist-Zustand". Der Erreichung des „Soll-Zustandes" stehen, formal gesehen, irgendwelche Barrieren im Wege, die entweder in der Person oder in der Umgebung liegen können (Schulte, 1986, 21) und die zur Erreichung des Ziels überwunden werden müssen.

2. Ziele im Kontext von Handlungsbedingungen in komplexen Systemen

Versuchen wir ein etwas realistischeres Bild der Ausgangssituation psychosozialer Praxis zu entwerfen, so sind Strategien der Zielbestimmungen im Kontext von Handlungsanforderungen in komplexen, vernetzten Systemen zu betrachten. Diesbezüglich zeigen die Ergebnisse der Lohhausen-Studien von Dörner et al. (1983), daß komplexe eigendynamische Systeme nicht in einem präzisen Zielzustand hinein steuerbar sind. Je mehr technologische Mittel zur Steuerung eingesetzt würden, desto mehr *Neben-, Folge-* und *Fernwirkungen* hätte man zu kontrollieren. Zwar ist zu prüfen, welche Prioritäten man entsprechend der generellen Wichtigkeit und aktuellen Dringlichkeit setzt (*Schwerpunktbildung*; Dörner et al., 1983, 44 f.), doch darf kein Ziel für sich alleine wie mit Scheuklappen betrachtet werden. Augenscheinliche Verbesserungen in Teilbereichen können sich für das Systemganze eher disfunktional auswirken, wenn man unerwünschte Entwicklungen in anderen Bereichen nicht rechtzeitig beachtet. Dörner weist dahingehend auf die Notwendigkeit ständiger *Hintergrundkontrolle* hin (ebd., S. 48).

Aufgrund der Polytelie (Auftreten mehrerer Ziele nebeneinander) und Vernetztheit von Systemen können sich kontradiktorische Verhältnisse zwischen Zielen ergeben. Dies bedeutet beispielsweise, daß die Verbesserung eines Zustandes mit einer Verschlechterung des anderen erkauft werden muß. Um gegenüber solchen *Zielkontradiktionen* nicht handlungsunfähig zu werden, sind Gewichtungen, Kompromisse, bzw. Entscheidungen vorzunehmen (*Zielbalancierung*; ebd., S. 43 f.). In der Therapie wird z.b. ein Fortschritt oft nur dann möglich sein, wenn der Klient bereit ist, im Dienste einer Zielannäherung, teilweise auf vertraute Sicherheiten zu verzichten (Wechsel des Sozialkontakts, Umgang mit schwierigen Situationen etc.). Das Problem des Widerstandes im therapeutischen Prozeß (vgl. Grawe, 1984) dürfte sehr oft auf widersprüchliche Zielzustände hinweisen.

Im Kontext einer komplex vernetzten Wirklichkeit scheint es daher angemessener zu sein, anstelle einer Festlegung auf Einzelziele ↗ kybernetisch gedachte prospektive Zielsysteme zu entwerfen. Durch eine begrenzte Antizipation von Problemen können wir versuchen, Möglichkeiten der Entwicklung nicht zu behindern. Die Auswahl möglicher Ziele wird durch eine vernetzte Betrachtung eingeschränkt und damit übersichtlicher. Der Entwurf eines Zielsystems macht gleichzeitig mit der Zielbestimmung mögliche Folge- und Nebenwirkungen erkennbar.

Vester schlägt in einer Art Zeitumkehr vor, sich von einem vernetzten „Zukunftsszenario" schrittweise bis zur gegenwärtigen Situation rückwärts zu tasten, um damit gegenwärtige Handlungsmöglichkeiten und -konsequenzen von der Zukunft her besser verstehen zu können (1984, 89). Obwohl diese Zukunftsannahmen schwer zu kalkulieren sind, könnten sie doch die Funktion übernehmen, mögliche Entwicklungsblockaden festzustellen und aufzuzeigen, wo unerwünschte Entwicklungen weiterhin möglich und zu erwarten sind. In der Therapie können Zielsysteme dem Klienten die vielfältigen Möglichkeiten und Konsequenzen von Verhaltensänderungen aufzeigen und damit Anreize für eigenverantwortliches zukunftsorientiertes Handeln geben. Sie machen zudem klar, daß es meist mehrere Möglichkeiten gibt, die zum Erfolg führen können.

3. Zielbestimmung im Lichte der Theorie selbstreferentieller Systeme

Im Kontext von Theorien zur ↗ Selbstorganisation sind Zielsysteme völlig von ihrer „teleonomischen" Funktion (Anvisieren bestimmter Werte in der Zukunft) zu entbinden. Zielsysteme bekommen stattdessen die Aufgabe, die eigenständige Entwicklung von Prozessen in einer selbstschaffenden Ordnung zu unterstützen. Eine exakte Planung fixer Zielstrukturen würde ersetzt durch die Förderung selbstschöpfender Prozesse (Schiepek & Kaimer, 1987). Im Sinne einer evolutionsgerechten Planung (Jantsch, 1982, 366) sollten Zielsysteme

1) die Minimalvoraussetzungen dafür enthalten, daß Prozesse der ↗ Selbstregulation und Selbstorganisation für ein System auch in Zukunft möglich sein werden. Eigendynamische Entwicklungen bzw. „Werte" in der Zukunft sollen durch Fremdkontrolle nicht vergewaltigt werden, denn diese sind, aufgrund

möglicher Fluktuationen, (↗ Ungleichgewichts-Thermodynamik) rational nicht vorhersagbar. Ein Beispiel bildet das selbstregulierend-homöostatische Funktionieren umfassender Humanökosysteme (↗ Ökosystem), an deren Ultrastabilität (Asnby, 1960; ↗ Stabilitätsformen) wir auch in Zukunft interessiert sein müssen. (Eine Voraussetzung dafür ist die Erhaltung von Ressourcen; vgl. acht ↗ biokybernetische Grundregeln). Ultrastabilität kann aber nicht Starrheit oder die Möglichkeit externer Kontrolle bedeuten, denn die Fähigkeit zur Anpassung, ermöglicht über das Zulassen von Instabilitäten und Fluktuationen in Teilstrukturen, ist für die Erhaltung des Gesamtsystems lebenswichtig.

2) Auch in kurzfristiger angelegten Kontexten der psychosozialen Praxis können Zielsysteme die Minimalbedingungen für eine mögliche Entwicklung von selbstorganisierten Prozessen enthalten. Die Formulierung von Zielen (soziale Kompetenz, Angstabbau) dient dabei der Destabilisierung festgefahrener Muster und somit als Basis für weitere Entwicklungsprozesse.

3) Ziele können in der Therapie Katalysatorfunktion übernehmen. Sie bieten Perspektiven und damit motivationalen Anreiz.

4) Therapieziele enthalten Vorstellungen und Bewertungen über die Gestaltung des (Zusammen-) Lebens. Ziele werden nicht gefunden, sie sind das Produkt der ↗ Ko-Ontogenese der an der Therapie beteiligten ↗ strukturell gekoppelten Systeme. Anders gesagt: Ziele existieren nicht an sich, sie werden vom Therapeuten und dem/den Klienten gemeinsam konstruiert. Im Laufe dieses Konstruktionsprozesses können sich Ziele genauso wie die beteiligten individuellen Strukturen ändern, d.h. der Therapieprozeß wirkt rekursiv auf die formulierten Ziele zurück. Für den Therapeuten bedeutet dies, daß er sich nicht auf die Zielsetzungen zu Beginn der Therapie beschränken kann, bzw. daß er sich ständig auf diesbezügliche Veränderungen einstellen muß (↗ Temporalisierung).

5) Ziele bieten eine Form von sinnhafter Kommunikation: Sie schaffen damit ↗ Grenzen bzw. Identität für ↗ soziale aber auch für kognitive Systeme.

Weiterführende Literatur

Dörner, D. et al. (Hrg.): Lohhausen. Vom Umgang mit Unbestimmtheit und Komplexität. Bern, Huber, 1983.

Kaimer, P.: Therapie in komplexen Systemen. *Verhaltensmodifikation*, 1986, 7(4), 213–234.

Kleiber, D.: Das Problem der Zielfestlegung in der Psychotherapie. In: Schulz, W. & M. Hautzinger (Hrg.): Klinische Psychologie und Psychotherapie. Kongreßbericht, Bd. 1, DGVT & GwG, 1980, 23–35.

Schiepek, G.: Das Konzept der systemischen Diagnostik. In: Schiepek, G. (Hrg.) Systeme erkennen Systeme. München, Psychologie Verlags Union, 1987a, 13–46.

Schmelzer, D.: Problem- und zielorientierte Verhaltenstherapie. Teil II: Das „OPTIMIZE"-Prozeßmodell als Orientierungsrahmen für die Praxis. *Verhaltensmodifikation*, 1986, 7(1/2), 3–110.

Literaturverzeichnis

Abraham, R.H. & Ch.D. Shaw: Dynamics – Geometry of Behaviour. Part 2: Chaotic Behaviour. University of California, Santa Cruz, Aerial Press. o.J.

Alberch, P.: The generative and regulatory roles in evolution. In: Mossakowsky, D. & G. Roth (Hrg.): Environmental Adaptation and Evolution. Stuttgart, G. Fischer, 1982, 19–36.

Albert, H.: Traktat über rationale Praxis. Tübingen, Mohr (Siebeck), 1978.

Allen, T. F. H. & Th. B. Starr: Hierarchy: Perspectives for Ecological Complexity. Chicago, University of Chicago Press, 1982.

Amann, G. & B. Luger: Komplexe Diagnostik – der Versuch einer empirischen Lebensraumanalyse. Dissertation, Salzburg, 1984.

Ammermann, Ch., Gluchowski, P. & P. Schmidt: Rekursive oder nicht rekursive Modelle? Zeitschrift für Sozialpsychologie, 1975, 4, 203–220.

Andersen, T.: Systemisches Denken und systemisches Arbeiten in Nordnorwegen. Ein Gespräch mit J. Hargens. Zeitschrift für systemische Therapie, 1987, (52), 95–100.

an der Heiden, U., Roth, G. & H. Schwegler: Die Organisation der Organismen: Selbstherstellung und Selbsterhaltung. Funkt. Biol. Med. 5, 330, 1985.

an der Heiden, U., Roth, G. & H, Schwegler: Principles of Self-Generation and Self-Maintenance. Acta Biotheoretika, 34, 125–138, 1985a.

Ashby, W. R: Einführung in die Kybernetik, Frankfurt/Main, Suhrkamp, 1974.

Autorenkollektiv: Grundlagen der marxistisch-leninistischen Philosophie. Berlin, 1973.

Baecker, D.: Die Ökologie der Angst. Verhaltenstherapie und Psychosoziale Praxis, 3, 1988, 301–313.

Baecker, D., Makowitz, J., Stichweh, R., Tyrell, H., Willke, H. (Hrg.): Theorie als Passion. Niklas Luhmann zum 60. Geburtstag. Frankfurt, Suhrkamp, 1987

Ballmer, Th. T. & E. v. Weizäcker: Biogenese und Selbstorgansation. In: Weizäcker, E. v. (Hrg.): Offene Systeme I: Beiträge zur Zeitstruktur von Information, Entropie und Evolution. Stuttgart, Klett, 1974.

Bartling, G., Echelmeyer, L., Engberding, M. & R. Krause: Problemanalyse im therapeutischen Prozeß. Stuttgart, Kohlhammer, 1980.

Bateson, G.: Steps to an Ecology of Mind. New York, Ballantine Books, 1971 (dt. Ökologie des Geistes. Frankfurt/M., Suhrkamp 1981).

Bateson, G: Geist und Natur. Frankfurt/M., Suhrkamp, 1982.

Bateson, G., Jackson, D., Haley, J. & J. Weakland: Toward a Theory of Schizophrenia, Behavioural Medicine 1 (1956), 251–254.

Benseler, F., Hejl, P.M. & W. K. Köck (Eds.): Autopoiesis, Communication and Society. Frankfurt/M., Campus, 1980.

Berger, P. L. & T. Luckmann: Die gesellschaftliche Konstruktion der Wirklichkeit. Frankfurt, Fischer, 1970.

Bertalanffy, L. v.: Allgemeine Systemtheorie. Wege zu einer neuen Mathesis Universalis. In: Deutsche Universitätszeitung, 1957, 12, 5–6, 8–12.

Bertalanffy, L. v.: General System Theory. New York, Braziller, 1968.

Bilban, E.: Kriterienproblematik komplexer Diagnostik. Dissertation, Salzburg, 1984.

Blackwell, R. D. & M. P. Wilkins: Systemische Therapie in Institutionen, die Probleme aufrechterhalten. Zeitschrift für systemische Therapie, 1984, 2(5), 17–28.

Braunmühl, C. v.: Lebensweltanalyse ist anders. Vorbemerkungen zu einem alternativen Forschungskonzept in der Gemeindepsychologie. In: Kommer, D., Röhrle, B. (Hrg.): Ökologie und Lebenslagen. DGVT, GwG, Tübingen, 1983, 14–37.

Brehm, S.S.: Anwendung der Sozialpsychologie auf die klinische Praxis. Bern, Huber, 1980.

Brocke, B.: Wissenschaftstheoretische Grundlagenprobleme der angewandten Psychologie. Das Abgrenzungs-, Konstituenten- und Fundierbarkeitsproblem. Zeitschrift für Sozialpsychologie 1980, 11, 207–224.

Brockman, J.: About Bateson. New York, Dutton, 1977.

Bronfenbrenner, U.: Die Ökologie der menschlichen Entwicklung. Natürliche und geplante Experimente. Stuttgart, Klett, 1981.

Brunner, E.J. (Hrg.): Interaktion in der Familie. Springer, Berlin, 1984.

Brunner, E. J.: Grundfragen der Familientherapie. Springer, Berlin, 1986.

Buchhholz, W.: Lebensanalyse. Sozialpsychologische Beiträge zur Untersuchung von krisenhaften Prozessen in der Familie. München, Profil-Verlag, 1984.

Buer, F.: Hat „psychosoziale Praxis" eine Zukunft? Einige sozialwissenschaftliche Überlegungen. Verhaltenstherapie und psychosoziale Praxis, DGVT, 1983, Nr. 1, 5–33.

Bunge, M.: Scientific research, 1, 11. New York, Springer, 1967.

Bunge, M.: The Mind-Body Problem. A Psychological Approach. Oxford, Pergamon Press, 1980.

Capra, F.: Das Tao der Physik. Bern, Scherz Verlag, 1984.

Caspar, F.: Analyse interaktioneller Pläne. Dissertation, Universität Bern, 1984.

Caspar, F. & K. Grawe: Vertikale Verhaltensanalyse (VVA). Analyse des Interaktionsverhaltens als Grundlage der Problemanalyse und Thera pieplanung. Forschungsberichte aus dem psychologischen Institut der Universität Bern, 5, 1982.

Chew, G. F.: „Bootstrap": A Scientific Idea? Science, 1968, 161, 762–765.

Chew, G. F.: Hadron Boostrap: Triumph or Frustration? Physics today, 1970, 23, 23–28.

Capelle, W.: Die Vorsokratiker. Fragment 10. Stuttgart, 1953.

Ciompi, L.: Affektlogik. Stuttgart, Klett-Cotta, 1982.

Corsini, R. (Hrg.): Handbuch der Psychotherapie. Bd. 1 u. 2. Weinheim, Beltz, 1983.

Coyne, J. C.: A Brief Introduction to Epistobabble. Family Networker, 1982, 6(4), 27–28.

Crutchfield, J. P., Doyne Farmer, J., Packard, N. H. & R. S. Shaw: Spectrum der Wissenschaft, 1987, 78–90.

Czayka, L.: Systemwissenschaft. Pullach, Verlag Dokumentation, 1974.

Daelemans, S.: Kybernetische Muster der Supervision. Zeitschrift für systemische The rapie, 1987, 5(2), 101–104.

Deissler, K. G.: Rekursive Informationsschöpfung. Zirkuläres Fragen als Erzeugung von Information. Anregung zur Entwicklung problemrelevanter Fragen im kokreativen Prozeß systemischer Therapie. Marburg, Manuskript, 1985.

Deissler, K. G.: Brauchen wir die Machtmetapher, um unsere zwischenmenschliche Wirklichkeit zu konstruieren? Zeitschrift für systemische Therapie, 1986, 4(4), 258–268.

Deker, U. & H. Thomas: Unberechenbares Spiel der Natur: die Chaostheorie. Bild der Wissenschaft, 1983 (1), 63–75.

Dell, P. F.: Von systemischer zur klinischen Epistemologie. I. Von Bateson zu Maturana. Zeitschrift für systemische Therapie, 1984, 2(7), 147–171.

Dell, P. F. & H. A. Goolishan: „Ordnung durch Fluktuation": eine evolutionäre Epistemologie für menschliche Systeme. Familiendynamik, 1981, 6(2), 105–121.

Dell, P. F.: Über Homöostase hinaus: auf dem Weg zu einem Konzept der Kohärenz. In: Dell, P. F.: Klinische Erkenntnis. Systemische Studien, Bd. 1, Dortmund, verlag modernes lernen, 1986, 46–77.

de Shazer, St.: Patterns for Brief Family Therapy. New York, Guilford Press, 1982.

de Shazer, St.: Keys to Solution in Brief Therapy. New York, Norton, 1985.

Diagnostic and Statistical Manual of Mental Disorders. Washington, D.C., American Psychiatric Association, 1980.

Dörner, D.: Problemlösen als Informationsverarbeitung. Stuttgart, Kohlhammer, 1976.

Dörner, D.: Empirische Psychologie und Alltagsrelevanz. In: Jüttemann, G. (Hrg.):Psychologie in der Veränderung. Weinheim, Beltz, 1983, 13–29.

Dörner, D.: Modellbildung und Simulation. In: Roth, E.: Sozialwissen schaftliche Methoden. München, Oldenbourg, 1984, 337–350.

Dörner, D. & F. Reither: Über das Problemlösen in sehr komplexen Realitätsbereichen. Zeitschrift für experimentelle und angewandte Psychologie, 1978, 25(4), 527–551.

Dörner,D., Kreuzig, H. W., Reither, F. & Th. Stäudel (Hrg.): Lohhausen. Vom Umgang mit Unbestimmtheit und Komplexität. Bern, Huber, 1983.

Dress, A., Hendrichs, H. & G. Küppers (Hrg.): Selbstorganisation. Die Entstehung von Ordnung in Natur und Gesellschaft. München, Piper, 1986.

Dunn, E.S.: Economic and Social Developement. A Process of Social Learning. Baltimore, Johns Hopkins Press, 1971.

Eckensberger, L. H.: Der Beitrag kulturvergleichender Forschung zur Fragestellung der Umweltpsychologie. In: Kaminski, G. (Hrg.): Umweltpsychologie. Stuttgart, Klett, 1976, 73–98.

Eckensberger, L. H.: Die Grenzen des ökologischen Ansatzes in der Psychologie. In: Graumann, C. F. (Hrg.): Ökologische Perspektiven in der Psychologie. Bern, Huber, 1978, 49–82.

Elkaim, M.: Von der Homöostase zu offenen Syemen. In: Duss-v. Werdt, I. & R. Welter-Enderlin (Hrg.): Der Familienmensch. Stuttgart, Klett-Cotta, 1980, 150–155.

Elkaim, M., Prigogine, I., Guattari, F., Stengers, I. & J.-L. Den bourg: Openness: A Round-Table Discussion. Family Process, 1982, 21, 57–70.

Elton, C. S.: The Ecology of Invasions by Animals and Plants, London, Methuen, 1958.

Fietkau, H. J.: Bedingungen ökologischen Handelns. Weinheim, Beltz, 1984.

Fliegel, St., Groeger, W. M., Künzel, R., Schulte, D. & H. Sorgatz: Verhaltenstherapeutische Standardmethoden. München, Urban & Schwarzenberg, 1981.

Foerster, H. v.: Kybernetik einer Erkenntnistheorie. In: Keidel, W. D., Händler, W. & M. Spreng (Hrg.): Kybernetik und Bionik. München, Oldenbourg, 1974, 27–46.

Foerster, H. v.: Das Konstruieren einer Wirklichkeit. In: Watzlawick, P. (Hrg.): Die erfundene Wirklichkeit. Müchen, Piper, 1981a, 39-60.

Foerster, H.v.: On Cybernetics of cybernetics and social theory. In: Roth, G., Schwegler, H. (eds.): Self-organizing systems. Frank furt/M., Campus, 1981b, S. 102–105.

Foerster, H.v.: Observing systems. Intersystems publications. Seaside, Calif., 2nd edn., 1984.

Foerster, H.v.: Entdecken oder Erfinden. In: Gumin, H. & A. Mohler (Hrg.): Einführung in den Konstruktivismus. München, Oldenbourg, 1985a.

Foerster, H. v.: Sicht und Einsicht. Versuche zu einer operativen Erkenntnistheorie. Braunschweig, Vieweg, 1985b.

Foerster, H.v.: Abbau und Aufbau. In: Simon, F.B.: Lebende Systeme. Wirklichkeitskonstruktionen in der systemischen Therapie. Berlin, Springer, 1988, 19–33.

Foppa, K.: Operationalisierung und der empirische Gehalt von psychologischen Theorien. Psychologische Beiräge, Jg. 26, 1984, 539–551.

Forrester, J. W.: Planning under the Dynamic Influences of Complex Social Systems. In: Jantsch, E. (Ed.): Perspectives of Planning. Proceedings of the OECD Working Symposium on Long-Range Forecasting and Planning. Paris, OECD, 1969, 237–254.

Forrester, J. W.: Planung unter dem dynamischen Einfluß komplexer sozialer Systeme. In: Ronge, V. & G. Schmieg (Hrg.): Politische Planung in Theorie und Praxis. München, Piper, 1971a.

Forrester, J. W.: World Dynamics. Cambridge, Wright-Allen Press, 1971b.

Frank, J. D.: Die Heiler. Stuttgart, Klett, 1981.

Freeman, J. & M T. Hannan: Niche Width and the Dynamics of Organizational Populations. American Journal of Sociology, 1983, 88(4), 1116–1145.

Gergen, K.J.: The Social Constructionist Movement in Modern Psychology. American Psychologist 1985, Vol. 40, No.3, 226–275.

Glansdorff, P. & I. Prigogine: Thermodynamic Theory of Structure, Stability and Fluctuations. New York, Wiley, 1971.

Glanville, R.: Inside every White Box there are two Black Boxes Trying to Get out. Behavioral Science, 27, 1982, 1–11.

Glasersfeld, E. v: Einführung in den Radikalen Konstruktivismus. In: Watzlawick, p. (Hrg.): Die erfundene Wirklichkeit. München, Piper, 1981, 16–38.

Glasersfeld, E. v: Konstruktion der Wirklichkeit und des Begriffs der Objektivität. In: Gumin, H. & A. Mohler (Hrg.): Einführung in den Konstruktivismus. München, Olden-bourg, 1985, 1–26.

Glasersfeld, E. v.: Begriffssemantik und Wissenskonstruktion. (Arbeitstitel). Braunschweig, Vieweg, 1986.

Glenn, M. L.: On Diagnosis. A Systemic Approach. New York. Brunner/ Mazel, 1984.

Goffman, E.: Asyle. Frankfurt/M., Suhrkamp, 1973.

Gottlieb, B. H.(Ed.) : Social Networks and Social Support. Sage publ., Beverly Hills, London, 1981.

Gould, S. J. & R. Lewontin: The spandrels of San Marco and the Panglossian paradigm: a critique of the adaptionist programme. Proc. R. Soc. London, B 205, 1979, 581–598.

Graumann, C. F. (Hrg.): Ökologische Perspektiven in der Psychologie. Bern, Huber, 1978.

Grawe, K.: Die diagnostisch-therapeutische Funktion der Gruppeninteraktion in verhaltenstherapeutischen Gruppen. In: Grawe, K. (Hrg.): Verhaltenstherapie in Gruppen. München, Urban & Schwarzenberg, 1980, 88–232.

Grawe, K.: Implikationen und Anwendungsmöglichkeiten der vertikalen Verhaltensanalyse für die Sichtweise und Behandlung psychischer Störungen. Forschungsberichte aus dem Psychologischen Institut der Universität Bern. Bern, 1982.

Grawe, K.: Mißerfolg in der Psychotherapie aus verhaltenstherapeutischer Sicht. Verhaltensmodifikation, 1984, 5(4), 219–234.

Grawe, K.: Schema-Theorie und interaktionelle Psychotherapie. Forschungsbericht, Universität Bern, 1986.

Greenberg, G.S.: The Family Interactional Perspektive: A Study and Examination of the Work of Don D. Jackson. Family Process, 1977, 16, 385–412.

Greenblatt, M., Becerra, R. M. & Seraf tinides, E. A.: Social networks and mental health: An Overview. Am. J. o. Psychiatry, 1982, 139, 977–984.

Groeben, N. & H. Westmeyer: Kriterien psychologischer Forschung. München, Juventa, 1975.

Groeben, N. & B. Scheele: Argumente für eine Psychologie des reflexiven Subjekts. Darmstadt, Steinkopff, 1977.

Großmann, S: Chaos – Unordnung und Ordnung in nichtlinearen Systemen. Physikalische Blätter, 1983, 39(6), 139–145.

Grubitzsch, S.: Psychodiagnostik als Sozialkontrolle. Verhaltenstherapie und psychosoziale Praxis (DGVT), 1984, Nr. 1, 43–50.

Gumin, H. & A. Mohler (Hrg.): Einführung in den Konstruktivismus. München, Oldenbourg, 1985.

Guntern, G.: Systemtherapie. In: Schneider, K. (Hrg.): Familientherapie in der Sicht psychotherapeutischer Schulen. Paderborn, Junfer mann-Verlag, 1983, 38–77.

Guttmann, H. A.: Epistemologie, Systemtheorien und die Theorie der Familientherapie. Zeitschrift für systemische Therapie, 1985, 3(1/2), 13–20.

Habermas, J. & N. Luhmann: Theorie der Gesellschaft oder Sozialtechnologie – Was leistet die Systemforschung? Frankfurt/M., Suhrkamp, 1971.

Hacker, W.: Allgemeine Arbeits- und Ingenieurpsychologie. Berlin (DDR), Deutscher Verlag der Wissenschaften, 1973.

Händle, F. & S. Jensen (Hrg.): Systemtheorie und Systemtechnik. München, 1974.

Haferkamp, H. & M. Schmid: Sinn, Kommunikation und soziale Differenzierung. Bei träge zu Lubmanns Theorie sozialer Systeme. Frankfurt, Suhrkamp, 1987.

Haken, H.: Synergetik. Nicht-Gleichgewichts-Phasenübergänge und Selbstorganisation in Physik, Chemie und Biologie. Berlin, Springer, 1981a.

Haken, H.: Erfolgsgeheimisse der Natur. Synergetik: Die Lehre vom Zusammenwirken. Stuttgart, DVA, 1981b.

Haken, H.: Synergetik und ihre Anwendung auf psychosoziale Probleme. In: Stierlin, H., Simon, F. B. & G. Schmidt: Familiäre Wirklichkeiten. Stuttgart, Klett-Cotta, 1987, 36-50.

Haken, H. (Gesamtherausgeber) : Springer Theories in Synergetics. Berlin, Springer.

Haley, J.: Familiy experiments: A new type of experimentation. Family Process, 1972, 1, 265–293.

Haley, J.: Direktive Familientherapie. München, Pfeiffer, 1977.

Haley, J.: Gemeinsamer Nenner Interaktion. Strategien der Psychotherapie. München, Pfeiffer, 1978.

Hall, A. D. & R. E. Fagen: Definition of System. In: Buckley, W. (Ed.): Modern Systems Research for the Behavioral Scientist. Chicago, Aldine Pl. Company, 1968, 83–92.

Hejl, P. M.: Sozialwissenschaft als Theorie selbstreferentieller Systeme. Frankfurt/M., Campus, 1982.

Hejl, P. M.: Konstruktion der sozialen Konstruktion. Grundlinien einer konstruktivistischen Sozialtheorie. In: Gumin, H. & A. Mohler (Hrg.): Einführung in den Konstruktivismus. München, Oldenbourg, 1985, 85–115.

Hejl, P. M.: Zum Begriff des Individuums. Bemerkungen zum ungeklärten Verhältnis von Psychologie und Soziologie. In: Schiepek, G. (Hrg.): Systeme erkennen Systeme. München, Psychologie Verlags Union, 1987, 115–154.

Hempel, C. G. & P. Oppenheim: Studies in the Logic of Explanation. Philosophy of Science, 1948, 15, 135–175.

Hennig, C. & U. Knödler: Problemschüler – Problemfamilien. Praxis des systemischen Arbeitens mit schulschwierigen Kindern. Weinheim, Beltz Grüne Reihe, 1985.

Hoffmann, L.: Grundlagen der Familientherapie. Hamburg, ISKO-Press, 1982.

Hofstadter, D. R.: Gödel, Escher, Bach: ein Endloses Geflochtenes Band, Stuttgart, Klett-Cotta, 1985.

Holland, J.G: Behaviorism: Part of the Problem or Part of the Solution? Journal of Applied Behavior Analysis, 1978, 11, 163–174.

Holling, C. S.: Resilience and Stability of Ecological Systems. Annual Review of Ecological Systems. 1973, 4, 1–24.

Holling, C. S.: Resilience and Stability of Ecosystems. In: Jantsch, E. & C. H. Waddington (Eds.): Evolution and Consciousness: Human Systems in Transition. Reading, Mass., Addison-Wesley, 1976, 73–92.

Holzkamp, K.: Kritische Psychologie. Frankfurt/M., Fischer, 1972.

Hutchinson, G. E.: Hommage to Santa Rosalia, or why are there so many kinds of animals? Am. Nat., 93, 145–159.

Jackson D. D.: The Question of Family Homoestasis. Psychiatry Quaterly (Supplement.), 1957, 31, 79–90.

Jackson, D. D. & V. Satir: A Review of Psychiatric Development in Family diagnosis and Family Therapy. In: Jackson, D. D. (Hrg.): Therapy, Communication, and Change. Palo Alto, Science and Behavior Books, 1973.

Jackson, D.D. & J.H. Weakland: Conjoint Family Therapy: Some Considerations on Theory, Techniques and Results. Psychiatry, 1961, 24, 30–34.

Jantsch, E.: The Unifying Paradigm Behind Autopoiesis, Dissipative Structures, Hyper- and Ultracycles. In: Zeleny, M. (Ed.): Autopoie sis,Dissipative Structures, and Spontaneous Social Orders. Boulder, Westview Press, 1980, 81–87.

Jantsch, E.: Autopoiesis: A Central Aspect of Dissipative Self-Organization. In: Zeleny, M. (Ed.): Autopoiesis. New York, Elsevier, 1981, 65–88.

Jantsch, E.: Die Selbstorganisation des Universums. München, dtv, 1982.

Jüttemann, G. (Hrg.): Neue Aspekte klinisch-psychologischer Diagnostik. Göttingen, Hogrefe, 1984.

Kaimer, P.: Therapie in komplexen Systemen. Verhaltensmodifikation 1986, 7, 213–234.

Kaminski, G.(Hrg.): Umweltpsychologie. Stuttgart, Klett, 1976.

Kaminski, G.: Behavior and environment: Ökologische Fragestellung in der Allgemeinen Psychologie. In: Graumann, C. F. (Hrg.): Ökologische Perspektiven in der Psychologie. Bern, Huber, 1978a, 83–97.

Kaminiski, G.: Ökopsychologie und Klinische Psychologie. In: Baumann, U., Berbalk, H. & G. Seidenstücker (Hrg.): Klinische Psychologie. Trends in Forschung und Praxis I. Bern, Huber, 1978b, 32–73.

Kanfer, F. H.: Self-management: Strategies and tactics. In: Goldstein, A. P. & F. H. Kanfer (Eds.): Maximizing treatment gains: Transfer Enhancement in Psychotherapy. New York, Academic Press, 1979, 186–224.

Kanfer, F. H.: Self-management methods. In: F. H. Kanfer & A. Goldstein (Eds.): Helping people change. New York, Pergamon, 1980, 309–355.

Kanfer, F. H. & J. R. Busemeyer: Problemlösen und Entscheidungsfindung in der Verhaltenstherapie. Verhaltensmodifikation, 1982, 3, 140–156.

Kanfer, F. H. & L. G. Grimm: Bewerkstelligung klinischer Veränderung – ein Prozeßmodell der Therapie. Verhaltensmodifikation, 1981, 2(3), 125–136.

Kanfer, F. H. & J. S. Phillips: Learning foundations of behaviour therapy. New York, Wiley, 1970 (dt.: Lerntheoretische Grundlagen der Verhaltenstherapie. München, Kindler, 1975).

Kant, I.: Kritik der praktischen Vernunft, 1788, Leipzig, Reclam 1978.

Karoly, P. & F.H. Kanfer (Eds.): Self-management and behaviour change: From theory to practice. New York, Pergamon, 1982.

Keeney, B. P.: Ecosystemic Epistemology: An Alternative Paradigm for Diagnosis. Family Process, 1979, 18(2), 117–129.

Keeney, B. P.: Aesthetics of change. New York, Guilford, 1983. dt.: Ästhetik des Wandels. Hamburg, Isko Press, 1987.

Keeney, B. P.: Ein (zweiter) Blick auf die Machtmetapher. Ein Gespräch. Zeitschrift für systemische Therapie, 1985, 3(1/2), 110–112.

Keeney, B. P. & J. Ross: Mind in therapy: Constructing Systemic Family Therapies. New York, Basic Books, 1985.

Keeney, B.P.: Konstruieren therapeutischer Wirklichkeiten. Praxis und Theorie systemischer Therapie. Dortmund, verlag modernes lernen, 1987.

Keupp, H.: Abweichung und Alltagsroutine. Hamburg, Hoffmann und Campe, 1976.

Keupp, H.: Psychosoziale Reformpraxis und Probleme einer parteilichen Forschung. Mitteilungen der DGVT, 1980, Nr. 4, 709–733.

Keupp, H.: Gemeindepsychologie als Widerstandsanalyse des professionellen Selbstverständisses. In: Keupp. H. & M. Zaumseil (Hrg.): Die gesellschaftliche Organisierung psychischen Leidens. Frankfurt/M., Suhrkamp, 1978, 180–220.

Keupp, H.: Soziale Netzwerke. In: Keupp, H. & D. Rerrich (Hrg.): Psychosoziale Praxis – gemeindepsychologische Perspektiven. Ein Handbuch in Schlüsselbegriffen. München, Urban & Schwarzenberg, 1982, 43–53.

Keupp, H. & B. Röhrle (Hrg.): Soziale Netzwerke. Frankfurt/M., Campus, 1987.

Keupp, H. & M. Zaumseil (Hrg.) Die gesellschaftliche Organisierung psychischen Leidens. Frankfurt/M., Suhrkamp, 1978.

Kindermann, W.: Ökologische Gesichtspunkte zur Psychotherapie unter Bedingungen institutionellen Zwangs. In: Schulz, W. & M. Hautzinger (Hrg.): Klinische Psychologie und Psychotherapie. Kongreßbericht Bd. 5, DGVT & GwG, 1980, 173–186.

Kingston, Ph. & D. Smith: Live-Konsultation ohne Beobachtungsscheibe. Zeitschrift für systemische Therapie, 1985, 3(1/2), 77–83.

Klaus, G.: Wörterbuch der Kybernetik. Berlin, Dietz, 1968.

Klaus, G. & M. Buhr: Philosophisches Wörterbuch in 2 Bdn. Leipzig, VEB, 12. Aufl., 1976.

Klaus, G. & W. Liebscher: Wörterbuch der Kybernetik. Frankfurt, Fischer, 4. Aufl. 1979.

Kleiber, D.: Das Problem der Zielfestlegung in der Psychotherapie. In: Schulz, W. & M. Hautzinger (Hrg.): Klinische Psychologie und Psychotherapie. Kongreßbericht Bd. 1, DGVT & GwG, 1980, 23–35.

Köck, W. K.: Autopoiesis and Communication, In: Benseler, F., Hejl, P. M. & W. K. Köck (Eds.): Autopoiesis, Communication, and Society. Frankfurt/M., Campus, 1980, 87–112.

Köck, W. K.: Erkennen = (Über)Leben. Bemerkungen zu einer radikalen Epistemologie. Zeitschrift für systemische Therapie, 1983, 1(1), 45–55.

Kommer, D.: Eklektizismus. In: Bastine, R., Fiedler, P. A., Grawe, K., Schmidtchen, St. & G. Sommer (Hrg.): Grundbegriffe der Psychotherapie. Weinheim, Edition Psychologie, 1982, 49–51.

Kommer, D. & B. Röhrle (Hrg.): Ökologie und Lebens lagen. DGVT & GwG, Tübingen, Köln, 1983.

Korzybski, A.: Science and Sanity: An Introduction to Non-Aristotelian Systems and General Semantics. Lancaster, Pa., Science Press Printing Company, 1933.

Kriz, J.: Grundkonzepte der Psychotherapie. Teil 4: Systemische Therapien. München, Urban & Schwarzenberg, 1985, 227–297.

Kriz, J.: Zur Pragmatik klinischer Epistemologie. Bemerkungen zu Paul Dells „Klinische Erkenntnis". Zeitschrift für systemische Therapie, 1987, 5(1), 51–56.

Krüll, M.: Rezension zu Paul Dells „Klinische Erkenntnis". Familiendynamik, 1987, 12, 199–201.

Krüll, M., Luhmann, N., Maturana, H. R.: Grundkonzepte der Theorie autopoietischer Systeme. Zeitschrift für systemische Therapie, 1987, 5, 4–25.

Kruse, F. O.: Interaktionsdiagnostik in der Familie. In: Jüttemann, G. (Hrg.): Neue Aspekte klinisch-psychologischer Diagnostik. Göttingen, Hogrefe, 1984, 102–123.

Kruse, L.: Ökologische Perspektiven in der Sozialpsychologie. In: Graumann, C. F. (Hrg.): Ökologische Perspektiven in der Psychologie. Bern, Huber, 1978, 171–190.

Küppers, B.-O.: Wissenschaftsphilosophische Aspekte der Lebensentstehung. In: Dress A. et al. (Hrg.), 1986, 81–102.

Kuhn, T. S.: Die Struktur wissenschftlicher Revolutionen. Frankfurt/M., Suhrkamp, 1967.

Laszlo, E.: Evolution und Invarianz in der Sicht der allgemeinen Systemtheorie. In: Lenk, H. & G. Ropohl (Hrg.): Systemtheorie als Wissenschaftsprogramm. Königstein/Ts., Athenäum, 1978, 221–238.

Lauterborn, W. & W. Meyer-Ilse: Chaos – ein Experiment zum Nachmachen. Physik in unserer Zeit, 1986, 17(6), 177–187.

Lazarus, R. S. & S. Folkmann: Coping and adaptation. In: Gentry, W. (Ed.): Handbook of Behavioral Medicine. New York, Guilford Press, 1984.

Lenk, H.: Wissenschaftstheorie und Systemtheorie. In: Lenk, H. & G. Ropohl (Hrg.): Systemtheorie als Wissenschaftsprogramm. Königstein/Ts., Athenäum, 1978, 239–269.

Lettvin, J. Y., Maturana, H. R., McCulloch, W. S. & W. H. Pitts: What the Frog's Eye Tells the Frog's Brain. Proc. Inst. Radio Engrs., 1959, 47, 1940–1951. Reprinted in: McCulloch, W.S.: Embodiments of the Mind, Cambridge, Mass., MIT Press, 1965.

Levi-Strauss, C.: Strukturale Anthropologie. Frankfurt/M., Suhrkamp, 1967.

Levold, T.: Einige Gedanken über den Nutzen einer Theorie autopoietischer Systeme für eine klinische Epistemologie. Zeitschrift für systemische Therapie, 1984, 2(7), 173–189.

Levold, T.: Die Therapie der Macht und die Macht der Therapie. Über die Wirklichkeit des Sozialen. Zeitschrift für systemische Therapie, 1986, 4(4), 243–252.

Liddle, H. A., Davidson, G. S. & M. J. Barrett: (Aus-)Wirkungen der Live-Supervision: Aus dem Blickwinkel des Trainees. Zeitschrift für systemische Therapie, 1985, 3(1/2), 69–75.

Lorenz, K.: Gestaltwahrnehmung als Quelle wissenschaftlicher Erkenntnis. In: Lorenz, K.: Gesammelte Abhandlungen, 2 Bde., München, Piper, 1959 (165).

Ludewig, K.: Die therapeutische Intervention – eine signifikante Verstörung der Familienkohärenz im therapeutischen System. In: Schneider, K. (Hrg.): Familientherapie in der Sicht psychotherapeutischer Schulen. Paderborn, Junfermann Verlag, 1983, 78–95.

Ludewig, K.: Von Familien, Therapeuten und Beschreibungen – Vorschläge zur Einhaltung der „logischen Buchhaltung". Familiendynamik, 1986, 11, 16–28.

Ludewig, K.: Vom Stellenwert diagnostischer Maßnahmen im systemischen Verständnis von Therapie. In: Schiepek, G. (Hrg.): Systeme erkennen Systeme. München, Psychologie Verlags Union, 1987, 155–173.

Ludewig, K., Pflieger, H., Wilken, U. & G. Jacobskötter: Entwicklung eines Verfahrens zur Darstellung von Familienbeziehungen: Das Familienbrett. Familiendynamik, 1983, 8, 235–251.

Ludewig, K., Schwarz, R. & H. Kowerk: Systemische Therapie mit Familien von „psychotischen" Jugendlichen. Familiendynamik, 1984, 9, 108–125.

Luhmann, N.: Moderne Systemtheorien als Form gesellschaftlicher Analyse. In: Habermas, J. & N. Luhmann (Hrg.): Theorie der Gesellschaft oder Sozialtechnologie – Was leistet die Systemforschung? Frankfurt/M., Suhrkamp, 1971, 7–24.

Luhmann, N.: Soziologische Aufklärung 2. Aufsätze zur Theorie der Gesellschaft, Opladen, Westdeutscher Verlag, 1975a.

Luhmann, N.: Macht. Stuttgart, Enke, 1975b.

Luhmann, N.: Soziale Systeme. Grundriß einer allgemeinen Theorie. Frankfurt, Suhrkamp, 1984.

Luhmann, N. & K. E. Schorr (Hrg.): Zwischen Technologie und Selbstreferenz. Fragen an die Pädagogik. Frankfurt/M., Suhrkamp, 1982.

Luhmann, N.: Die Autopoiese des Bewußtseins. Soziale Welt, 1985, 36(4), 402–446.

Luhmann, N.: Ökologische Kommunikation: Kann die moderne Gesellschaft sich auf ökologische Gefährdungen einstellen? Opladen, 1986.

Luhmann, N.: Was ist Kommunikation? In: F.B. Simon: Lebende Systeme: Wirklichkeitskonstruktionen in der systemischen Therapie. Berlin, Springer, 1988a, 10–18.

Luhmann, N.: Sozialsystem Familie. System Familie, 1, 1988b, 75–91.3

Lukes, S.: Individualism. Oxford, Blackwell, 1973.

Mackey, M.C. & an der Heiden, U.: Dynamical diseases and Bifurcations: Understanding Functional Disorders in Physiological Systems. Funkt. Biol. Med. 1, 156(1982).

Mackinger, H.: Sind Rahmenbedingungen Randbedingungen? Überlegungen zum Bereich stationärer Psychotherapie. Verhaltenstherapie und psychosoziale Praxis, DGVT, 1984, Nr. 4, 543–552.

Mackinger, H. & G. Schiepek: Der Einfluß des Tätigkeitsfeldes auf Verhaltenstherapie. In: Reimer, F. (Hrg.): Verhaltenstherapie in der Psychiatrie. Weinsberg, Weissenhof Verlag, 1982, 205–219.

Mahoney, M. J.: Psychotherapieforschung: Implikationen kognitiver Konstrukte. In: Schulz, W. & M. Hautzinger (Hrg.): Klinische Psychologie und Psychotherapie. Kongreßbericht Bd. 1, DGVT & GwG, 1980, 23–35.

Margalef, R.: Perspectives in Ecological Theory. Chicago, University of Chicago Press, 1968.

Margulis, L.: Five Kingdoms, San Francisco, 1982.

Martens, B.: Differentialgleichungen und dynamische Systeme in den Sozialwissenschaften. München, Profil, 1984.

Massey, R. F.: Was/Wer ist das Familiensystem? Zeitschrift für systemische Therapie, 1985, 3(1/2), 21–34.

Maturana, H. R.: Man and Society. In: Benseler, F., Hejl, P. M. & W. K. Köck (Eds.): Autopoiesis, Coummunication, and Society: The Theory of Autopoietic Systems in the Social Sciences. Frankfurt/M., Campus, 1980a, 11–31.

Maturana, H. R.: Autopoiesis: Reproduction, Heredity and Evolution. In: Zeleny, M. (Ed.): Autopoiesis, Dissipative Structures, and Spontaneous Social Orders. Boulder, Westview Press, 1980b, 45–59.

Maturana, H. R.: Autopoiesis. In: Zeleny, M. (Ed.): Autopoiesis. A Theory of Living Organization. New York, North Holland Press, 1981, 21–33.

Maturana, H. R.: Erkennen: Die Organisation und Verkörperung von Wirklichkeit. Braunschweig, Vieweg, 1982.

Maturana, H. R.: Reflexionen über Liebe. Zeitschrift für systemische Therapie, 1985, 3(3), 129–131.

Maturana, H. R. & F. J. Varela: Der Baum der Erkenntnis. Bern, Scherz, 1987.

May, R. M.: Stability and complexity in Model Ecosystems. Princeton, Princeton University Press, 1975.

May, R. M. (Hrg.): Theoretische Ökologie. Weinheim, Verlag Chemie, 1980.

Mayr, E.: Evolution. In: Evolution. Spektrum der Wissenschaft, Heidelberg, 1984, 8–19.

Mehan, H.: Social constructivism in psychology and sociology. The Quarterly Newsletter of the Labority of Comparitive Human Cognition, 1981, 3, 71–77.

Miller, G. A., Galanter, E. & K. H. Pribram: Strategien des Handelns. Stuttgart, Klett, 1973.

Miller, J. G.: Living Systems: The Organization. Behavioral Science, 1972, 17, 1–182.

Miller, J. G.: Living Systems. New York, McGraw-Hill, 1978.

Minuchin, S.: Families and Family Therapy. Cambridge, Mass., Harvard University Press, 1974.

Minuchin, S.: Familie und Familientherapie. Theorie und Praxis struktureller Familientherapie. Freiburg/Br., Lambertus, 1977.

Minuchin, S. & Ch. Fishman: Praxis der strukturellen Familientherapie. Freiburg, Lambertus, 1983.

Mogel, H.: Ökopsychologie. Stuttgart, Kohlhammer, 1984.

Molnar, A. & B. Lindquist: Erkenntnisse über Verhalten und Strukturen verbinden – ein systemischer Ansatz, die Leistungsfähigkeit der Schule zu erhöhen. Zeitschrift für systemische Therapie, 1984, 2(5), 2–16.

Morin, E.: Complexity. International Social Science Journal, 1974, 26, 555–528.

Neisser, V.: Kognition und Wirklichkeit: Prinzipien und Implikationen der kognitiven Psychologie. Stuttgart, Klett-Cotta, 1979.

Nicolis, G. & I. Prigogine: Self-organization in Noneguilibrium Systems. New York, Wiley, 1977.

Nicolis, G. & I. Prigogine: Die Erforschung des Komplexen. Bd. 1: Auf dem Weg zu einem neuen Verständnis der Naturwissenschaften. München/ Zürich, Piper, 1987.

Odum, E. P.: Der Aufbau der Ökologie zu einer neuen integrierten Disziplin (am. Original in Science, 1977, 195, 1289–1293).

Odum, E. P.: Grundlagen der Ökologie in zwei Bänden. Band 1: Grundlagen. Band 2: Standorte und Anwendungen. Stuttgart, Thieme, 1983.

Olson, D. H. & Sprenkle, D. H. & C. S. Russell: Circumplexmodel of martial and family systems I: Cohesion and adaptibility dimensions, family types and clinical applications. Family Process, 1979, 18, 3–28.

Olson, R. P. & D. J. Greenberg: Effects of Contingency-Contracting and Decision-Making Groups with Chronic Mental Patients. Journal of Consulting and Clinical Psychology, 1972, 38, 376–383.

Opwis, K., Spada, H. & M. Schwiersch: Erwerb und Anwendung von Wissen über ein ökologisches System. Freiburg, Forschungsbericht, 1985.

Parsons, T.: Die jüngsten Entwicklungen in der strukturellfunktionalen Theorie. Kölner Zeitschrift für Soziologie und Sozialpsychologie, 1964, 16, 30–49.

Pawlik, K.: Modell- und Praxisdimensionen psychologischer Diagnostik. In: Pawlik, K. (Hrg.): Diagnose der Diagnostik. Stuttgart, Klett, 1976, 13–43.

Patzak, G.: Systemtechnik. Berlin, Springer, 1982.

Penn, P.: Zirkuläres Fragen. Familiendynamik, 8, 1983, 198–220.

Petermann, F.: Zwischen zwei Stühlen: Das Konzept der „kontrollierten Praxis", Bonn, Forschungsbericht, 1980.

Petermann, F.: Einzelfalldiagnose und klinische Praxis. Stuttgart, Kohlhammer, 1982.

Petermann, F.: Diagnostik in Familien mit verhaltensgestörten Kindern. Handeln nach dem Konzept der kontrollierten Praxis. In: Schiepek, G. (Hrg.): Systeme erkennen Systeme. München, PVU, 1987, 194–209.

Piaget, J.: La construction du reel chez l'enfant. Neuchatel, Delachause et Niestle, 1937.

Piaget, J.: Die Äquilibration der kognitiven Strukturen. Stuttgart, Klett, 1976.

Platt, J.: Theorems on Boundaries in Hierarchical Systems. In: White, L. L., Wilson, A. G. & D. Wilson (Eds.) : Hierarchical Structures. New York, Elsevier, 1969, 201–214.

Popper, K.: Logik der Forschung. Tübingen, J. C. B. Mohr, 7. Aufl. 1982.

President's Commission on Mental Health: Task Panel on Community Support Systems: Report of the Task Panel on Community Suppert Systems. In Task Panel Reports submitted to the President's Commission on Mental Health. Government Printing Office, Washington D. C., 1978.

Prewo, R., Ritsert, J. & E. Stracke: Sytemtheoretische Ansätze in der Soziologie. Hamburg, Rowohlt, 1973.

Prigogine, I.: Time, Structure, and Fluctuation. Science, 1978, 201, 777–785.

Prigogine, I.: Vom Sein zum Werden. München, Piper, 1979.

Prigogine, I., Nicolis, G. & A. Babloyanz: Thermodynamics of Evolution. Physics To day, 1972, 25, 23–28 und 38–44.

Rappaport, J.: Ein Plädoyer für die Widersprüchlichkeit: Ein sozialpolitisches Konzept des „empowerment" anstelle präventiver Ansätze. Verhaltenstherapie und psychosoziale Praxis, 1985, 2, 257–278.

Reinecker, H.: Psychologie und Klinische Psychologie – von einer losen Beziehung zur Beziehungslosigkeit? Vortrag, gehalten auf dem 33. Kongreß der DGfPs, 1982a.

Reinecker, H.: Integration durch Handlungstheorien oder differentielle Indikation? In: Queckelberghe, R. & N. v. Eickels (Hrg.): Handlungstheorien, Tätigkeitstheorie und Psychotherapie. Forum für Verhaltenstherapie und psychosoziale Praxis. Bd. 2, Tübingen, DGVT, 1982b, 22–29.

Reinecker, H.: Grundlagen und Kriterien verhaltenstherapeutischer Forschung. Salzburg, AVM-Verlag, 1983.

Reinecker, H.: Grundlagen verhaltenstherapeutischer Methoden. In: Deutsche Gesellschaft für Verhaltenstherapie (Hrg.): Verhaltenstherapie: Theorien und Methoden. DGVT, Forum 11, 1986, 43–63.

Reinecker, H.: Verhaltensdiagnostik, Systemdiagnostik und der Anspruch auf Erklärung. In: Schiepek, G. (Hrg.): Systeme erkennen Systeme. München, PVU, 1987a, 174–193.

Reinecker, H.: Grundlagen der Verhaltenstherapie, München, PVU, 1987b.

Reiter, L. (Hrg.): Theorie und Praxis der systemischen Familientherapie. Wien, Facultas Univ. Verlag, 1986.

Reiter, L. & E. Steiner: Über Autonomie. Zur Geschichte und Verwendung eines Konzeptes. In: Reiter, L. (Hrg.): Theorie und Praxis der systemischen Familientherapie. Wien, Facultas Verlag, 1986a.

Reiter, L. & E. Steiner: Paradigma der Familie: Turings Maschine oder autopoietisches System? Familiendynamik, 1986b, 11, 234–248.

Reiter, L., Brunner, E.J. & S. Reiter-Theil (Hrg.): Von der Familientherapie zur systemischen Perspektive. Berlin, Springer, 1988.

Reiter-Theil, S.: Wissenschaftstheoretische Grundlagen zur systemorientierten Familientherapie. In: Brunner, E. J. (Hrg.): Interaktionen der Familie. Berlin, Springer, 1984, 17–39.

Reither, F.: Einige Eigenschaften prozeßorientierter Simulationsmodelle zur Erfassung komplexer Realitätsbereiche. In: Schiepek, G. (Hrg.): Diskurs systemischer Methodologie. Zeitschrift für systemische Therapie, 6(2), 1988a.

Riedl, R.: Die Folgen des Ursachendenkens. In: Watzlawick, P. (Hrg.): Die erfundene Wirklichkeit. München, Piper, 1981, 67–90.

Riedl, R.: Evolution und Erkenntnis. München, Piper, 1982.

Röhrle, B. & W. Stark (Hrg.): Soziale Netzwerke und Stützsysteme. DGVT, Tübinger Reihe Bd. 6, 1985.

Ropohl, G.: Einführung in die allgemeine Systemtheorie. In: Lenk, H. & G. Ropohl (Hrg.): Systemtheorie als Wissenschaftsprogramm. Königstein/Ts., Athenäum, 1978, 9–49.

Rosenberg, L. M., Rubin, S. & H. Finzi: Participant Supervision in the Teaching of Psychotherapy. Am. J. Psychother., 1968, 22, 280–295.

Roth, E. (Hrg.): Sozialwissenschaftliche Methoden. München, Oldenbourg, 1984.

Roth, G.: Biological System Theory and the Problem of Reductionism. In: Roth, G. & H. Schwegler (Eds.): Self-organizing Systems. Frankfurt/M:, Campus, 1981, 106–120.

Roth, G.: Selbstorganisation – Selbsterhaltung – Selbstreferentialität. Prinzipien der Organsation der Lebewesen und ihre Folgen für die Beziehung zwischen Organismus und

Umwelt. In: Dreß, A., Hendrichs, H. & G. Küppers (Hrg.): Selbstorganisation. Die Entstehung von Ordnung in Natur und Gesellschaft. München, Piper, 1986.

Roth, G.: Autopoiese und Kognition: Die Theorie H. R. Maturanas und die Notwendigkeit ihrer Weiterentwicklung. In: Schiepek, G. (Hrg.): Systeme erkennen Systeme. München, PVU, 1987a.

Roth, G. & H. Schwegler (Hrg.): Self-organizing Systems. Frankfurt/M., Campus, 1981.

Ruhs, A.: Der Systembegriff im französischen Strukturalismus. In: Reiter, L., Brunner, E.J. & S. Reiter-Theil: Von der Familientherapie zur systemischen Perspektive. Berlin, Springer, 1988.

Schiepek, G.: Ökologische Konzepte als Heuristiken in der klinisch-psychologischen Systemdiagnostik. Ein Fallbeispiel. Partnerberatung, 1985, 22, 25–38.

Schiepek, G.: Systemische Diagnostik in der klinischen Psychologie. München, PVU, 1986.

Schiepek, G.: Das Konzept der systemischen Diagnostik. In: Schiepek, G. (Hrg.): Systeme erkennen Systeme. München, PVU, 1987a, 13–46.

Schiepek, G.: Psychosoziale Praxis und Forschung: Ein methodologischer Entwurf aus systemischer Sicht (1987b). In: Reiter, L., Brunner, E.J. & S. Reiter-Theil (Hrg.): Von der Familientherapie zur systemischen Perspektive. Berlin, Springer, 1988.

Schiepek, G. (Hrg.): Diskurs systemischer Methodologie. Zeitschrift für systemische Therapie, 6 (2), 1988a.

Schiepek, G.: Auf der Suche nach dem kleinsten gemeinsamen Nenner. Vorschlag für einen Orientierungsrahmen einer sozialwissenschaftlichen Synergetik. Bamberg, unveröffentl. Manuskript, 1988b.

Schiepek, G. & P. Kaimer: Von der Verhaltensanalyse zur systemischen Diagnostik. In: Caspar, F. (Hrg.): Problemanalyse in der Psychotherapie. DGVT, Forum 13, Tübingen, 1987.

Schlippe, A. v.: Familientherapie im Überblick. Paderborn, Junfermann, 1984.

Schlippe, A. v.: Systemisches Bewältigungspotential in Familien mit einem asthmakranken Kind. Dissertation an der Universität Osnabrück, 1986.

Schlippe, A.v. & J. Schweitzer: Familienforschung per Fragebogen. System Familie, 1(2), 1988.

Schmelzer, D.: Problem- und zielorientierte Therapie: Ansätze zur Klärung der Ziele und Werte von Klienten. Verhaltensmodifikation, 1983(3), 130–156.

Schmelzer, D.: Problem- und zielorientierte Verhaltenstherapie. Teil II: Das „OPTIMIZE"-Prozeßmodell als Orientierungsrahmen für die Praxis. Verhaltensmodifikation, 1986, 7(1/2), 3–110.

Schmidt, L.: Lehrbuch der Klinischen Psychologie. Stuttgart, Enke, 1984.

Schmidt, S.J.: Einladung, Maturana zu lesen. In: Maturana, H.R.: Er kennen: Die Organisation und Verkörperung von Wirklichkeit. Braunschweig, Vieweg, 1982.

Schmidt, S. J.: Der Diskurs des Radikalen Konstruktivismus. Frankfurt, Suhrkamp, 1987.

Schneewind, K. A. (Hrg.): Wissenschaftstheoretische Grundlagen der Psychologie. München, Reinhardt (UTB), 1977.

Schneider, K. (Hrg.): Familientherapie in der Sicht therapeutischer Schulen. Paderborn, Junfermann, 1983.

Schöppe, A. & E.J. Brunner: Ein systemischer Erklärungsversuch paradoxer Kommunikation und Intervention. In: System Familie, 1(3), 1988.

Schulte, D. (Hrg.): Diagnostik in der Verhaltenstherapie. München, Urban & Schwarzenberg, 1974.

Schulte, D.: Schema für Problemanalyse und Therapieplanung 1–5. Bochum, Manuskript, 1982.

Schulte, D.: Verhaltenstherapeutische Diagnostik. In: Deutsche Gesellschaft für Verhaltensterhapie (Hrg.): Verhaltenstherapie. Theorien und Methoden. DGVT, Forum 11, 1986, 16–42.

Schuster, H.G.: Deterministic Chaos. An Introduction. Weinheim, Physik-Verlag, 1984.

Schwarz, J. R.: Die neuronalen Grundlagen der Wahrnehmung. In: Schiepek, G. (Hrg.): Systeme erkennen Systeme. München, PVU, 1987.

Schweitzer, J.: Nische oder Neubau? Zu den Grenzen der Evolution von Psychiatrie- und systemischer Therapie. Zeitschrift für systemische Therapie, 1984, 2(4), 47–50.

Seidenstücker, G. & U. Baumann: Multimethodale Diagnostik. In: Baumann, U., Berbalk, H. & G. Seidenstücker (Hrg.): Klinische Psychologie. Trends in Forschung und Praxis I. Bern, Huber, 1978, 134–182.

Seligman, M.E.P.: Erlernte Hilflosigkeit. München, Urban & Schwarzenberg, 1979.

Selvini Palazzoli, M., Cirillo, S., D'Ettore, L., Garbellini, M., Ghezzi, D., Lerma, M., Lucchini, M., Martino, C., Mazzoni, G., Mazzuchelli, F. & M. Nichele: Der entzauberte Magier. Stuttgart, Klett-Cotta, 1978.

Selvini Palazzoli, M.: Die Notwendigkeit langer Abstände zwischen den Sitzungen. Zeitschrift für systemische Therapie, 1984, 1(4), 49–56.

Selvini Palazzoli, M., Boscolo, L., Cecchin, G. & G. Prata: Hypothetisieren – Zirkularität – Neutralität: Drei Richtlinien für den Leiter der Sitzung. Familiendynamik, 1981, 2(6), 123–139.

Selvini Palazzoli, M., Boscolo, L., Cecchin, G. & G. Prata: Das Problem des Zuweisenden. Zeitschrift für systemische Therapie, 1983, 1(3), 11–20.

Selvini Palazzoli, M., Anolli, L., DiBlasio, P., Giossi, L., Pisano, J., Ricci, C., Sacchi, M. & V. Uganzio: Hinter den Kulissen der Organisation. Stuttgart, Klett-Cotta, 1984.

Selvini Palazzoli, M., Boscolo, L., Cecchin, G. & G. Prata: Paradoxon und Gegenparadoxon. Stuttgart, Klett-Cotta, 4. Aufl., 1985.

Selvini Palazzoli, M.: Die Entstehung eines umfassenden systemischen Konzepts. Die Probleme von Team und Supervisor in einem bezirkspsychiatrischen Zentrum. In: Stierlin, H., Simon, F. B. & G. Schmidt: Familiäre Wirklichkeiten. Stuttgart, Klett-Cotta, 1987, 139–153.

Simon, B. & G. Schmidt: Die Machtlosigkeit zirkulären Denkens. Familiendynamik, 1984, 9, 177–179.

Sluzki, C. E. & J. Beavin: Symmetrie und Komplementarität. Eine operationale Definion und eine Typologie von Zweierbeziehungen. In: Watzlawick, P. & J. H. Weakland (Hrg.): Interaktion. Bern, Huber, 1980.

Speed, B.: Wie wirklich ist die Wirklichkeit wirklich? Zeitschrift für systemische Therapie, 1984, 1(4), 25–32.

Speer, D. C.: Familiy Systems. Morphostasis and Morphogenesis, Or, „Is Homoestasis Enough?". Familiy Process, 1970, 9, 259–278.

Spencer-Brown, G.: Laws of Form. New York, Dutton, 1979.

Sperry, R. W.: The Harvey Lectures, 1968, 62, 293.

Stachowiak, H.: Allgemeine Modelltheorie. Wien, Springer, 1973.

Stachowiak, H.: Erkenntnis in Modellen. In: Lenk, H. & G. Ropohl (Hrg.): Systemtheorie als Wissenschaftsprogramm. Königstein/Ts., Athenäum, 1978, 50–64.

Stapf, K. H.: Bemerkungen zur Gegenstands- und Methodendiskussion in der Umweltpsychologie. In: Kaminski, G. (Hrg.): Umweltpsychologie. Stuttgart, Klett, 1976, 26–39.

Stapf, K. H.: Ökopsychologie und Systemwissenschaft. In: Graumann, C. F. (Hrg.): Ökologische Perspektiven in der Psychologie. Bern, Huber, 1978, 251–273.

Stegmüller, W.: Theorienstrukturen und Theoriendynamik. Berlin, Springer, 1973.

Stegmüller, W.: Rationale Konstruktion von Wissenschaft und ihrem Wandel. Stuttgart, Reclam, 1979.

Steiner, E. & L. Reiter: Individuum und soziales System. Familiendynamik, 1986, 11, 325–342.

Stierlin, H.: Ko-Evolution und Ko-Individuation. In: Stierlin, H., Simon, F. B. & G. Schmidt: Familiäre Wirklichkeiten. Stuttgart, Klett-Cotta, 1987, 126–138.

Strotzka, H. (Hrg.): Der Psychotherapeut im Spannungsfeld der Institutionen. München, Urban & Schwarzenberg, 1980.

Teubner, G.: Hyperzyklus in Recht und Organisation. Zum Verhältnis von Selbstbeobachtung, Selbstkonstitution und Autopoiese. In: Haferkamp, H. & M. Schmid: Sinn, Kommunikation und soziale Differenzierung. Frankfurt, Suhrkamp, 1987.

Thom, R.: Structural Stability and Morphogenesis. Reading, Mass., Benjamin, 1975.

Thomae, H.: Das Individuum und seine Welt. Eine Persönlichkeitstheorie. Göttingen, Hogrefe, 1968.

Tomm, K.: Der Mailänder familientherapeutische Ansatz: Ein vorläufiger Bericht. Zeitschrift für systemische Therapie, 1984, 1(4), 1–23.

Tomm, H.: Interventive Interviewing I: Strategizing as a Fourth Guide-line for the Therapist. Family Process 26, 1987a, 3–13.

Tomm, K.: Interventive Interviewing II: Reflexive Questioning as a Mean to Enable Self-Healing. Family Process 26, 1987b, 167–183.

Tomm, K.: Interventive Interviewing III: Intending to Ask Lineal, Circular, Strategic, or Reflexive Questions? Family Process 27, 1988, 1–15.

Trommel, M. J. v.: Systemische Epistemologie: Anmerkungen zum Verhältnis von Zirkularität und Linearität. Zeitschrift für systemische Therapie, 1984, 1(4), 33–34.

Trudewind, C.: Problem einer ökologischen Orientierung in der Entwicklungspsychologie. In: Graumann, C. F. (Hrg.): Ökologische Perspektiven in der Psychologie, Bern, Huber, 1978, 33–48.

Varela, F. J.: Principles of Biological Autonomy. New York, Elsevier North Holland, 1979.

Varela, F. J.: Der kreative Zirkel. In: Watzlawik, P. (Hrg.): Die erfundene Wirklichkeit. München, Piper, 1981, 294–309.

Varela, F.: Autonomy and Autopoiesis. In: Roth, G. & H. Schwegler (Hrg.): Self-organizing Systems. Frankfurt/M., Campus, 1981, 14–23.

Varju, D.: Systemtheorie für Biologen und Mediziner. Berlin, Springer, 1977.

Vester, F.: Ballungsgebiete in der Krise – eine Anleitung zum Verstehen und Planen menschlicher Lebensräume mit Hilfe der Biokybernetik. Stuttgart, DVA, 1976.

Vester, F.: Das Sensitivitätsmodell – ein Planungsinstrumentarium für komplexe Systeme. Bankverein, 1980, Monat 7/8, 5–9.

Vester, F.: Unsere Welt – ein vernetztes System. München, dtv, 1983.

Vester, F.: Neuland des Denkens. München, dtv, 1984.

Vester, F. & A. v. Hesler: Sensitivitätsmodell. Frankfurt/M., Regionale Planungsgemeinschaft Untermain, 1980.

Waddington, C. H.: The Evolution of an Evolutionist. Edinburgh, Edinburgh University Press, 1975.

Watzlawick, P.: Münchhausens Zopf und Wittgensteins Leiter. Zum Problem der Rückbezüglichkeit. In: Peisl, A. & A. Mohler (Hrg.): Der Mensch und seine Sprache. Berlin, Propyläen, 1979, 243–264.

Watzlawick, P.: Die erfundene Wirklichkeit. München, Piper, 1981.

Watzlawick, P., Beavin, J. H. & D. D. Jackson: Menschliche Kommunikation. Bern, Huber, 1969.

Watzlawick, P., J.F. Weakland & R. Fisch: Lösungen. Bern, Huber, 1974.

Weakland, J. H.: Familiy Somatics – A Neglected Edge. Familiy Process, 1977, 16, 263–272.

Weber, G. & F.B. Simon: Systemische Therapie. In: Asanger, R. & G. Wenninger (Hrg.): Handwörterbuch der Psychologie. München. Psychologie Verlags Union, 1988.

Weeks, G.R. & L.L' Abate: A compilation of paradoxical methods. In: American Journal of Family Therapy, 7. 1979, 61–76.

Weeks, G.R. & L.L' Abate: Paradoxe Psychotherapie. Theorie und Praxis in der Einzel-, Paar- und Familientherapie. Stuttgart, 1985. (Klinische Psychologie und Psychopathologie Bd. 36).

Weick, K.: Der Prozeß des Organisierens. Frankfurt/M., Suhrkamp, 1985.

Weinberg, G. M.: An Introduction to General Systems Thinking. New York, Wiley, 1975.

Weizäcker, C. F. v.: Evolution und Entropiewachstum. In: Weizäcker, E. v. (Hrg.): Offene Systeme 1: Beiträge zur Zeitstruktur von Information, Entropie und Evolution. Stuttgart, Klett, 1974.

Westmeyer, H.: Verhaltenstherapie: Anwendung von Verhaltenstheorien oder kontrollierte Praxis? In: Gottwald, P. & Ch. Kraiker (Hrg.): Zum Verhältnis von Theorie und Praxis in der Psychologie. Sonderheft 1 der Mitteilungen der DGVT, 1976k, 9–31.

Westmeyer, H.: Verhaltenstherapie: Anwendung von Verhaltenstherapien oder kontrollierte Praxis? Möglichkeiten und Probleme einer theoretischen Fundierung der Verhaltenstherapie. In: Westmeyer, H. & N. Hoffmann (Hrg.): Verhaltenstherapie: Grundlegende Texte. Hamburg, Hoffmann und Campe, 1977, 187–203.

Westmeyer, H.: Wissenschaftstheoretische Grundlagen Klinischer Psychologie. In: Baumann, U., Berbalk, H. & G. Seidenstücker (Hrg.): Klinische Psychologie: Trends in Forschung und Praxis I. Bern, Huber, 1978, 108-132.

Westmeyer, H.: Die rationale Rekonstruktion einiger Aspekte psychologischer Praxis. In: Albert, H. & K. H. Stapf (Hrg.): Theorie und Erfahrung. Stuttgart, Klett, 1979, 139–161.

Westmeyer, H.: Von den Schwierigkeiten, ein Behaviorist zu sein oder Auf der Suche nach einer behavioristischen Identität. Berlin, Manuskript, 1981.

Westmeyer, H.: Diagnostik und therapeutische Entscheidung: Begrün- dungsprobleme. Jüttemann, G. (Hrg.): Neue Aspekte klinisch-psychologischer Diagnostik. Göttingen, Hogrefe, 1984, 77–101.

Whiffen, R. & J. Byng-Hall (Eds.): Family Therapy Supervision: Recent Developments in Practice. London, Academic Press, 1982.

Whitehead, A. N. & B. Russell: Principia Mathematika. Cambridge, Cambridge University Press, 1910–1913.

Wiener, N.: Kybernetik. Reinbek, Rowohlt, 1968.

Willy, J.: Die Ko-Evolution. Die Kunst gemeinsamen Wachsens. Reinbek, rororo, 1985.

Willke, H.: Systemtheorie und Handlungstheorie – Bemerkungen zum Verhältnis von Aggregation und Emergenz. Zeitschrift für Soziologie, 1978, 7(4), 380–389.

Willke, H.: Systemtheorie. Stuttgart, Fischer (UTB), 1982.

Willke, H.: Methodologische Leitfragen systemtheoretischen Denkens. Annäherung an das Verhältnis von Intervention und System. Zeitschrift für systemische Therapie, 1983, 1(2), 23–37.

Willke, H.: Zum Problem der Intervention in selbstreferentielle Systeme. Zeitschrift für systemische Therapie, 1984, 2(7), 191–200.

Willke, H.: Systembeobachtung, Systemdiagnose, Systemintervention – weiße Löcher in schwarzen Kästen? In: Schiepek, G. (Hrg.): Systeme erkennen Systeme, München, PVU, 1987, 94–114.

Willke, H.: Systemtheoretische Grundlagen des therapeutischen Eingriffs in autonome Systeme. In: Reiter, L., Brunner, E.J. Reiter-Theil, S. (Hrg.): Von der Familientherapie zur systemischen Perspektive, Heidelberg, Springer, 1988, 41–50.

Yates, A. J.: Falsche Auffassungen über die Verhaltenstherapie: Ein Standpunkt. In: Westmeyer, H. & N. Hoffmann (Hrg.): Verhaltenstherapie. Grundlegende Texte, Hamburg, Hoffmann und Campe, 1977a, 131–144.

Yates, A. J.: Die Funktion der Theorie in der Praxis der Verhaltenstherapie. In: Westmeyer, H. & N. Hoffmann (Hrg.): Verhaltenstherapie. Grundlegende Texte. Hamburg, Hoffmann und Campe, 1977b, 203–226.

Zadeh, L. A.: Fuzzy Sets. Information and Control. 1965, 8, 338–353. Zahn, E.: Systemforschung in der BRD. Göttingen, Vandenhoek & Ruprecht, 1972.

Zecha, G. & H. Lukesch: Die Methodologie der Aktionsforschung. Analyse,Kritik, Konsequenzen. In: Patry, J. L. (Hrg.): Feldforschung. Huber, Bern, 1982, 367–388.

Zeeman, Ch.: Catastrophe Theory: Selected Papers 1972–1977. Reading, Mass., Edison-Wesley, 1977.

Zeleny, M. (Ed.): Autopoiesis, Dissipative Structures, and Spontaneous Social Orders. Boulder, Westview Press, 1980.

Zeleny, M. (Ed.): Autopoiesis: A Theory of Living Organization. New York, Elsevier, 1981.

Zentrale für Psychologische Information und Dokumentation an der Universität Trier (ZPID): Bibliographie zur Familientherapie, Trier, 1985.

Ziegler, A.J.: Kommunikation als paradoxer Mythos. Analyse und Kritik der Kommunikationstheorie Watzlawicks und ihrer didaktischen Verwertung. Weinheim/Basel, 1977. (Pragmalinguistik, Bd.6)

Zielke, M. (Hrg.): Diagnostik in der Psychotherapie. Stuttgart, Kohlhammer, 1982.

Zimmer, D. (Hrg.): Die therapeutische Beziehung. Weinheim, Edition Psychologie, 1983.

Zingg, M.: Symptomverständnis auf der Basis eines interaktionellen Verhaltensmodells. Vortrag am EABT-Kongreß in München, 1985.

Zwölfer, H.: Insektenkomplexe and Disteln – ein Modell für die Selbstorganisation ökologischer Kleinsysteme. In: Dreß et al. (Hrg.), 1986, 181–218.

Sachregister

257

Autorenregister

Asanger

Reimund Böse / Günter Schiepek

Systemische Theorie und Therapie

Ein Handwörterbuch
1989, ca. 280 S., kt., ca. DM 44.-
ISBN 3-89334-152-8
Dieses Handwörterbuch dokumentiert in ca. 60 ausführlichen Stichwortartikeln den aktuellen Stand der "systemischen" Theorie und Praxis. Erstmals kann damit die systemische Terminologie auch einer breiteren Öffentlichkeit zugänglich gemacht werden.

Dirk Enzmann / Dieter Kleiber

Helfer-Leiden

Streß und Burnout in psychosozialen Berufen
1989, 212 S., kt., DM 29.80
ISBN 3-89334-143-9
Die Autoren beschreiben die vorliegenden Theorien und Forschungsergebnisse und erörtern Bewältigungsstrategien.

Dieter Kleiber / Dieter Filsinger (Hrsg.)

Altern - bewältigen und helfen

Psychosoziale Projekte zur Hilfe und Selbsthilfe
1989, 220 S., kt., DM 34.80
ISBN 3-89334-136-6
Im Mittelpunkt dieses Buches steht die Frage nach einer präventiv orientierten psychosozialen Praxis, die alte Menschen in nicht-bevormundender Weise bei ihrer Lebensbewältigung unterstützt.

Barbara Heimannsberg
Christoph J. Schmidt (Hrsg.)

Das kollektive Schweigen

Nazivergangenheit und gebrochene Identität
in der Psychotherapie
1988, 218 S., kt., DM 34.-, ISBN 3-89334-145-5
Die Generation der heute 30-50jährigen ist in spezifischer Weise von der deutschen Vergangenheit betroffen. Erfahrene Therapeuten und Berater berichten aus ihrer Praxis.

Waltraud Faehndrich

Die Mann-Frau-Neurose

Zur Psychologie von Liebe und Abhängigkeit
(Thema)
1988, 151 S., kt., DM 25.-
ISBN 3-89334-132-3
"Die Abhängigkeit ist die Zwillingsschwester der Liebe - und deren größter Feind." Die Autorin spürt die mannigfaltigen Wurzeln der "Mann-Frau-Neurose" auf und zeigt, wie unzureichende Bewältigungsversuche genau das verhindern, was eigentlich erstrebt wird: geliebt zu werden und lieben zu können.

Peter Kaiser

Familien-Erinnerungen

Zur Psychologie der Mehrgenerationenfamilie
1988, 305 S., kt., DM 34.-
ISBN 3-89334-147-1
Wie in diesem Buch gezeigt wird, entwickeln Familien über Generationen hinweg eigene Traditionen, Wertvorstellungen und Beziehungsmuster mit den entsprechenden Auswirkungen auf die psychische und körperliche Gesundheit ihrer Mitglieder.

Klaus Sander / Ulrich Esser (Hg.)

Personenzentrierte Gruppenarbeit

Förderung und Entwicklung der Person und der Gruppe in Ausbildung und Beratung
1988, 181 S., kt., DM 34.-
ISBN 3-89334-130-7

Ulrich Esser

Rogers und Adler

Überlegungen zur Abgrenzung und zur Integration
1988, 110 S., kt., DM 19.80
ISBN 3-89334-128-5

Heike Schnoor

Psychoanalyse der Hoffnung

Die psychische und psychosomatische Bedeutung von Hoffnung und Hoffnungslosigkeit
1988, 282 S., kt., DM 39.80
ISBN 3-89334-151-X

Ambros Uchtenhagen / Nikola Jovic (Hg.)

Psychogeriatrie

Neue Wege - Hinweise für die Praxis
1988, 280 S., geb., DM 44.-
ISBN 3-89334-140-4
Dieser Band ist speziell für die Weiterbildung aller an der Betreuung alter Menschen beteiligten Berufsgruppen und ehrenamtlichen Mitarbeiter konzipiert worden.

Elisabeth Otscheret

Ambivalenz

Geschichte und Interpretation der menschlichen Zwiespältigkeit (Thema)
1988, 161 S., kt., DM 28.-
ISBN 3-89334-137-4
Eine neue und zeitgemäße Interpretation eines der ganz großen, klassischen Themen der Psychologie und Psychotherapie und ein wichtiger Beitrag zu einer bewußten Neuorientierung psychotherapeutischen Handelns überhaupt.

Roland Asanger Verlag GmbH, Rohrbacher Str. 89, 6900 Heidelberg, Tel. 06221/13104